Bin Hai Di Qu Gao Su Gong Lu
Lu Ji Xiu Zhu
Ji Shu Yan Jiu

滨海地区高速公路
路基修筑技术研究

王立新　李淑杰　梁宁
杨广庆　丁军霞　编著

人民交通出版社

内 容 提 要

本书以滨海地区河北省沧州至黄骅港高速公路工程为依托，对滨海地区高速公路路基地基处理与优化技术、提高路基耐水分迁移和干湿循环性能、电石灰改良盐渍土路基设计与施工技术等关键技术进行了系统研究。

全书共分9章，主要内容包括滨海地区软土地基处理技术、高速公路路基土中水分迁移规律研究、滨海盐渍土基本工程特性研究、滨海盐渍土用作高速公路路基填料改良试验研究、高速公路路基土干湿循环试验研究、电石灰改良滨海地区盐渍土路基施工技术研究、盐渍土路基施工质量控制与检测技术研究和滨海地区高速公路路基长期稳定性控制技术等内容。

本书可供从事公路工程设计、施工、管理、监理及养护的技术人员和管理人员参考，也可作为高等院校相关专业师生学习参考用书和培训教材。

图书在版编目（CIP）数据

滨海地区高速公路路基修筑技术研究/王立新等编著. —北京：人民交通出版社，2011.7
ISBN 978-7-114-09214-5

Ⅰ.①滨… Ⅱ.①王… Ⅲ.①滨海盐土－高速公路－公路路基－路基工程 Ⅳ.①U416.1

中国版本图书馆 CIP 数据核字（2011）第118940号

书　　名：滨海地区高速公路路基修筑技术研究
著 作 者：王立新　李淑杰　梁　宁　杨广庆　丁军霞
责任编辑：刘彩云
出版发行：人民交通出版社
地　　址：(100011) 北京市朝阳区安定门外外馆斜街3号
网　　址：http://www.ccpress.com.cn
销售电话：(010) 59757969，59757973
总 经 销：人民交通出版社发行部
经　　销：各地新华书店
印　　刷：北京鑫正大印刷有限公司
开　　本：787×1092　1/16
印　　张：13.5
字　　数：319千
版　　次：2011年7月　第1版
印　　次：2011年7月　第1次印刷
书　　号：ISBN 978-7-114-09214-5
定　　价：45.00元

前　言

滨海地区盐渍土具有融陷、盐胀、腐蚀等不良的工程特性和高水位的特殊环境，盐渍土地区路基修筑技术已成为公路建设需要解决的重大岩土工程问题之一。如处理不当，路基在水分迁移和干湿循环的不良环境中，在车辆荷载的反复作用下，路用性能会逐渐衰减，继而引起路面结构层弯拉应力增大及路基边坡稳定性不足，导致路基路面病害，将严重影响道路的长期稳定性和行车安全。

为了满足滨海地区河北省沧州至黄骅港高速公路工程建设需要，推动科学技术进步，在河北省交通运输厅资助下，河北省高速公路石黄管理处和石家庄铁道大学对滨海地区高速公路软土地基处理、盐渍土路基修筑和长期稳定性等关键技术进行了研究，本书是对河北省沧黄高速公路路基建设过程中所取得科研成果的系统总结。

本书第 1 章阐述了滨海地区河北省沧州至黄骅港高速公路盐渍土赋存环境和路基修筑面临的问题。第 2 章介绍了滨海地区软土地基处理技术。第 3 章介绍了滨海地区高速公路路基土中水分迁移规律。第 4 章分析了滨海盐渍土的工程性质。第 5 章介绍了电石灰改良滨海盐渍土路基技术。第 6 章介绍了滨海盐渍土路基的干湿循环特性。第 7 章介绍了电石灰改良盐渍土路基施工技术。第 8 章介绍了电石灰改良滨海地区盐渍土路基施工质量控制与检测技术。第 9 章介绍了滨海地区高速公路路基长期稳定性控制技术等内容。

本书由河北省高速公路石黄管理处王立新、李淑杰、梁宁和石家庄铁道大学杨广庆、丁军霞编著，编写分工如下：第 1 章由王立新、杨广庆编写；第 2 章由李淑杰、杨广庆编写；第 3 章由丁军霞、梁宁编写；第 4 章由王立新、李淑杰编写；第 5 章由梁宁、丁军霞、王生俊编写；第 6 章由杨广庆、丁军霞编写；第 7 章由王立新、梁宁编写；第 8 章由王立新、李淑杰、梁宁编写；第 9 章由李淑杰、梁宁编写。此外，本书的撰写与出版也得到了多方面的关心与支持，谨表谢意。

由于作者水平有限，书中遗漏、不足之处在所难免，敬请各位专家和广大读者批评、指正。

编　者

2011 年 5 月

前 言

目　录

第1章 绪 论

1.1 依托工程项目概况

石黄高速公路沧州至黄骅港段是河北省高速公路路网布局规划"五纵六横七条线"中第四横的重要组成部分,是省会石家庄联系衡水、沧州、黄骅港的重要通道,是河北省"十一五"期间重点公路建设项目。该段公路的建设,将进一步完善和提高国家及河北省公路网的功能和服务水平。对实施环渤海开发战略,发挥沿海优势,加快黄骅港和临港产业的开发建设,加强沿海与内陆地区的联系,促进经济发展具有十分重要的意义。

该项目路线西起京沪高速公路,与已建石黄高速公路相连,向东跨津沪铁路和104国道,至沧县汪家铺跨省道沧乐线,在大流口村跨南排河,向北跨黄浪渠和新南黄排干渠,在东常庄跨205国道,过八里庄向东与沿海公路相连,路线全长93.255km。全线设置互通式立交桥5座,分离式立交桥11座,天桥20座,大、中桥11座,小桥、涵洞及通道151处。这一项目按双向四车道高速公路标准建设,计算行车速度120km/h,路基宽27.5m,工程概算总投资约26.4亿元,计划2005年年底建成沧州至黄骅段,2006年12月全线建成通车。作为连接沧州和黄骅港的重要通道,沧黄高速公路的建设,对充分发挥黄骅港这一北方新兴港口在环渤海经济圈中的前沿作用,使之成为沧州城市发展和临港工业的重要依托,进而带动沧州及河北省中南部地区的社会、经济快速发展,具有十分重要的意义。

沧黄高速公路地处渤海西岸滨海地区,地下水位比较浅,矿化度高,气候干燥,蒸发量大。土壤中盐分含量普遍较高,尤其在地势低洼处和边沟内,随处可见地表有一层白霜盐皮。该高速公路东部地下水位较高,长期受海水浸泡,水分蒸发后土壤盐渍化较为严重。目前滨海盐渍土地区高速公路建设领域许多问题有待研究,尤其是盐渍土改良后用作高速公路路基填料的应用研究相对不足。为此,结合高速公路工程实体,进行滨海地区高速公路路基修筑技术研究具有重要的现实意义。研究成果不仅可以将沿线的滨海盐渍土用于沧黄高速公路路基的建设,节省投资,少占农业用地,同时也可以填补滨海盐渍土地区高速公路建设的空白,对指导我国东部沿海地区类似工程的建设具有重要意义。

1.2 渤海西岸滨海盐渍土赋存环境

滨海盐渍土是在滨海地区特定自然环境中形成的,研究滨海盐渍土的工程特性应该查明其赋存环境。本书研究的滨海地区是特指渤海湾西岸地区,尤其是天津和河北沿海地区。

1.2.1 地理位置

渤海西岸地区地处中纬度欧亚大陆东岸，北接内蒙古高原，南连黄淮平原，西倚太行山脉，东濒渤海。位于北纬 36°03′ ~ 42°40′、东经 113°27′ ~ 119°50′，南北长约 750km，东西长约 650km。面积为 187693km^2，其中山区面积 115919km^2（包括高原区），平原区面积 71773km^2。该地区包括天津 1 个省级市，秦皇岛、唐山、沧州 3 个地级市，昌黎、乐亭、滦南、唐海、丰南、黄骅、海兴 7 个县，海岸线长 326km。

1.2.2 气候、气象

渤海西岸属于温带半湿润半干旱大陆性季风气候，四季分明。冬季寒冷干燥、雨雪稀少；春季冷暖多变、干旱多风；夏季炎热潮湿、雨量集中；秋季风和日丽、凉爽少雨。海岸带具有海洋性气候的特征。海岸带是指沿海岸线垂直方向，向陆延伸 10km，向海至水深 15m 等深线以内的浅海之间的狭长地带。海岸带和海岛由于受海洋影响较大，具有大陆性与海洋性过渡型气候，与内陆相比，具有以下特征：①气温冬秋偏暖、春夏偏凉、气温日较差及年较差偏小，大陆度偏小；②降水量略少，有夜雨现象；③强对流性天气较少；④风速大，大风日数多，有海陆风。

（1）由于纬度跨度较大，沿海地区具有温度南高北低，温差较大的特点。地区年平均气温为 10 ~ 13℃，月平均气温南北最大温差为 3℃。1 月份为本区全年最冷月，各地平均气温均低于 0℃，其中唐秦一带为 −5 ~ −7℃，沧州为 −4℃；7 月份为全年最热月，唐秦一带为 24 ~ 25℃，沧州为 26 ~ 27℃。极端最高气温出现在 5 ~ 7 月份，其中秦皇岛极端最高气温为 39℃，沧州南部为 41℃（见图 1-1）；极端最低气温出现在 12 ~ 2 月份，主要出现在 1 月份（占 47%），其次为 2 月份（占 33%），其中秦皇岛极端最低气温为 −22℃，沧州南部为 −20℃（见图 1-2）。

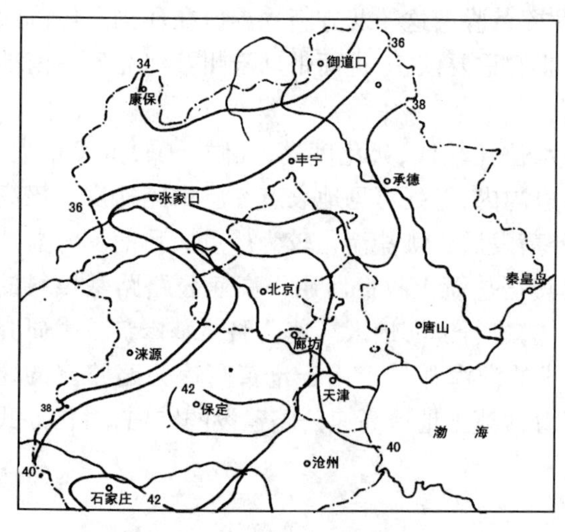

图 1-1 渤海西岸极端最高气温

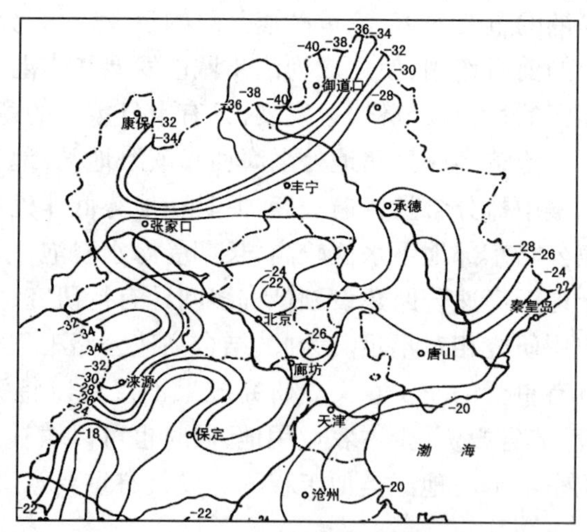

图 1-2 渤海西岸极端最低气温

（2）沿海地区是河北省降水量最大的地区，在地域上相差不大，平均年降水量为 600 ~ 700mm，其中唐秦地区大于沧州（见图 1-3）。本区降水具有季节分配不均、降水变化率高、年际变化大等特点，降水主要集中在夏季，60% ~ 75% 集中在 6 ~ 9 月份，冬季降水量最小。年干燥度 K 在 1.0 ~ 1.3 之间，属于较湿润类型（见图 1-4）。年平均无霜期 147 ~ 200d。

(3)本区地处东亚季风区,冬夏风向有明显的季节转换。冬季盛行偏北风,春季盛行偏南风,夏季盛行南到东南风,秋季又开始盛行偏北风,在海岸带还常见海陆风。本区年平均风速 2.8 ~ 5m/s,随季节变化,大部分地区以春季最大,冬季次之,夏季最少。各月份风速以 4 月份最大,8、9 月份最小。最大风速分布与平均风速相似,风速 18 ~ 27m/s。

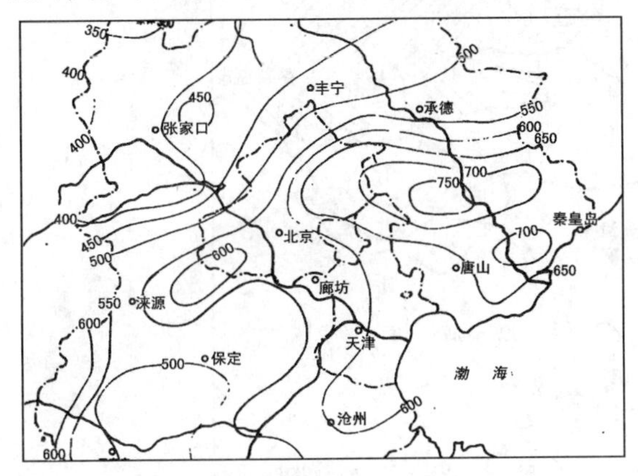

图 1-3 渤海西岸平均年降水量

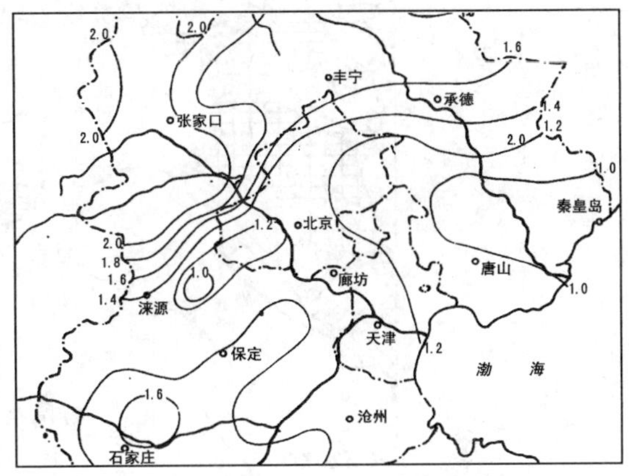

图 1-4 渤海西岸年干燥度

1.2.3 地形、地貌

渤海西岸地区除秦皇岛北部为丘陵地区,地势稍有起伏外,其他地区均较平坦,基本上由内陆向渤海,地势由高到低,海拔从 10m 左右到海平面(见图 1-5)。滨海地带属于 III_3 滨海平原亚区。该区分布于渤海湾沿岸的滨海地带,主要为海浪冲击作用,以粉砂及淤泥质土沉积为主,结构松散,固结差,地下水埋藏极浅,是不良的工程地质地段。渤海西岸地区的洼地也很多,面积很大,多是古代消失的湖泊(见图 1-6)淤积而成,多为季节盐积水洼地,主要堆积物为一般黏性土和淤泥质土,有沼泽化和盐渍化现象。

1.2.4 大地构造与前第四系地层

根据黄汲清、任纪舜等《1:400 万中国大地构造图》,渤海西岸含两个迥然不同的Ⅰ级构造单元(见图 1-7)。大致以北纬 42°线的康保—围场深断裂为界,其北为具活动性的内蒙—大兴安岭地槽褶皱系(I_1),其质变主旋回为华力西期;以南属中朝准地台(I_2),它与典型地台的区别主要在于后期中、新生代的剧烈活动性。渤海西岸地区位于中朝准地台(I_2)的东侧,跨越两个Ⅱ级构造单元,即II_2^2 燕山台褶带和II_2^4 华北断坳,次一级的又包括 3 个Ⅲ级构造单元。

1) III_2^8 山海关台拱

III_2^8 山海关台拱属于 II_2^2 燕山台褶带的次一级构造单元,位于秦皇岛和唐山东北部,北、西、南三侧均以断裂为界,平面略呈指向西南的锐角三角形,向东延入辽宁。西界的北北东向的青龙—滦县大断裂,是当时燕山海槽东部边缘的一个重要的同生生长断裂,在断裂西侧地区大幅度拗陷的中元古代,以东的山海关台拱区则基本保持了正性状态,直到晚远古代长龙山期才遭遇海侵。因此,该区主要由太古代基底组成,整体为一硕大的紫苏花岗片麻岩—混合花岗岩穹隆,直径 60 ~ 70km,燕山旋回的岩浆侵入及喷发活动均较强烈。本区范围内未划分Ⅳ级构造单元。

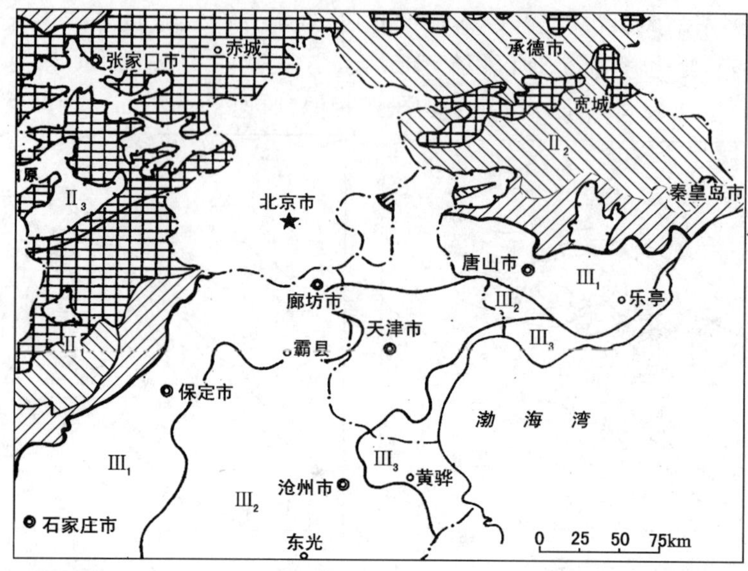

图1-5 渤海西岸地貌分区略图

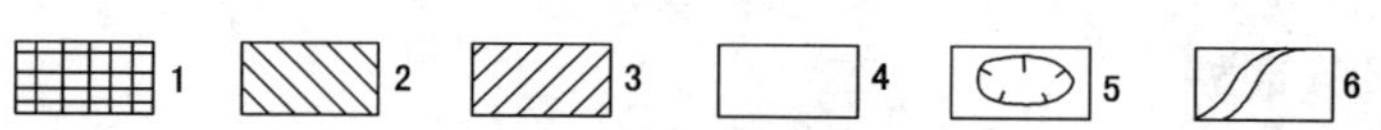

1-中山； 2-低山； 3-丘陵； 4-平原及波状平原； 5-盆地； 6-区及亚区界线

Ⅰ 内蒙古高原区；
Ⅰ1康保丘陵亚区；
Ⅰ2大青沟—沽源波状平原亚区；
Ⅰ3张北—御道口低山丘陵亚区；

Ⅱ 燕山—太行山中低山区；
Ⅱ1冀北中山亚区；
Ⅱ2燕山中低山亚区；
Ⅱ3冀西北山间盆地亚区；
Ⅱ4太行山中低山亚区；

Ⅲ 河北平原区；
Ⅲ1山前倾斜平原亚区；
Ⅲ2中部低平原亚区；
Ⅲ3滨海平原亚区

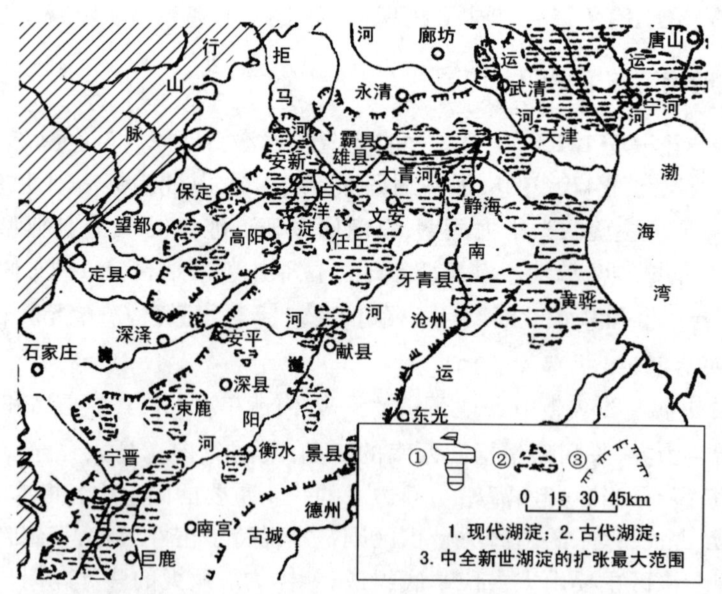

图 1-6 渤海西岸古代湖泊分布图

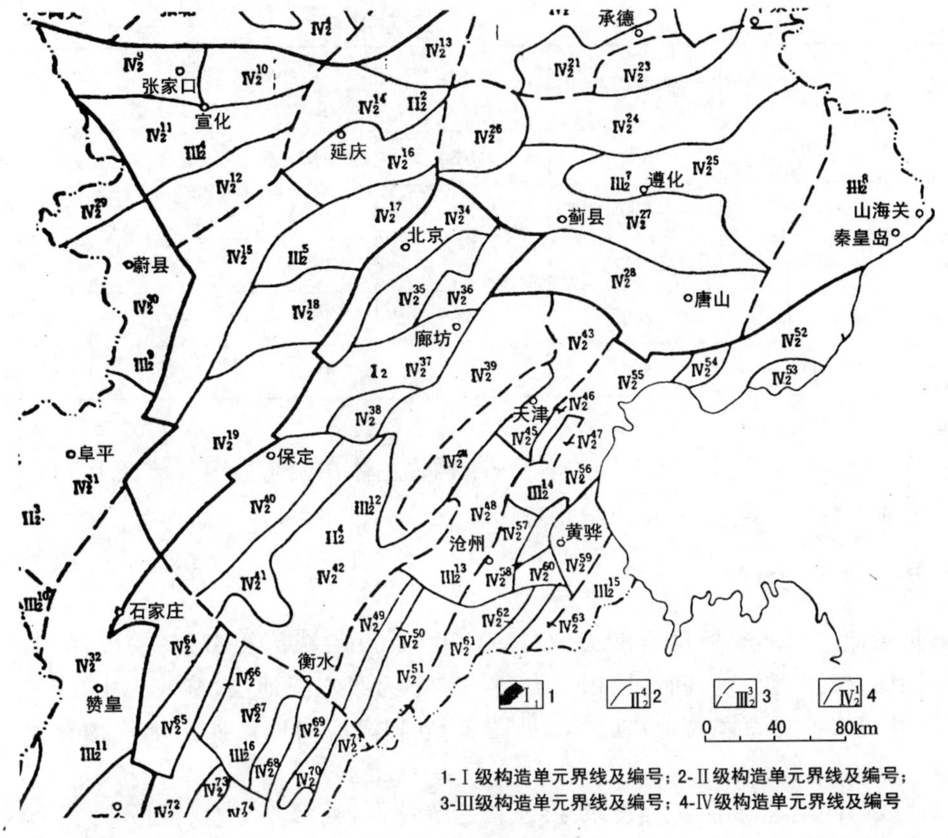

图 1-7 京津冀构造单元分区图

2) $Ⅲ_2^{14}$ 黄骅台陷

$Ⅲ_2^{14}$ 黄骅台陷主要包括渤海湾北、西两侧的滨海地带及部分水域，平面呈自南而北由北北东向转为北东东向的弧形，南段收拢，北段撒开，周边被断裂围限。该区的前新生界基岩发育齐全，自中—上元古界至侏罗、白垩系积厚逾万米。新生代，由北东、北西两组断裂相互交切形成的级别不等、形态不同的断块活动剧烈，最大堆积厚度可达 8000m。其次一级(Ⅳ)构造单元特征见表 1-1。

黄骅台陷Ⅳ级构造单元特征简表 表 1-1

编号	名　　称	面积(km^2)	走　　向	新生界最大厚度(m)		基　　岩
				Q + N	E	
$Ⅳ_2^{52}$	南堡断凹	1300	NEE	3000	5000	Mz、Pz
$Ⅳ_2^{53}$	马头营台凸	450	EW	2000	0	Mz
$Ⅳ_2^{54}$	柏各庄断凸	300	NE	1500	0	Pz
$Ⅳ_2^{55}$	北塘段凹	1400	NEE	2000	4000	Mz、Pz
$Ⅳ_2^{56}$	板桥断凹	1150	NNE	2200	5400	Mz、Pz_2
$Ⅳ_2^{57}$	沧东断凹	500	NNE	1600	3600	Mz
$Ⅳ_2^{58}$	齐务家台凸	250	NE	1500	0	Mz

续上表

编号	名　称	面积(km^2)	走　向	新生界最大厚度(m)		基　岩
				Q+N	E	
$Ⅳ_2^{59}$	岐口断凹	900	NE	2200	3000	Mz、Pz_2
$Ⅳ_2^{60}$	孔店台凸	600	NE	1600	0	Mz、Pz_2
$Ⅳ_2^{61}$	南皮断凹	2000	NNE	1800	3000	Mz
$Ⅳ_2^{62}$	徐里台凸	500	NE	1250	0	Mz、Pz、Ar
$Ⅳ_2^{63}$	盐山断凹	650	NE	1800	2300	Mz、Pz_2

3) $Ⅲ_2^{15}$ 埕宁台拱

$Ⅲ_2^{15}$ 埕宁台拱仅跨占渤海西南岸的河北省一隅,主体在山东界内。该区上第三系直接覆盖于太古界或下古生界之上,早第三纪相对隆起。

1.2.5 第四纪地层

渤海西岸地区第四纪地层厚度大,总厚度 20 ~ 500m;成因类型复杂,以冲积、洪积、海积、湖积及其过渡类型为主,间有风积等类型。其下为第三纪地层,基底为中生代和古生代古老地层,其分布参见京津冀地质略图(见图 1-8)和渤海西岸第四纪堆积物分布图(见图 1-9)。

依该地区第四纪地层层序、厚度及地貌、构造等特征,其第四纪地层划分为三个区十个小区(见图 1-10)。沿海地区包括在Ⅲ河北平原区的$Ⅲ_7$ 山海关小区、$Ⅲ_3$ 黄骅小区和$Ⅲ_4$ 埕宁小区中。

1) $Ⅲ_7$ 山海关小区

山海关小区包括滦县至昌黎、秦皇岛以南的山前平原地区,南与黄骅小区相接,西与唐山小区相邻。本小区第四系一般厚 20 ~ 80m,局部达 100m,下伏古生代前地层。一般缺失杨柳青组及固安组。区内第四系以冲洪积为主,其间夹海相层。在秦皇岛至北戴河一带的全新统中,海相层厚度较大,占本统厚度的 80% ~ 90%。上更新统(相当于欧庄组)为冲积亚砂土夹砂砾石层,砂砾石层延伸到海岸线水面以下。全新统为冲积、洪积相及泻湖、海相沉积物及风成砂,冲洪积相中夹层位不稳定的泥煤。昌黎县杨古庄柱状剖面自上而下为:

①棕黄色亚黏土含小角砾,角砾直径 0.3 ~ 5cm,厚 1 ~ 3.5m;

②灰黄色含砂亚黏土,略显水平层理,厚 2m;

③灰黑色黏土含微量石英砂砾,黏性大,可塑性差,厚 1 ~ 3.5m;

④灰色含黏土的粉砂,厚 1 ~ 3.5m;

⑤黑色泥煤,质地松轻,细腻有滑感,易碎裂,厚 1 ~ 3.5m;

⑥黑色含贝壳亚黏土,含多种贝壳化石,厚 1 ~ 3.5m;

⑦黑色泥煤,特征同⑤,厚 1 ~ 3.5m;

⑧灰黑色含贝壳亚黏土,特征同⑥,厚 1 ~ 3.5m。

泻湖相分布在秦皇岛东南李庄至王家庄一带,面积约 $20km^2$。李庄钻孔地层剖面多为灰色、黄色细砂、泥质粉砂及粉砂层。在海岸一级阶地、海岸前沿及海滩，可见海岸和海岸堤沉积。

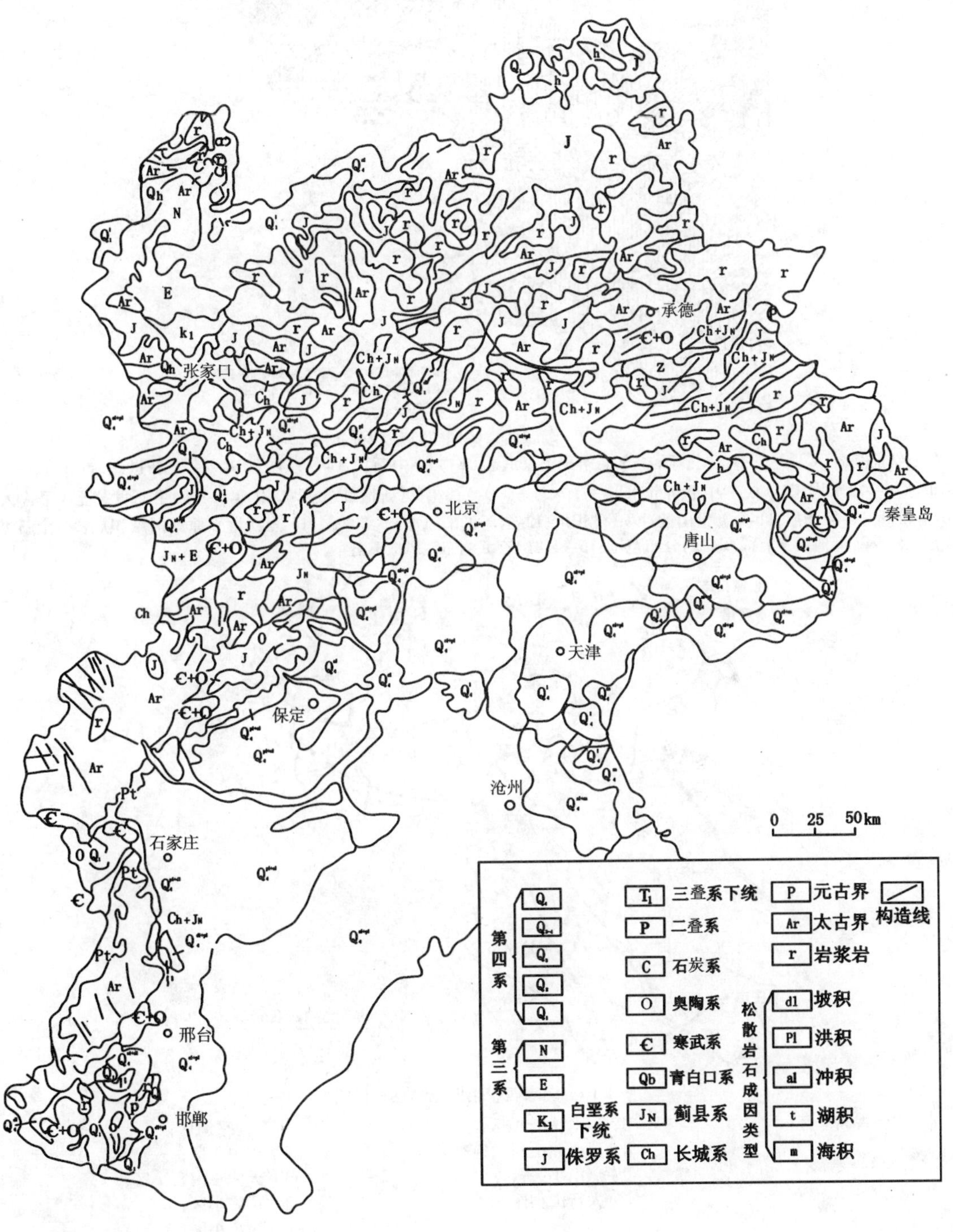

图1-8 京津冀地质略图

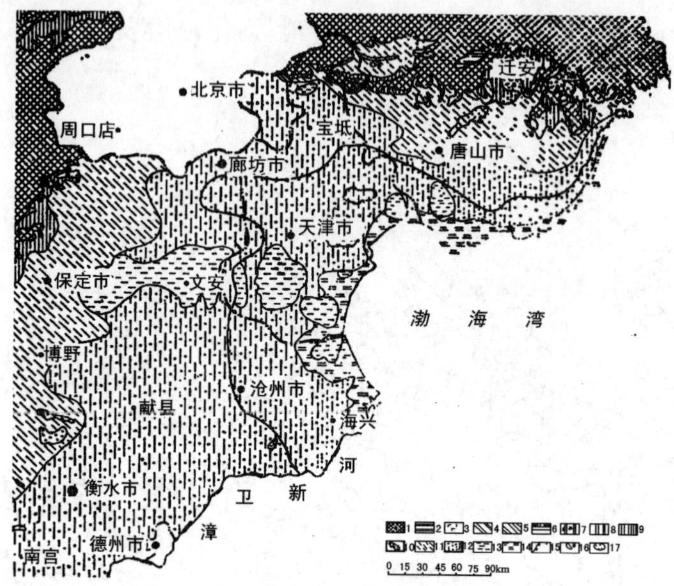

图 1-9　渤海西岸第四纪堆积物分布图

1-第三纪前基岩(G);2-老第三纪砂砾岩;3-老第三纪玄武岩(E_3);4-中新世泥岩夹砂岩(N_1);5-上新世泥岩(N_2);6-早更新世冰川—冰水堆积(Q_1);7-中更新世冰川—冰水堆积(Q_2);8-中更新世红黄土堆积(Q_2^2);9-晚更新世黄土堆积(Q_3);10-全新世河谷冲积层;11-全新世山前冲积、洪积层;12-全新世平原冲积、湖积层;13-全新世平原湖沼堆积层;14-全新世海积层;15-全新世地层夹有海积层的分布范围;16-第四纪玄武岩;17-风成砂丘

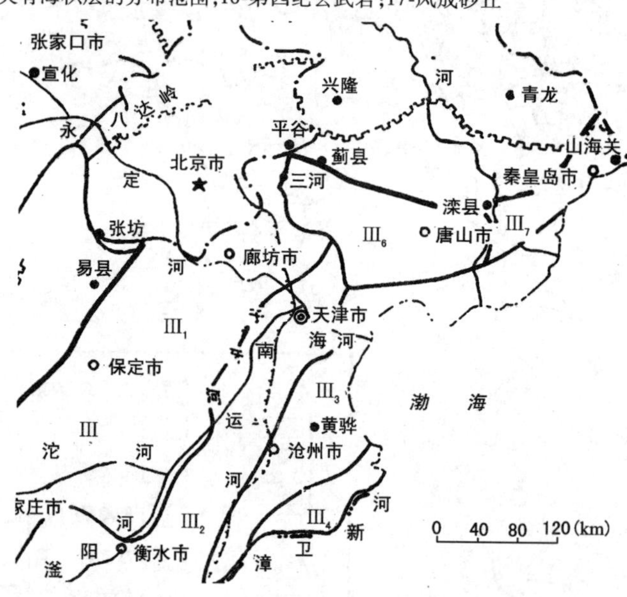

图 1-10　渤海西岸第四纪地层分区略图

Ⅰ 内蒙古高原区；

Ⅱ 燕山、太行山区；
$Ⅱ_1$ 冀西北山间盆地小区；
$Ⅱ_2$ 燕山小区；
$Ⅱ_3$ 太行山小区；

Ⅲ 河北平原区；
$Ⅲ_1$ 冀中小区；
$Ⅲ_2$ 天津—南宫小区；
$Ⅲ_3$ 黄骅小区；
$Ⅲ_4$ 埕宁小区；
$Ⅲ_5$ 邱县—临清小区；
$Ⅲ_6$ 唐山小区；
$Ⅲ_7$ 山海关小区

2）Ⅲ_3 黄骅小区

黄骅小区位于宁河至滦南一线以南，沧州至东光一线以东，南到省界，东南与埕宁小区相邻，北达渤海湾。本小区为拗陷地带，第四纪厚度一般450～550m。假整合覆于第三系之上。本区第三系有以下特征：

（1）以三角洲相、河道带相及湖相地层为主要海相层，并广布全区。根据本区地层特征分为三个地段：渤海湾北岸陡河河口以东、唐山至乐亭以南的滨海地区属滦河三角洲平原，第四系厚度450～500m，为灰、灰黄色亚黏土与砂层交替堆积；在深度250～300m以上见3～5层海相层或海陆过渡层，含丰富的有孔虫及海相介形虫类；陆相地层中则以河流相三角洲相及湖泊相为特征。渤海湾西岸黄骅至宁河一带为海河河口三角洲地带，包括北大港及南大港，深度100～150m以上为灰、灰黄色堆积物，之下为褐棕黄色堆积物。黄骅以南以冲积、湖积地层为主，在深度100～150m以上普遍存在3层海相层，在近岸地带深度150m以下可能存在2层海陆过渡相地层。此外，还见2～4层火山碎屑层及玄武岩。

（2）地表有两道可作为海退标志的贝壳堤。

（3）本小区南部可能为古黄河泛滥区，在深度100m以上有多层棕红色、质纯、细腻的黏土夹层，并含大量粉土质。

3）Ⅲ_4 埕宁小区

埕宁小区位于盐山、吴桥以东地区，北邻渤海湾，东南延伸到山东境内。本小区为隆起区，第四系厚一般为350～375m，下伏第三系，厚度也较薄。第四系以三角洲相与湖相为主，在深度250m以上有3～4层海相层，属浅海相沉积环境，产丰富的有孔虫。由上而下可分出灰黄、棕黄、棕色、棕红及紫红色段。杨柳青组及固安组为厚层黏土夹薄砂层为主，反映以湖相沉积为主。海兴县小山有火山熔岩及火山碎屑成之穹丘。

1.2.6 地质构造

该区域内展布有多种构造体系，彼此间关系复杂，联合复合现象皆存在。它们在漫长的地质历史发展过程中，经历了多次构造变动，是不同时期不同构造运动的产物。按其类型可分为纬向构造体系、经向构造体系、华夏构造体系、新华夏构造体系、山字形构造体系。其中纬向构造体系、华夏构造体系和新华夏构造体系是主要的构造体系，它们分布广、规模大、影响深，彼此间互相交切，共同组成了本区的基本构造格架。它们在不同地区不同程度地控制着不同时期的沉积作用、变质作用、岩浆活动，甚至现今地貌景观山丘、平原、水系分布以及地震活动规律等都明显的受此构造格架制约（见图1-11）。

新华夏构造体系，分布广、规模大，影响深，走向多为北北东向。以压扭性断裂为主，褶皱次之，与同体系相派生的北西向或北西西向断裂互相交切，并被后者切割、推移发生偏转，显现出多字形排列的特征。按其类型本区新华夏构造体系大致可分为岩石圈断裂、地壳断裂和基底断裂。主要有沧东断裂、涞水断裂、牛家桥—百尺口断裂、陡河断裂、桃园断裂等。

1.2.7 活断裂与地震

渤海西岸地区属新华夏系北东向断裂构造的黄骅凹陷和埕宁隆起区。凹陷西侧与沧县隆

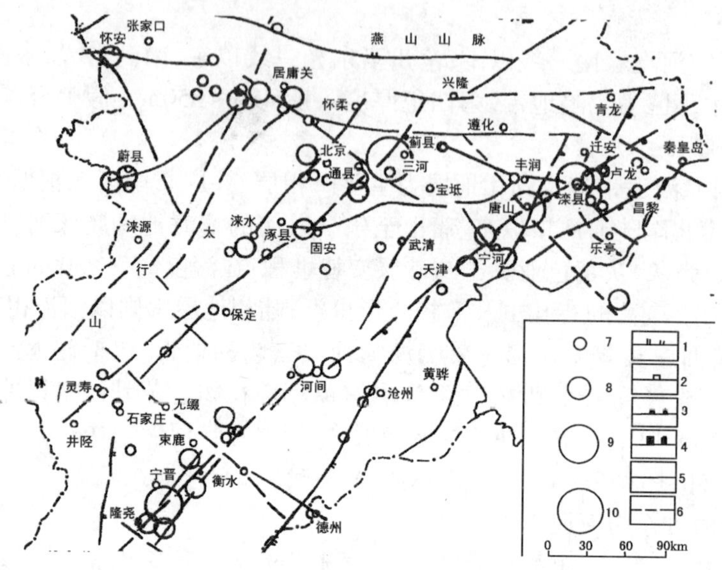

图 1-11 渤海西岸地区构造体系与强震中分布图

1-纬向构造体系;2-经向构造体系;3-新华夏构造体系;4-华夏系构造;5-断裂;6-推断断裂;7-5～5.9 级地震;8-6～6.9 级地震;9-7～7.9 级地震;10->8 级地震

起相邻,东侧北段濒临渤海,东侧南段以赵家堡—盐山断裂与埕宁隆起分开,在凹陷内部,平行于凹陷轴向的张性断裂发育。自吕梁运动后,区域内地壳逐步稳定,存在一条北北东向的基地隆起,并接受了震旦纪及古生代地层沉积。在古生代与华北凹陷区一起整体下沉,接受了寒武—奥陶纪的碳酸盐沉积,中奥陶纪末,加里东运动使区域内地台整体抬升,缺失上奥陶—下石炭系地层,中石炭纪—二叠纪为海陆交互相逐步转变为陆相。中生代,燕山运动是华北地区又一次大规模运动,产生了规模宏大的北东—北北东向的新华夏结构,地台破碎,岩浆侵入,火山喷发,生成众多的断陷盆地,黄骅凹陷区属于这一类型。新华夏构造体系挽近期以来活动性强,断裂带规模大,影响地壳较深,它不仅影响和控制着河北平原沉降区新生界的沉积厚度,而且也影响了河北平原地震的发生,当此构造与华夏系和纬向构造体系的构造带相交或复合时,易发生大地震。这是华夏构造体系挽近期构造的主要特征。总体来说,控制本区地质构造的断裂主要有沧州—大明深断裂、海兴—宁津大断裂、孟村西断裂、青龙—滦县大断裂、固安—昌黎大断裂及陡河大断裂,这些断裂均为隐伏性活动断裂(见图 1-12)。

1)沧州—大明深断裂

该断裂为平原区的一条重要的隐伏性断裂。断裂北起丰润、唐山之间,向南经天津、沧州、德州、大明延入河南,总体走向北东 30°左右,长约 500km。该断裂在沧州以北,走向有所变化,在天津界被近东西向的固安—昌黎大断裂水平错移。该断裂切穿整个地壳,属硅镁层断裂;断裂两盘的新生界发育程度差异明显,断面向南东陡倾,为中新生代继承性活动的正断层。

2)海兴—宁津大断裂

该断裂为一条北北东走向的大断裂,它位于沧州—大明深断裂的东侧,两者近似平行分布,平面相距 55km 左右,倾向相对,共同组成中新生代的带状地堑。该断裂向北进入渤海湾水域,向南延入山东,长 80km 左右,海兴小山一带的中更新世火山碎屑岩的堆积,显示了断裂

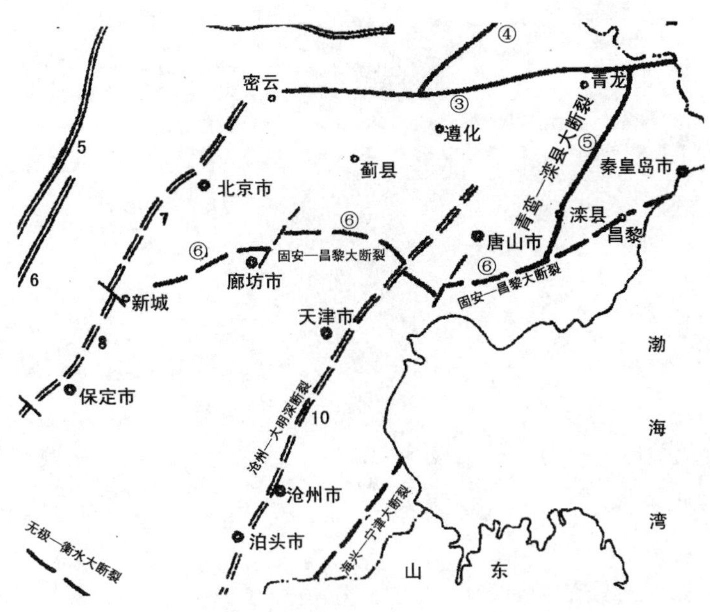

图1-12 渤海西岸地区活动断裂分布图

在挽近时期的活动性。

3)孟村西断裂

该断裂走向呈北北东向,与沧州—大明、海兴—宁津两条深大断裂平行,介于两者之间,根据所搜集资料发现,该断裂倾向北西,属正断层性质,属于深大断裂派生的次生小规模断裂,延伸长度55km左右,其活动性相对较弱。

4)青龙—滦县大断裂

该断裂北起青龙扎兰杖子,向南沿青龙河谷经卢龙、滦县隐入华北平原,总体走向北东25°左右,向北西陡倾,长150km以上。属压扭性断裂。断裂向南,隔渤海湾同海兴—宁津大断裂遥遥相接。

5)固安—昌黎大断裂

该断裂位于燕山山前平原区,全线隐伏。西起固安,向东经廊坊、宝坻、昌黎,再东入渤海。走向近东西,长约320km。断裂活动西弱东强,属中新生代继承性活动的正断层。

6)陡河大断裂

新华夏系陡河断裂大体沿陡河展布。北由榛子镇,经唐山延至塘沽一带,长百余公里,为震区内显要的构造形迹。走向北东30°,倾向北东,倾角70°,断面陡立。陡河断裂历史地震活跃,1934年以来小震活动增强,发生过1970年丰南4.8级地震,最大震级就是1976年唐山7.8级地震。陡河断裂近期活动强烈,断裂带上第四纪以来新活动的痕迹屡见不鲜。

华北东部是我国多震地区,据《中国地震动参数区划图》统计,全区大于等于Ⅶ度的面积比率约为1/2。成灾地震绝大多数是构造地震,构造地震是地质构造活动引起的,渤海西岸地区的地震活动多是由上述活动断裂影响和控制的。根据《中国地震动参数区划图》,河北省渤海西岸地区3市7县的地震烈度及动峰值加速度见图1-13和表1-2。

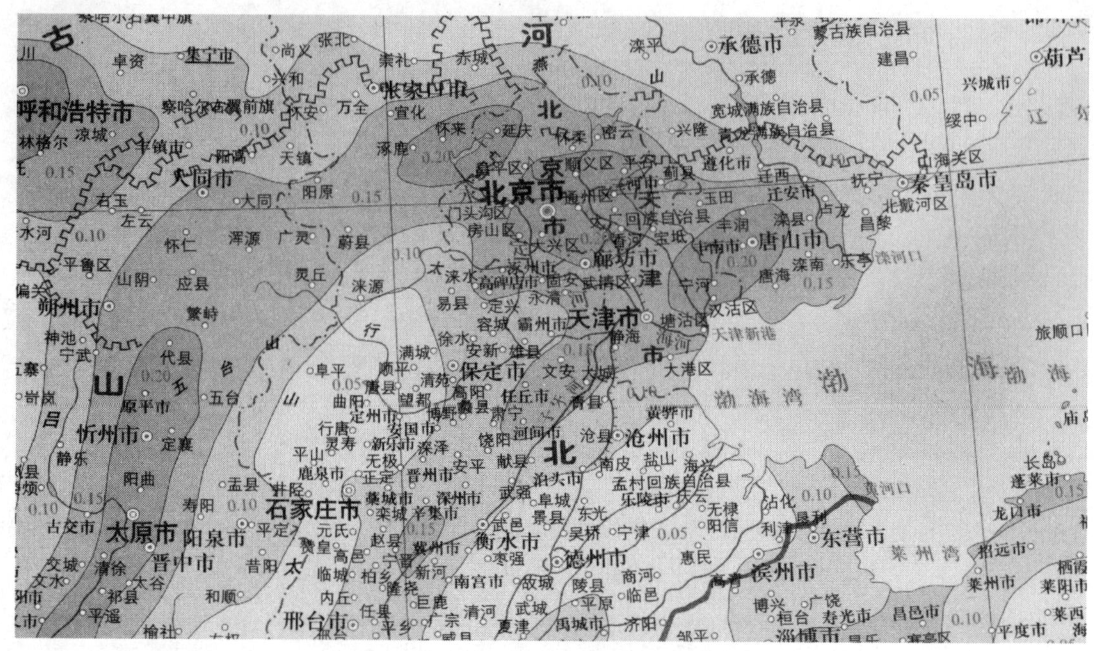

图 1-13　渤海西岸地震动参数区划图

河北省渤海西岸地区 3 市 7 县的地震动参数区划表　　表 1-2

区　域	地震烈度	地震加速度	设计地震分组
沧州	Ⅶ	0.10g	第一组
唐山	Ⅷ	0.20g	第一组
秦皇岛	Ⅶ	0.10g	第二组
黄骅	Ⅵ	0.05g	第二组
海兴	Ⅵ	0.05g	第二组
昌黎	Ⅶ	0.10g	第一组
乐亭	Ⅶ	0.15g	第一组
滦南	Ⅶ	0.15g	第一组
唐海	Ⅶ	0.15g	第一组
丰南	Ⅷ	0.20g	第一组

1.2.8 水文和水文地质

1）水文

河北省东部沿海地区，成陆较晚，历史上经历多次海侵。地势低洼，河渠纵横。大部分河流均由西向东注入渤海，地表径流的季节变化及年际变化均较大。沿海沧唐秦地区地表径流主要有海河、滦河两大水系。此外，还有一些小河、湖泊、洼淀所组成的内陆流域。海河水系是本区最大的水系，流域面积 12.46 万 km^2，它由北运河、永定河、大清河、子牙河、南运河五大河流以及众多的支流组成，像一把巨形扇子铺展开来，最后在天津附近汇集于海河入渤海，全长 1090km。滦河发源于河北省丰宁县，全长 888km，流域面积 5.54 万 km^2。支流众多，流域面积在1000km^{2}以上的有10条。众多支流汇集于滦河，经昌黎、乐亭两县的界河入渤海。流域内主要河流有：子牙新河、北排河、捷地碱河、南排河、石碑河、宣惠河、漳卫新河、新河、青河、第二泄洪道、第一泄洪道、溯河、青龙河、双龙河、黑沿子排水渠、沙河、陡河等。

2）水文地质条件

渤海西岸地区地下水属河北平原松散岩类孔隙水，水位较浅，上覆较厚的咸水，下为深层淡水。沿海地区赋存于第四系多层交叠松散沉积物中的地下水，经历了第四纪以来的新构造运动、海平面升降和气候变迁，构成了一个水文地质结构复杂而又相互联系的统一的地下水系统。根据地下水的埋藏条件、补径排条件和开采利用条件等，本区第四系松散岩类孔隙水划分为两大含水岩组：

（1）潜水—微承压含水岩组。埋藏于晚更新世晚期至全新世地层组内，含水层岩性为卵砾石、中粗砂、中细砂及粉细砂层。由于降水补给少，蒸发大，另外，受海潮咸水的影响，大部分地区浅层地下水矿化度大于3g/L，属于微咸水至咸水，地下水以接受大气降水、河渠回渗等垂向补给为主，以开采蒸发为主要排泄方式。

（2）承压含水岩组。埋藏于包括更新世早期、中期和部分晚期的地层组内，分布于咸水体以下。含水层岩性以中粗砂、中细砂、细砂和粉细砂为主。目前开采的底板埋深为100～400m不等。在长期大量开采的条件下，因水头的急剧降低，地下水已由自然状态下的自下而上顶托运移，改为自上而下的越流。目前，越流补给正成为深层淡水的一项重要的补给源。浅层地下水由山前至滨海，由淡水过渡到微咸水、咸水，水化学类型由重碳酸盐型、重碳酸—硫酸盐型过渡到硫酸盐型、硫酸盐—氯化物型、氯化物型，水的矿化度由<0.5g/L、<2g/L、2～5g/L、>5g/L的规律自西向东演变，至滨海地区，矿化度最高可达35g/L。浅层地下水中，氟的富集具有分带性及点灶状的分布特征，交接洼地如白洋淀、宁晋泊一带氟含量可高达2～4mg/L，滨海地区如青县一带高达6mg/L。浅层咸水体大致分布于沿乐亭、宝坻、霸县、高阳、辛集、鸡泽一线以东至渤海湾的广大平原区，其底板埋深受基底构造及水文地质条件等因素控制，一般自西向东呈台阶状下插，最大深度超过400m，顶板埋深则与上覆的浅层淡水发育程度有关，西部最大可略大于50m，东部可浅至地表。咸水的水化学类型总的变化规律由西向东随着矿化度的增高，氯化钠的含量增高，水型由重碳酸盐型向硫酸盐型、氯化物型转变。矿化度一般在10～35g/L，深层淡水的pH值一般在7.6～8.4之间，属弱碱性—碱性水。氟含量普遍较高，一般为2.0～6.5mg/L。

渤海西岸沧州地区浅层地下水主要受大气降水、河渠渗透补给。年水位变幅在2～4m之间，水位埋深1～6m，单位出水量1～5t。由于降水补给少，蒸发大，受海潮咸水的影响，大部分地区浅层水的矿化度大于3g/L，最高矿化度达到40g/L。浅层淡水较少，主要分布在河渠两侧、滨海古沙丘区、古河道分布区以及村庄附近的长期积存淡水的坑塘周围。深层地下淡水除存在第四系松散砂层的孔隙和土层裂隙之中，为多层结构的松散岩类孔隙，厚度在350～580m之间，水文地质条件复杂，其砂层岩性，水质、水量变化很大，但在水文地质条件上有它的规律性。从浅层到深层（0～420m）都存在咸水段，深层淡水埋深越往东越深。咸水分界起伏不平，自西向东倾斜，深部的含水层自西向东逐渐变薄，颗粒逐渐变细，砂层变少，单层厚度变薄。由于地下水的超量开采，该地区东部平原深层地下水位普遍下降了40～60m，已形成7个深层地下水位降落漏斗，即沧州漏斗、青县漏斗、黄骅漏斗、任丘漏斗、冀枣衡漏斗、廊坊漏斗、霸州漏斗，漏斗总面积达43915km^2。由于深层地下水位下降造成了大面积地面沉降。截至目前，沉降量大于2000mm的范围已覆盖了整个沧州市区。沧州地面沉降中心沉降量达2236mm。

河北省唐秦地区的地下水属平原孔隙潜水。地下水主要由大气降水、河渠渗透补给，排泄以蒸发为主，小部分向河渠排泄。水位埋深在0.5～12m之间，年水位变幅在1.3～2.5m之间。本区大部分地段属于地下水微淡化区，地表至40～100m为咸水体，矿化度在10～35g/L，其下为淡水，由于长期引滦河水压盐，潜水的表层已大面积淡化，矿化度小于2g/L，局部在4～10g/L，由于近年工农业发展，地下水大量超采，局部形成地下水降落漏斗。本区西南部汉南铁路以南属于咸水区，该区位于滨海沼泽和大片洼地，地下水埋深0.8～1.5m，矿化度普遍在30g/L以上。

1.3 滨海地区高速公路路基修筑面临的问题

滨海地区路基填料在干旱季节失水收缩，在雨水入渗、地下水的毛细作用及地下水分迁移时又吸水饱和膨胀，路基将长期承受着干湿、水分迁移以及冻融的影响，这样往复的作用及上部行车荷载的影响将导致填料土体结构的变化，土的强度逐渐降低，在重载车辆的长期作用下，路基强度势必随着时间的延长逐渐衰减，出现强度降低或产生过大的沉降和不均匀沉降变形，引起路面结构层弯拉应力增大及路基边坡稳定性不足，易产生路基路面病害，严重影响着道路的长期稳定性及其路用性能。另外，路基的渗漏量超过容许值时，会发生水量损失导致事故发生。

因此，为保证滨海高速公路地区路基土水分迁移、干湿循环条件下及行车荷载作用下的安全，研究路基长期稳定性，对保证高速公路具备良好的路用性能具有重要的意义。这个问题的解决，对于减少和预防滨海地区高速公路的早期病害，提高高速公路的使用性能，延长使用寿命，实现公路的可持续发展，具有重要的理论、社会和经济意义。

1.3.1 外界环境引起的路基病害

1）行车荷载引起的病害

沥青路面在使用过程中所出现的沉陷、车辙和裂缝等损坏，虽然一部分是由于路面各结构层本身的变形所引起的，但相当大一部分是路基过量的残余变形所造成的。滨海地区的软土地基一般处于饱和软塑（或流塑）状态，含水率高，孔隙比大，且具有显著的触变性和较高的压缩性。于是修建道路工程以后，在行车荷载的作用下，湿软路基将产生显著的永久残余变形，表现为较大的工后沉降和不均匀沉降，并逐步反映到路面，进而影响路面结构的使用性能和使用寿命。

2）干湿循环引起的病害

滨海地区路基填料在干旱季节失水收缩，在雨水入渗、地下水的毛细作用及地下水分迁移时又吸水饱和膨胀，这样往复的作用及行车荷载的影响将导致填料土体结构的变化，土的强度逐渐降低，最终引起路基的破坏，继而反映到路面上表现出不均匀沉降和裂缝。

3）冻融循环引起的病害

由于大气温度下降，使土体中的水尤其是外界补给水分的聚集冻结使土体的体积增大，导致路基、基层或底基层冻胀,引起附加的应力和变形。自然条件下由于滨海地区路基土质、地下水分迁移状态及冻结条件的不均一性,会产生不均匀冻胀;到了春季,随着气温的上升,冻结后的土体从上层开始融化,但冻土层的下层尚未溶解,水分无法下渗,使土体含水率增大,在行车荷载作用下就会使上部结构发生沉陷变形及道路融沉等现象。

1.3.2 滨海盐渍土内在因素引起的病害

1)氯盐渍土的主要工程性质

沿海地区盐渍土含盐成分与海水一致,主要是氯化物,含盐量一般小于5%,氯化物盐渍土主要特点是:

(1)溶解度大。氯盐是溶解度最高的易溶盐,因而为其淋湿提供了条件,即不论什么季节,只要有水的作用,就会出现不同程度的淋湿现象。

(2)有明显的吸湿性。滨海地区地下水位低,尤其在雨季,由于氯盐明显的吸湿性容易使路基土过分湿化,会加重路基的翻浆及边坡病害。在冬季则加重冻胀病害。

(3)氯盐渍土的可塑性。氯盐使盐渍土的液限和塑限降低,因此,使土在较小的含水率时达到液性状态,即在较小的含水率时丧失了强度。因此,在含水率相同的条件下,氯盐渍土的强度较非氯盐渍土的强度低,这种情况在雨季对路基的稳定性是不利的。

(4)能使冰点显著降低。其对公路路基的影响主要是溶蚀、冻胀和翻浆。路基填土中氯盐超过一定数量,将对石灰或水泥造成有害的侵蚀作用,使固化土的密度、强度和水稳性降低。

2) 盐分在土中的移动规律

(1)盐分运移与环境条件的关系

①气候:北方滨海地区属于暖温带半湿润季风气候,降水分布不均,年际间和年内季节间的降水量差异大,蒸发是水的主要支出形式。降水多时地下水位上升,干旱时土中的盐分随水分蒸发而上升至上部土层中积累,导致土壤盐渍化。北方滨海地区常表现出以下规律:春季强烈蒸发,盐分表聚;夏季降水洗盐;秋季水量平衡,盐分含量不变;冬季盐分和水分上移。氯化钠结晶是由于水分蒸发、盐分浓缩形成,春季刚好是蒸发量最大的季节,北方滨海地区的盐胀主要发生在初春季节。

②地形地貌:土壤盐渍化一般发生在低缓的平原处。通常,越靠近海岸线,土的含盐量越高;地下水位越浅,土壤盐渍化程度越重。

③温度:温度上升时,水的黏度系数降低,减小了离子移动时所受水分子的阻力,加快了离子扩散,同时离子热运动平均动能随温度升高而增加,使其克服土壤静阻力的能力也增加,从而影响溶液中溶质离子的迁移。温度变化又影响土中溶质成分的溶解度。

④地下水位:地下水位是影响土中水盐均衡的重要指标。相同条件下,地下水位越高,潜水补给蒸发量越大,盐分在土中积累越多。降水或灌溉时,土中盐分被淋溶,此后随着排水和蒸发,地下水位开始回降,因蒸发土中开始积盐,直到水位降至临界深度以下。地下水位回降越慢,土中积盐越多。

(2)垂直移动规律

盐渍土中的易溶盐在一年中随着气温、降水、蒸发和水文条件的变化而发生周期性的聚积与淋溶。在干旱季节,气温升高,蒸发量大,矿物含量高的地下水,由于毛细管作用,携带易溶盐从地下上升，水分蒸发后，盐分结晶析出，在地表聚积。在潮湿降水季节，则地表部分易溶盐溶解而随水下渗，表层的含盐量则相对减少，下层含盐量增大。

(3)水平移动规律

当地下水在土层中流动或地面水沿地面流动时，部分易溶盐即溶入水中被带走，而在地势低洼的地带聚积析出，即形成易溶盐的水平移动。

(4)路基中盐分分布变化规律

①盐分伴随毛细水上升。当地下水位较高时，含有盐分的地下水就会通过土的毛细管作用上升，当上升的高度超过路基底面时，由于地表蒸发或气温降低，都会使毛细水中的盐分析出而滞留在路基中。盐渍土的这种有害的毛细水上升能直接引起路基土含盐量的增加，进而使土的强度降低，产生盐胀、溶蚀等病害。

②盐分伴随地下水位降低而下渗。当地下水位下降时，降雨会溶解地表土体中的易溶盐，并随水分的下渗而将盐分带入地层深处，使地表土体中盐分降低。

③盐分伴随聚流上升。冬季气温下降，上层土基开始冻结，冻深不断发展。土基上层温度低，下层温度高，形成温度梯度。负温区土中的毛细水、自由水先冻结，形成冰晶体。温度继续降低，弱结合水也开始冻结，土基周围水膜减薄，多余的表面能，增加了从水膜较厚处的土粒吸收水分的能力，于是下层温度较高土中的水分就向上移动。若未冻结区域水源充足，且上层土不断冻结，会产生水分的连续迁移，从而形成聚流。聚流会使下卧层土基比较温暖，土体中的水分向路基上层已经冻结的土层聚集，增加路基中的水分并伴随盐分迁移。由于盐渍土中盐特有的物理化学性质，溶液的冰点比纯水低，路基下的水分就会有较长的时间向上聚集，即使在少雨的冬季，盐分入侵也十分严重。

④路面、路肩、边坡渗入。在盐碱地区，每当春夏冰雪融化或骤降暴雨后，形成地表径流，在其溶解了沿途中的盐分后成为含盐的矿化地表水。当其流经路面、路肩、边坡等道路结构时，这些矿化地表水就会渗入路基，使路基盐渍化。

⑤道路两侧差异积盐。在盐渍土地区，由于公路阻断原来的自然排水体系，还会造成部分地区公路路段两侧差异性积盐。

保持盐分均衡是使土不发生盐胀和溶陷的内在因素，控制水位升降和土层含水率的变化是其外在因素。因此路堤剖面结构形式应首先考虑隔断毛细水，其次考虑固化盐渍土的水稳性和力学强度。

3) 滨海盐渍土内在因素引起的病害形式

(1)溶陷

滨海地区地下水水位高，降水量较大，路基常处于潮湿状态。这将导致路基土中易溶盐状态的转变(结晶与溶液的相互转化)，能使路基土的密度下降，并较快地丧失其稳定性，造成路面泥泞，甚至溶陷、坍塌。

天然状态下的盐渍土，在土的自重压力或附加压力作用下，受水浸时产生的变形称为盐渍土的溶陷变形，包括雨沟、洞穴，甚至湿陷、塌陷等。盐渍土的溶陷变形由土体受荷载产生的压密变形和结晶盐溶解产生的附加溶陷两部分组成。盐渍土溶陷分为两种：一是静水中的溶陷变形，当浸水时间不长，水量不多时，水使土中部分或全部结晶盐溶解，土体结构破坏，强度降低，土颗粒重新排列，产生溶陷；或地表的部分易溶盐，由于降雨随水下渗，转入下层，土壤中的结晶盐被溶解，原填充部分出现了空隙，使土体的密实度降低，盐渍土地区路基中的雨沟、小洞穴也就这样形成了。二是当浸水时间很长，浸水量很大而造成渗流的情况下，盐渍土中部分固体颗粒将被水带走，产生潜蚀，由于潜蚀的结果，使盐渍土的空隙增大，在土体自重和外部荷载的作用下产生溶陷变形，这部分变形称为“潜蚀变形”。

(2)盐胀

一定含量的盐渍土在适宜含水率条件下表现出盐胀变形特性。在冬季，路基内的盐胀，可导致路面不平、鼓胀、开裂，是盐渍地区高等级公路最突出的病害。路基边坡及路肩表层在昼夜温度变化所引起的盐胀反复作用下，变得疏松、多孔，易遭风蚀等。

可将盐渍土的盐胀变形过程分为两个阶段：第一阶段表现为冷缩和盐胀，第二阶段为失水干缩。盐渍土土体在自上而下冻结过程中，水分和盐分自下而上迁移；含盐量的增量受冷却速度、地下水位、初始补给溶液浓度和土的初始干密度控制，均呈指数关系。含氯化钠盐渍土随温度降低出现冷缩现象，盐胀率低于1%。硫酸钠盐渍土，当硫酸钠含量小于1%时，盐胀率均小于1%；当硫酸钠含量大于2%时，盐胀量随硫酸钠含量的增加而迅速增大，并主要出现在-5~10℃区间。盐胀量与初始干密度呈平方关系、与初始浓度呈抛物线关系；当温度升高至土中硫酸钠溶液浓度所对应的临界结晶温度以上时，芒硝晶体会失水干缩，盐胀变形在失水干缩过程中，不能完全恢复，即每次的降温—升温循环后均有残余盐胀变形，使得土体中孔隙体积增大及下一次循环中盐胀变形增量减少。

盐渍土中硫酸钠盐的盐胀特性使盐渍土路基产生不同程度的盐胀变形，而氯化物盐的保湿溶陷特性使其盐渍土路基在高地下水位环境下产生溶陷、翻浆变形。同时在冬季冻结温度下还会产生冻胀变形，进一步加剧路基的变形破坏；在气温升高时，盐胀形成的芒硝晶体由于失水使盐渍土体产生疏松，路基浸水后在车辆荷载作用下，使路面产生不均匀溶陷变形。这种膨胀—沉陷变形随着季节的交替，在多次循环变形之后，路面就会出现严重变形破坏。

(3)冻胀

当路堤在冬季受到冻结作用时，水分经常是由温度较高的土层向温度较低的土层方向移动，以致在临界冻结深度聚冰层附近就发生水分聚集的现象。聚集的水分来自基底的地下水，通过其毛细管作用而上升，形成冰冻的土层中具有大小不同的冰粒或冰层，使其体积大大超过了土原有的孔隙和含水体积，即冻胀现象。

氯盐渍土，当含盐量在一定范围内时(一般为5%~8%)，由于冰点降低、水分聚流时间加长，可加重冻胀。但含盐量更多时，由于冰点降低多，路基将不冻结或减少冻结，从而不产生冻胀或只产生轻微冻胀。硫酸盐渍土对冻胀具有和氯盐渍土类似的作用，但冰点降低不如氯盐渍土多，因此，影响不如氯盐渍土显著。

(4)翻浆

土壤在春季融冻时，上层冰粒首先溶化，而下层尚未溶化，上层的水分无法下渗，致使上层填土中的含水率超过液限。在振动荷载的周期性挤压、冲击作用下，路基可能会出现翻浆。

氯盐渍土，当含盐量在一定范围内时，不仅可加重冻胀，也可加重翻浆，这是因为氯盐渍土不仅聚冰多，而且液、塑限因与含盐量成反比而降低，蒸发缓慢。当含盐量更多时，也因不冻结或减少冻结而不翻浆或减轻翻浆。硫酸盐渍土，在降低冰点方面，其作用和氯盐渍土类似，因此，也可加重翻浆，但不如氯盐渍土显著。春融时，结晶硫酸钠脱水可引起加重翻浆的作用。

(5)次生盐渍化

滨海地区水体矿化度高,且由于道路的修建可能阻塞地下水补给和排水通道而抬升地下水位,经过蒸发和毛细作用,盐分会大量聚集在基层材料中,造成路基次生盐渍化,从而降低路面强度,减弱封层作用,导致天然路面的不规则变形,沥青面层起皮、脱落、网裂和坑洼。

针对上述可能发生的问题,如果不彻底解决软土及盐渍土问题,就会给高速公路路基填筑带来极大的危害。

1.4 本书的研究目的和内容

1.4.1 研究目的

由于滨海地区盐渍土具有溶陷、盐胀、腐蚀等不良的工程特性和高水位的特殊环境,盐渍土地区路基修筑技术成为公路建设需要解决的重大岩土工程问题之一。如处理不当,路基在水分迁移、干湿循环和冻融循环的不良环境中,在车辆荷载的反复作用下,路用性能会逐渐衰减,继而引起路面结构层弯拉应力增大及路基边坡稳定性不足,导致路基路面病害,严重影响着道路的长期稳定性和行车安全。本书以滨海地区高速公路盐渍土路基工程为依托,以建设耐久性高速公路路基为目标,对滨海水网区高速公路修筑中地基处理与优化技术、电石灰改良盐渍土设计与施工、提高路基耐水分迁移和干湿循环性能等关键技术进行了系统研究。

1.4.2 主要研究内容

本书主要从以下几方面进行研究:

(1)滨海地区高速公路软土地基硬壳层工程特性及处理技术研究;

(2)滨海地区高速公路路基土中水分迁移规律研究;

(3)滨海盐渍土基本工程特性以及电石灰改良盐渍土用于高速公路路基试验研究;

(4)滨海地区高速公路路基土干湿循环试验研究;

(5)电石灰改良滨海地区盐渍土路基施工技术、施工质量控制与检测技术研究。

第 2 章　滨海地区软土地基处理技术研究

2.1　滨海地区软土地基的特点

2.1.1　硬壳层的成因

硬壳层的概念最早来源于天然地基。滨海相沉积的软黏土，当其表面暴露到空气中时，由于蒸发失水，引起地下水位下降，有效应力增加，孔隙比减少，而后经过雨水的淋滤及不断的物理化学变化，形成不同于下部土层，但与下部土层成渐变的硬壳层。硬壳层的这种物理性质和其下的土层的初始成因虽然相同，但物理力学性质指标却存在明显的差异，它们结构性强，强度较高，呈中等压缩性，具有很好的承载能力。因此，将这种天然形成的上硬下软的地基称为天然双层地基。

在我国幅员辽阔的沿海和平原地区，软弱地层深厚，在路堤较低、荷载较小的情况下将硬壳层作为持力层，不需地基处理也能满足稳定和沉降的要求，可以节约大量工程费用。但由于研究者对硬壳层特性的研究还不是很深入，在缺少可靠依据和传统保守思想的影响下，人们还采用以往加固软弱地基的手段加固硬壳层，其结果是既增加了工程的费用，又延长了工期，有时甚至没起到预期的效果。

1）地下水位的影响

由于软黏土层出露于地表，会产生蒸发失水，土层中地下水位下降，地下水在毛细孔作用下向着地表面流动并蒸发。地下水位降低后，土体的有效应力增加，产生土体固结，使孔隙比减少。以如图 2-1 所示土体中某点 p 为例加以详细说明。

p 点有上覆土层 Z_p，在其漫长的沉积过程中，其 $e\text{-}\sigma'_v$（垂直向有效应力）将沿图 2-1b）的曲线 1 进行。在沉积停止后的某一时间，水面降至土层顶面，但这种降落对 p 点的有效应力不能产生任何变化。然而，随着地下水位降至 Z_m 深度时，则 p 点的 $e\text{-}\sigma'_v$ 关系将沿图 2-1b）中的曲线 2 变化，其竖向有效应力将达到最大值 σ'_{vm}。若地下水位又上升至 Z_0 处，则 p 点 $e\text{-}\sigma'_v$ 将沿图 2-1b）中的曲线 3 变化，而竖向有效应力变为 σ'_{v0}。因此，即使地下水位又上升，但固结已部分完成，孔隙比已经减少 Δe。实际上，土层的应力历史将比上述过程复杂得多。总之，对土层的固结及强度增长起重要作用的主要是最深水位 Z_m 及稳定固结时间和目前地下水位深度 Z_0。

土中任意一点 p 的最大有效应力 σ'_{vm} 等于总的覆盖压力减去 p 点的压力水头，即：

$$\sigma'_{vm} = \gamma_{sat} Z_p - \gamma_w (Z_p - Z_m) = \gamma' Z_p + \gamma_w Z_m$$

现有的竖向有效应力 σ'_{v0} 为：

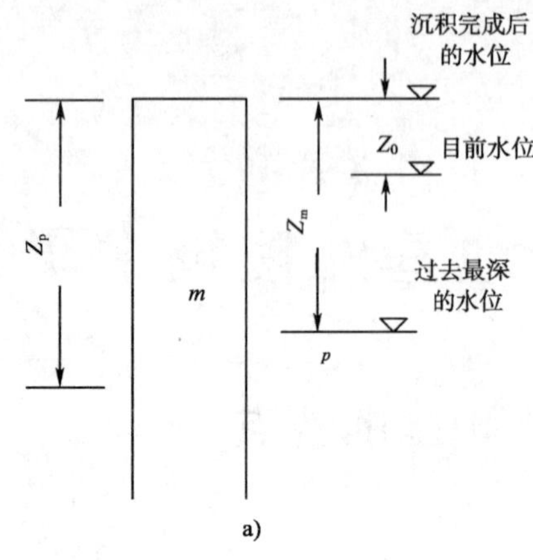

a)

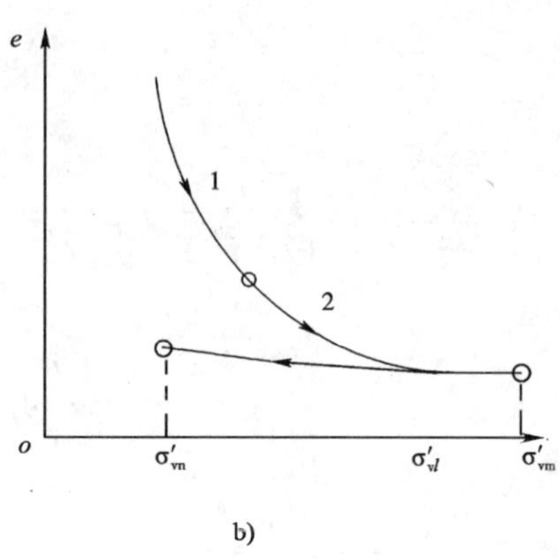

b)

图 2-1 地下水位变化对土体的影响

$$\sigma'_{v0} = \gamma_{sat}Z_p - \gamma_w(Z_p - Z_0) = \gamma' Z_p + \gamma_w Z_0$$

固结有效应力拟增长：

$$\Delta\sigma'_{v0} = \sigma'_{vm} - \sigma'_{v0} = \gamma_m(Z_m - Z_0)$$

式中：Z_p——p 点在地表下的深度；

Z_m——过去最深水位；

Z_0——目前水位；

γ_{sat}——土的饱和重度；

γ_w——水的重度；

γ'——土的浮重度。

有效应力增长与现有的竖向有效应力之比为：

$$\frac{\Delta\sigma'_{v0}}{\sigma'_{v0}} = \frac{\gamma_w(Z_m - Z_0)}{\gamma' Z_p + \gamma_w Z_0}$$

从上式可以看出，Z_p 越大，比值越小。因此，地下水位的变化对表层土体的固结影响较大。随深度的增加，影响逐渐减小。

2）化学风化作用

化学风化既能在水下发生也能在地面上发生。一旦软黏土的沉积表面上升到水面以上，风化作用立即加剧。土层顶部的风化一般由含有溶氧的雨水渗透所引起，因此，风化的深度由渗透深度和孔隙水的含氧量所决定。

有两种基本的决定化学风化结果的变化过程，即矿物的分解和离子交换。控制这两个变化过程的方向和速率的环境因素主要是酸度（pH 值）、氧化还原电势和温度。

滨海相软黏土中的孔隙水，最初的离子成分主要是钠、钾、镁和钙离子，以钠离子最多。如果含有二氧化碳的渗透雨水进入这种软黏土中，其 pH 值就会下降。由于有机物质分解产生腐殖酸，pH 值下降得更多。在低 pH 值的条件下，黏土中的矿物受到侵蚀，接着开始分解，并释放出离子，离子进到了孔隙水中。例如，从绿泥石（滨海相黏土中最不稳定的矿物）中释放出镁离子、二价和三价铁离子，从分解的长石和云母中释放出钾离子。

这些离子一旦被释放到孔隙水中，就可作为黏土颗粒双电扩散层中的交换离子。如果由于长石和伊利石的分解使钾离子的浓度增加,则钾离子就能取代置换能力弱的钠离子。同样地,多价离子(如 Ca^{2+}、Mg^{2+}、Al^{3+}、Fe^{2+}、Fe^{3+})可以置换单价离子,减少了负电性,从而减少了排斥力,减少了双电层厚度,增加了胶体粒子间的结合力。

由矿物分解释放的铁离子和铝离子可以形成氢氧化物沉淀,起着黏结剂的作用。其中二价铁离子在硬壳层中会被氧化成三价铁离子,后者以氢氧化物的形式较牢固地结合在一起。

3)淋滤作用

淋滤是从土层剖面中排除易溶物质(如可溶盐)的过程。这种过程可以在水力梯度下发生,也可以通过扩散产生。淋滤主要靠雨水引起。随着雨水的不断下渗,靠近地表的土层含盐量较低,随深度递增有一定量的增加,直到基本不变。

淋滤可以减少土体液限,而塑限下降不多。因此,被淋滤黏土的原状土塑性指数减少,强度下降。对上部硬壳层来说,淋滤作用虽然使原状土强度减小,由于相对其他作用来说相对较小,因此,影响不是很大。

4)胶结作用

在化学风化过程中,其产物可以生成胶结物质。胶结是一种成岩过程,它的产生取决于软黏土沉积期所存在的物质。胶结黏土含有由强联结结合在一起的颗粒,这种联结具有与非胶结黏土不同的特性。在非胶结黏土中占优势的是有效摩擦力和有效黏聚力所产生的联结。胶结作用甚至表现为很高的抗拉强度或很大的黏聚力。

胶结作用增加了黏土结构的强度,并表现为较高的原状土强度和临界压力的增加。

2.1.2 影响天然双层软土地基硬壳层厚度的因素

影响天然双层软土地基硬壳层厚度的因素很多,除上面介绍的成因影响外,比较重要的有气候条件、土的结构构造及颗粒组成等。

1)气候条件

历史上的最深水位 Z_m 及地下水位的变迁直接影响了硬壳层的厚度。显然,Z_m 越大,上部土层固结及强度增长越明显。硬壳层越厚、气候越是炎热干燥则地表越易产生裂纹,导致雨水入渗通畅并提高孔隙水含氧量,使化学风化及淋滤等作用在地表下较深部位进行。

2)土的结构构造与土的颗粒组成

土的结构构造与土的颗粒组成通过降雨入渗深度、速度与毛细水上升高度、速度影响硬壳层厚度。

在单粒结构、分散结构的粉土及粉质黏土中,水在包气带中入渗时,能较快沿毛细管入渗到地下水位线上。而絮凝结构的黏性土,一般由于渗透路径长,颗粒间孔径小,降雨入渗较困难。因此,前一种土孔隙水中的溶氧较多,后一种土则相对溶氧较少。因此,单粒结构、分散结构的粉土或粉质黏土一般风化较深,而以絮凝结构为主的黏土一般相对风化较浅。

对滨海地区软黏土层来说,地下水补给主要以降雨入渗为主,地下水的径流相对较弱。主要的排泄方式是表面蒸发。而土的颗粒组成和结构构造的差异既可影响蒸发量的大小,又可直接影响到地下水位的高低。

土性的差异主要通过其对毛细水上升高度与速度的控制作用而影响地下水蒸发。粉土、粉质黏土等组成的包气带,由于毛细水上升高度大,产生较大的水力坡度,而其渗透系数也较大,因此,其毛细水上升速度很大,蒸发也强烈,地下水位变化较大;而黏土组成的包气带,虽然毛细水上升高度大,但其上升速度小,蒸发相对较慢,地下水位变动较小。

表面蒸发至关重要的影响因素是地下水位。地下水位埋深越浅,表面蒸发越大,潜水位埋深大于2.0m后蒸发很困难。

2.2 天然双层软土地基硬壳层的作用机理

公路软土地基处理设计中,计算地基沉降量进行预压设计及路堤(包括地基)的稳定性验算,是一项互相联系的重要工作。而路堤荷载作用下地基中土压力的计算是进行沉降量计算及预压设计的基础。由于路堤荷载为柔性,其在地基面上的接触压力分布一般按条形荷载或梯形荷载计算。为说明问题的方便,这里假定为条形荷载。在条形荷载作用下地基中任意点的竖向应力是根据均质、各向同性弹性半无限空间体上荷载作用下解析土中任意点的竖应力(σ_z)可以用下式表达:

$$\sigma_z = K_z P_0$$

式中:σ_z——均布形荷载的强度;

K_z——竖向附加应力系数,其值小于或等于1.0。

2.2.1 天然双层软土地基硬壳层的应力扩散作用

一般认为,对于天然双层地基,当上层软下层硬时发生应力集中现象;而当下层软上层硬时,会发生应力扩散现象(见图2-2)。

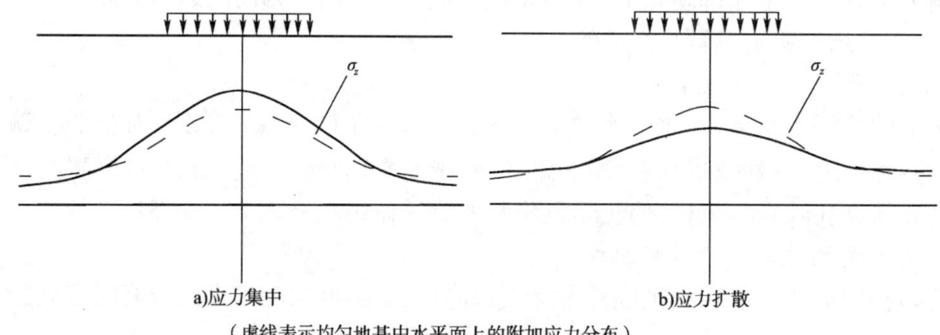

图2-2 双层地基对附加应力的影响

当荷载施加于土体时,土体表面的颗粒感受到力的作用后发生移动,其后该颗粒将外力传递给左右两侧及下部的颗粒,即发生附加应力的横向传递和竖向传递。表现在宏观上的附加应力可以看作呈圆锥状向下传递并扩散的,如图2-3所示。用一系列水平截面将圆锥切开(见图2-3a),取上部作为研究对象(见图2-3b)。

当土体变形稳定时,土体中各点的应力基本上不再改变。根据静力平衡条件,隔离体圆锥下底面上向上的合力与侧面的合力加在一起应等于圆锥顶面的荷载:

$$P = F_{底合} + F_{侧合}$$

那么,水平截面的位置越深,截圆锥所得底面面积越大。相应的,单位面积上的力(应力)越小。应力由上向下传递的过程就是圆锥体由上向下生长的过程。

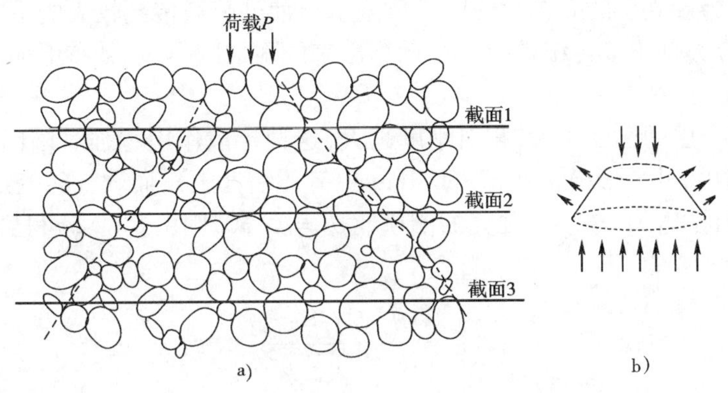

图 2-3　应力锥示意图

如果土体在荷载作用下尚未稳定,附加应力正在向下传递的过程中时,圆锥体满足动力平衡条件:

$$P = F_{底合} + F_{侧合} + mv \tag{2-1}$$

式中:m——应力圆锥体的质量;

v——圆锥体中各个颗粒的速度的平均值。

虽然荷载 P 恒定,但是在应力传递的过程中 $F_{底合}$、$F_{侧合}$、m、v 四者每一时刻都在变化。

应力圆锥底部的土颗粒遇到软层时,合力 $F_{底合}$ 减小。如果荷载 P 恒定,相应的 $F_{侧合}$ 加 mv 会增大。

继续将上部应力锥分割如图 2-4 所示,取下面的部分进行分析。对于此部分锥体,根据前文的分析结果,合力 $F_{底合}$ 减小,$F_{侧合} + mv$ 增大。可以推断:顶面的应力一定会减小。以此类推,当附加应力向下传递遇到软层时,应力锥体内个个截面上的应力都相应减小。

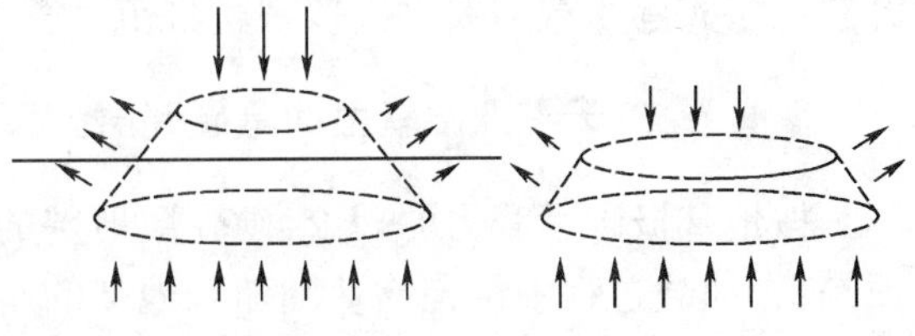

图 2-4　应力锥内部受力示意图

当土体受到外力以后,由于荷载中线处的土颗粒最先受力运动,然后通过连接力拉动相邻颗粒,所以在水平面上附加应力的分布趋势是中间大、两侧小。也就是说,相对于侧面颗粒,中线处的土颗粒所受到的力和运动的速度都要大一些。当遇到软层时,所受到的影响程度也小于侧面颗粒。因此,截面上应力的减小规律与分布规律相似:中间大、两侧小。并且中线处土颗粒受力减小,颗粒移动的距离变小,使颗粒间的联结力稍有回升,土体对附加应力的扩散能力增强。因此,相对于均匀土体中的应力分布会出现中间应力减小,边缘应力反而增大的情况,即宏观上发现的应力扩散现象。

具有硬壳层的软土地基在荷载作用下,硬壳层与其下的软土层形成一个整体的承力系统,软土层的工程特性与硬壳层有密切的关系。当硬壳层的平面范围足够大时,一方面硬壳层的存在限制了下卧软土向四周挤出及周围软土向上鼓起,使软土层需要较大的外荷才能发生剪切变形;另一方面,硬壳层本身具有相对较大的密实度,而且有一定的刚度。因此,它可以分担荷载产生的一部分剪力，即在一定的荷载剪力作用下不产生剪切变形或变形极小，这就使得硬壳层与下卧软弱层间的荷载传递方式有了一定的变化，此时的硬壳层已具有类似于板体的作用，这种作用可称为硬壳层的壳体效应。壳体效应可使外荷载传到较大的下卧软土中，使其下卧软土层的附加应力低于按传统扩散方法计算出来的附加应力，且分布更加均匀，分布的范围更大。

研究表明：硬壳层的厚度越大，相对刚度越大，这种扩散作用越强。国内软土层上硬壳的厚度一般在5m以内，其变形模量在5～30MPa（中等压缩性土），而软土的变形模量在5MPa以下。若取软土的泊松比$\mu_2=0.45$，硬壳的泊松比$\mu_1=0.30$，则由式(2-2)得到的硬软层的刚度比在5.0左右。

$$V=\frac{E_{01}}{E_{02}}\cdot\frac{1-\mu_2^2}{1-\mu_1^2} \tag{2-2}$$

式中：E_{01}、μ_1——分别为硬壳层的变形模量与泊松比；

E_{02}、μ_2——分别为软土层的变形模量与泊松比。

取硬壳层的最大厚度5m，条形荷载分布宽度（路基宽度）的一半14.0m，根据理论计算的结果，该条件下荷载对称轴上硬壳层底部的竖向附加应力系数与均质地基的竖向力系数之比为0.98（交界面上减小的比例最大），仅减小2%。

可以设想，硬壳层越厚、越坚硬，其壳体效应就越强，下卧软土层承载力的提高就越显著。因此，硬壳层的厚度和刚度是影响下卧软土层承载力的两个重要因素。在验算软弱下卧层的承载力时，现行规范给出的方法虽然考虑了埋深（即硬壳层厚度）对承载力的影响，计算中作了深度修正，但未考虑硬壳层刚度的影响。所以在有硬壳层的情况下，由于存在壳体效应，下卧软土层实际承载力要大于按现行规范计算并经深度修正后的地基承载力设计值。

2.2.2 天然双层软土地基硬壳层的反压护道作用

按地基极限承载力的理论，硬壳层地基的破坏形式一般为冲剪破坏。这种破坏的主要特征是：在加载过程中结构物基础随着地基的压缩变形而下沉，当基础刺入一定深度之后，发生基脚周围土体的垂直剪切破坏。对于路堤荷载，由于其本身的柔性，下沉后路堤坡脚与硬层连成弧面，如图2-5所示。此时的硬壳层相当于起着反压护道的作用，在路堤不发生破坏的前提下，下沉越大，这种反作用越明显。另外还有一种看法，认为路堤下沉后它在原地面以上的高度相对减小了，所以对稳定有利。若没有硬壳层的作用，或硬壳层薄至不起作用，那么破坏的形式变为侧向塑流，地基将发生伴随路堤两侧地面隆起的整体剪切破坏。

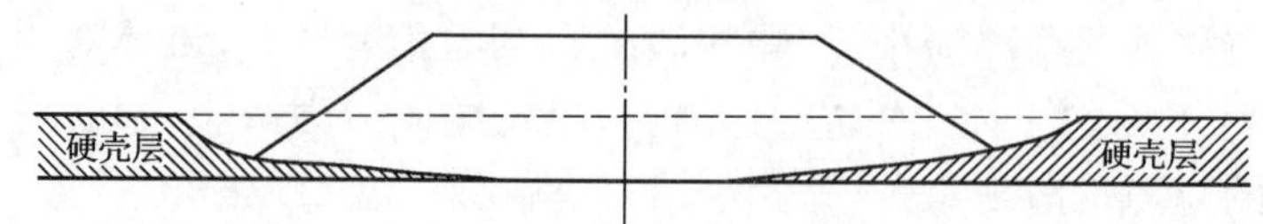

图2-5　硬壳层上路堤的稳定模式

在对软基路堤的稳定性进行研究时，常会出现某路堤高度下计算的安全系数小于1.0，而在严格的施工监测下修起更高的路堤也不会发生破坏的现象。究其原因，除了计算模式、计算参数的影响外(甚至包括安全系数的取值),地表硬壳层的特殊作用是一个很重要的因素。

2.2.3 天然双层软土地基硬壳层的沉降滞后作用

关于硬壳层作用的另一看法是硬壳层对沉降的滞后作用,它延缓了沉降速率,对沉降不利。假如填土荷载较大,而硬壳层又较薄,形成的沉降盆几乎完全破坏了硬壳层的支撑力,这时滞后效应将会明显;相反,硬壳层较厚,荷载低,支撑作用将会是主要的。实际上,大多数情况下沉降盆对硬壳层的破坏是微小的,所以滞后效应不明显。

硬壳层的滞后效应与支撑作用看起来似乎是对立的,实际上并不矛盾,支撑作用指的是总沉降量的变化,滞后效应指的是沉降速率的变化。滞后效应是随着支撑作用的产生(减弱)消失过程产生的。既然硬壳层有支撑作用,那么随着时间的推移,沉降盆的形成,硬壳层的支撑作用必然减弱。

2.2.4 天然双层软土地基硬壳层的封闭作用

当软土的含水率较高时,其结构强度低,抗剪强度低,具有一定的流动性。软土中有大量自由水存在,而这种自由水在其连通的孔隙中是能够传递静水压力的。当软土层上具有硬壳层时,硬壳层与软土层形成了较为鲜明的强度差和刚度差。硬壳层相对其下的软土既是一种柔性的又类似板体的结构,它不仅能够将其下部承受的荷载传递到较大的面积上去,起到应力扩散的作用,同时对下卧淤泥土的变形具有较强的封闭作用。

由于上覆硬壳层的封闭作用以及周围低强度区的约束,当硬壳层受荷变形后,使淤泥中产生超常的孔隙水压力,并且这种压力的影响范围较大。这种类似封闭液体受荷向周围挤压的现象,即所谓的类帕斯卡效应。大量工程实例已经证明了这种现象。

研究表明,当黏性土的含水率达到液限以后,土中就含有相当数量的自由水。天然的软土大都是饱和的,饱和后的软土更有大量的自由水存在。自由水在其连通的孔隙中能够传递静水压力。由于水的分离作用和润滑作用,大大地减弱了土颗粒间的连接强度和土体抵抗剪切的能力,使软土具有较高的流动性。因而软土层在受力后极易产生塑性流动。当受荷载作用后,在硬壳层和周围低强度区土体的封闭约束下会使其位移场和应力场发生改变;使软土在一定范围内产生超常的孔隙水压力,甚至产生的孔隙水压力比按布辛纳斯克公式计算的总应力还大。

加载期间及加载后较短时间内,硬壳层的封闭作用最显著,且加荷速度越快越明显。随着软土地基的固结,这种封闭作用会逐步减弱,但由于软土的低渗透性、流变性及长期强度很低,会使硬壳层的封闭作用长时间的存在。由于软土的灵敏度较高,当其承受动载及其他荷载作用破坏了其结构强度时,硬壳层的封闭作用就会显著。

封闭作用主要有两个特点:①在一定硬壳层厚度下随荷载的增长,封闭作用随之发展,且荷载越大,硬壳层的封闭作用越好,软土中的孔隙水压力也就越大;②随着加载时间的延长,虽然软土会逐渐固结,流动性减弱、强度提高,会使水平应力逐渐有所减小,但由于软土的低渗透性和长期强度较低等原因,致使类帕斯卡效应将在较长时间内存在。

2.3 天然双层软土地基硬壳层的工程应用特点

2.3.1 对软土层沉降的影响

硬壳层对软基沉降变形有一定影响。硬壳层自身分担部分应力,另外,壳体效应可使外荷传到较大面积的下卧软土中,使其下卧软土层的附加应力低于按传统扩散方法计算出来的附加应力,且分布更加均匀,分布的范围更大,从而限制软土层较大的塑性变形,减小路基沉降。

当前工程应用中,软土地基的沉降计算主要采用分层总和法。考虑硬壳层作用的软土地基沉降计算一般采用综合修正系数法。当软土地基上存在硬壳层时,分层总和法仅能反映由于硬壳层本身压缩系数的变化所引起的压缩量的差异,并不能反映它对软弱下卧层的影响。硬壳层的存在,不仅使得应力在硬壳层中得到了扩散,而且对软土层的侧向位移具有限制作用。

2.3.2 对软土地基承载力的影响

由于硬壳层的作用,使得具有硬壳层的软土地基承载力大于无硬壳层的软土地基承载力,并且硬壳层越厚越坚硬,其软弱下卧层的承载力提高就越显著。硬壳层的厚度和强度是影响其软弱下卧层承载力的两个重要因素。

2.3.3 对路堤稳定性的影响

在硬壳层上填筑路堤时,当荷载较大(即填土较高)时,硬壳层起到了明显的反压护道作用,它对路堤的稳定是有益的。若取土位置选择不当(如取土坑选在坡脚附近,或原地面在路堤坡脚附近的硬壳层已被破坏),此时硬壳层的反压作用减弱,类帕斯卡效应将使硬壳层薄弱处的淤泥被挤出,使路堤的极限填土高度大大降低或造成路堤边坡坍塌、沉降增加。因此,在路堤填筑过程中,尽量保护好坡脚附近的硬壳层,同时加强位移观测注意控制填土速率,防止路堤边坡坍塌。

2.4 天然双层软土地基硬壳层应力扩散理论

基于圆形荷载作用下成层地基中的应力和位移可以采用弹性理论解答,但对于属于平面应变问题的条形路堤荷载来讲,由于应力函数的复杂性,目前还没有用弹性的理论解答。

本节将以弹性地基梁理论为基本依据来分析研究天然双层软土地基硬壳层的应力扩散理论。

2.4.1 弹性地基梁理论简介

1) Winkler 弹性地基梁概念

Winkler 为解决弹性地基上梁的内力计算,将地基看作底座上的一系列不相连的、独立的弹簧组成的体系,每一个弹簧的竖向位移仅与作用在它上面的压力有关,如图 2-6 所示。

Winkler 假设地基表面任一点所受的单位面积上压力强度 $P(x,y)$ 与相应的地基竖向位移 $y(x,y)$ 成正比关系，即：

$$P(x,y) = k\,y(x,y) \tag{2-3}$$

式中：k——地基系数；

$y(x,y)$——地基竖向位移；

$P(x,y)$——基底压力或基底反力。

设 $W(x)$ 是地基梁的挠度，则梁底的竖向应力为：

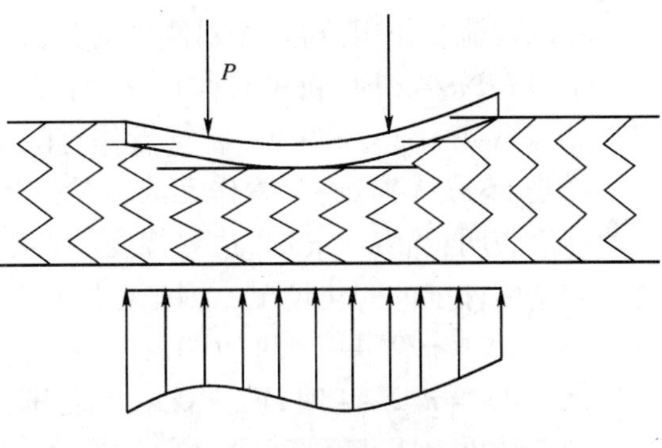

图 2-6　Winkler 地基模型

$$\sigma_{zx} = kW(x) \tag{2-4}$$

2）Winkler 弹性地基梁挠曲线方程

用材料力学研究方法，根据 Winkler 地基上梁的挠曲线微分方程和静力平衡条件可建立如下方程：

$$EI\frac{\mathrm{d}^4 W}{\mathrm{d}x^4} + bP = q \tag{2-5}$$

式中：E——基础梁材料的弹性模量；

I——基础梁截面的惯性矩；

q——基础梁上的均布荷载；

b——基础梁的宽度。

式(2-5)的通解为：

$$W = \mathrm{e}^{\lambda x}(C_1\cos\lambda x + C_2\sin\lambda x) + \mathrm{e}^{-\lambda x}(C_3\cos\lambda x + C_4\sin\lambda x)$$

上式中 C_1、C_2、C_3、C_4 为待定积分常数，根据不同的边界条件对应不同的取值。

2.4.2　天然双层软土地基硬壳层应力扩散效应

把天然双层软土地基硬壳层看作无限长梁，用 Winkler 地基中的无限长梁解答分析。

$$W(x) = \frac{P\lambda}{2kb}\mathrm{e}^{-\lambda x}(\cos\lambda x + \sin\lambda x) \tag{2-6}$$

式中：b——梁宽，条形荷载作用下取单位宽度；

$1/\lambda$——弹性特征长度，$\lambda = \sqrt[4]{\dfrac{kb}{4EI}}$。

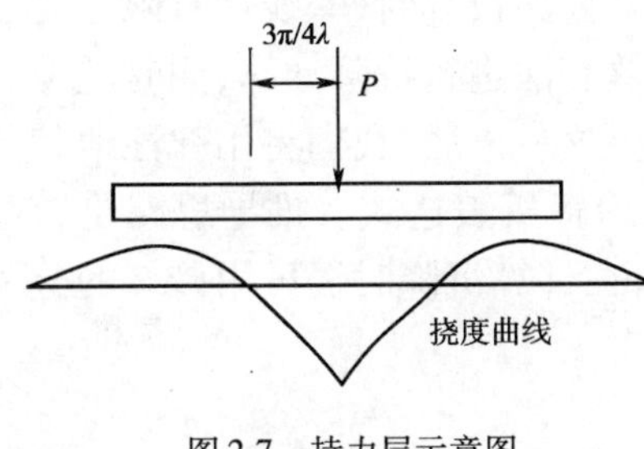

图 2-7　持力层示意图

假设基底不会出现拉应力，则下卧层主要持力层半宽（集中荷载作用点距离下卧层产生支撑反力的边缘处点的距离，如图 2-7 所示）距集中荷载作用点 $3\pi/4\lambda$ 处。

从上式中可知 $\sigma_z(x)$ 只与 λ 有关，即与硬壳层的性质有关，因此上式对 λ 求导得：

$$W'_\lambda = \frac{P}{2k}\mathrm{e}^{-\lambda x}[\cos\lambda x + \sin\lambda x(1 - 2\lambda x)] \tag{2-7}$$

考虑到荷载作用位置、相对刚度对计算位移和内力的影响,将梁划分为:

①当 $l<\pi/4\lambda$ 时,将梁看作短长梁;

②当 $\pi/4\lambda<l<\pi/\lambda$ 时,将梁看作有限长梁;

③当 $l>\pi/\lambda$ 时,将梁看作无限长梁。

计算表明:当 $l\lambda=\pi$ 时,边界挠度只占中心挠度的5%左右,因此我们主要考虑在 $l=\pi/\lambda$ 范围内挠度梯度的变化情况。因坐标原点为荷载作用点,所以长度取一半,经计算得:

①当 $\lambda x<\pi/2.44$ 时,$W'_\lambda>0$,在此范围内随硬壳层 λ 值的增加竖向应力减小;

②当 $\lambda x>\pi/2.44$ 时,$W'_\lambda<0$,在此范围内随硬壳层 λ 值的增加竖向应力增大。

计算结果表明,随硬壳层 λ 值的增大,外荷载在 $\pi/2.24\lambda$ 范围内有应力减小的趋势,在 $\pi/2.24\lambda$ 范围以外有应力集中的趋势。总体上说明经过硬壳层作用,荷载向周围区域扩散,这也是其减少地基沉降的原因所在。

下面分析 λ 的取值:

$$\lambda=\sqrt[4]{\frac{kb}{4EI}}=\sqrt[4]{\frac{3k}{EH^3}} \tag{2-8}$$

b、H 含义见图2-8。

由于 λ 值与硬壳层的刚度、厚度成反比,与下卧层的基床系数 k 成正比。因为,随 λ 值的增大,接触面上附加应力减小的区域范围在减小,距离荷载以外附加应力集中的区域范围在增加,说明荷载集中程度在向周围转移,即应力扩散效应在加强;同理,随 λ 值的减小,接触面上附加应力减小的区域范围增加,距离荷载以外附加应力集中的区域范围减小,说明荷载集中程度在向中心转移,即应力扩散效应在减弱。

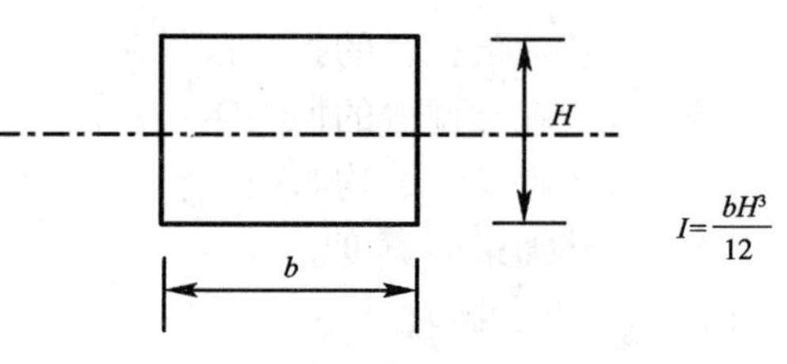

图2-8　梁横截面图

因此,可得到结论:硬壳层对附加应力扩散效应随硬壳层厚度、刚度的增大而增加,随下卧层基床系数的增加而减小。

2.4.3 天然双层软土地基硬壳层应力扩散系数

由于硬壳层的存在,改变了地基的受力状况,使地基土变为双层的受力模式,上部结构的荷载在硬壳层作用下得到了扩散,从而减小了路堤填土荷载在软基中引起的附加应力,使得软土层的压缩量有所减小。由于分层总和法计算沉降时不能考虑硬壳层对下卧层的应力扩散作用,除非用非线性有限元计算才能考虑其应力扩散效果。而目前公路设计时,非线性有限元受多种原因的限制没有得到广泛推广,所以还必须继续使用分层总和法进行沉降计算,同时应考虑到硬壳层的作用,尤其是对下卧层的应力扩散作用。为了解决这一矛盾,我们将用弹性地基梁理论、格里菲斯理论和布辛涅斯克理论来推导应力扩散系数的解析表达式。推导思路是首先求天然地基的附加应力扩散系数公式,得到应力扩散系数后,在计算沉降时仍可用传统的分层总和法,只需乘以扩散系数即得到下卧层的沉降值。

1)格里菲斯公式

太沙基指出,对于像砂土这样的无黏性土,土的压缩性随深度的增加而减少,即模量随深度而增加，因此，用于求均匀地基中附加应力的布辛涅斯克理论将带来较大的误差。

为了估计这种材料中的应力，格里菲斯（Griffith）和弗劳里奇（Frohlich）对于不可压缩的弹性体（泊松比 $\mu=0.5$）的布辛涅斯克理论提出了半经验式的修正。如果材料泊松比 $\mu=0.5$，则作用于半无限均匀弹性体上的垂直点荷载 P 在地基中任意一点的应力为：

$$\sigma_z = \frac{3P}{2\pi Z^2}\cos^5\theta \tag{2-9}$$

上式中，θ 为地基中的任一点和 P 点的连线与垂直方向的夹角。

以任意数代替上面方程中 $\cos^3\theta$ 的指数，也就改变了弹性体内的应力分布。同时必须满足下列条件：弹性体内每一水平面上的总压力应等于点荷载 P。满足此条件的方程式为：

$$\sigma_z = \frac{\eta P}{2\pi Z^2}\cos^{\eta+2}\theta \tag{2-10}$$

上式中，η 称为集中指数，它反映了点荷载作用下各水平断面上的压力强度。在选择 η 值时，必须考虑到它要符合各沉积层所不同于均匀状态的形式。

布辛涅斯克理论提出的均质半无限地基任意一点竖向应力为：

$$\sigma_z = \frac{3P}{2\pi Z^2}\cos^5\theta = \frac{3P}{2\pi Z^2}\cos^{3+2}\theta \tag{2-11}$$

因此，均质和非均质的区别反映在 η 的不同取值上。对于均质地基 $\eta=3$，对于有软弱下卧层的地基，由于应力的扩散作用使得 η 值小于3。下面将推导 η 的计算方法，并由此计算均布条形荷载作用下地基的竖向应力。

2）无限长线性荷载作用下天然双层地基集中指数的计算

（1）无限长线性荷载作用下双层地基中附加应力的计算

如图 2-9 所示，M 点是地基中的任意一点，其位于 xz 平面内，求线性荷载作用下 M 点的竖向应力：

$$d\sigma_z = \frac{\eta p dy}{2\pi H^2}\cos^{\eta+2}\theta \tag{2-12}$$

由图上可知：

$$dy = \frac{R_1}{\cos^2\alpha}d\alpha \tag{2-13}$$

$$\cos\theta = \frac{H}{R_1}\cos\alpha \tag{2-14}$$

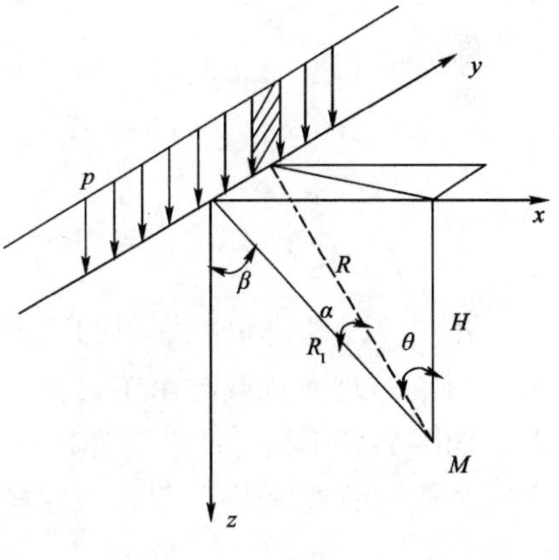

图 2-9　无限长线性荷载作用下 M 点的附加应力

因此，

$$d\sigma_z = \frac{\eta p H^\eta}{2\pi R_1^{\eta+1}}\cos^\eta\alpha d\alpha \tag{2-15}$$

对 $d\sigma_z$ 沿 y 轴积分，得：

$$\sigma_z = \int_{-\infty}^{\infty} d\sigma_z = \int_{-\pi/2}^{\pi/2}\frac{\eta p H^\eta}{2\pi R_1^{\eta+1}}\cos^\eta\alpha d\alpha = \frac{\eta p H^\eta}{\pi R_1^{\eta+1}}\int_0^{\pi/2}\cos^\eta\alpha d\alpha \tag{2-16}$$

令

$$A = \int_0^{\pi/2} \cos^{\eta}\alpha \mathrm{d}\alpha$$

对均质土而言,$A=2/3$。

因此,

均质土:$\sigma_z = \frac{2p}{\pi H}\cos^3\beta$

非均质土:$\sigma_z = \frac{\eta p}{\pi H}A_1\cos^{\eta+1}\beta$

(2)用无限长弹性地基梁理论来求解 η

要使弹性地基梁公式应用于平面应变问题,需对弹性模量进行变换:

$$E' = \frac{E}{1-\mu^2} \tag{2-17}$$

假设下卧层的基床系数为 k,则由弹性地基梁公式可得:

双层地基:

$$\sigma_{z1}(x) = kW_1(x) = \frac{p\lambda_1}{2}\mathrm{e}^{-\lambda_1 x}(\cos\lambda_1 x + \sin\lambda_1 x) \tag{2-18}$$

均匀地基:

$$\sigma_{z2}(x) = kW_2(x) = \frac{p\lambda_2}{2}\mathrm{e}^{-\lambda_2 x}(\cos\lambda_2 x + \sin\lambda_2 x) \tag{2-19}$$

计算荷载 p 正下方,即 $x=0$ 处,两层地基交界面上的竖向应力比:

$$\xi' = \frac{\sigma_{z1}(0)}{\sigma_{z2}(0)} = \frac{\lambda_1}{\lambda_2} = \sqrt[4]{\frac{E'_2}{E'_1}} \tag{2-20}$$

又有前面推导的地基中的应力公式,取 $\beta=0$,因此有:

$$\eta = \frac{2\sqrt[4]{\dfrac{E'_2}{E'_1}}}{\displaystyle\int_0^{\pi/2}\cos^{\eta}\alpha \mathrm{d}\alpha} \tag{2-21}$$

式(2-21)即是集中指数的隐式表达。

3)条形均布荷载作用下天然双层地基交界面应力扩散系数

如图 2-10 所示,M 点是两层土交界面上的任意一点,建立以该点为圆心的极坐标系。把条形荷载细分为无数宽度为 dx 的线性荷载,并把平面坐标系中的 dx 转化为极坐标:

$$\mathrm{d}x = \frac{R_1\mathrm{d}\theta}{\cos\theta}$$

R_1 是 M 点到 dx 的距离。

线性荷载为:

$$p = q\mathrm{d}x = \frac{R_1\mathrm{d}\theta}{\cos\theta}q \tag{2-22}$$

利用前面推导的公式得:

双层地基:

$$\sigma_{z3} = \frac{\eta q}{\pi} AB \qquad (2\text{-}23)$$

$$B = \int_{\theta_1}^{\theta_2} \cos^{\eta-1}\theta \mathrm{d}\theta \qquad (2\text{-}24)$$

其中 A 同前式。

均匀地基：

$$\sigma_{z4} = \frac{2q}{\pi} C \qquad (2\text{-}25)$$

$$C = \int_{\theta_1}^{\theta_2} \cos^2\theta \mathrm{d}\theta \qquad (2\text{-}26)$$

由此可得双层地基在条形荷载作用下交界面上竖向应力的扩散系数表达式分别为：

$$\xi = \frac{\sigma_{z3}}{\sigma_{z4}} = \sqrt[4]{\frac{E'_2}{E'_1}} \frac{B}{C} \qquad (2\text{-}27)$$

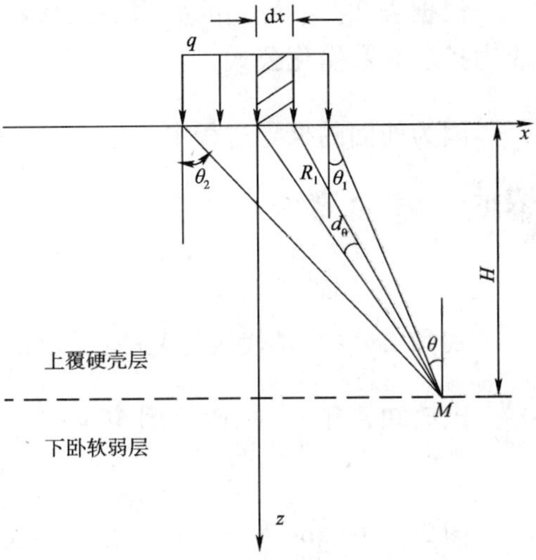

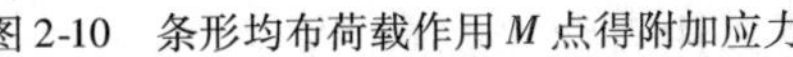

图 2-10　条形均布荷载作用 M 点得附加应力

4）天然双层地基应力扩散系数公式的简化

定义荷载作用的宽度与硬壳层厚度之比称为宽高比（B/H）。

要推导天然双层地基交界面上附加应力的扩散系数，首先要推导 ξ 的简化解析表达式。下面将就对附加应力扩散系数的主要影响因素：上下两层地基不同模量比和宽高比进行一系列计算并绘出曲线，最终得到简化的应力扩散系数的拟合公式。

简化曲线拟合过程如下。

根据公式编制程序计算附加应力扩散系数表，见表 2-1。

附加应力扩散系数计算表　　表 2-1

扩散系数 / 上下层模量比（E'_1/E'_2）	宽高比（B/H）					
	10	5	3.333	2.5	2	1.333
1	1.00	1.00	1.00	1.00	1.00	1.00
2	0.99	0.967	0.942	0.921	0.903	0.877
3	0.979	0.94	0.901	0.869	0.485	0.808
4	0.968	0.917	0.869	0.831	0.803	0.761
5	0.958	0.897	0.843	0.801	0.77	0.725
6	0.948	0.88	0.821	0.777	0.744	0.697
7	0.939	0.865	0.803	0.756	0.722	0.674
8	0.93	0.851	0.786	0.738	0.704	0.655
9	0.922	0.839	0.772	0.722	0.688	0.638
10	0.915	0.827	0.758	0.708	0.673	0.625
12	0.901	0.807	0.736	0.684	0.649	0.598
15	0.882	0.782	0.708	0.656	0.619	0.568
20	0.856	0.749	0.672	0.619	0.583	0.532
25	0.835	0.723	0.645	0.592	0.555	0.505
30	0.816	0.702	0.623	0.57	0.534	0.484

根据表 2-1 中得到的应力扩散系数与双层地基上下层的模量比、宽高比的数据关系推导应力扩散系数简化公式。

因为前面的推导过程中,可知应力扩散系数与 $\sqrt[4]{\frac{E'_2}{E'_1}}$ 成正比关系,所以假定 ξ 用式(2-28)表示:

$$\xi = M\sqrt[4]{\frac{E'_2}{E'_1}} \tag{2-28}$$

式(2-28)中,M 代表与宽高比、模量比有关的表达式。

因已知 ξ 和 $\sqrt[4]{\frac{E'_2}{E'_1}}$,因此用 $M=\frac{\xi}{\sqrt[4]{\frac{E'_2}{E'_1}}}$ 求 M。

图 2-11 中 kbi 表示不同的上下层模量比,从图中可以看出,M 与宽高比平方根的关系曲线可以用直线来拟合,即 $M=a\cdot\sqrt{\frac{B}{H}}+b$(不考虑上下层模量相等即 kbi = 1 时的特殊情况)。分别建立模量比与系数 a、b 间的关系曲线,如图 2-12 和图 2-13 所示。

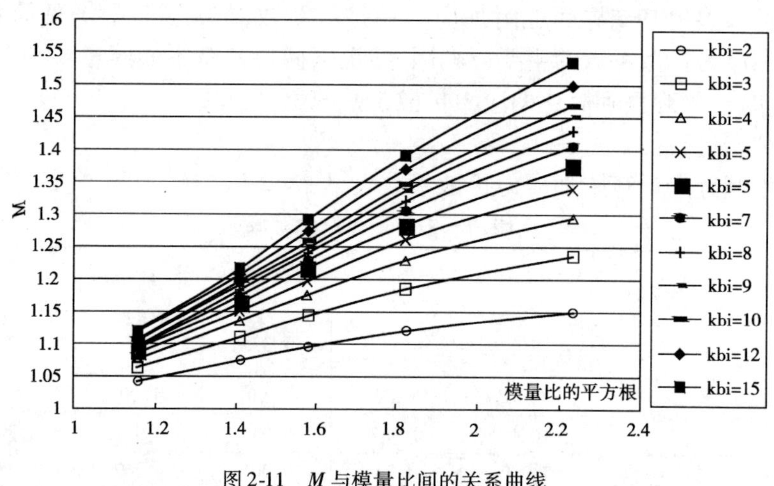

图 2-11 M 与模量比间的关系曲线

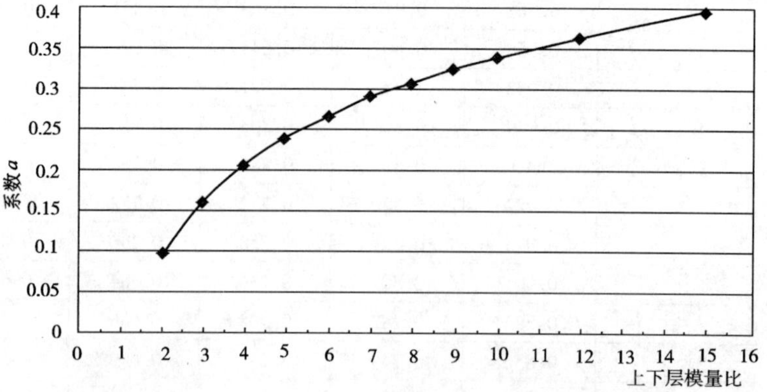

图 2-12 系数 a 与模量比间的关系曲线

从图 2-12 中可以看出系数 a 与模量比的关系曲线可以用对数函数表示，拟合的曲线方程为：

$$a = 0.1461 \cdot \ln \frac{E'_2}{E'_1} + 0.0018 \tag{2-29}$$

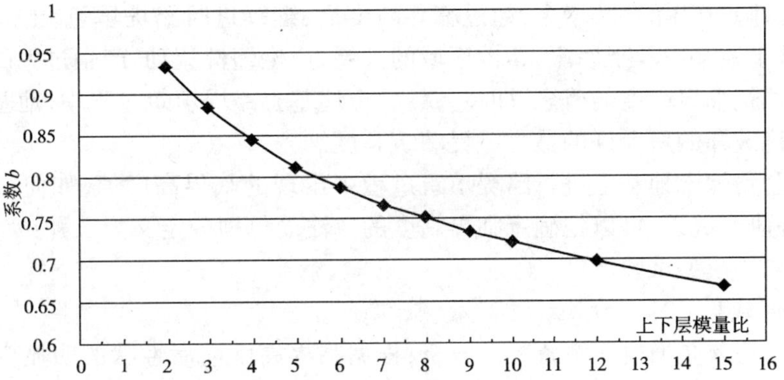

图 2-13　系数 b 与模量比间的关系曲线

从图 2-13 中可以看出系数 b 与模量比的关系曲线同样可以用对数函数表示，拟合的曲线方程为：

$$b = -0.1334 \cdot \ln \frac{E'_2}{E'_1} + 1.0284 \tag{2-30}$$

综上所述，最终得到 ξ 的简化表达式为：

$$M = \left(a \cdot \sqrt{\frac{B}{H} + b}\right) \cdot \sqrt[4]{\frac{E'_2}{E'_1}} \tag{2-31}$$

2.5　天然双层软土地基上路堤工程特性研究

2.5.1　考虑硬壳层效应的天然双层软土地基上路堤临界高度

一般在软土地基上修建高速公路时，从开始进行路堤填筑到路面竣工，总工期分三个阶段：路堤填筑期、预压期和路面施工期。当路堤设计高度超过临界高度时，按正常的填筑速率在软土地基上进行路堤填筑过程中会出现一个临界高度的问题。从图 2-14 中填土高度—沉降—历时曲线中可以看出：当路堤填土高度小于临界高度时，软土地基发生的沉降量小，沉降速率也不大，地基稳定；当路堤填筑超过一定高度时，沉降量开始突然增大，沉降速率也明显增大，超过临界高度后，采取控制填筑速率继续填筑至设计高度仍将发生较大的沉降量，如不采取填筑速率控制，会产生附加沉降，沉降速率无

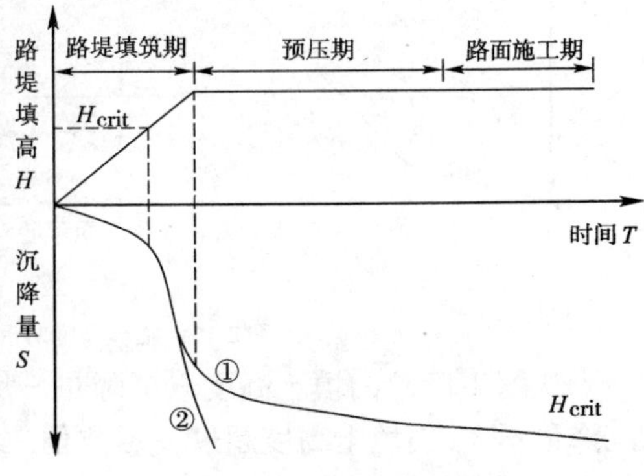

图 2-14　填高—沉降—历时曲线

法稳定，引起过大的沉降量，不利于工后沉降的控制。甚至会因加荷速率过快，软土来不及固结和强度增长，因加载而产生的剪切强度超过土体抗剪强度，发生局部剪切破坏，在施工中发生路堤纵向开裂及滑塌，可能会导致软土地基如图 2-14 的曲线②的失稳滑动破坏。

产生这个临界高度现象，是因为达到临界高度时，软土地基中软土开始屈服，产生塑性变形，所以，产生沉降量开始突然增大，超过临界高度后，继续进行路堤填筑，土进入了正常固结的压缩状态，软土地基中软土屈服，塑性区域的开展，产生塑性流动，产生过大的沉降量，因此，我们得出路堤填筑临界高度的概念，即在天然软土地基上路堤填筑过程中，地基不发生沉降量突然增大和失稳破坏的所允许的最大路堤填筑高度。

针对高速公路软土地基上进行路堤填筑过程中出现的临界高度值，如何合理确定这一问题，综合国内外研究成果，可以把确定临界高度的方法简单划分定义为三种：实测确定法、理论公式计算法和离心模型试验。

1）基于现场试验的确定方法

实测确定方法就是通过实测资料的分析，根据临界高度前后性状的明显变化特征来确定临界高度的方法。工程实测资料包括沉降、侧向位移、孔压资料。实际上，地基沉降、侧向位移、孔压在临界高度前后性状会发生很大变化。

Tavenas、Leroueil 和 Magnan 等通过对大量工程实测资料的分析，概括出临界高度对沉降、侧向位移、孔压影响的性状变化共性，可以简化为四个典型模型图，见图 2-15。

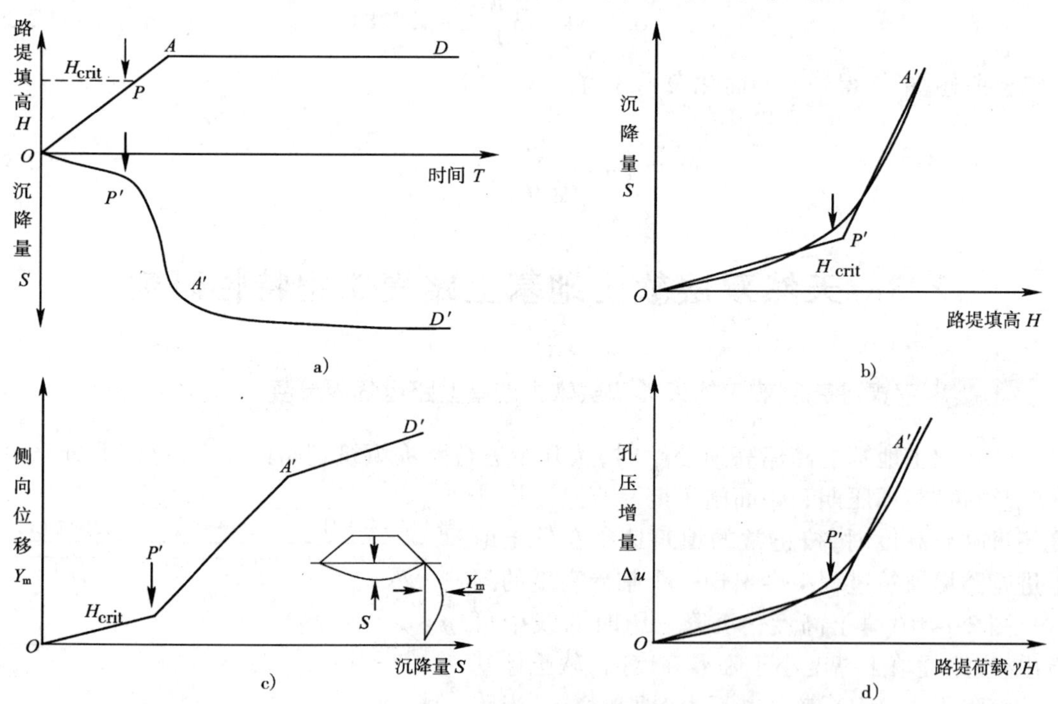

图 2-15　临界高度对沉降、侧向位移、孔压影响的简化模型图

从图 2-15a）的填土高度—沉降量—历时曲线中可以看出：当路堤填土高度较小时，累计沉降量不大，当填土高度超过一定数值之后，即临界高度时，沉降过程线出现转弯点（如图中点 P'）；沉降量开始突然增大，沉降速率有明显的增大。超过临界高度后继续填土到设计高度

将发生较大的沉降量。图 2-15b)沉降量—填土高度曲线经过折线拟合后可以看出:存在一折点 P',对应为临界高度。在临界高度前,单位填土高度所发生的沉降量比较小,超过临界高度后,单位填土高度所发生的沉降量比较大。$\Delta S / \Delta H$ 的值临界高度前后发生了明显变化。从图 2-15c)最大侧向位移和沉降量线中可以看出:在临界高度前,最大侧向位移的增量远小于沉降量增量,超过临界高度后,最大侧向位移的增量接近于沉降量增量。从图 2-15d)孔压增量与路堤荷载增量曲线经过折线拟合后关系中可以看出:路堤荷载在临界荷载之前时,孔压增量与路堤荷载增量的比值是很小的,超过临界荷载后,孔压增量与路堤荷载增量的比值大为增加。

2)基于理论分析的确定方法

如何用理论公式估计临界高度的确定,综合国内外研究成果,Tavenas 作过相应的研究,他推导出了一个半经验半理论公式来估计临界高度。

一般情况下,当地基中存在硬壳层时,总是其下的软土先达到屈服,开始发生塑性变形,沉降量、侧向位移开始增大,沉降速率和侧向位移速率开始发生不连续性。随着路堤以稳定速率继续填筑,路堤高度增加,屈服范围随路堤加载而逐渐扩大,向土层深度方向发展。塑性区域扩大,产生过大的沉降量和侧向位移,沉降速率和侧向位移速率都是临界高度前的好多倍。所以,从临界高度的定义出发:地基不发生沉降量突然增大和失稳破坏的所允许的最大路堤填筑高度,结合沉降和侧向位移工程观察,一般我们认为临界高度控制的条件为硬壳层下软土的屈服。

以此为控制条件推导出了估算临界高度的估算公式:

$$H_c = \frac{P_c - P'_0}{\gamma K(1 - \overline{B})} \tag{2-32}$$

式中:H_c——临界高度;

P_c——前期固结压力;

P'_0——初始有效上覆压力;

K——附加应力扩散系数;

$\overline{B}$——孔压系数。

3)离心模型试验法

土工离心模型试验满足减尺模型与原型间的相似关系,小模型试验能够反映原型的性质,是土工研究的一种有效方法。在岩土工程中,土的自重引起的应力通常占支配地位,土的力学特性随应力水平而变化,常规小比例尺模型由于其自重产生的应力远低于原型,因而不能再现原型的特性,解决这一问题的唯一途径就是提高模型的自重,使之与原型等效。基于这种思想,E. Phillips 根据弹性体平衡微分方程,推导出满足原型和模型之间具有相同性状的相似关系,在这些平衡中,当重力为主要因素时,他建议用离心机来增加模型的重力,以达到这种相似性。

许多研究表明在正常重力下做小比例尺的模型试验,用离心加速是模拟体积力的最有效的方法。离心模拟试验方法就是利用离心机产生离心力场,提高模型土体的体积力,形成人工重力。通过离心模型试验来分析研究路堤在荷载作用下,软土地基的变形性状,与此同时,可以确定相应的临界高度。国外 M. C. R. DAVIEST 和 R. H. G. PARRY,国内上海铁道大学的张定依次对软土地基上路堤填筑进行了离心模型试验，通过对软土地基变形性状的分析，确定出相应的临界高度。

4)基于考虑天然双层软土地基硬壳层效应的路堤临界高度研究

Tavenas 推导的临界高度公式依然是一个半经验半理论的公式，式中指标$\overline{B}$需要现场施工观测得到，附加应力影响系数 K 的求解都是基于软土地基为半无限均质弹性体假定上的弹性理论解答，并没有考虑硬壳层的作用影响。正因为存在这些问题，本节希望推导出一个考虑硬壳层作用的简单实用的临界高度理论公式，以作探讨和建议。

临界高度时所对应的路堤荷载简称为路堤临界荷载，为了推导出考虑硬壳层作用的路堤临界荷载公式，问题解决思路分两步走：①先将路堤荷载简化为条形荷载，条形荷载向硬壳层传递时，经过硬壳层的强度和厚度作用后，起到了应力扩散作用；②将硬壳层作用当作大面积均布荷载，与应力扩散后的路堤条形荷载一起作为外荷载加在软土地基上，推导出路堤临界荷载公式。

(1)考虑硬壳层应力扩散作用

对于路堤荷载作用下，天然软土地基中表层硬壳层对附加应力的扩散影响问题，比较简单的解决方法是用应力扩散角 θ，见图2-16。条形荷载 $p=\gamma_1 \cdot H$ 按 θ 角扩散后，并假设均匀分布存在扩散后的面积上，根据前后总压力相等的条件，得到界面附加应力计算公式：

$$p_1 = p\frac{B}{(B+2h\tan\theta)} \tag{2-33}$$

式中：θ——取值与参数f、h/b 有关，随f、h/b 的增大而增大。

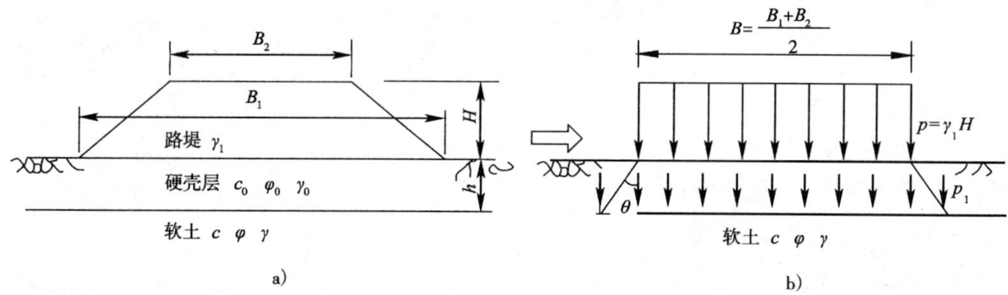

图2-16　考虑硬壳层的应力扩散作用后的路堤荷载

$$f = \frac{E_{01}}{E_{02}} \cdot \frac{1-\mu_2^2}{1-\mu_1^2} \tag{2-34}$$

式中：E_{01}、E_{02}——硬壳层和软土层的变形模量；

μ_1、μ_2——硬壳层和软土层的泊松比。

路堤宽度 B 一般大于28.0m。硬壳层厚度一般为2.0m，所以，$h/B \leqslant 0.067$，E_{01}一般为5～30MPa，中等压缩性土，而软土的变形模量为5MPa以下，μ_1、μ_2 分别为0.30、0.45左右。所以，f一般为2.0～5.0。

(2)路堤临界荷载公式推导

①基本假定：将硬壳层视为无限均布荷载 $\gamma_0 \cdot H$ 作用与应力扩散后的路堤条形荷载 P_1 一起作为外荷载加在软土层上。简化情况如图2-17所示。

② 路堤临界荷载公式推导。由于路堤长宽方向的比值 $L/B>10$，本问题按平面应问题考

虑。软土地基中应力的求解为图 2-17a)、b)两种情况叠加。

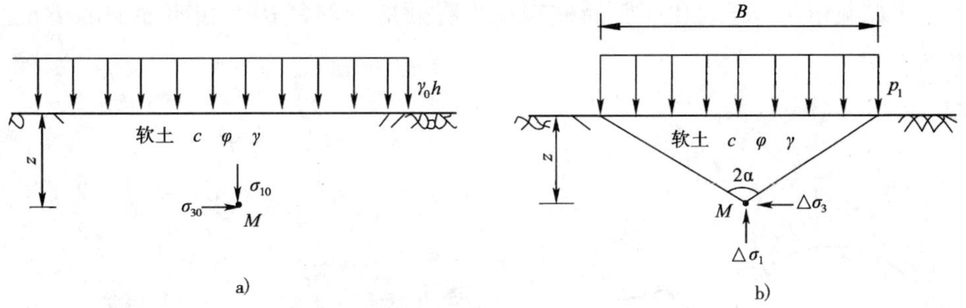

图 2-17 软土地基中点应力求

a. 条形均布荷载 p_1 的作用下，计算土中任意点 M 由 p 引起的最大和最小主应力为：

$$\Delta\sigma_1 = \frac{p_1}{\pi}(2\alpha + \sin 2\alpha) \tag{2-35}$$

$$\Delta\sigma_3 = \frac{p_1}{\pi}(2\alpha - \sin 2\alpha) \tag{2-36}$$

式中：p——条形均布荷载，kPa；

2α——点 M 到均布条形荷载两端的夹角，(°)。

$\Delta\sigma_1$ 的作用方向与 2α 角的平分线一致，作用在 M 点的应力除了有路堤荷载引起的附加应力外，还有土的自重应力。

b. 在硬壳层与软土自重作用下，在点 M 引起的最大和最小主应力为垂直压应力 σ_{10}，最小主应力为水平应力 σ_{30}。

$$\sigma_{10} = \gamma_0 h + \gamma z \tag{2-37}$$

$$\sigma_{30} = K_0\sigma_{10} \tag{2-38}$$

式中：h——硬壳层厚度；

z——点 M 到软土层顶面的距离；

K_0——初始剪应力水平，Tavenas 建议 $K_0 = 0.9(1 - \sin\varphi)$；

φ——内摩擦角；

γ_0、γ——重度，当有地下水位时，γ_0、γ 应考虑浮重度。

由于路堤填筑过程中一般屈服总是先于破坏（因为达到临界高度时，土层中开始屈服，随着屈服塑性区的开展，而发生沉降量开始增大，而压缩屈服区总是在路堤中心线下的软土层先于发生，所以本文只考虑路堤中心下的位置），因此，点 M 下的大小主应力为：

$$\sigma_1 = \sigma_{10} + \Delta\sigma_1 = (\gamma_0 h + \gamma z) + \frac{p_1}{\pi}(2\alpha + \sin 2\alpha) \tag{2-39}$$

$$\sigma_3 = \sigma_{30} + \Delta\sigma_3 = K_0(\gamma_0 h + \gamma z) + \frac{p_1}{\pi}(2\alpha - \sin 2\alpha) \tag{2-40}$$

因此，

$$\sigma_1 - \sigma_3 = (1 - K_0)(\gamma_0 h + \gamma z) + 2\frac{p_1}{\pi}\sin 2\alpha \tag{2-41}$$

Tvenas 和 sallfors 在 Ylight 模型中提出了简单可靠结论：K_0 线和屈服面的交点与有效应力

路径达到屈服面上的 P'（此时路堤高度为临界高度）点非常接近（见图 2-18）；同时还认为 $\sigma_1' \approx p_c$。因此在假定了：K_0 线和屈服面的交点为有效应力路径达到屈服面上的 P'；达到 P' 点时的 $\sigma_1' \approx p_c$。

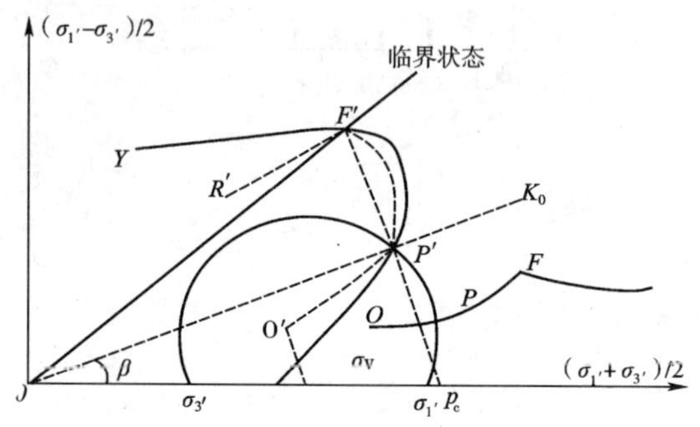

图 2-18　路堤临界荷载公式推导示意图

由图 2-18 可以得到下列关系式：

$$\begin{cases} \sigma_1' = p_c \\ K_0 = \dfrac{(\sigma_1' - \sigma_3')/2}{(\sigma_1' + \sigma_3')/2} \end{cases} \tag{2-42}$$

式中，$K_0 = \dfrac{1-K_0}{1+K_0}$。

因此，

$$\sigma_1' - \sigma_3' = \frac{2K_0}{1+K_0}p_c \tag{2-43}$$

在有效应力路径中，由于，

$$\sigma_1' - \sigma_3' = \sigma_1 - \sigma_3 \tag{2-44}$$

因此，可得到：

$$\frac{2K_0}{1+K_0}p_c = (1-K_0)(\gamma_0 h + \gamma z) + 2\frac{p_1}{\pi}\sin 2\alpha \tag{2-45}$$

因此，

$$p_{crit} = \left[\frac{2K_0}{1+K_0}p_c - (1-K_0)(\gamma_0 h + \gamma z)\right]\frac{\pi}{2\sin 2\alpha} \tag{2-46}$$

因此得到考虑硬壳层作用的临界高度公式：

$$\gamma_1 H_{crit} = \left[\frac{2K_0}{1+K_0}p_c - (1-K_0)(\gamma_0 h + \gamma z)\right]\frac{\pi}{2\sin 2\alpha}\cdot\frac{(B+2h\tan\theta)}{B} \tag{2-47}$$

从公式中可以看出，临界高度受到硬壳层的厚度和强度的影响，同时与软土层中的重要土性指标前期固结压力 p_c，土的初始状态有关，与填土重度有很大关系。

所以可以得出以下结论：

- 临界高度与填土重度成反比，填土重度越小，其相应的临界高度越大，填土重度越大，其相应的临界高度越小。
- 从 $\dfrac{B+2h\tan\theta}{B}$ 这一项可以看出，硬壳层的压缩模量 E_0 和厚度 h 越大，硬壳层对临界高度的提高越大。
- 软土层的前期固结压力 p_c 对临界高度有很大的影响。p_c 越大，对临界高度提高越大。
- 该公式同时避免了求解由于软土地基是实际成层地基以及硬壳层的应力扩散等影响，难以确定附加应力影响系数 K 的困难，同时不需要确定复杂的孔压增长系数 $\overline{B}$，更加简单实用。
- 临界高度的理论预估准确与否，还要看公式参数的选择是否合适，建议采用最薄弱的软土层控制，前期固结压力 p_c 取硬壳层下浅层软土。

2.5.2 考虑硬壳层效应的天然双层软土地基沉降

当前工程应用中，软土地基的沉降计算主要采用分层总和法。考虑硬壳层作用的软土地基沉降，计算一般采用综合修正系数法。当软土地基上存在硬壳层时，由于硬壳层的存在，改变了地基的受力状况，使地基土变为双层的受力模式，上部结构的荷载在硬壳层作用下得到了扩散，从而减小了路堤填土荷载在软基中引起的附加应力，使得软土层的压缩量有所减小。由于分层总和法计算沉降时不能考虑硬壳层对下卧层的应力扩散作用，除非用非线性有限元计算才能考虑其应力扩散效果。而目前公路设计时，非线性有限元受多种原因的限制没有得到广泛推广，所以，还必须继续使用分层总和法进行沉降计算，同时应考虑到硬壳层的作用，尤其是对下卧层的应力扩散作用。根据第 2 章求算的天然地基的附加应力扩散系数公式，在计算沉降时仍可用传统的分层总和法，只需乘以扩散系数即得到下卧层的沉降值。

2.6 硬壳层对滨海地区公路路基工程特性影响的数值分析

2.6.1 滨海地区公路路基工程特性数值分析模式

采用 ADINA 非线性有限元计算软件分析硬壳层对滨海地区公路路基工程特性的影响。

在软土地基上填筑路基，为了保证其稳定性和沉降变形满足设计要求，要求按照一定的施工速率进行。因此，施工速率对地基的沉降变形有重要影响。在有限元分析中，为了考虑施工速率的影响，路堤荷载采用分级加载和一次性加载两种模式。

同时，在有限元分析中认为线路结构足够长，按照平面应变情况予以考虑分析。

1) ADINA 非线性有限元软件简介

ADINA 出现于 1975 年，是在 K. J. Bathe 博士带领下，其研究小组共同开发出的有限元分析软件，其名称为 Automatic Dynamics Incremental Nonlinear Analysis 首字母的缩写。这表达了软件开发者的基本目标，即除了求解线性问题外，还要具备分析非线性问题的强大功能，即求解结构以及涉及结构场之外的多场耦合问题。增量法是数值求解非线性物理问题的最本质方法，对非线性物理问题，计算解逼近真实解的过程是通过控制增量逐步实现的，这种增量通常是荷载或时间量。程序开发的最初目的即是求解非线性问题，这也是 ADINA 软件一直保持用户推崇的最大特点。

ADINA 系统基于有限元方法，适用于求解结构、温度和流体等多领域工程问题和进行科学研究。系统主要包括下列 6 个模块：

①用户界面 ADINA-AUI(ADINA User Interface)；

②结构分析求解器 ADINA；

③传热分析求解器 ADINA-T；

④计算流体动力学(CFD)求解器 ADINA-F；

⑤流体—结构耦合分析求解器 ADINA-FSI；

⑥热—机械耦合分析求解器 ADINA-TMC。

各种问题的工程分析过程基本类似，其基本步骤是：

①使用前处理系统 ADINA-AUI 定义有限元模型;

②应用 ADINA,ADINA-T,ADINA-F,ADINA-FSI,ADINA-TMC 或这些求解器的组合来对模型实施数值计算;

③最后用后处理 ADINA-PLOT 进行计算结果的列表、绘图显示等。

实际上,用户根本无需直接提供输入数据到 ADINA,ADINA-T,ADINA-F,ADINA-FSI 或 ADINA-TMC 求解器中,而是借助于 ADINA-AUI 来生成这些计算系统所需要的输入数据信息。另外,也无需直接在 ADINA,ADINA-T,ADINA-F,ADINA-FSI 或 ADINA-TMC 中查看输出结果,而是使用 ADINA-PLOT 来完成模型计算结果观察、检验和打印。

在有限元分析中,用户必须完整地描述所给定的模型,这些描述信息包括模型的几何模型、材料特性、边界条件和荷载等。此外,还需要将模型划分成单元并定义节点。这些任务都在 ADINA-AUI 环境中完成。建造模型的过程中,它提供实时模型加载显示功能。

根据要计算的问题类型,ADINA-AUI 创建包括有限元模型定义的数据文件,这些文件根据求解问题的类型,分别用于求解器 ADINA,ADINA-T,ADINA-F,ADINA-FSI 或 ADINA-TMC。问题的求解在后台运行。系统运行后产生的结果文件"porthole"中包含模型定义和模型结果。

将这些结果文件载入 ADINA-PLOT,然后就可以利用它来观察计算得到的结果。例如绘制网格变形图、应力或温度结果的云图、支承反力、速度或应力的矢量图等,还可以绘制计算结果的时间历程图,或某一结果沿模型中某条线段的分布变化图形等。

2)数值计算材料模型及程序实现过程

岩土类材料依据其在受到外力作用时所表现出来的物理力学性质,通常可看作为弹塑性的,按照弹塑性理论来研究。当岩土体在较小外力作用时,其应力—应变关系是线性的,遵循胡克定律,发生弹性变形。当外力逐渐增大,达到材料的屈服强度而使材料发生屈服时,应力—应变关系是非线性的,材料进入塑性工作阶段后,其变形在卸除后不能完全恢复,其中不能恢复的残余变形部分称为塑性变形。在塑性工作阶段,材料的应力—应变关系与所受的应力历史和路径有关。

依据单轴压缩试验得到的应力—应变曲线,可以将岩土材料分为以下三大类型(见图 2-19):①理想弹塑性材料;②应变硬化材料;③应变软化材料。

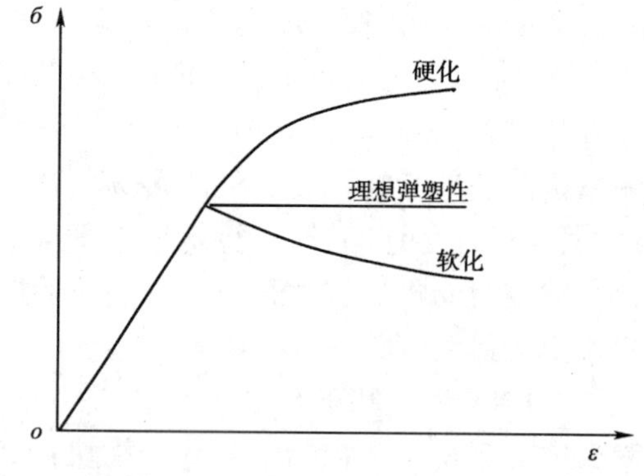

图 2-19　岩土材料应力—应变关系

土体单元与一般固体单元的主要区别在于本构模型、屈服(或破坏)准则;此外,通常还假定土体不能承受拉力。ADINA 中适用于土工材料的模型有曲线描述材料模型、Drucker-Prager 模型、Cam-Clay 模型、Mohr-Coulomb 模型。工程中应用较为广泛的两个屈服准则模型为 Mohr-Coulomb 屈服准则和 Drucker-Prager 屈服准则,为分析问题方便简要介绍如下:

(1)摩尔—库仑(Mohr-Coulomb)模型

摩尔—库仑模型基于非关联的流动法则、理想塑性摩尔—库仑屈服准则,拉应力截断准则。它可以用于二维固体和三维固体单元,小位移(或大位移)/小应变公式。当采用小位移形式时，将使用单一材料非线性公式；而采用大位移形式时，则使用完全拉格朗日公式。

Mohr-Coulomb 屈服准则：岩土体的破坏形式通常是剪切破坏，当土体内部任何一个面上的剪应力达到材料的极限抗剪强度时，即发生剪切破坏。Mohr-Coulomb 强度条件的表达式为：

$$f(\sigma_n, \tau_n) = \tau_n - c + \sigma_n \tan\varphi \tag{2-48}$$

式中：σ_n——受剪面上的法向应力（正应力）；

τ_n——极限抗剪强度；

c——土的黏聚力；

φ——土的内摩擦角。

Mohr-Coulomb 破坏条件在 $\sigma_n - \tau_n$ 坐标面内表示为与最大主应力圆相切的一条直线。

用平面内的主应力表示为：

$$F(\sigma_1, \sigma_2, \sigma_3) = \frac{\sigma_1 + \sigma_3}{2}\sin\varphi + \frac{\sigma_1 - \sigma_3}{2} - c\cos\varphi = 0 \tag{2-49}$$

在 ADINA 中屈服函数以应力不变量表示为：

$$^{t}f_{mc} = {}^{t}I_1 \sin\varphi + \frac{1}{2}[3(1 - \sin\varphi)\sin{}^{t}\theta + \sqrt{3}(3 + \sin\varphi)\cos{}^{t}\theta]\sqrt{{}^{t}J_2} - 3c \tag{2-50}$$

对应的势函数是：

$$^{t}g_{mc} = {}^{t}I_1 \sin\psi + \frac{1}{2}[3(1 - \sin\psi)\sin{}^{t}\theta + \sqrt{3}(3 + \sin\psi)\cos{}^{t}\theta]\sqrt{{}^{t}J_2} - 3c \tag{2-51}$$

$$^{t}\theta = \frac{1}{3}\cos^{-1}\left(\frac{3\sqrt{3}}{2}\frac{{}^{t}J_3}{{}^{t}J_2{}^{3/2}}\right) \tag{2-52}$$

$$I_1 = \sigma_1 + \sigma_2 + \sigma_3 \tag{2-53}$$

$$J_2 = \frac{1}{6}[(\sigma_1 - \sigma_2)^2 + (\sigma_2 - \sigma_3)^2 + (\sigma_3 - \sigma_1)^2] \tag{2-54}$$

$$J_3 = \frac{1}{27}(2\sigma_1 - \sigma_2 - \sigma_3)(2\sigma_2 - \sigma_3 - \sigma_1)(2\sigma_3 - \sigma_1 - \sigma_2) \tag{2-55}$$

式中：φ——内摩擦角；

c——黏聚力；

ψ——膨胀角；

${}^{t}I_1$——时间 t 的第一应力不变量；

${}^{t}J_2$——时间 t 的第二偏应力不变量；

${}^{t}J_3$——时间 t 的第三偏应力不变量。

Mohr-Coulomb 屈服准则在主应力空间中见图 2-20，其屈服面形状为六角锥体，在 $\sigma_2 = 0$ 平面内其屈服曲线为不等边的六角形，在 π 平面内为不等角的等边六角形，见图 2-21。

由于该准则物理概念简单，参数少，并且较为符合岩土材料的屈服和破坏特征而得到广泛应用。

（2）多孔介质材料模式

多孔介质公式可适用于受静态或动态荷载作用的多孔结构。它处理多孔固体和在多孔固体骨架中流动的孔隙水之间的相互作用。多孔介质公式仅仅适用于二维和三维固体单元。这些单元在角节点处有孔隙压力变化。孔隙压力被认为是随着位移变化的,其随位移、速度、应力和其他处理结果在 ADINA 中输出。多孔介质模型用一个完全耦合的方程式来实现。

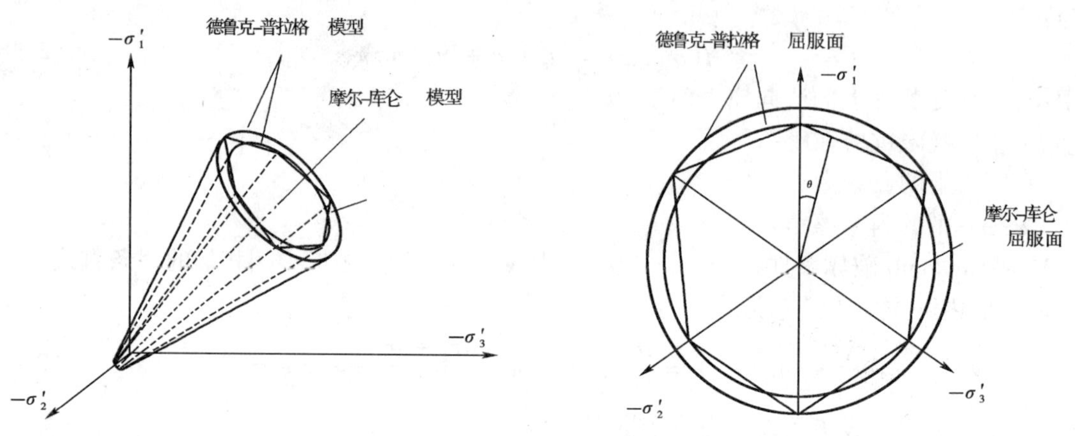

图 2-20 摩尔—库仑和德鲁克—普拉格模型屈服面

图 2-21 摩尔—库仑和德鲁克—普拉格模型屈服准则在π平面形状

ADINA 多孔介质公式以下面几个假定为基础:孔隙水是不可压缩的或者轻微压缩的,多孔固体骨架被孔隙水完全饱和,多孔固体中的孔隙水流动遵从达西定律。利用多孔介质公式,可以进行不排水分析(静态孔隙水)和固结或者膨胀分析(孔隙水在多孔骨架中流动)。在多孔结构的分析中,可以使用程序中所有的非线性模式(小位移/小应变,大位移/小应变和大位移/大应变)。小位移/大应变模式采用一个材料非线性公式。多孔结构的分析可以采用混合模式。但是多孔结构的分析不能采用不兼容的模型特性。多孔介质模型可以应用的问题类型是:瞬时静态分析(固结)——孔隙水压力分布、位移和应力分布以及它们随时间的变化是有很大意义的。瞬时动态分析,除了孔隙水压力、位移和应力结果,要更注意多孔结构潜在的破坏。液化是地震灾害中下层构造一个相当重要的破坏模型,也可以用多孔介质模型来研究。不排水分析——不排水条件下和总应力有关的孔隙水压力没有专门的公式。可以指定不排水边界条件和小时间步来实现不排水分析。理论上讲,适用于固体单元(包括弹塑性材料模式)的所有材料模式可以应用到多孔介质分析中,可以采用对问题来说最有实际意义的材料模式。

3)接触面单元

土与结构的共同作用有两种情况:一种是土与结构之间只有力的传递,没有相对位移,也就是没有错动或拉开。它们可以看成由两种材料组成的连续体,进行有限元计算不产生任何困难;另一种情况是土与结构之间发生相对位移,从整体上来说是不连续的,为了进行有限元计算,就要设置接触面单元来处理这种不连续性。

在有限元分析加筋土挡墙时,一般均不考虑在填土与筋材之间设接触单元,即认为在力的作用下填土与筋材和面板之间没有滑动现象发生。但因为结构物中,材料性质与土体性质相差很远,在一定受力条件下有可能在其接触面上产生错动滑移、脱离接触以及周期性的闭合和张开。为了比较真实地反映接触面性状,有必要在不同材料接触面上设置接触单元。

在 ADINA 中，不论单元材料是线性、几何或材料非线性，都可以定义接触面，然而一旦定义，即使没有非线性材料被定义，也将导致分析非线性。

接触可分为二维或三维接触，二维接触面可定义为轴对称或平面形式，但必须存在于总体坐标 YZ 平面内，X 坐标等于 0。

二维接触面由一系列接触子段组成，每个接触子段由两个结点约束，沿着二维接触面的两个连续结点定义一个接触子段。接触面分为靶面（target surface）和子面（contactor surface），靶面和子面组成接触对（contact pair）。

接触体不像接触面，由一组并不相互联结成子段的结点组成，在接触体中，接触体只能作为子面，通常它只用来模拟金属切割和一维单元的三维接触，因为一维单元（如杆、梁等）无法定义三维接触面。

4）非线性问题的求解方法

岩土工程数值分析问题通常属于非线性问题，一般情况下既包括材料非线性又包含几何非线性，有时还包括边界非线性，如接触，这是和岩土材料的弹塑性性质密切相关的。材料非线性是指当应力超过某一限值以后，应力与应变的变化不再遵循胡克定律所规定的线性关系，而位移的变化仍呈线性关系，属于这种类型的问题称为材料非线性问题。几何非线性是指当应力或应变速率超过某一限值后，应变与位移的变化不成线性关系，但应力与应变的变化仍呈线性关系，属于这种类型的问题称为几何非线性问题。接触界面非线性是指接触边界的位置和范围以及接触面上力的分布和大小是事先不能给定的，需要依赖整个问题的求解才能确定。

非线性问题的常用解法有迭代法、增量法以及增量迭代法（或混合法）。对于材料非线性问题和几何非线性问题，其基本的求解方法是相同的。下面就本研究采用的增量迭代法作一介绍。

（1）完全牛顿迭代法

完全牛顿迭代法，在用数值方法对结构进行离散化分析和总体分析，建立结构的总刚度矩阵后，将得到如下形式的代数方程组：

$$\boldsymbol{K}\boldsymbol{u}+\boldsymbol{F}=0 \tag{2-56}$$

式中：$\boldsymbol{K}$——结构的总刚度矩阵；

$\boldsymbol{u}$——结点位移向量；

$\boldsymbol{F}$——外荷载向量。

设：

$$\boldsymbol{\psi}^n=\boldsymbol{\psi}(\boldsymbol{u}^n)\equiv\boldsymbol{K}^n\boldsymbol{u}^n+\boldsymbol{F}\neq 0 \tag{2-57}$$

式中：$\boldsymbol{\psi}^n$——结点的不平衡力（残余力）向量；

$\boldsymbol{K}^n$——第 n 次迭代中采用的总刚度矩阵；

$\boldsymbol{u}^n$——第 n 次迭代中的节点位移向量。

将函数 $\boldsymbol{\psi}^n$ 在 $\boldsymbol{u}^n$ 处展开，取其前两项之和得：

$$\boldsymbol{\psi}(\boldsymbol{u}^{n+1})=\boldsymbol{\psi}(\boldsymbol{u}^n)+\left(\frac{\mathrm{d}\boldsymbol{\psi}}{\mathrm{d}\boldsymbol{u}}\right)\Delta\boldsymbol{u}^n=0 \tag{2-58}$$

式中，$\boldsymbol{u}^{n+1}=\boldsymbol{u}^n+\Delta\boldsymbol{u}^n$。

$$\frac{\mathrm{d}\boldsymbol{\psi}}{\mathrm{d}\boldsymbol{u}}\equiv\frac{\mathrm{d}\boldsymbol{P}}{\mathrm{d}\boldsymbol{u}}\equiv\boldsymbol{K}_{\mathrm{T}}(\boldsymbol{u}),\boldsymbol{P}=\boldsymbol{P}(\boldsymbol{u})=\boldsymbol{K}(\boldsymbol{u})\cdot\boldsymbol{u} \tag{2-59}$$

式中：$\boldsymbol{K}_T$——切线刚度矩阵。

位移向量 $\boldsymbol{u}^{n+1}$ 根据位移增量向量 $\Delta\boldsymbol{u}^n$ 算得，即：

$$\boldsymbol{u}^{n+1}=\boldsymbol{u}^n+\Delta\boldsymbol{u}^n=\boldsymbol{u}^n-(\boldsymbol{K}_T^n)^{-1}\boldsymbol{\psi}^n=\boldsymbol{u}^n-(\boldsymbol{K}_T^n)^{-1}(\boldsymbol{P}^n+\boldsymbol{F}) \tag{2-60}$$

迭代初始需设置试探解，然后即可按照上述公式进行迭代运算，直到收敛而得到解向量 $\boldsymbol{u}$ 为止。

(2)增量迭代法

以上讨论的完全牛顿迭代法隐含着 $\boldsymbol{K}$ 可以显式地表示为 $\boldsymbol{u}$ 的函数，所以，该法只适用于与变形历史无关的非线性问题，如非线性弹性问题等，而对于弹塑性问题，一般情况下由于应力依赖于变形历史，这时将不能用形变理论，而必须用增量理论进行分析。在此种情况下，不能将 $\boldsymbol{K}$ 表示成 $\boldsymbol{u}$ 的显式函数，因而也就不能直接用上述方法求解，而需要结合增量方法，即增量迭代法。

增量迭代法是将式中的载荷分成若干步，即 $\boldsymbol{F}_0,\boldsymbol{F}_0,\boldsymbol{F}_0,\cdots$，相应的位移也分成同样的步数，即 $\boldsymbol{u}_0,\boldsymbol{u}_0,\boldsymbol{u}_0,\cdots$。每两步之间的增长量称之为增量。其一般作法是假设第 m 步的载荷 $\boldsymbol{F}_m$ 和相应的位移 $\boldsymbol{u}_m$ 为已知，然后将载荷增加到 $\boldsymbol{F}_{m+1}(=\boldsymbol{F}_m+\Delta\boldsymbol{F}_m)$，再求解位移 $\boldsymbol{u}_{m+1}(=\boldsymbol{u}_m+\Delta\boldsymbol{u}_m)$。如果每步的载荷增量 $\Delta\boldsymbol{F}_m$ 足够小，则解的收敛性是能够保证的。常用的求解方法有很多，现在更多采用的方法是将完全牛顿法用于每一增量步，即在每一增量步内进行完全牛顿法迭代。

则：

$$\boldsymbol{\psi}(\boldsymbol{u})=\boldsymbol{P}(\boldsymbol{u})-\lambda\boldsymbol{F}_0=0 \tag{2-61}$$

式中：λ——用以表示载荷变化的参数。将上式对 λ 求导，则可以得到：

$$\frac{\mathrm{d}\boldsymbol{P}}{\mathrm{d}\boldsymbol{u}}\frac{\mathrm{d}\boldsymbol{u}}{\mathrm{d}\lambda}-\boldsymbol{F}_0=\boldsymbol{K}_T\frac{\mathrm{d}\boldsymbol{u}}{\mathrm{d}\lambda}-\boldsymbol{F}_0=0 \tag{2-62}$$

由上式进一步可以得到：

$$\frac{\mathrm{d}\boldsymbol{u}}{\mathrm{d}\lambda}=\boldsymbol{K}_T^{-1}(\boldsymbol{u})\boldsymbol{F}_0 \tag{2-63}$$

式中：$\boldsymbol{K}_T$——刚度矩阵。

利用上述的牛顿迭代法在每一个增量步内进行迭代，则对于 λ 的 $m+1$ 次增量步的第 $n+1$ 次迭代可以表示为：

$$\boldsymbol{\psi}_{m+1}^{(n+1)}=\boldsymbol{P}(\boldsymbol{u}_{m+1}^{n+1})-\boldsymbol{F}_{m+1}=\boldsymbol{P}(\boldsymbol{u}_{m+1}^{n})-\boldsymbol{F}_{m+1}+(\boldsymbol{K}_T^n)_{m+1}\Delta\boldsymbol{u}_m^n=0 \tag{2-64}$$

由上式解出 $\Delta\boldsymbol{u}_m$ 的第 n 次修正值 $\Delta\boldsymbol{u}_m^n$，即：

$$\Delta\boldsymbol{u}_m^n=(\boldsymbol{K}_T^n)_{m+1}^{-1}[\boldsymbol{F}_{m+1}-\boldsymbol{P}(\boldsymbol{u}_{m+1}^n)] \tag{2-65}$$

因此，可以得到 $\boldsymbol{u}_{m+1}$ 的第 $n+1$ 次改进值为：

$$\boldsymbol{u}_{m+1}^{(n+1)}=\boldsymbol{u}_{m+1}^n+\Delta\boldsymbol{u}_m^n \tag{2-66}$$

$(\boldsymbol{K}_T^n)_{m+1}=\boldsymbol{K}_T(\boldsymbol{u}_{m+1}^n)$ 是 $(\boldsymbol{K}_T)_{m+1}$ 的第 n 次改进值。开始迭代时令 $\boldsymbol{u}_{m+1}^0=\boldsymbol{u}_m$，连续地进行迭代，最后可使方程在规定的误差范围内得到满足。

5)收敛准则

在进行每一个增量步迭代运算的过程中，需要判断迭代过程是否满足收敛要求，即收敛准则。收敛准则一般有残余力的范数、位移增量向量的范数以及能量方法等。

(1)位移收敛准则

当位移增量向量的范数逐渐减小,表明运算过程趋于收敛。

$$\|\Delta \boldsymbol{u}^{n}\|_{2} < \|\Delta \boldsymbol{u}^{n-1}\|_{2} \tag{2-67}$$

式中:$\|\Delta \boldsymbol{u}^{n}\|_{2}$——第 n 次迭代后位移增量向量的2范数,$\|\Delta \boldsymbol{u}^{n}\|_{2} = \sqrt{\sum_{i=1}^{m}(\Delta u_{i}^{n})^{2}}$。

节点位移增量向量的范数与节点总位移向量的范数之比小于规定值,表示迭代收敛。

$$\frac{\|\Delta \boldsymbol{u}^{n}\|_{2}}{\|\boldsymbol{u}\|_{2}} \times 100 < \mathrm{TOL} \tag{2-68}$$

式中:TOL——容许值。

(2)平衡收敛准则

当残余力向量的范数逐渐减小,则表明迭代过程趋于收敛。

$$\|\boldsymbol{\psi}^{n}\|_{2} < \|\boldsymbol{\psi}^{n-1}\|_{2} \tag{2-69}$$

式中:$\|\boldsymbol{\psi}^{n}\|_{2}$——第 n 次迭代后节点残余力向量的2范数,$\|\boldsymbol{\psi}^{n}\|_{2} = \sqrt{\sum_{i=1}^{m}(\Psi_{i}^{n})^{2}}$。

当残余力向量范数与体系外荷载节点力向量范数的比值小于规定值时,表示迭代收敛。

$$\frac{\|\boldsymbol{\psi}^{n}\|_{2}}{\|\boldsymbol{F}\|_{2}} \times 100 < \mathrm{TOL} \tag{2-70}$$

(3)能量收敛准则

$$\frac{(\Delta \boldsymbol{u}^{n})^{\mathrm{T}} \Delta \boldsymbol{F}^{n}}{(\Delta \boldsymbol{u}^{n})^{\mathrm{T}} \Delta \boldsymbol{F}^{0}} < \mathrm{TOL} \tag{2-71}$$

6)有限元建模和边界条件

(1)建模网格划分

由于对称性,取路基横断面一半建立有限元模型,如图2-22所示。

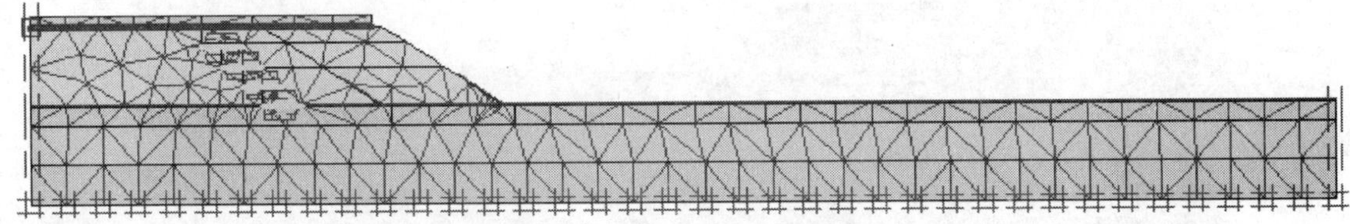

图2-22 3.0厚软基建模网格划分

(2)应力—应变边界条件

因采用的为对称的半幅路堤,左右边界约束侧向位移。

(3)渗流、固结边界条件

允许模型底面和地基顶面处为自由渗流、模型左右侧为不允许渗流。

(4)荷载模拟

路堤荷载分两种方式:一是考虑施工速率的影响进行分级加载;二是不考虑施工影响进行一次加载。

工况一:硬壳层厚3.0m、软弱下卧层4.0m、路基高度2.0m增加到5.0m,分级加载;

工况二:硬壳层厚3.0m、软弱下卧层10.0m、路基高度2.0m增加到5.0m,分级加载;

工况三:硬壳层厚3.0m、软弱下卧层4.0m、路基高度2.0m增加到5.0m,一次加载;

工况四:硬壳层厚3.0m、软弱下卧层10.0m、路基高度2.0m增加到5.0m,一次加载。

(5)模型参数

①路基土:$E=25\text{MPa},\varphi=25°,c=22\text{kPa},\gamma=18\text{kN/m}^3,\mu=0.3$;

②硬壳层:$E=30\text{MPa},\varphi=22°,c=20\text{kPa},\gamma=18\text{kN/m}^3,\mu=0.3$;

③下卧软土层:$E=10\text{MPa},\varphi=8°,c=10\text{kPa},\gamma=17\text{kN/m}^3,\mu=0.3$;

④软土下部地基土:$E=25\text{MPa},\varphi=25°,c=25\text{kPa},\gamma=18\text{kN/m}^3,\mu=0.3$。

2.6.2 路基填土高度的影响

图2-23～图2-28分别为工况一条件下的地基沉降云图、地基竖向应力云图和地基水平位移云图。

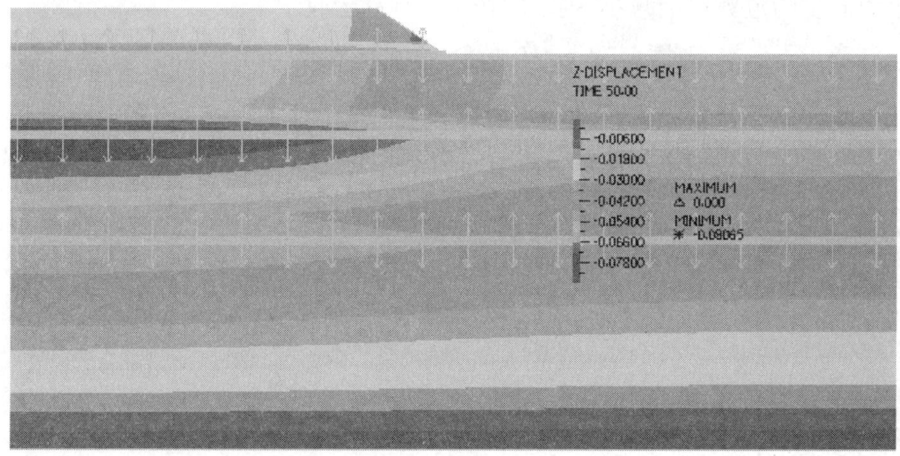

图2-23 工况一条件下路基高度2.0m时地基沉降云图

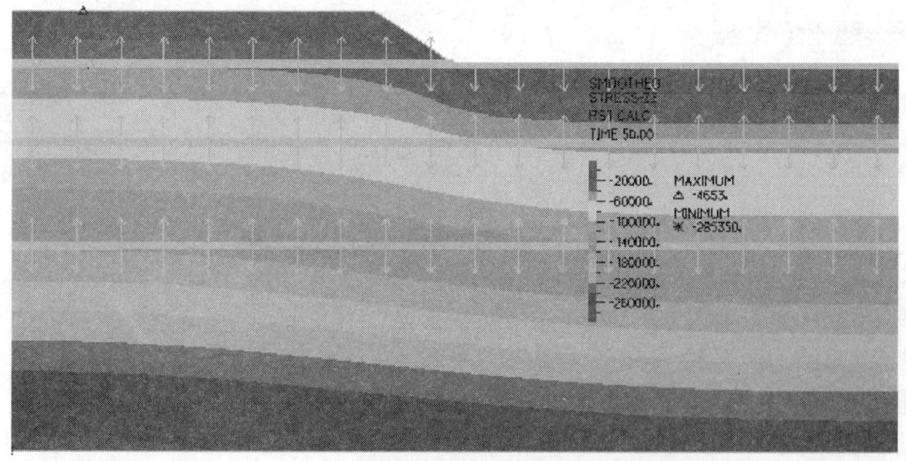

图2-24 工况一条件下路基高度2.0m时地基竖向应力云图

从以上两图可以看出,地基沉降和水平位移变化梯度随填土高度的增大而增大。硬壳层的应力扩散程度随路堤高度的增加而增大。

图2-29为不同路堤高度条件下地基表面沉降量沿路基横断面的变化曲线,图2-30为不同路堤高度条件下路基坡脚地基水平位移沿深度的变化曲线。图2-31为不同路堤高度条件下

硬壳层底部竖向应力沿路基横断面的变化曲线。

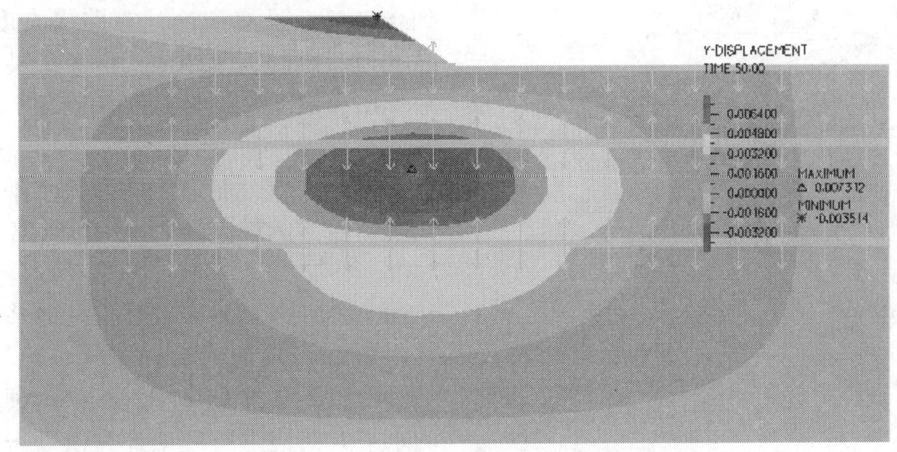

图 2-25　工况一条件下路基高度 2.0m 时地基水平位移云图

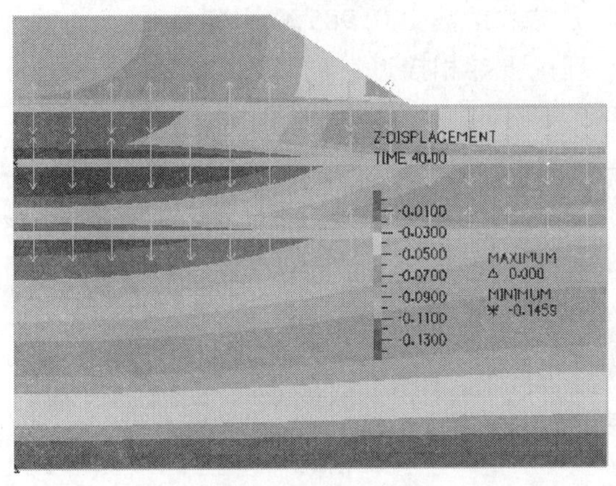

图 2-26　工况一条件下路基高度 5.0m 时地基沉降云图

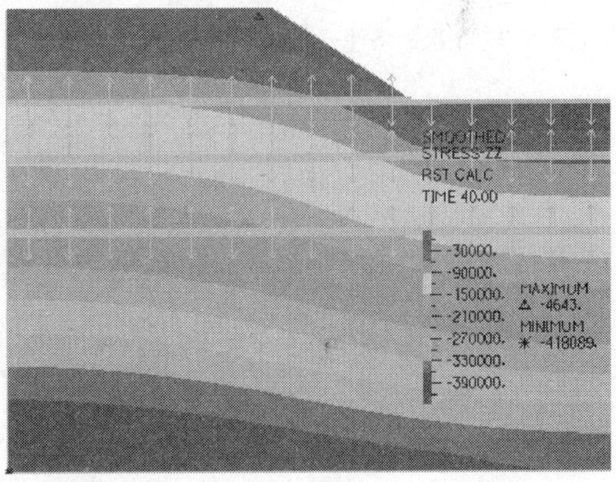

图 2-27　工况一条件下路基高度 5.0m 时地基竖向应力云图

图 2-29 显示当路基高度由 2.0m 增加到 5.0m 时，路基基底最大沉降由 5.96cm 增加到

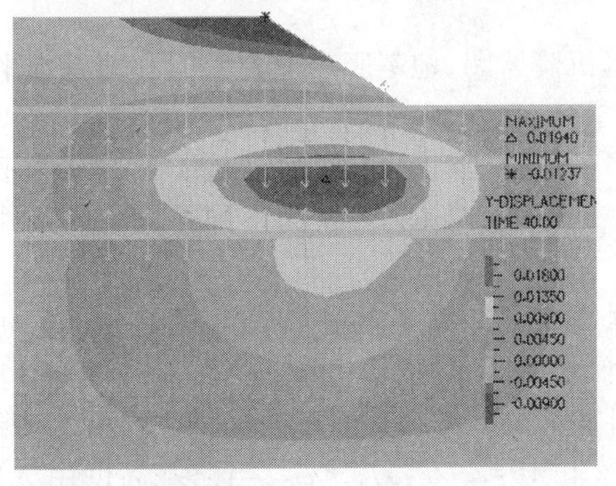

图 2-28　工况一条件下路基高度 5.0m 时地基水平位移云图

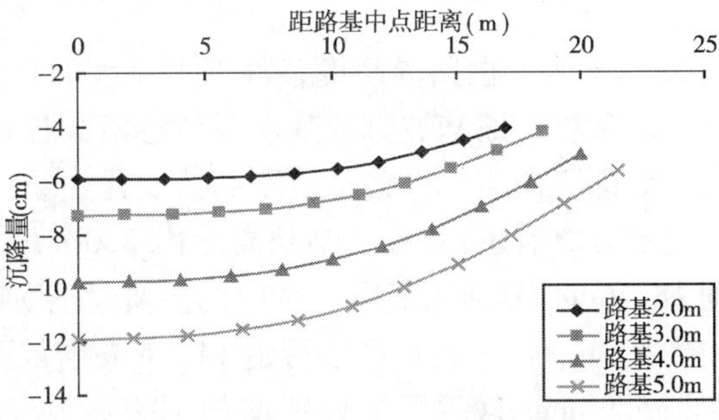

图 2-29　地基表面沉降量随水平距离变化

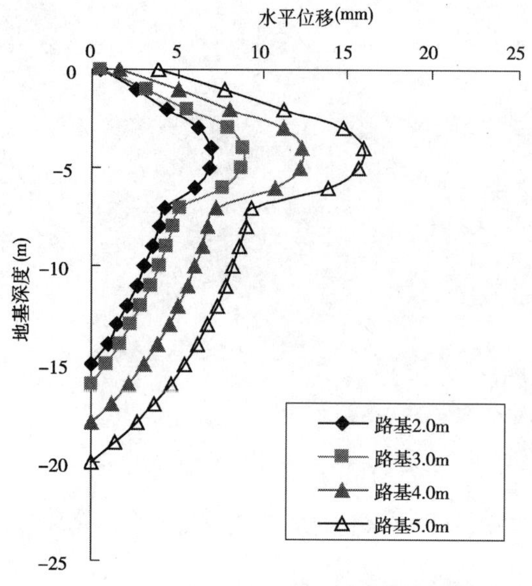

图 2-30 工况一条件下坡脚水平位移随深度变化

11.93cm。地基表面沉降坡率由 0.11% 增加到 0.29%。虽然理论计算路堤高度为 5.0m 时的地基沉降大于 30cm，但考虑硬壳层的扩散作用和施工加载的实际情况，实际发生的沉降远小于此。

图 2-30 显示地基中的最大水平位移发生在硬壳层下的软弱下卧层中，当路基高度由 2.0m 增加到 5.0m 时，最大水平位移由 6.9mm 增加到 15.9mm，坡脚处地基的水平位移由 0.5mm 增加到 3.8mm。

将图 2-31 中路基中心线处的硬壳层底部的水平方向应力与理论计算值 $\sigma_z = \gamma h$ 比较，当路基高度由 2.0m 增加到 5.0m 时，竖向应力扩散系数由 0.985 减小到 0.96。与前面的理论推导相接近。

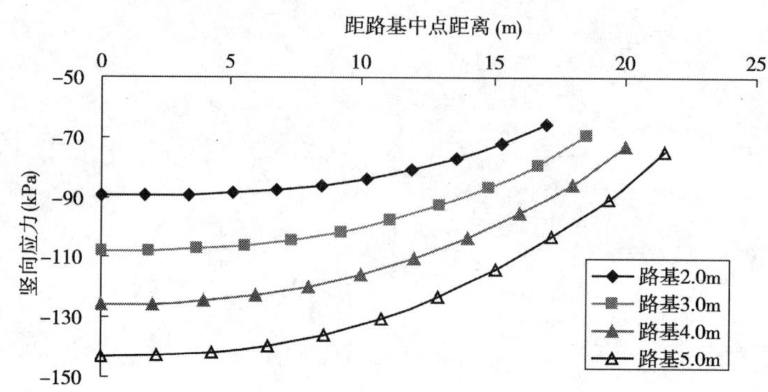

图 2-31 工况一条件下竖向应力沿水平方向变化

2.6.3 下卧软土层厚的影响

图 2-32 ~ 图 2-37 分别为工况二条件下的地基沉降云图、地基竖向应力云图和地基水平位移云图。

图 2-38 为不同路堤高度条件下地基表面沉降量沿路基横断面的变化曲线，图 2-39 为不同路堤高度条件下路基坡脚地基水平位移沿深度的变化曲线。图 2-40 为不同路堤高度条件下硬壳层底部竖向应力沿路基横断面的变化曲线。

由图可以看出：对应于路基高度由 2.0m 增加到 5.0m，路基基底最大沉降由 11.06cm 增加到 18.76cm，分别比工况一对应的沉降值分别增加 85.6% 和 57.3%。当路基高度由 2.0m 增加到 5.0m 时，最大水平位移由 14.1mm 增加到 30.2mm，坡脚处地基的水平位移由 1.02mm 增加到 5.98mm，较工况一分别增加 104%、90.0% 和 104.2%、57.3%。当路基高度由 2.0m 增加到 5.0m 时，工况二中的竖向应力扩散系数由 0.980 减小到 0.953，较工况一分别略有减小。

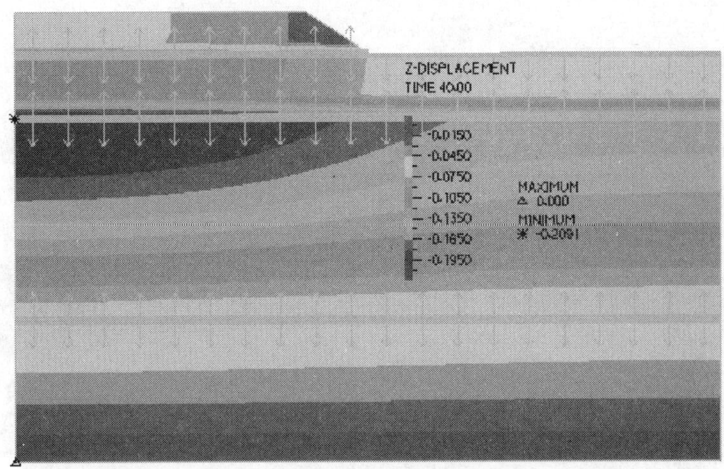

图 2-32　工况二条件下路基高度 2.0m 时地基沉降云图

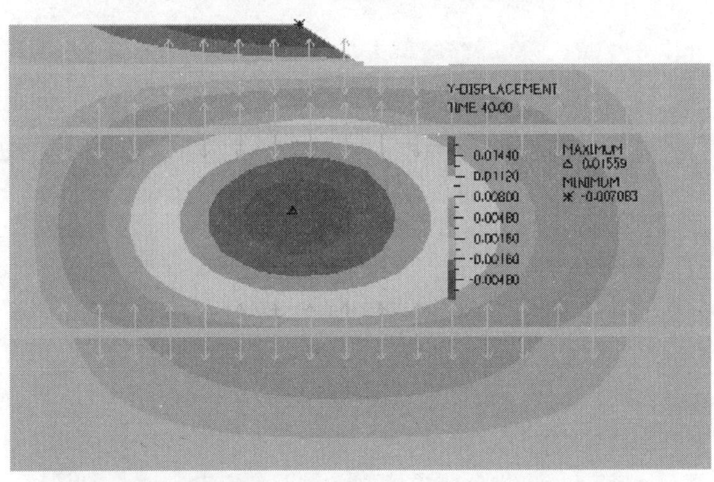

图 2-33　工况二条件下路基高度 2.0m 时地基竖向应力云图

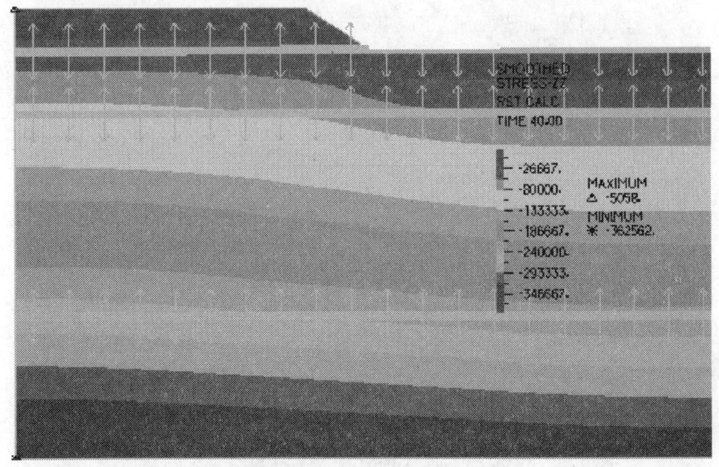

图 2-34　工况二条件下路基高度 2.0m 时地基水平位移云图

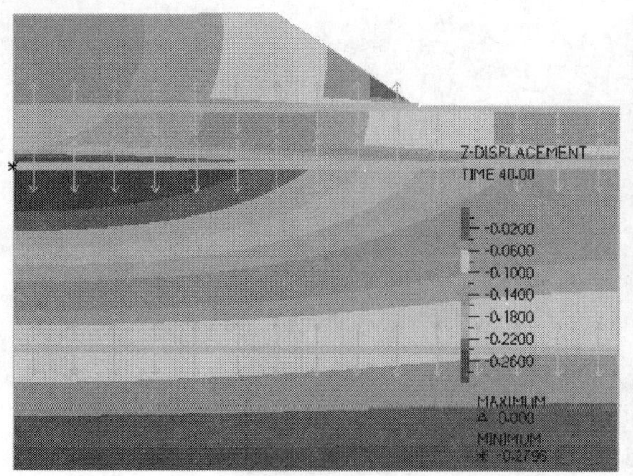

图 2-35　工况二条件下路基高度 5.0m 时地基沉降云图

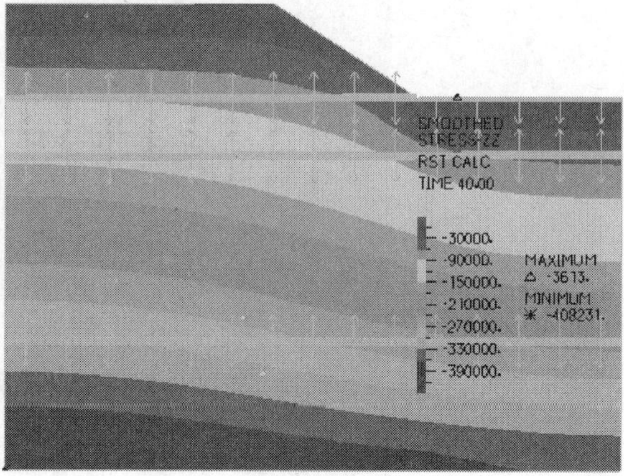

图 2-36　工况二条件下路基高度 5.0m 时地基竖向应力云图

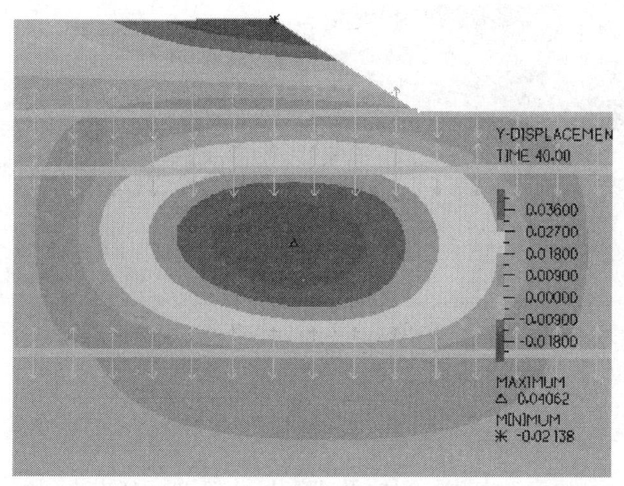

图 2-37　工况二条件下路基高度 5.0m 时地基水平位移云图

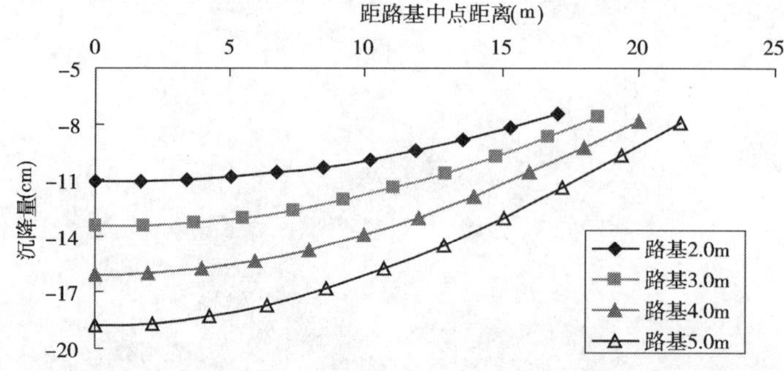

图 2-38　工况二条件下地基表面沉降量随水平距离变化

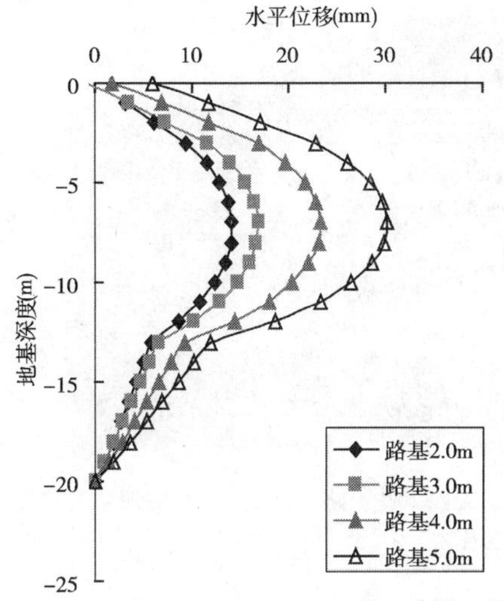

图 2-39　工况二条件下坡脚水平位移随深度变化

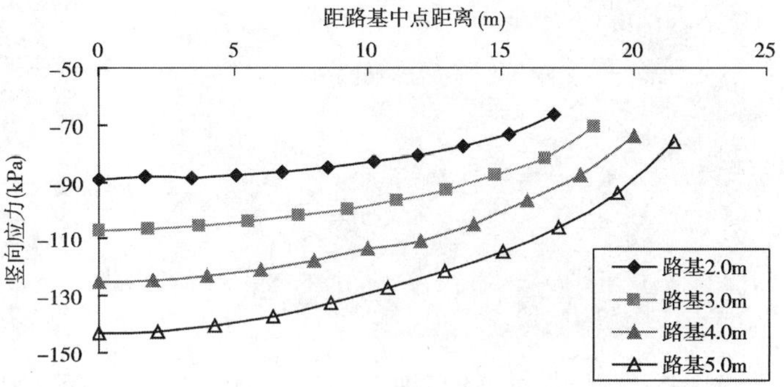

图 2-40　工况二条件下竖向应力沿水平方向变化

2.6.4 分级加载的影响

图 2-41 ~ 图 2-46 分别为工况三和工况四中路基高度为 5.0m 条件下的地基沉降云图、地基竖向应力云图和地基水平位移云图。

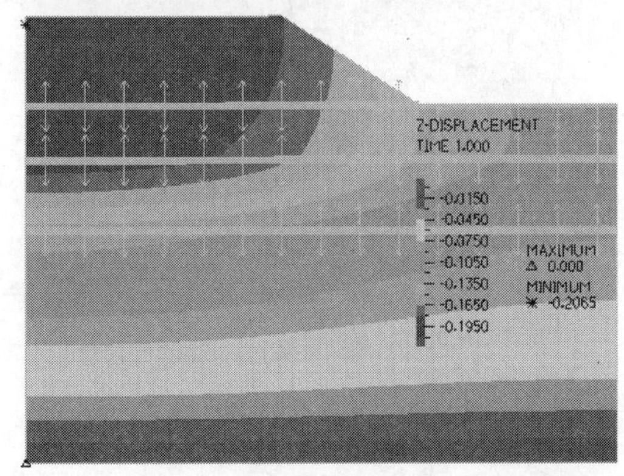

图 2-41　工况三条件下路基高度 5.0m 时地基沉降云图

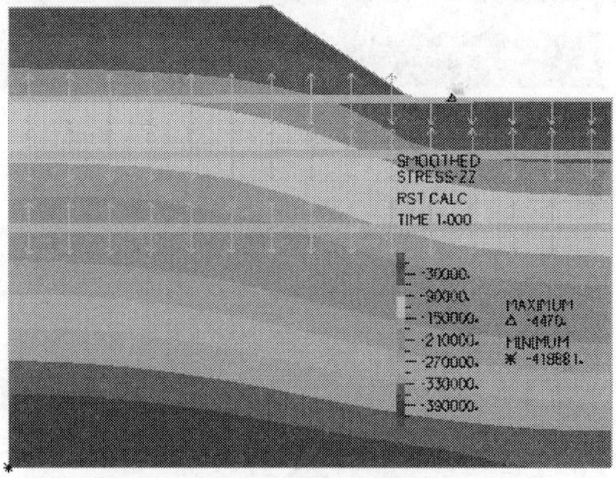

图 2-42　工况三条件下路基高度 5.0m 时地基竖向应力云图

图 2-47 为地基表面沉降量沿路基横断面的变化曲线，图 2-48 为路基坡脚地基水平位移沿深度的变化曲线。图 2-49 为硬壳层底部竖向应力沿路基横断面的变化曲线。

由图 2-47 可以看出：工况三路基基底最大沉降为 19.99cm，比工况一对应的沉降值增加 67.6%。工况四路基基底最大沉降为 31.21cm，比工况二对应的沉降值增加 66.4%。

由图 2-48 可以看出：工况三地基中的最大水平位移为 18.37mm，坡脚处地基的水平位移为 4.83mm，分别比工况一对应的数值增加 15.6% 和 27.1%。

工况四地基中的最大水平位移为 47.21mm，坡脚处地基的水平位移为 10.05mm，分别比工况二对应的数值增加 56.3% 和 68.0%。

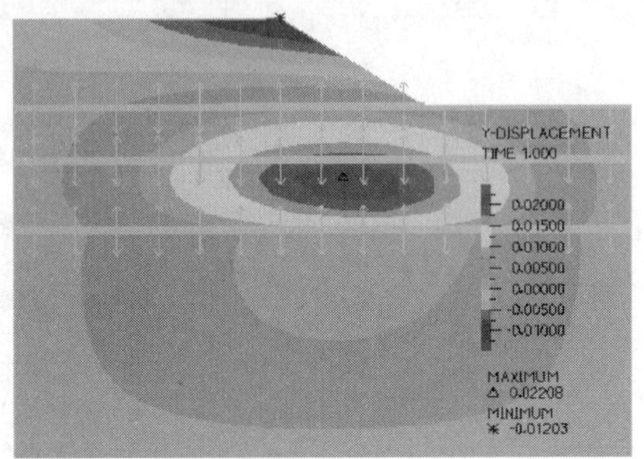

图 2-43 工况三条件下路基高度 5.0m 时地基水平位移云图

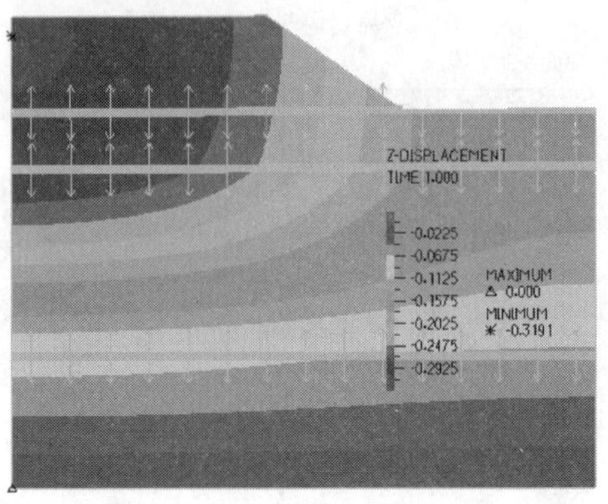

图 2-44 工况四条件下路基高度 5.0m 时地基沉降云图

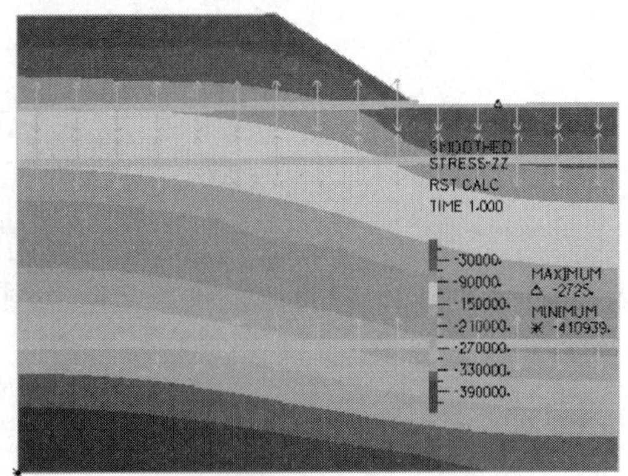

图 2-45 工况四条件下路基高度 5.0m 时地基竖向应力云图

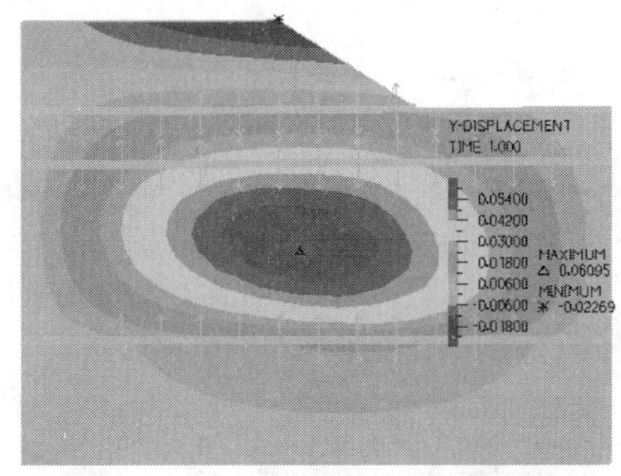

图 2-46 工况四条件下路基高度 5.0m 时地基水平位移云图

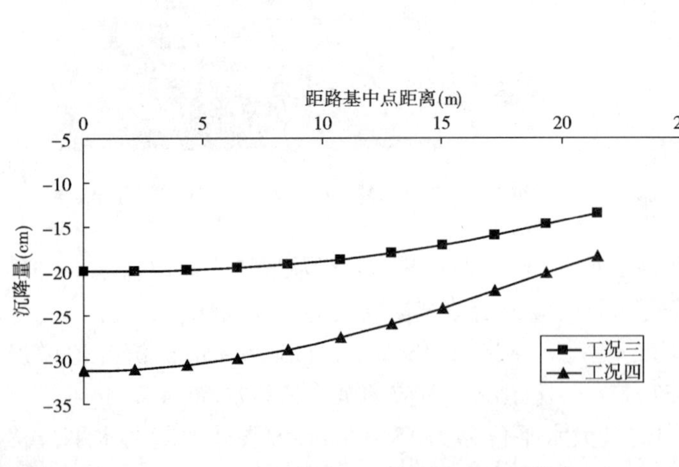

图 2-47 路基高 5.0m 时地基表面沉降量随水平距离变化

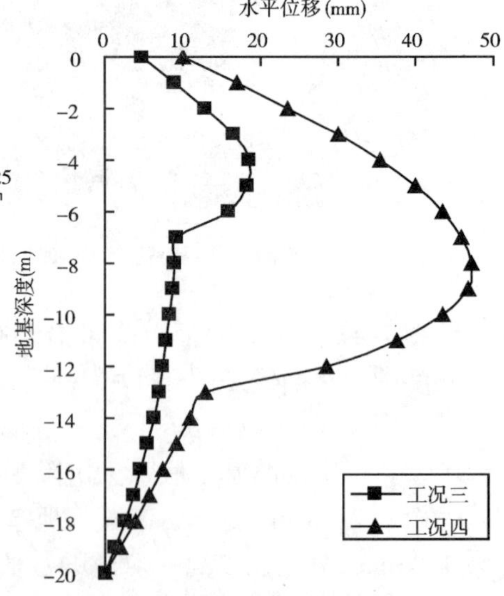

图 2-48 路基高 5.0m 时坡脚水平位移随深度变化

由图 2-49 可以看出：工况三竖向应力扩散系数为 0.969，比工况一对应的数值增加 0.94%。工况四竖向应力扩散系数为 0.964，比工况二对应的数值增加 1.15%。

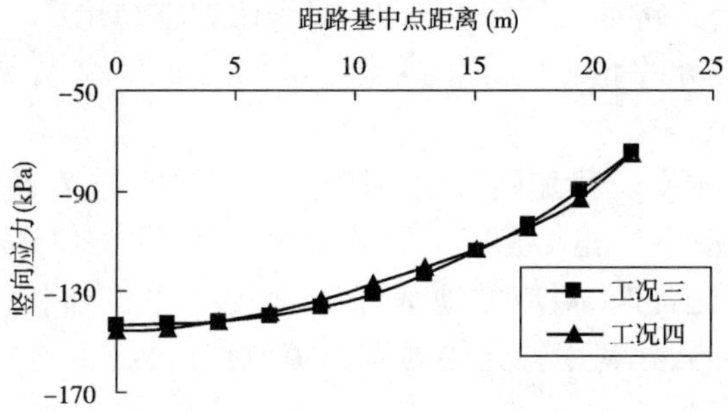

图 2-49　路基高度 5.0m 时竖向应力沿水平方向变化

2.6.5　硬壳层刚度的影响

图 2-50、图 2-51 和表 2-2 为增加硬壳层弹性模量至 50kPa 后，考虑分层施工的影响，硬壳层底部应力沿横断面的布置图表。

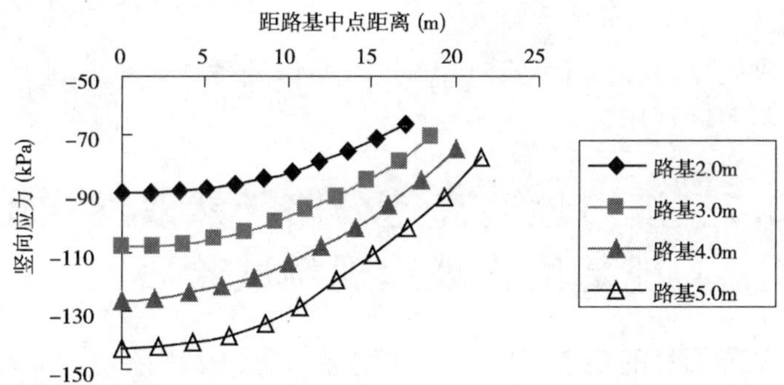

图 2-50　4.0m 厚软土硬壳层底部竖向应力沿水平方向变化图示

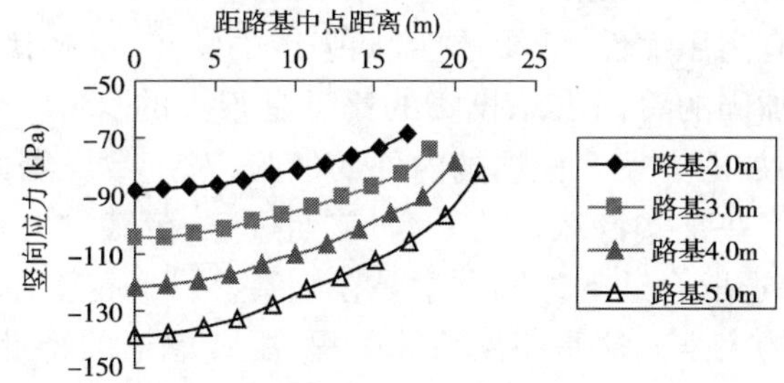

图 2-51　10m 厚软土硬壳层底部竖向应力沿水平方向变化图示

硬壳层竖向应力扩散系数　表 2-2

地基情况	2.0m	3.0m	4.0m	5.0m
4.0m 厚软土地基	0.972	0.963	0.941	0.926
10.0m 厚软土地基	0.969	0.956	0.936	0.912

2.6.6 小结

通过分析硬壳层对公路路基工程特性的影响,得出如下结论:

(1)地基沉降量、地基水平位移随路堤高度的增加而增大,硬壳层的应力扩散系数随路基高度的增加而增大。

(2)地基沉降和地基水平位移随硬壳层下卧软土层厚度(或者硬壳层厚度的减小)的增加而增大,硬壳层的应力扩散系数随硬壳层下卧软土层厚度的增加而减小。

(3)当路堤荷载一次施加时,对应的地基沉降、地基水平位移和应力扩散系数均大于分级加载时的数值。说明为了充分利用硬壳层的应力扩散作用,施工速率的控制对保证路堤的安全与稳定具有重要的现实意义。

(4)硬壳层刚度(变形模量)越大,应力扩散系数越小,对其软弱下卧层的承载力提高就越显著。因此,施工中可采用冲击压实等措施提高硬壳层的刚度。

基于硬壳层的应力扩散作用以及伴随施工过程中孔隙水的排出而导致的地基强度增加双重效应,在不影响路基稳定,不影响行车舒适性,不产生明显的不均匀沉降的情况下,在软土地基处理过程中,可充分利用硬壳层,应尽可能少处理或简化处理措施,既可节省投资又可缩短工期。

当路基高度与硬壳层的比值不大于1.5时,可不作处理或对地基进行冲击压实或采用砂垫层+土工合成材料等载预压处理。

2.7 滨海地区高速公路天然双层软土地基优化处理现场试验研究

高速公路对地基变形量的要求很高,一般要求在主控制段(路桥过渡段)使用期内路堤的工后沉降量不超过10cm,次控制段(路涵过渡段)使用期内路堤的工后沉降量不超过20cm,一般控制段(一般路基)使用期内路堤的工后沉降量不超过30cm。

由于软黏土地基具有高压缩性、低渗透性、低强度的特点,要想满足设计要求就必须对天然地基进行加固。地基加固的费用占总投资的比重是很大的,约1/3,甚至更大一些。所以,要认真选取经济、有效的加固方案。根据国内外的经验,对正常压密的软黏土而言,排水预压法将是经济、有效的,只有在某些特殊条件下,如工期过急、荷载过大等情况下,才会考虑采用其他加固方案。应该说,选取合适的加固方案是在软基上修筑高速公路的关键课题,它直接关系到工程的成败及投资的大小。这是一项系统工程,要考虑土的特性、产生压缩变形的机理、加固方案的成熟性和质检的难易程度以及施工队伍的素质等条件,只有这样才能确定科学、合理的加固方案。

对于滨海地区天然双层软土地基,由于表面硬壳层的存在,改变了软土地基的受力特征。基于硬壳层的应力扩散和弹性地基板作用,对地基的塑性变形起着遏止作用,因此,对于在硬壳层软土地基上修建的路堤,经硬壳层扩散应力后,施加到软土层顶面的附加应力可望小于软土的强度,从而可直接在硬壳层上修建路堤,而不必对软土地基进行处理。但由于目前对天然双层软土地基性质了解不够,特别是对硬壳层软土地基界面附加应力的分布情况、硬壳层对地基附加应力的扩散、硬壳层对软土侧向变形的限制以及不同路堤荷载下路基土的侧向位移与应力水平对土体压缩性的影响认识不足。现在的工程中一般还是采用软土地基的处理办法,这样人为地破坏了硬壳层,没有充分利用这层有利的硬壳层资源,使工程费用耗资巨大。

为了对滨海地区天然双层软土地基中硬壳层作用有更全面的认识,优化考虑硬壳层作用的天然软土地基处理方法,以滨海地区沧黄高速公路天然双层软土地基上路基修筑为依托工程进行现场试验,对硬壳层的作用效果及软土地基处理措施进行分析与评价。

试验研究共选取了 7 个断面进行测试。

1 号断面:不处理(路堤高度/硬壳层厚度 = 1.07)。

2 号和 3 号断面:硬壳层厚度相同、不同路基高度条件下的土工格室 + 超载预压浅层处理(2 号断面:路堤高度/硬壳层厚度 = 1.07。3 号断面:路堤高度/硬壳层厚度 = 2.93)。

4 号断面:砂垫层 + 深层水泥土搅拌桩深层处理(路堤高度/硬壳层厚度 = 1.87)。

5 号断面:袋装砂井 + 砂垫层 + 土工格栅深层处理(路堤高度/硬壳层厚度 = 2.03)。

6 号和 7 号断面:路基高度相同、不同硬壳层厚度的土工格栅 + 超载预压浅层处理(6 号断面:路堤高度/硬壳层厚度 = 0.84。7 号断面:路堤高度/硬壳层厚度 = 0.45)。

为了测试路基填土过程中和竣工以后的地基变形及固结情况,在各处理方案的控制断面上,分别在路基中心线处埋设了沉降板,在坡脚及坡脚以外 10m 处埋设了地面水平位移边桩。在两个深层处理断面还埋设了孔隙水压力仪、地基分层沉降仪和土体水平位移测试管(测斜管)。由于路堤的荷载是对称的,所以,观测仪器只埋设在路堤一侧,测斜管埋设在紧靠填土坡脚处。

2.7.1 硬壳层不处理段现场试验研究

在软基上筑路、筑堤或建造其他建筑物,往往需要对地基进行处理。在深厚的软土路基上施加较大的荷载,必须进行深层处理。对力学特性较好的软土路基,或者软土层较薄、上部荷载又不太大的路基,人们往往寻求不作处理或者只进行浅层处理的可能性。这样可节省大量的人力、物力。沧黄高速公路现场试验就是本着这一指导思想,在整个试验路中,设定了一个不处理试验方案。试验研究工作遵循以现场试验为主的原则进行研究。

不处理就是将路堤直接填筑在天然路基上。主要是针对地表存在 1.5m 厚的亚黏土(即硬壳层),而路基是高度仅为 1.6m 的低路堤。

1)试验目的

检验地基在不作任何处理时,在路堤填土荷载作用下的沉降变形规律。着重研究天然双层软土地基硬壳层的作用及硬壳层的抗变形能力,以达到降低工程投资的目的。

试验区段为桩号:K35 + 000 ~ K35 + 050,全长 50m。

2)试验方案

(1)地基土的物理力学性质

本方案试验段地基土上部三层的物理力学性质指标如表 2-3 所示。

黏土硬壳层:该土层厚度约 1.5m,该土层含水率低,压缩性较小,强度较高。颗粒组成的主要成分为粉粒,为中等压缩性土。在较小的荷重作用下,具有较强的抗变形能力。

1 号断面地基土物理力学性质　　表 2-3

序号	土层名称	厚度(m)	w	ρ(g/cm^3)	e	w_L(%)	w_p(%)	I_p	a_{1-2}
1	黏土硬壳层	1.5	30.1	2.04	0.818	45.0	27.9	17.2	0.33
2	淤泥质黏土	9	42.6	1.80	1.171	39.7	23.6	16	0.78
3	亚砂土	8.1	31.3	1.96	0.803	26.5	20.3	6.2	0.13

淤泥质黏土：该土层呈流塑状态，土层厚度较大，其物理力学特性较差，含水率高，密度低，孔隙比 $e>1.0$，液限小于含水率，按土分类标准判断为中等塑性黏土，主要粒径为粉粒，黏粒含量次之。由压缩系数 a_{1-2} 来看，属高压缩性土。

亚砂土：该土层呈稍密至中密状态，砂粒含量大，黏粒含量很小，压缩性低。

(2)方案特点

本方案的特点是，地表下 1.5m 厚的硬壳层保持完好，路堤填土高度为 1.6m，路堤顶部宽 28m，坡度为 1:1.5。

(3)现场观测仪器的布置

为了监测地基在填土荷重作用下的变形情况和固结过程，在控制断面(K35 +025)埋设了测试仪器。

地表沉降仪(沉降板)的埋设：地表沉降板为 500mm × 500mm × 10mm 的铁板，上焊接 1 寸❶铁管，埋设在中央隔离带内，随路基填方而接高，铁管外加水泥护管，用水准仪进行测量，测量精度按国家二等水准要求，埋设和测量见图 2-52。

地表水平位移观测桩：为了监测地表位移情况，在路基坡脚和距离坡脚 10m 处分别埋设了位移桩，位移桩采用直径 100mm 的混凝土预制桩，混凝土强度等级大于 C20，桩顶置不易磨损金属测头，长 1200mm，上部 500mm 用混凝土浇筑，外加水泥护管。埋设和测量见图 2-53。

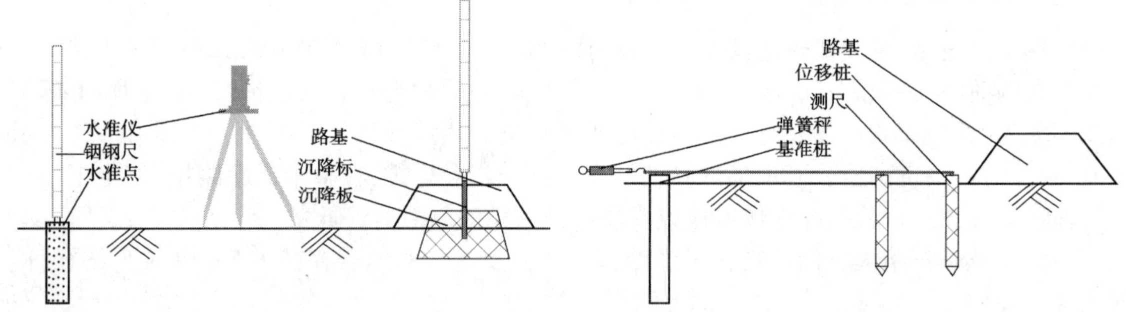

图 2-52　地表沉降监测方案　　图 2-53　边桩位移监测方案

3)原位测试结果分析

本断面测试工作从路基施工开始，到路基施工结束后两个月时间，历时大约两年整。填土高度 1.6m，填土密度 1.96g/cm^3。考虑施工过程中的路基沉降量(0.2m)，实际填土厚度应为 1.8m，相应的填土荷载为 35.3kPa。

(1)地表沉降测试结果分析

图 2-54 为 1 号断面路基荷载与地表沉降过程曲线。从图中可以看出：在路基填筑过程

❶ 1 寸 $=0.03\dot{3}$m。

中,地基沉降量很小,说明硬壳层的抗变形能力在发挥作用。施工结束时,地基总沉降量为7.5cm。并且填筑到路基设计高度后,地基沉降基本稳定在固定数值。

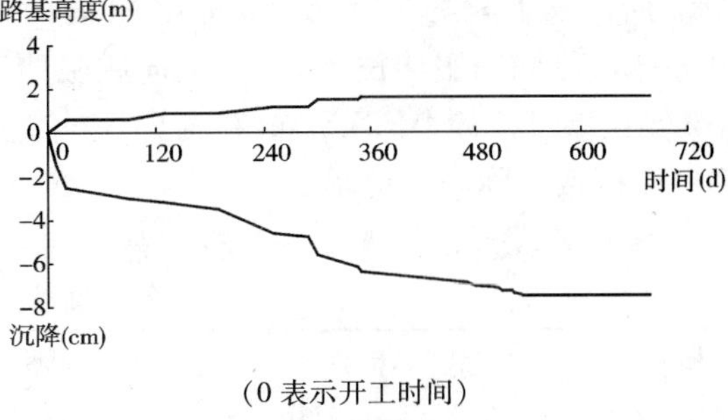

图2-54 1号断面路堤高度与地表沉降关系曲线

(2)地表水平位移测试结果分析

由图2-55看出,从施工开始路堤坡脚处的边桩水平位移随路堤高度的增加而增加,基本反映了路堤荷载的变化,到达预压荷载期间,其水平位移基本保持常数。而路堤坡脚以外10m处的边桩除在加荷初期发生了微量水平位移外,在路堤施工过程及堆载预压过程中一直保持常数。测试结果表明,该设计方案合理,满足路堤的稳定性要求。

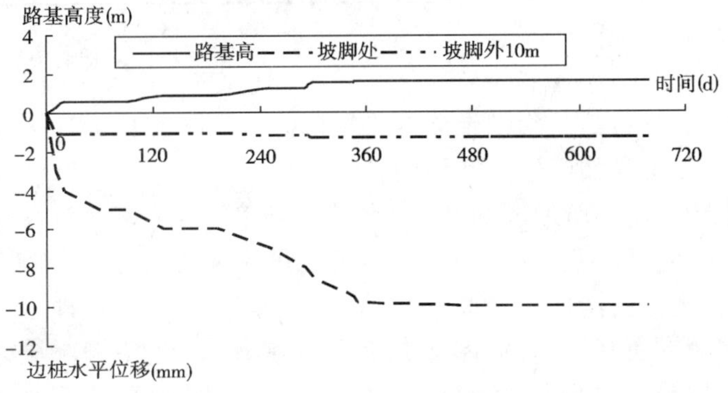

图2-55 1号断面边桩侧向位移时程曲线图

同时,试验过程中发现,两边桩水平位移呈如下趋势:在路堤填筑过程中边桩位移主要是水平位移,几乎没有垂直位移;距离坡脚10m的边桩位移远远小于坡脚处边桩的位移量,说明路堤坡脚附近的侧向位移最大。

2.7.2 天然双层软土地基浅层处理段现场试验研究

天然双层软土地基浅层处理就是保持完好的硬壳层方案,根据不同的路堤高度和硬壳层厚度,分别采取了土工格室+超载预压和土工格栅+超载预压处理。

在砂垫层中间铺设一层具有一定强度的土工合成材料,进而使土工合成材料与砂垫层组成的复合体能承受较大拉力,增加了地基土的抗剪强度,提高了路堤的稳定性,同时复合体具有一定的刚度,上部荷载得到有效的调整,使差异沉降减少,均匀度好。由于复合体能承受较大拉力,地基受力变小,路堤中心沉降明显减小。由于土工合成材料与砂垫层的整体作用,不仅减少了不均匀沉降,而且,还可减少地基的总沉降,适应路堤的快速填筑,而荷载的迅速增加,加快了软土的固结作用,从而使沉降加快,减少后期沉降,形成一种良性循环。

所用土工格室高度为10cm,格室焊点距离为40cm,格室单孔面积0.07m^2,格室片厚不小于1mm,格室缩叠时的宽度为62mm,格室缩叠时的长度为5600mm,格室伸张时的宽度为4100mm,格室伸张时的长度为6300mm,格室单位面积质量不小于1200g/m^2。土工格室内填料与路基填料相同。采用框架锚固法施工。

所用土工格栅型号为双向拉伸聚丙烯 TGSG30-30，每延米纵横向拉伸屈服力均为30kN/m，纵向屈服伸长率13%，横向屈服伸长率16%，横向2%伸长率时拉伸力11kN/m，横向2%伸长率时拉伸力13kN/m，纵横向5%伸长率时拉伸力均为15kN/m。土工格栅幅宽不小于4m，长度按实际需要定制。

浅层处理段信息如表2-4所示。

软土地基浅层处理段信息表 表2-4

断面	处理方法	测试断面里程	路堤高度(m)	硬壳层厚度(m)
2	土工格室+超载预压	K35+200	1.6	1.5
3	砂垫层+土工格室+超载预压	K35+500	4.4	1.5
6	土工格栅+超载预压	K42+600	2.1	2.5
7	土工格栅+超载预压	K44+000	2.0	4.3

1)土工合成材料加筋机理分析

(1)土工格栅加筋机理

土工格栅埋置于土中后，其与周围土体构成复合的结构体系，该体系在自重和外荷载作用下会产生变形，同时在筋土界面产生相互作用。

土工格栅与土体相互作用所形成的摩擦力可分为两部分：一部分称为土工格栅表面和土体之间的摩擦力；另一部分称为土工格栅与土颗粒之间的咬合力。这种咬合力又包括两种作用力：一种是土颗粒与土工格栅横肋之间的端承力(被动阻力)；另一种是土工格栅网孔内土体与网孔外土体之间的表面摩擦力，如图2-56所示。其中，土工格栅和土之间的表面摩擦力是与其他平面条带型拉筋相同的地方，而土工格栅与土颗粒之间的咬合力则是区别于其他条带式拉筋材料之处，也是土工格栅优越性的体现。因此，当土工格栅进行软土地基浅层处理时，其埋置于土中后产生的“薄膜”或“网兜”效应，在土工格栅中形成托举力，可以改善地基垂直应力分布，减少由于土体自重作用在基底上的垂直土压力。

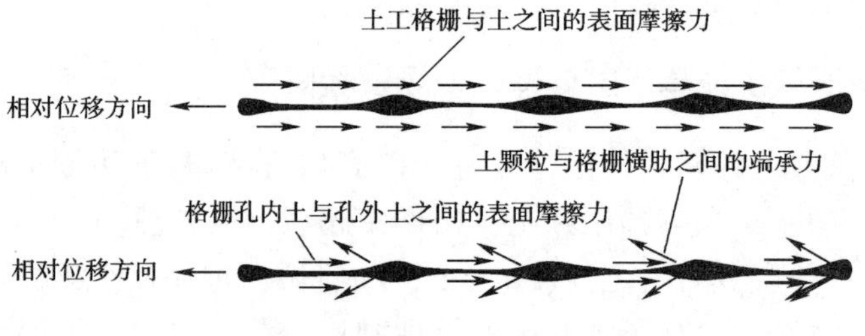

图2-56 土工格栅与土之间的相互作用

(2)土工格室加筋机理

软土地基如不加处理在荷载作用下的破坏形式如图2-57所示，荷载作用于土面时形成一个楔形的主动压力区，此区为推挤过渡区，地面的承载力取决于沿滑动面的抗剪强度和作用在这三个区的力，地基承载力很低。当铺设了土工格室垫层后如图2-58所示，由于格室的侧限作用和格室与填料之间的相互摩擦，使大部分垂直

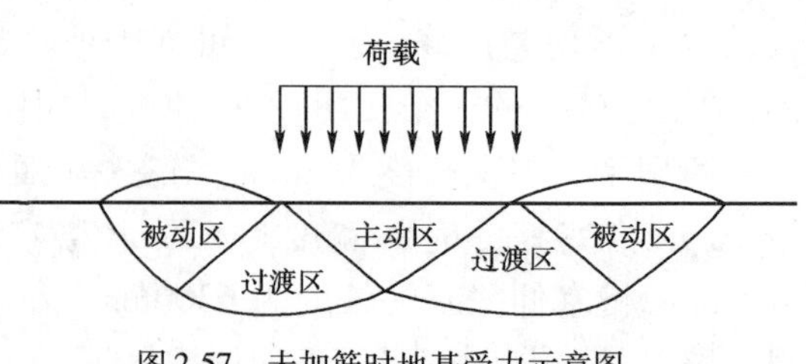

图2-57 未加筋时地基受力示意图

力被转化为向四周扩散的侧向力。因为每个格室彼此独立,相邻格室的这些侧向力大小相等方向相反而相互抵消,从而减小了地基的实际负载。此外,格室的侧限作用对基层滑动面的形成或发展有一定的控制作用,使地基的破坏面向深层发展,从而使地基承载力大大提高。

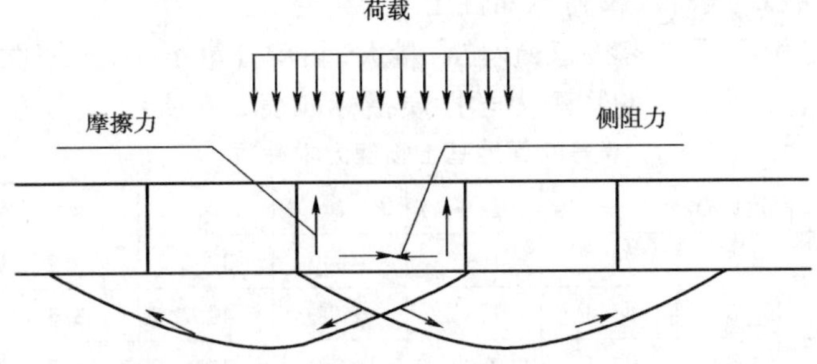

图 2-58　土工格室结构层作用机理图

在土体被压实以及土体承受上部荷载时,土体将产生侧向位移,使格室壁承受张拉,土工格室对其内土体产生一个紧箍作用,紧箍作用的发挥主要由格室材料的抗拉强度和焊缝强度控制,由于土工格室的两种强度都很高,因而在上部荷载的作用下,可以提供强大的侧向压力,从而起到土体的侧向约束作用。同时格室侧壁也对填料产生了竖向的摩擦约束,格室—填料复合结构可以看作是一个具有一定抗弯刚度的柔性筏基。

在土体中水平铺设土工格室,由于土工格室结构层与土体在弹性模量上的巨大差异,在共同受力时,两者的变形不一致,就会在两者界面之间产生相互错动的趋势,从而在格室结构层与土体之间产生很大的侧向摩擦力,变形越大,摩阻效应越强,相对于平面加筋垫层而言,土工格室的土筋摩擦系数就是填料本身的内摩擦系数,因而可以提供比平铺加筋大得多的黏着强度,此即土工格室的侧向约束作用。

土工格室复合体在外力的作用下会形成凹曲面,凹面上土体对结构体向下的压力大于凹面下土体向上的反力,超出部分由土工格室提供的向上的托举力平衡。托举力的存在增强了软基承受荷载的能力,减少了沉降,即所谓网兜效应。

土工格室与填料紧密结合,形成相对下卧软基而言具有相当大的抗拉、抗弯和抗剪强度的复合体。这种复合体可视作柔性筏板基础,具有将荷载向路堤两侧转移,降低应力峰值,均化应力分布,改变地基应力场和应变场的作用,其应力扩散效应远远大于平面加筋材料,此即土工格室的隔离效应。

2)试验方案

(1)地基土的物理力学性质

2 号、3 号试验段地基土上部三层的物理力学性质指标如表 2-5 所示。

2 号、3 号断面地基土物理力学性质　　表 2-5

序号	土层名称	厚度(m)	w	ρ(g/cm^3)	e	w_L	w_p	I_p	a_{1-2}
1	黏土硬壳层	1.5	35	2.04	0.818	45.0	27.9	17.2	0.33
2	淤泥质黏土	9	42.6	1.80	1.171	39.7	23.6	16	0.78
3	亚砂土	8.1	31.3	1.96	0.803	26.5	20.3	6.2	0.13

黏土硬壳层:该土层厚度约 1.5m,该土层含水率低,压缩性较小,强度较高。颗粒组成的

主要成分为粉粒,为中等压缩性土。在较小的荷重作用下,具有较强的抗变形能力。

淤泥质黏土:该土层呈流塑状态,土层厚度较大,其物理力学特性较差,含水率高,密度低,孔隙比 $e>1.0$,液限小于含水率,按土分类标准判断为中等塑性黏土,主要粒径为粉粒,黏粒含量次之。由压缩系数 $a_{1\text{-}2}$ 来看,属高压缩性土。

亚砂土:该土层呈稍密至中密状态,砂粒含量大,黏粒含量很小,压缩性低。

6 号试验段地基土上部三层的物理力学性质指标如表 2-6 所示。

6 号断面地基土物理力学性质 表 2-6

序号	土层名称	厚度(m)	w	ρ(g/cm^3)	e	w_L	w_p	I_p	$a_{1\text{-}2}$
1	亚黏土硬壳层	2.5	29.0	1.91	0.846	37.2	23.2	13.9	0.23
2	淤泥质黏土	7.8	43.4	1.85	0.98	40.7	23.6	17.1	0.60
3	亚砂土	7.5	22.1	2.02	0.619	25.5	19.7	5.8	0.15

亚黏土硬壳层:该土层厚度约 2.5m,该土层含水率低,压缩性较小,强度较高。颗粒组成的主要成分为粉粒,为中等压缩性土。在较小的荷重作用下,具有较强的抗变形能力。

淤泥质黏土:该土层呈流塑状态,土层厚度较大,其物理力学特性较差,含水率高,密度低,孔隙比接近 1.0,液限小于含水率,按土分类标准判断为中等塑性黏土,主要粒径为粉粒,黏粒含量次之。由压缩系数 $a_{1\text{-}2}$ 来看,属高压缩性土。

亚砂土:该土层呈稍密至中密状态,砂粒含量大,黏粒含量很小,压缩性低。

7 号试验段地基土上部三层的物理力学性质指标如表 2-7 所示。

7 号断面地基土物理力学性质 表 2-7

序号	土层名称	厚度(m)	w	ρ(g/cm^3)	e	w_L	w_p	I_p	$a_{1\text{-}2}$
1	亚砂土硬壳层	4.3	26.9	1.92	0.775	28.3	22.1	6.2	0.23
2	淤泥质亚黏土	4.2	44.4	1.87	1.113	40.1	23.3	16.8	0.51
3	亚砂土	5.3	26.6	1.95	0.741	25.5	20.1	5.4	0.1

亚砂土硬壳层:该土层厚度约 4.3m,该土层含水率低,压缩性较小,具有一定的强度。颗粒组成的主要成分为粉粒,为中等压缩性土。在较小的荷重作用下,具有较强的抗变形能力。

淤泥质亚黏土:该土层呈流塑状态,土层厚度较大,其物理力学特性较差,含水率高,密度低,孔隙比接近 1.0,液限小于含水率,按土分类标准判断为中等塑性黏土,主要粒径为粉粒,黏粒含量次之。由压缩系数 $a_{1\text{-}2}$ 来看,属高压缩性土。

亚砂土:该土层呈稍密至中密状态,砂粒含量大,黏粒含量很小,压缩性低。

(2)方案特点

本方案的特点是,地表下硬壳层保持完好,先将场地平整好,严禁有碎块石等坚硬凸出物,在其上铺设土工合成材料时,应将强度高的方向置于垂直于路堤轴线方向。铺设土工格栅时,不允许有褶皱,要用插钉法固定,土工格室用框架固定。路堤顶部宽 28m,坡度为 1:1.5。

(3)现场观测仪器的布置

为了监测路基在填土荷重作用下的变形情况和固结过程,在四个控制断面上的路堤中心分别埋设了地表沉降仪、在坡脚及坡脚外 10m 处分别埋设了水平位移观测桩等。

3)2 号断面原位测试结果分析

本断面测试工作从路基施工开始,到路基施工结束后一年,历时大约两年整。填土高度

1.6m，填土密度 $1.96g/cm^3$。考虑施工过程中的路基沉降量（0.2m），实际填土厚度应为1.8m，相应的填土荷载为 35.3kPa。

（1）地表沉降测试结果分析

图 2-59 为 2 号断面路基荷载与地表沉降过程曲线。从图中可以看出：在路基填筑过程中，地基沉降随路堤荷载的增加而增大。施工结束时的沉降量约为 5.2cm，小于未处理的地基沉降量，且竣工后地基沉降基本稳定，说明土工格室的加筋能力和硬壳层的抗变形能力在发挥作用。

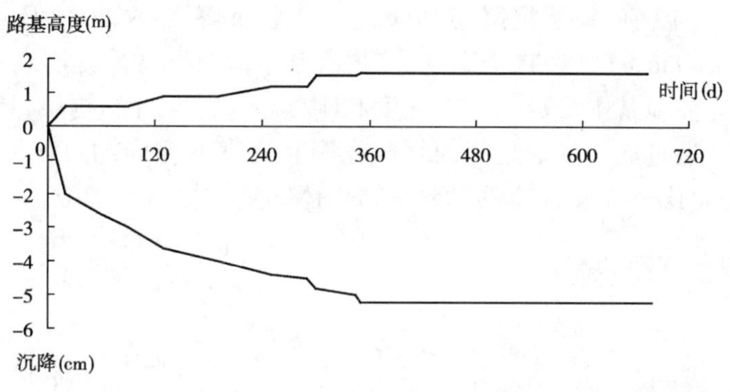

（0 表示开工时间）

图 2-59　2 号断面路堤高度与地表沉降关系曲线

（2）地表水平位移测试结果分析

由图 2-60 看出，从施工开始路堤坡脚处的边桩水平位移随路堤高度的增加而增加，基本反映了路堤荷载的变化，到达预压荷载期间，其水平位移基本保持常数。而路堤坡脚以外 10m 处的边桩除在加荷初期发生了微量水平位移外，在路堤施工过程及堆载预压过程中一直保持常数。测试结果表明，该设计方案合理，满足路堤的稳定性要求。

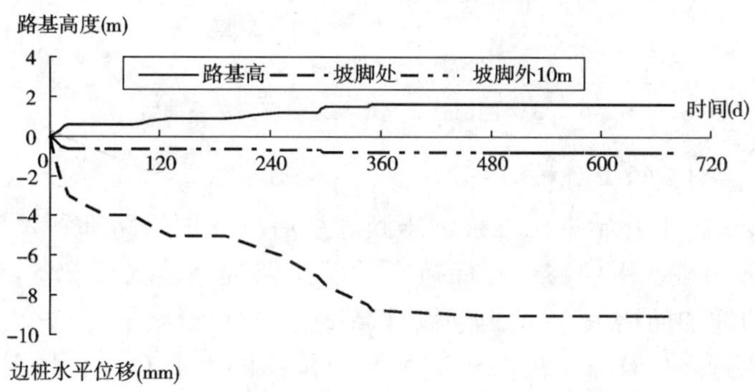

图 2-60　2 号断面边桩侧向位移时程曲线图

同时，试验过程中发现，两边桩水平位移呈如下趋势：在路堤填筑过程中边桩位移主要是水平位移，几乎没有垂直位移；距离坡脚 10m 的边桩位移远远小于坡脚处边桩的位移量，说明路堤坡脚附近的侧向位移最大；两位置处的地表水平位移均小于未处理时的数值。

4）3 号断面原位测试结果分析

本断面测试工作从路基施工开始，到路基施工结束之后两个月时间，历时大约 24 个月。

填土高度4.4m,填土密度1.96g/cm^3。考虑施工过程中的路基沉降量(0.4m),实际填土厚度应为4.8m,相应的填土荷载为94.1kPa。

(1)地表沉降测试结果分析

图2-61为3号断面路基荷载与地表沉降过程曲线。本试验段是对土工格室的加筋效果进行检验。由于路堤较高,因此,在施工开始阶段,采取了路堤快速填筑的方法以实现堆载预压,此时,地基沉降发展较快,最大发展到11.4cm。直到8个月底才开始卸载,地基沉降产生部分回弹。卸载后由于各种其他因素一直未进行施工,到15个月后才开始进行路堤填筑,在填筑到2.5m路堤高度以前,地基沉降增加缓慢。之后沉降速率加大,但当填筑到设计高度后,地基沉降达到14.7cm,且已经趋于稳定,其数值基本保持不变。说明地基经土工格室处理后,利用其加筋效应,在地基中形成了一个强度和刚度较大的柔性结构层,具有网兜效应,约束了地基的竖向位移。通过筋土界面之间的摩擦作用和格室的侧向约束作用,使竖向沉降向两侧扩散,竖向位移变化比较平缓,使路堤、地基结构体的整体性得到加强。

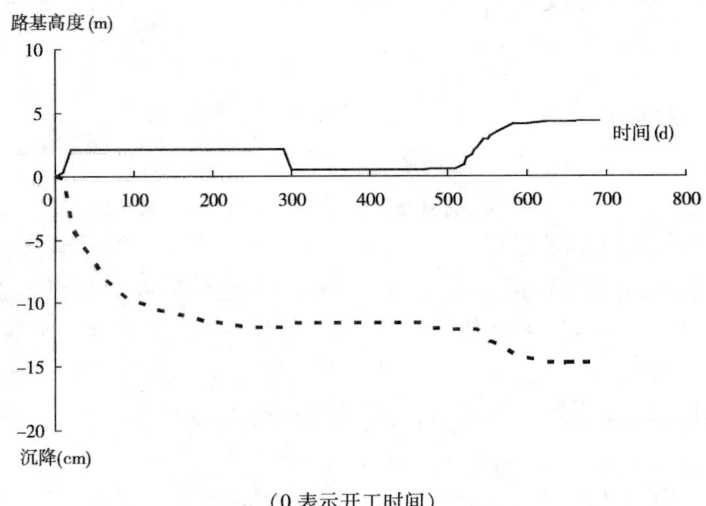

(0表示开工时间)

图2-61　3号断面路堤高度与地表沉降关系曲线

(2)地表水平位移测试结果分析

由图2-62看出,从施工开始进行堆载预压到卸载后继续填筑路基到2.5m之前,路堤坡脚及坡脚以外10m处的边桩水平位移一直保持常数。当路堤高度大于2.5m以后,两边桩水平位移开始随路堤高的增加而增大 。填筑到设计高度并进行预压2个月之内的时间,其水平位移保持不变。边桩的侧向位移基本反映了地基侧向位移的发展和停止情况。同时,试验过程中发现,两边桩水平位移呈如下趋势:

①在路堤填筑过程中边桩位移主要是水平位移,垂直位移很小。当路堤高度大于2.5m以后,路基坡脚见有微小隆起现象。

②距离坡脚10m的边桩位移远远小于坡脚处边桩的位移量,说明路堤坡脚附近的侧向位移最大。

③两位置处的地表水平位移均小于未处理和2号断面的数值。

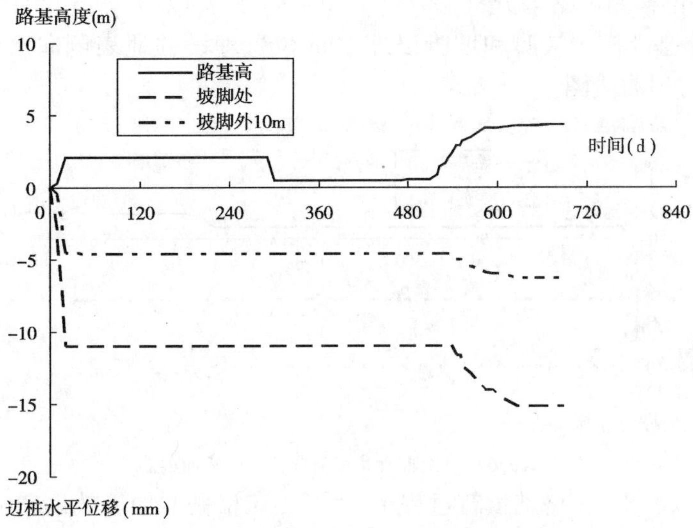

图 2-62　3 号断面边桩侧向位移时程曲线图

5)6 号原位测试结果分析

本断面测试工作从路基施工开始，到路基施工结束之后四个月时间，历时大约两年整。填土高度 2.1m，填土密度 1.96g/cm^3。考虑施工过程中的路基沉降量(0.2m)，实际填土厚度应为 2.3m，相应的填土荷载为 45.1kPa。

(1)地表沉降测试结果分析

图 2-63 为 6 号断面路基荷载与地表沉降过程曲线。

在路堤堆载过程中，地基沉降开始以较大的速率增长，近一年后，地基沉降已趋于平缓。继续填筑路堤后，地基沉降以较快的速率增长，填筑到设计标高至预压 5 个月的时间内，地基沉降趋于稳定，没发生增长，其大小为 11.3cm。一则说明地基沉降变形处于弹性变形状态；二则地基沉降量很小，说明土工格栅的加筋能力和硬壳层的抗变形能力在发挥作用。同时也表明土工格栅的加筋效果较土工格室要差。

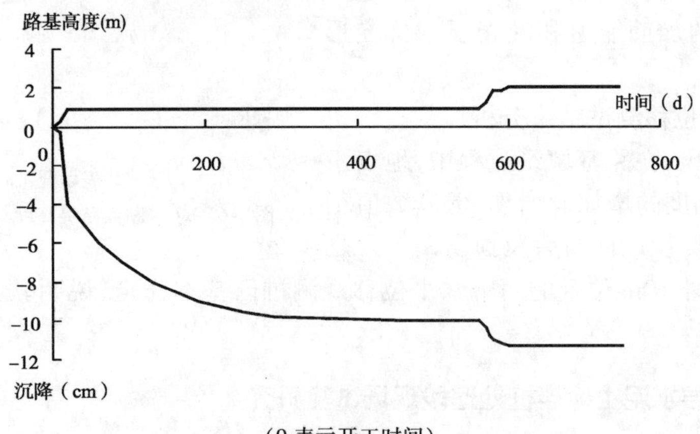

图 2-63　6 号断面路堤高度与地表沉降关系曲线

(2)地表水平位移测试结果分析

在测试断面路基北侧于坡脚和坡脚以外10m位置埋设的地表侧向水平位移观测桩。图2-64为边桩位移时程曲线图。

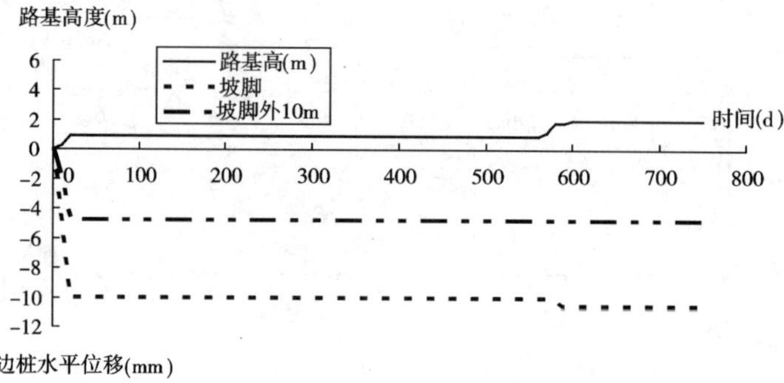

图2-64　6号断面边桩侧向位移时程曲线图

由图2-64可以看出,在路基填筑过程中,由于土工格栅的加筋效果和硬壳层的作用,路基进入堆载预压阶段后,两个位置的边桩水平位移基本保持不变。只是在2006年重新开始填筑后,坡脚处边桩有略微的水平变形,而10m以外的测点没有变化。从而说明基于天然双层地基硬壳层的应力扩散作用和土工格栅的加筋作用,填筑在软土地基上的路堤稳定性良好。

6)7号原位测试结果分析

本断面测试工作从路基施工开始,到路基施工结束之后四个月时间,历时大约两年整。填土高度2.0m,填土密度1.96g/cm^3。考虑施工过程中的路基沉降量(0.2m),实际填土厚度应为2.2m,相应的填土荷载为43.1kPa。

(1)地表沉降测试结果分析

图2-65为7号断面路基荷载与地表沉降过程曲线。从图中可以看出:在路基填筑过程中,地基沉降随路堤高度的增大而增大,但总沉降量很小,到路堤竣工时及竣工后预压4个月的时间内,地基沉降基本保持不变,约为7.0cm。这充分说明土工格室的加筋能力和硬壳层的抗变形能力在发挥作用。

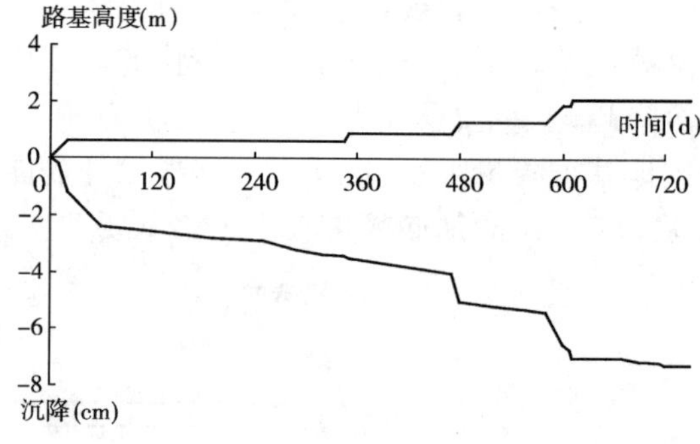

(0表示开工时间)

图2-65　7号断面路堤高度与地表沉降关系曲线

(2)地表水平位移测试结果分析

由图2-66看出,在路基填筑过程中,地表水平位移量随路堤高度的增加而增加,但其数值很小,并且在达到路堤设计标高后及预压四个月之内,坡脚及坡脚以外10m位置的两个水平位移观测桩已基本稳定,说明软土地基上路堤的稳定性良好。

2.7.3　深层水泥土搅拌桩处理段现场试验研究

沧黄高速公路地处滨海地区,沿线地势低洼,水系发达,地下水位高,土的含水率大,压缩性高,路基承载力低。在这样的地貌和地质条件下修筑高填方路堤,地基沉降量较大,稳定性差。对于众多桩基础两侧及箱形基础下部及两侧沉降主控制段及次控制段软土路基来说，其工后沉降要求较高，就必须对软土路基进行处理。目前采用较多的方法是深层水泥土搅拌桩，由于该法在理论上和实践上尚不够成熟，在试验路对其加固效果进行了现场试验。

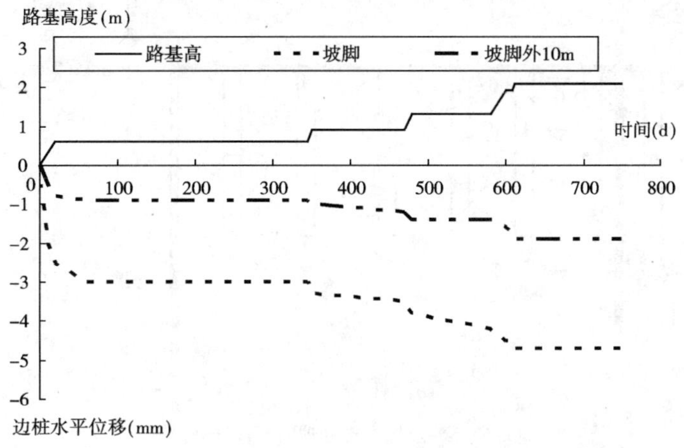

图 2-66　7 号断面边桩侧向位移时程曲线图

桩基础两侧、箱形基础下部及两侧采取深层水泥土搅拌桩的处理方法，搅拌桩按正三角形布置，桩径 0.5m，桩间距 1.0 ~ 1.4m，桩间距由密到疏进行渐变，水泥掺入量为加固土体质量的 15%；水灰比 0.5。桩体 28d 无侧限抗压强度不低于 1.5MPa，90 天单桩承载力不小于 150kN，单位复合地基承载力不小于 150kPa，水泥采用 42.5 矿渣水泥。

在沧黄高速公路中粗砂严重短缺、价格昂贵的条件下，利用双向土工格栅来替代中粗砂垫层，调节桩土应力比，降低工程造价。

所用土工格栅型号为双向拉伸聚丙烯 TGSG30-30，每延米纵横向拉伸屈服力均为 30kN/m，纵向屈服伸长率 13%，横向屈服伸长率 16%，横向 2% 伸长率时拉伸力 11kN/m，横向 2% 伸长率时拉伸力 13kN/m，纵横向 5% 伸长率时拉伸力均为 15kN/m。土工格栅幅宽不小于 4m，长度按实际需要定制。

深层水泥搅拌桩复合地基测试断面选在 K35 + 800 处，路堤高度 6.0m。

1）试验方案

（1）地基土的物理力学性质

4 号试验段地基土上部三层的物理力学性质指标如表 2-8 所示。

4 号断面地基土物理力学性质　　表 2-8

序号	土层名称	厚度（m）	w	ρ（g/cm^3）	e	w_L	w_p	I_p	$a_{1\text{-}2}$
1	亚砂土硬壳层	3.2	31.2	1.93	0.833	26.3	20.2	6.1	0.21
2	淤泥质黏土	13	58.0	1.70	1.558	52.5	31.3	21.2	0.70
3	亚黏土	3.8	23.8	2.04	0.664	37.3	21.1	16.2	

（2）方现场观测仪器的布置

为了监测路基在填土荷重作用下的变形情况和固结过程，在四个控制断面上埋设了孔隙水压力仪、深层土水平位移测量管和分层沉降管等。由于路堤在横断面上是以路中心为轴线，左右对称，故所有仪器均埋设在路堤轴线的一侧，见图 2-67。

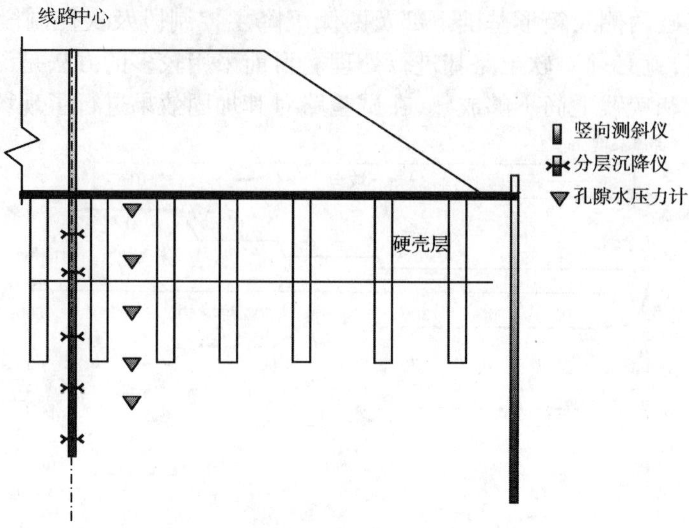

图 2-67　深层搅拌桩处理断面仪器埋设图

2)4 号断面原位测试结果分析

本断面测试工作从路基施工开始，到路基施工结束后两个月时间，历时大约两年整。填土高度 6.0m，填土密度 1.96g/cm^3。考虑施工过程中的路基沉降量(0.6m)，实际填土厚度应为 6.6m，相应的填土荷载为 129.4kPa。

(1)地表沉降测试结果分析

由于沧黄高速公路沿线土源和地方阻工等因素的影响，路堤施工进度缓慢。

图 2-68 为 4 号断面路基荷载与地表沉降过程曲线。

路堤填土高度较低时，路堤的填筑速率比较缓慢，相应的沉降速率也不高，产生的沉降量也不大。由于各方面因素，路堤填筑高度一直保持在 0.84m，荷载持续近 400d。地基经深层水泥土搅拌桩处理并加筋土工格栅后，地基刚度明显提高，地基沉降一直维持在 2.0cm，说明地基具有良好的稳定性。

其后，路堤填筑速度加快，图2-69为堆载以后路堤填筑高度与地基沉降量的关系曲线。

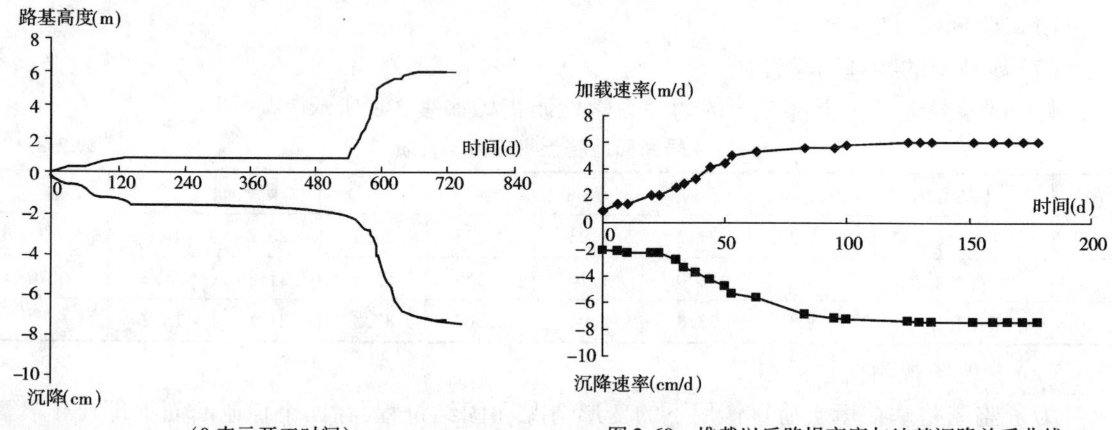

(0 表示开工时间)

图 2-68　4 号断面路堤高度与地表沉降关系曲线

图 2-69　堆载以后路堤高度与地基沉降关系曲线

图中显示在路堤高度达到 3.0m 以前,地基沉降增长缓慢。填土高度超过 3.0m 后,在填土速率加快的同时,沉降速率也随之加快,二者基本上呈线性关系。这相当于土的载荷试验中的直线阶段。当路堤填筑到设计高度以后,地基沉降基本稳定。

施工结束时,地基总沉降量为 7.5cm。根据实测沉降曲线,利用双曲线法推算地基最终沉降量为 12.0cm,工后沉降量为 4.5cm,满足设计要求。

(2)地基分层沉降测试结果分析

图 2-70 显示了桩体内及桩尖以下不同深度土体的沉降随时间的变化曲线。

由分层沉降过程曲线可以看出,当填土高度小于 3.0m 时,地表沉降很小,而桩长范围内的压缩量仅为总沉降量的 15% 左右。随着荷载的增加,深层搅拌桩处理过的土体压缩量亦随之增加,且向深度方向发展;搅拌桩下部未处理过的土体沉降量也不断增加。路堤填筑完成预压两个月后,桩身范围的压缩量占总沉降量的 35% 左右,且此时桩体范围内沉降已基本完成,大部分未完成的沉降将由下部未加固的地基土完成。

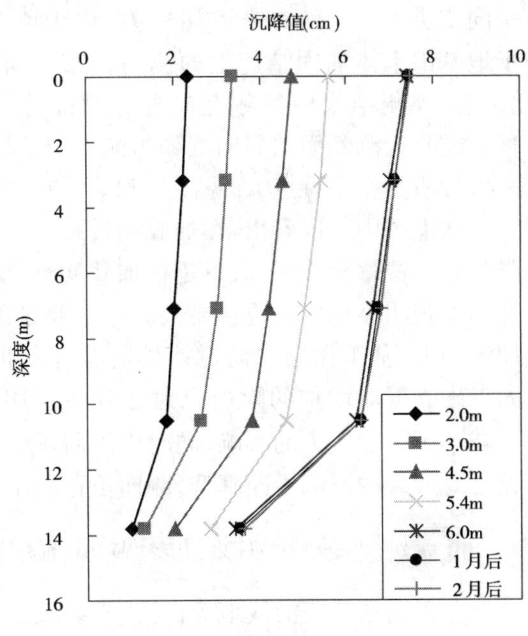

图 2-70 4 号断面分层沉降过程曲线

(3)地表侧向位移测试结果分析

在测试断面路基北侧于坡脚和坡脚以外 10m 位置埋设的地表侧向水平位移观测桩。图 2-71 为边桩位移时程曲线图。

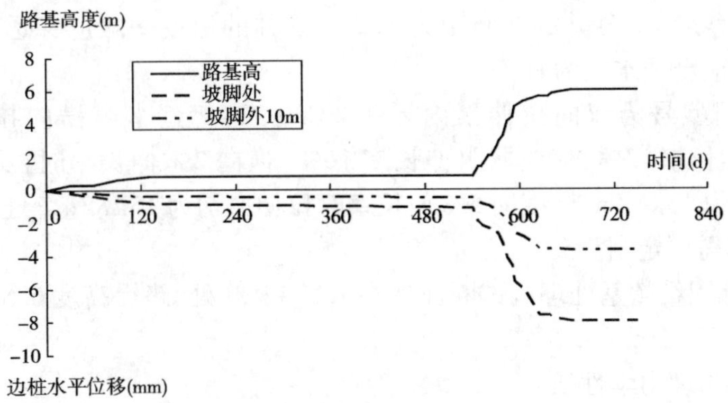

图 2-71 4 号断面边桩侧向位移时程曲线图

在路堤填筑过程中边桩位移主要是水平位移,垂直位移很小。路堤填筑完成后,路基坡脚未见有隆起现象。

在施工过程中,边桩侧向位移随着填土高度的增加而增大。当施工中加载停止时,边桩也基本停止移动,因此,边桩的侧向位移反映了地基侧向位移的发展和停止情况。

距离坡脚 10m 的边桩位移远远小于坡脚处边桩的位移量,说明路堤坡脚附近的侧向位移最大。

(4)竖向沉降与侧向位移联合分析

在路堤的填土过程中，软基不仅产生竖向沉降，而且也同时产生侧向位移，这二者实际上是同步进行的。侧向位移中既包括由于填土产生的剪切体积变形，也就是瞬时沉降，还包括由于地基因土体的固结产生的侧向位移。所以，在我们的观测结果中实际上包含这两部分侧向位移。现将观测断面的竖向沉降与侧向位移联合起来以分析其变形特点，详见图2-72。

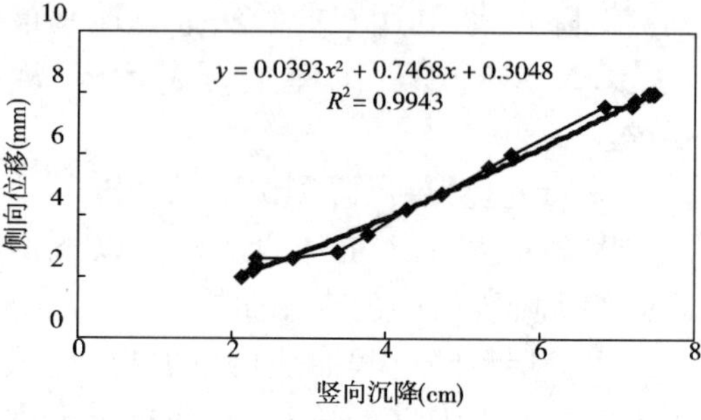

图2-72 竖向沉降与侧向位移图

从上图中可以看出：在加载的过程中，竖向沉降与侧向位移同步增加，只是在加载初期，竖向沉降的增长明显比侧向位移要快。这主要是因为在加载初期，基于深层水泥搅拌桩复合地基形成的人工硬壳层对增加的附加应力有分散作用，这不仅减小了附加应力的影响，同时也阻碍了软土地基侧向变形的发展。随着加载的继续进行，硬壳层对加载的影响不断降低，侧向位移的增长速率逐渐增大。

2.7.4 袋装砂井处理段现场试验研究

沧黄高速公路沿线地势低洼，水系发达，地下水位高，土的含水率大，压缩性高，路基承载力低。在这样的地貌和地质条件下修筑高填方路堤，地基沉降量较大，稳定性差。对于众多一般高度大于6.0m的软土路基来说，其工后沉降要求不大于30cm，采用了砂垫层+土工格栅+袋装砂井+堆载预压的方法进行处理，在试验路对其加固效果进行了现场试验。

袋装砂井按等边三角形布置。袋装砂井的直径为7cm。砂袋材料采用透水性能良好的土工织物(聚丙烯纺织物)。砂井的井间距为1.2m，砂井的深度一般应穿透软土、软弱土层，有条件时，砂井底部应至透水层为宜。

所用土工格栅型号为双向拉伸聚丙烯TGSG30-30，每延米纵横向拉伸屈服力均为30kN/m，纵向屈服伸长率13%，横向屈服伸长率16%，横向2%伸长率时拉伸力11kN/m，横向2%伸长率时拉伸力13kN/m，纵横向5%伸长率时拉伸力均为15kN/m。土工格栅幅宽不小于4.0m，长度按实际需要定制。

袋装砂井排水固结软基处理测试断面选在K35+900处，路堤高度6.5m。

1)试验方案

(1)地基土的物理力学性质

5号试验段地基土上部三层的物理力学性质指标如表2-9所示。

5号断面地基土物理力学性质 表2-9

序号	土层名称	厚度(m)	w	ρ(g/cm^3)	e	w_L	w_p	I_p	$a_{1\text{-}2}$
1	亚砂土硬壳层	3.2	31.2	1.93	0.833	26.3	20.2	6.1	0.21
2	淤泥质黏土	13	58.0	1.70	1.558	52.5	31.3	21.2	0.70
3	亚黏土	3.8	23.8	2.04	0.664	37.3	21.1	16.2	

(2)现场观测仪器的布置

为了监测路基在填土荷重作用下的变形情况和固结过程,在四个控制断面上埋设了孔隙水压力仪、深层土水平位移测量管和分层沉降管等。由于路堤在横断面上是以路中心为轴线,左右对称,故所有仪器均埋设在路堤轴线的一侧,见图 2-73。

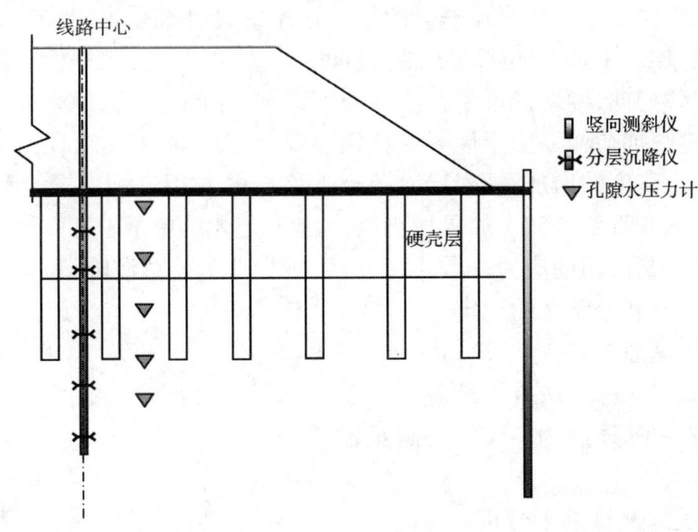

图 2-73　袋装砂井处理断面仪器埋设图

2) 5 号断面原位测试结果分析

本断面测试工作从路基施工开始,到路基施工结束后两个月时间,历时大约两年整。试验段路堤填土高度 6.5m,填土密度 $1.96g/cm^3$。考虑施工过程中的路基沉降量(0.60m),实际填土厚度应为 7.1m,相应的填土荷载为 139.2kPa。

(1)地表沉降测试结果分析

由于沧黄高速公路沿线土源和地方阻工等因素的影响,路堤施工进度缓慢。缓慢的施工进度为地基的排水固结提供了时间保证。

图 2-74 为 5 号断面路基荷载与地表沉降过程曲线。

①路堤填土高度低于 3.5m 时,路堤的填筑速率比较缓慢,相应的沉降速率也不高,产生的沉降量也不大。随填土高度超过 3.5m 后,在填土速率加快的同时,沉降速率也随之加快,二者基本上呈线性关系。这相当于土的载荷试验中的直线阶段。可见,此时土体的天然承载力与天然抗剪强度完全可以承受填土附加荷载的影响。也就是说此阶段在目前的填土速率的情况下,经袋装砂井处理过的软土地基完全处于安全状态。

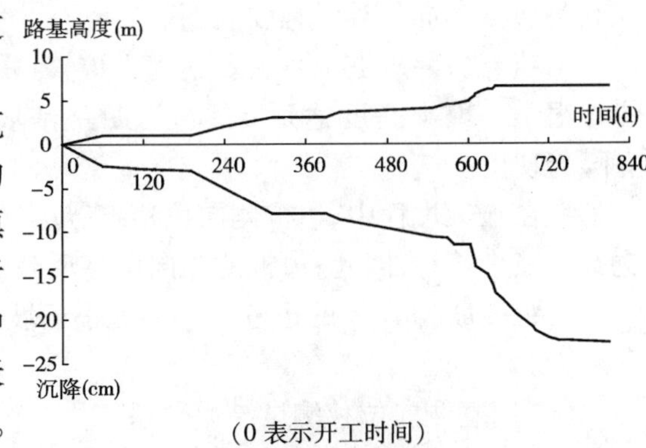

(0 表示开工时间)

图 2-74　5 号断面路堤高度与地表沉降关系曲线

②由于软土地基本身强度较低,含水率大,渗透性差,外荷载作用在软基上后,地基内孔隙水逐渐排出,超静孔隙水压力逐渐消散,此时土体内的有效应力逐渐提高,土体发生固结变形,

地基土强度逐渐增长。在一定的加荷速率下，土体的这种变化是在地基土的允许强度范围内进行的，当加荷速率过大，外荷载超过了土体的允许强度后，地基的沉降变形就增大，严重的会危及到整个地基的稳定与安全。所以，控制恰当的加荷速率，可以有效地减小地基沉降。由于本试验段加载速率较低，地基沉降速率很小。总体体现出随着加载速率的增加而增长，同时也随着填土速率的减少而减小。沉降速率紧随填土速率的这种关系说明袋装砂井处理软土地基起到了明显的效果，加速了地基的排水固结。同时，硬壳层以及土工格栅的存在对沉降速率有明显的影响。在加载初期，确切的说是在临界高度以前，相同的加荷速率并不能够引起相同的沉降速率，原因就是在加荷初期由于硬壳层作用以及土工格栅的存在，阻碍了填土初期沉降速率的发展。随着填土高度的增加，硬壳层以及土工格栅的作用逐渐减退，沉降速率逐渐增大。这一点对于指导施工有重要意义。如果填土高度小于土体的临界高度，由于土体天然硬壳层以及人为加入土工加筋格栅的应力分散作用，可以减少地基的总沉降量，也可以相应的减少填土期间的沉降速率，有利于路基的稳定。

施工结束时，地基总沉降量为22.46cm。根据实测沉降曲线，利用双曲线法推算地基最终沉降量为29.63cm，工后沉降量为7.17cm，满足设计要求。

(2)地基分层沉降测试结果分析

由图2-75中的分层沉降过程曲线可以看出，土体压缩层基本上到黏土层地面为止，约为14.0m。其中75.0%的沉降量发生在淤泥质黏土层中，是地基沉降的关键土层，20%的沉降发生在硬壳层中，5%发生在其下的亚黏土中。

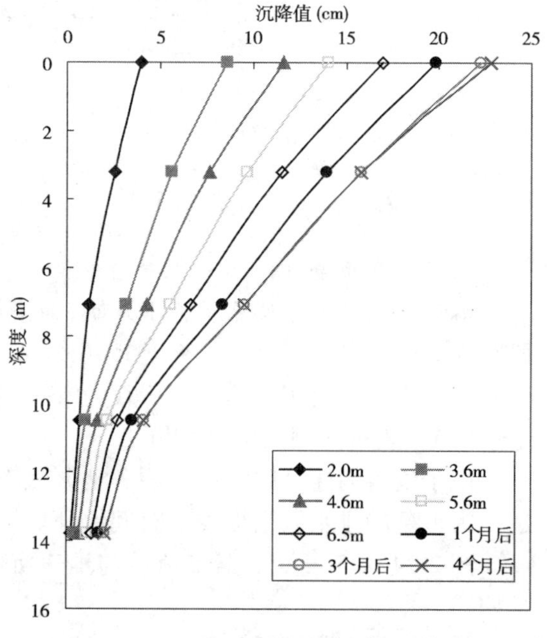

图2-75　5号断面分层沉降过程曲线

(3)地表侧向位移测试结果分析

在测试断面路基北侧于坡脚和坡脚以外10m位置埋设的地表侧向水平位移观测桩。图2-76为边桩侧向位移时程曲线图。

①填土初期边桩位移主要是水平位移，垂直位移很小。填土高度达到6.5m初期路基坡脚有隆起现象。

②在施工过程中，边桩侧向位移随着填土高度的增加而增大。当施工中加载停止时，边桩也基本停止移动，因此，边桩的侧向位移反映了地基侧向位移的发展和停止情况。

③距离坡脚10m的边桩位移远远小于坡脚处边桩的位移量，说明路堤坡脚附近的侧向位移最大。

(4)地基侧向位移测试结果分析

地基侧向位移测试结果如图2-77所示。从图中可以看出：占地基沉降量75.0%的淤泥质黏土层产生的最大的侧向位移主要集中在这一层土中。随着路堤填土的进行，这一层软黏土的侧向位移也随之逐渐增大。至完成路堤土时为止，最大的侧向位移量为12.4mm。从图2-77还可以发现，在路堤的预压期间，软土地基的侧向位移很小。这一方面是因为软土地基固结的

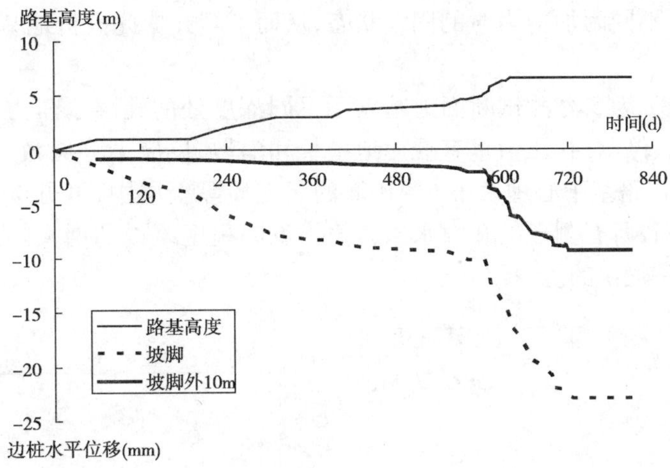

图2-76　5号断面边桩侧向位移时程曲线图

比较快,相应的侧向位移很快趋于稳定的原因。另一方面,这也说明如果控制好填土速率,固结沉降在侧向产生的位移量就不大,这也是为什么太沙基一维固结理论在工程上一直沿用至今的原因之一。从侧向位移曲线上可以看出,在相应的软弱土层处,存在着比亚砂土硬壳层和亚黏土较大的侧向位移。在停载预压期内随着时间的推移,竖向沉降的继续发展,侧向位移呈现停止的状态。从而可以根据此现象进行有计划的施工。

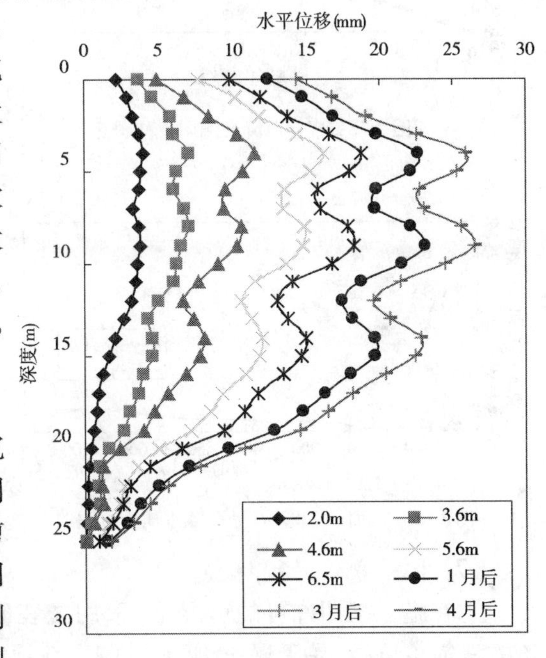

图2-77　5号断面地基侧向位移时程曲线图

(5)竖向沉降与侧向位移联合分析

在路堤的填土过程中,软基不仅产生竖向沉降,而且也同时产生侧向位移,这二者实际上是同步进行的。侧向位移中既包括由于填土产生的剪切体积变形,也就是瞬时沉降,也包括由于地基因土体的固结产生的侧向位移。所以在我们的观测结果中实际上包含这两部分侧向位移。现将观测断面的竖向沉降与侧向位移联合起来以分析其变形特点,详见图2-78。

从图2-78中可以看出:在加载的过程中,竖向沉降与侧向位移同步增加,只是在加载初期,竖向沉降的增长明显比侧向位移要快。这主要是因为在加载初期,软土地基硬壳层对增加的附加应力有分散作用,这不仅减小了附加应力的影响,同时也阻碍了软土地基侧向变形的发展。随着加载的继续进行,硬壳层对加载的影响不断降低,侧向位移的增长速率逐渐增大。

(6)孔隙水压力测试结果

通过在地基土体内部埋设孔隙水压力计观测土体孔隙水压力的变化,以便掌握地基在承受不同排水条件下，不同附加应力时的固结状态，从而了解并据此分析地基土固结程度及地基处理效果。

图2-79～图2-81为5号测试断面地基以下不同深度处的孔隙水压力过程曲线。图中可以看出，随荷载增加、停歇，孔压值呈有规律地增长和消散，反应十分灵敏，最大超静孔隙水压力为53.9kPa，发生在路基中心地表下6～10m的淤泥质黏土层中，可见该层为主要的控制土层。在填土加载期间，所有测点的孔隙水压力值均不同程度缓慢的增大。而在预压期内孔隙水压力的消散速率是很快的。

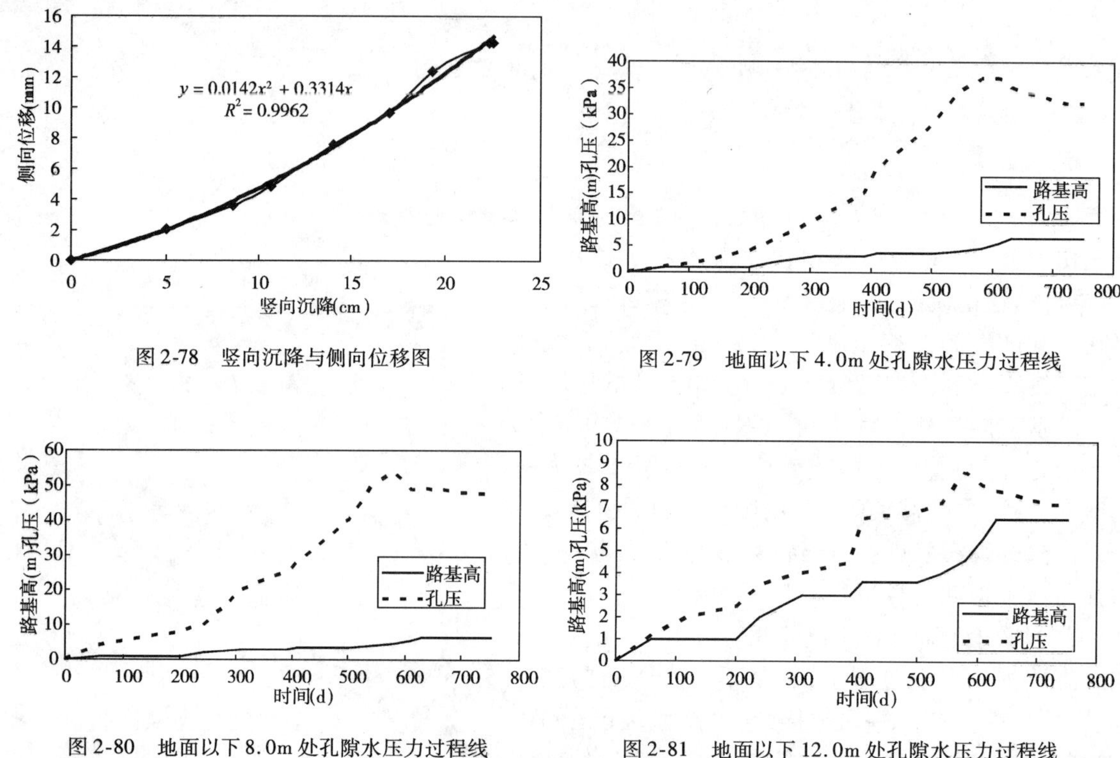

图2-78 竖向沉降与侧向位移图

图2-79 地面以下4.0m处孔隙水压力过程线

图2-80 地面以下8.0m处孔隙水压力过程线

图2-81 地面以下12.0m处孔隙水压力过程线

(7)小结

①在施工工期许可的情况下，采用袋装砂井排水固结地基处理方法是一种有效的手段。该方法简单可行，易于操作，便于控制。在填土至临界高度以前，由于硬壳层及土工格栅的应力扩散作用，可以适当加快填筑速率。而当填土高度超过临界高度后，必须控制施工速率，以确保路堤的安全与稳定。

②经推算，本方案路中心地表最终沉降量为29.63cm，工后沉降量为7.17cm，满足设计要求。

2.7.5 滨海地区天然软土地基硬壳层作用效果分析

测试断面1号和2号的硬壳层厚度1.5m，其下为9m软土，路堤高度为1.6m。断面1号采用不处理硬壳层直接填筑路堤的方案，断面2号采用土工格室浅层处理但不破坏硬壳层的方案，路堤中心线下地表沉降与坡脚处土体水平位移关系如表2-10所列。

1号、2号断面竖向沉降与水平位移　　表2-10

断面	1号				2号			
路堤高度(m)	0.6	0.9	1.2	1.6	0.6	0.9	1.2	1.6
竖向沉降(cm)	3	3.5	4.8	7.4	2.6	3.0	4.4	5.2
水平位移(cm)	0.4	0.5	0.6	0.9	0.3	0.4	0.5	0.6
比值	7.5	7.0	8.0	8.2	6.5	7.5	8.6	8.6

测试断面6号的硬壳层厚度2.5m,其下为8.0m软土,路堤高度为2.1m。测试断面7号的硬壳层厚度4.3m,其下为4.2m软土,路堤高度为2.0m。两断面均采用土工格栅浅层处理但不破坏硬壳层的方案,路堤中心线下地表沉降与坡脚处土体水平位移关系如表2-11所列。

6号、7号断面竖向沉降与水平位移　　表2-11

断面	6号				7号			
路堤高度(m)	0.6	0.9	1.2	2.0	0.6	0.9	1.2	2.0
竖向沉降(cm)	3.0	6.0	10.4	11.3	2.4	3.5	5.0	7.0
水平位移(cm)	0.6	1.0	1.0	1.05	0.3	0.35	0.45	0.50
比值	5.6	6.0	10.4	10.8	8.0	10.0	11.1	14.0

经过比较分析表明:

(1)四个测试断面竖向沉降与水平向位移比值均在5.6以上,说明在路堤填筑过程中,竖向位移占显著位置,侧向位移发展缓慢。

(2)在相同填土高度时,1号断面的竖向沉降与水平向位移均大于2号断面相应的数值,说明地基经土工格室浅层处理后稳定性增强,限制了地基沉降和侧向位移。

(3)在相同填土高度时,6号断面的竖向沉降与水平向位移均大于7号断面相应的数值,说明不同硬壳层厚度对于限制软土侧向变形和竖向沉降的作用效果不同。

2.8 小　　结

以滨海地区河北省沧黄高速公路天然双层软土地基优化处理为工程依托,为明确硬壳层的作用机理、天然双层软土地基上路基的工程特性及地基处理优化技术而进行了技术研究。在基于分析天然双层地基硬壳层的成因及厚度影响因素基础上,明确了滨海地区软土地基硬壳层的作用机理,从微观概念和弹性地基梁理论角度合理诠释了硬壳层的应力扩散理论,推导出了条形均布荷载作用下软土地基硬壳层的应力扩散系数。提出了考虑硬壳层效应的天然双层软土地基上路堤临界高度和地基沉降计算新方法。基于非线性有限元数值分析,提出了考虑硬壳层厚度、路堤高度、软基厚度以及施工速率影响的天然双层软土地基变形特征和硬壳层应力扩散效果。通过原型试验,提出了不同硬壳层厚度和路堤高度条件下,对滨海地区软土地基不处理、土工格栅(土工格室)浅层处理、复合地基处理、袋装砂井排水固结处理等方法的地基沉降、地基分层沉降、地表水平位移和孔隙水压力的变化规律,提出了滨海地区高速公路软土地基硬壳层的优化处理技术。

第3章 滨海地区高速公路路基土中水分迁移规律研究

3.1 路基土中水分主要来源

高速公路建成后,大部分的雨水及地表水将由公路的排水系统排走。但路基土中仍将存在着液态或气态的水分,这些水分在各种自然条件及温度的作用下会产生移动而使路基潮湿,含水率增加。水在土中无论呈液态还是气态,其移动的规律总归是由高压处向低压处、由高温处向低温处、由高含水率处向低含水率处移动。结合工程实践,路基中水分的主要来源可归纳为下列几项,如图3-1所示。

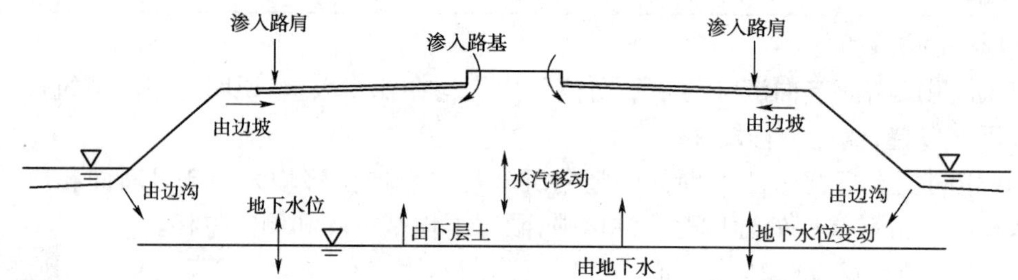

图3-1 路基水分的来源

①大气降水:通过路肩、路面、边坡和边沟渗入路基。

②地面水:沿着边沟流动或沿地表逸流的水分,因受到外界阻塞或排水渠道不良而积聚于路基两旁,渗入路基。

③地下水:因地下水流动或水位上升而渗入路基。

④毛细水:在毛细作用下,由地下水位上升而渗入路基。

⑤水蒸气及其凝结水:水蒸气在土的孔隙中向上移动的过程中遇冷凝结为水。

⑥薄膜水:因土粒所吸附的水膜移动而带来的水分。

⑦高速公路中央分隔带内由于大气降水、人为降水以及管道、水井的渗漏等而成为路基积水的入口,边坡的绿化带也会造成水分侵入路基中。

上述各种路基水分的来源,对路基的强度和稳定性都有不同程度的影响。通常情况下,在各种来源中,大气降水和地面水的产生量大,是路基水分的主要来源,也容易造成路基与路面直接的水破坏。

3.2 滨海地区路基土中水分迁移机理

研究和把握好滨海地区路基土水体系的特点是研究滨海地区路基土中水分迁移的前提和

基础。近几年来国内外学者对冻土地区路基水分迁移的研究较多，而对地下水位较高的滨海地区路基水分迁移研究较少。为防止滨海地区路基水破坏，保证滨海地区高速公路的长期稳定性和路用性能，本节将对滨海地区路基的水分迁移机理进行研究分析。

3.2.1 土体中水的形态

天然条件下土体中各点的含水率因位置和时间而异。土体中的水分形态的分类方法主要有两种：一是按照其存在形态分类，二是按照所承受作用力的性质和大小分类。土体中水分所承受的作用力有吸附力、吸着力、毛管力和重力，因此，存在于土体中的水常常可区分为吸湿水、薄膜水、毛管水和重力水四类。

在土中水分的研究和应用中，土中水的形态分类起着积极作用，但是对土中水分的研究仅仅依据土中水的形态分类又是不足够的。主要体现在：

(1)理论上不严密。所有类型的土中水，事实上都处于地球的引力场中，均为重力水，而毛细现象的开始和终止的界线也是很难明确划定的。

(2)土中水的形态分类仅是一种定性描述，无法定量描述土中水分的分布和运动。

3.2.2 水分迁移的驱动力

水分迁移是一个复杂的物理、化学作用过程，受到多种作用力和多种能量的制约。研究的角度不同，得到的水分迁移的表现形式也不同，例如分别从水分形态、土体特性、地温梯度、大气压力、能量均衡等不同角度来研究水分迁移规律，会发现许多不同的表现形式。多年来，已有许多研究者先后提出了研究土体中水分迁移规律的多种理论方法，如土水势理论、层流理论、毛管势理论、湿润峰面入渗理论等，但是，由于土中水分迁移问题本身的复杂性，这些理论均存在着不同程度的不足。

在本论文对滨海地区路基土中水分迁移的研究中，将土水势理论作为研究的理论方法。该理论认为，水分迁移是土体中的水分在各种势能作用下水分的重分布。由于水在土体孔隙中的运动很慢，其动能可以忽略不计，因此，土中水分所具有的势能即土水势，在决定土中水分的运动状态中就起着十分重要的作用。而且，任意两点的土水势差值即土水势梯度，是水分在两点间运动的驱动力。

3.2.3 土水势理论

根据热力学第一定律，机械能或其他能量可以相互传递和转换，而在传递和转换的过程中，能量的总值保持不变。

$$dQ = dU + PdV + dW' \tag{3-1}$$

式中：dQ ——系统从周围环境中吸收的热量；

dU ——系统内能的增量；

PdV ——系统对环境所做的膨胀功或容积功；

dW' ——系统对环境所做的所有其他非容积功。

热力学第二定律提出，孤立系统中变化的方向永远趋于平衡，在热的自发过程中，只能从高温状态向低温状态变化。根据热力学有关熵的定义，上式 dQ 可用系统的熵变值(dS)表示。

系统在绝对温度 T 时，由于吸收了热量 dQ，而使其熵有所变化。绝对温度 T（永远是正值）和熵 S 的关系可用下式表示：

对于可逆过程

$$dQ = TdS \tag{3-2}$$

因此，

$$dW' = -dU - PdV + TdS \tag{3-3}$$

土体是一种独立的热力学系统。将上式引入土体水分热力学研究，其物理含义有：

(1)自由流动的纯水一旦和土体接触，可产生热量交换，使其内能增加，其值为 TdS；

(2)由于受土粒吸附引起体积变化(dV)而做功，而造成土体内能有所损失，其值为 PdV；

(3)纯水和作为环境的土体，还有非体积功的变换而引起内能的变化，其值为 dW'。

所以，上式表达了自由流动的纯水在与土体接触变为土中水之后，土体与纯水的内能差值。式中未包括水分组成与重力场的变化。

由于吉氏自由能(Gibbs free energy)可表达为 $G = U + PV - TS$，所以吉氏自由能的微分方程为：

$$dG = VdP - dW' - SdT \tag{3-4}$$

经典热力学主要是进行研究平衡状态和可逆过程的，但是在自然界平衡状态很少出现，自发过程是趋于不可逆的。为了便于理解土水势源于热力学的普遍规律，可通过对非体积功与吉氏自由能的关系加以解释。

在上式中，dW'为系统对环境所做的非体积功，而 $dW' = -dW'$则是环境对系统所做的非体积功。若将土中水视为系统，土体视为环境，那么环境（土体）对系统（水分）所做的功由三部分组成，即重力所做的功 dW_g，土体对水分的吸持力所做的功 dW_m，以及由于渗透压力对水分所做的功 dW_s，故吉氏自由能的微分方程可改写为：

$$dG = VdP - SdT + dW_s + dW_m + dW_g \tag{3-5}$$

设土体中任一点的单位土体水分的吉氏自由能与标准参考状态下自由能的差值为该点总土水势 ψ，则上式右端第 1 项 (VdP) 是因压力的变化而引起的自由能增量，相应的土水势称为压力势，记为 ψ_p；第 2 项 ($-SdT$) 为随温度的变化而引起的自由能增量，相应的土水势称为温度势，记为 ψ_T；以此类推，第 3 项的土水势称为溶质势（或渗透势），记为 ψ_s；第 4 项的土水势称为基质势，记为 ψ_m；最后 1 项的土水势称为重力势，记为 ψ_g。故土体中的土水势可写为各分势之和，即为：

$$\psi = \psi_g + \psi_p + \psi_m + \psi_s + \psi_T \tag{3-6}$$

3.2.4 土水势构成

假定标准参考状态下的土水势为零，将单位数量的土体水分从标准参考状态移动或改变到所研究的土中水状态时，如果环境对土中水做了功，则该状态下的土水势为正；若土中水对环境做了功，则该状态下的土水势为负。在数值上，土水势的值与所做的功的值相等。以下将对土体的土水势各分势分别进行讨论。

1)重力势 ψ_g

重力势是由于重力场的存在而引起的，它决定于所论土体中水的高度或垂直位置。一般是以地下水位或地表为参比零位。所以重力势可以永远当成是正值或零。将单位数量的土体水分从某一点移动到标准参考状态平面处,而其他各项均维持不变时,土体水所做的功即为该点土体水的重力势。

重力势又称为位置水头,它只与计算点的相对位置有关,而与基质的属性无关,故重力势可写为 $\psi_g = z$。

2)压力势 ψ_p。

压力势是由于压力场中压力差的存在而引起的。所定义的标准参考状态下的压力为标准大气压或当地大气压。如果土体中任一点的土中水分所受压力不同于参考状态下的大气压,则说该点存在一个附加压强 ΔP。单位数量的土中水分由该点移至标准参考状态,其他各项维持不变时,仅由于附加压强的存在,土中水分所做的功为该点的压力势。当土中水分的体积为 V,压力差或附加压强为 ΔP 时,土中水分的压力势 E_p 为:

$$E_p = V\Delta P \tag{3-7}$$

对于饱和土,地下水面以下深度 h 处的附加压强为 $\rho_w gh$。因此,该点单位质量土中水分的压力势为:

$$\psi_p = gh \tag{3-8}$$

该点单位体积土中水分的压力势为:

$$\psi_p = \rho_w gh \tag{3-9}$$

该点单位重量土中水分的压力势为:

$$\psi_p = h \tag{3-10}$$

所以,对于饱和土,其压力势 $\psi_p \geqslant 0$,即为非负值。

对于非饱和土,考虑到通气孔隙的连通性,各点所承受的压力均为大气压,故各点附加压强为零,因而,各点压力势 $\psi_p = 0$。当非饱和土体中存在有闭塞的未充水孔隙时,其中与土中水相平衡的气压可能不同于大气压,由此产生的压力势称为气压势,闭塞气泡及相应气压势的存在,对土中水分状况有一定的影响。不过,目前研究土中水分运动时一般都不考虑此项。另外,在试验室的条件下,将非饱和土样置于气压高于大气压的密闭容器中时,土中水具有正的压力势。

3)基质势 ψ_m

土中水的基质势是由于土体基质对土中水分的吸持作用引起的。土体中的吸力由基质吸力和渗透吸力组成,在非饱和土中,收缩膜承受大于水压力 U_w 的空气压力 U_a,压力差 $U_a - U_w$ 称为基质吸力。土体基质对土体水分吸持的机理非常复杂,但主要可概括为吸附作用和毛管作用。因自由水不含有土体基质的作用,参考状态以自由水为标准。基质势的定义如下,将单位数量的土体水分由非饱和土体中的一点移至标准参考状态,除了土体基质作用外其他各项维持不变,则土体所做的功即为该点土中水分的基质势。在这个过程中所做的功实际上为负值,因为实现上述移动时,为了抵抗土体基质的吸持作用必须对土中水做功。由此可知,非饱和土中水的基质势永远为负值,即 $\psi_m < 0$;而对于饱和土中水的基质势 $\psi_m = 0$。土体基质对水分吸持作用的大小与土体的含水率有关,因此,非饱和土体中水的基质势 ψ_m 是土体体积含水率 θ 的函数。

由于土体基质对水分吸持作用的复杂性,目前很难从理论上对基质势进行定量描述,只能在试验室内或现场进行测定。

4)溶质势 ψ_s

溶质势描述的是土体溶液中所有形式的溶质对土体水分的综合作用。以不含有溶质的纯水作为参考状态,当土体中任意一点的土中水含有溶质时,该点的土中水分便具有一定的溶质势。溶质势是这样定义的,将单位数量的水分从土体中一点移动到标准参考状态时,其他各项维持不变,仅由于土体水溶液中溶质的作用,土中水所做的功即为该点土体水分的溶质势。由于土体水溶液中的溶质对水分子存在有吸引力,在实现上述移动时必须克服这种吸持作用而对土中水做功,因此,同基质势一样,溶质势亦为负值,即 $\psi_s < 0$。

5)温度势 ψ_T

温度势由温度场的温差所引起。按照对温度势的定义,土体中任一点的土中水分的温度势由该点的温度与标准参考状态的温度之差所决定。土水势中温度势的确定及其在土体水分迁移分析中的应用研究具有重要的意义。通常认为,由于温差的存在而造成的土体中水分运动的通量相对而言是很小的,所以在分析土中水分运动时,温度势的作用常被忽略。

土体中温度的分布和变化对土中水分运动的影响是多方面的,有些大大超过了温度势本身的作用。例如,温度的变化对水的物理化学性质(如表面张力、黏滞性和渗透压等)的影响,会影响到基质势、溶质势的大小及土体水分运动参数。此外,温度状况还决定着水的相变。另一方面,土中的水分状况在很大程度上决定着土体的热特性参数;若发生水的相变,会成为热量平衡中的一个重要因素。因此,在对实际问题的分析中,更为重要、更应给予关注的是土中水热迁移的互相交叉和耦合所带来的影响。

在上述五个土水势分势中,溶质势和温度势一般较少考虑,所以总的土水势可认为是由重力势、压力势和基质势三部分组成。

对于非饱和土体来讲,由于其压力势为零,总土水势可写为:

$$\psi = \psi_m + z \tag{3-11}$$

对于饱和土体来讲,由于其基质势为0,总土水势可写为:

$$\psi = \psi_p + z = h + z \tag{3-12}$$

由前述可知,基质势 ψ_m 对于非饱和土体来说是负值,如果用负压力水头 h ($h<0$)来表示,这样就可以将饱和土水分流动和非饱和土水分流动统一起来考虑。若总的土水势用 H 来表示,则对于饱和土和非饱和土的总土水势可统一写为:

$$H = h + z \tag{3-13}$$

对于饱和土来讲,h 为压力水头,大于0;对于非饱和土,h 为基质势或负压力水头,小于0。

3.2.5 土中水运动基本方程

土中水的运动主要指的是液态的流动,但在一定条件下,土中水也可以气态形式流动。液态水的流动可以在饱和状态下进行,也可以在非饱和状态下流动。由于滨海地区地下水位较高,地下水浸入路堤,因此滨海地区高速公路的路基中既存在饱和状态的路基土,也有非饱和状态的路基土。

饱和土中水分流动和非饱和土中水分流动各自具有自身特点。例如,就水分流动的驱动力而言,饱和土中水分流动的驱动力为重力势梯度和压力势梯度;而非饱和土中水分流动的驱动力为基质势梯度和重力势梯度。就导水率而言，饱和土的导水率为一常数，而非饱和土的导水率是含水率和基质势的函数。

尽管饱和土中水分流动和非饱和土中水分流动存在明显差异，但就水流而言，它们均服从于达西(Darcy)定律。但是，在土水势和导水率方面，有着不同的含义和特点。

(1)饱和土中的水和非饱和土中的水的运动尽管都是由于土水势差的存在而引起的，但对于饱和土中的水，任一点的土水势 ψ 包括重力势 ψ_g 和压力势 ψ_p，它们分别由该点相对参考平面的高度和地下水面以下的深度来确定。对于饱和土，总水头为重力水头和压力水头之和，水由总水头高处向总水头低处流动。而对于非饱和土中的水，任一点的土水势包括重力势 ψ_g 和基质势 ψ_m，那么，非饱和土中水的总水头为重力水头和基质势水头(或称负压水头)之和。重力水头取决于相对参考平面的高度，基质势水头取决于土体的干湿程度。因此，对于非饱和土中的水，不能笼统地说水由位置高处流向位置低处，或水由湿处迁移向干处，事实上，非饱和土中的水的流动所遵循的唯一原则是由土水势高处迁移向土水势低处。

(2)导水率是非饱和土中水的流动和饱和土中水的流动的另一个重要区别所在。对于饱和土而言，当土处于饱和状态时，土中全部孔隙都充满了水，故具有较高的导水率值，而且是一个常数。而非饱和土体的导水率 K 又称为水力传导度，由于土体中部分孔隙为气体所填充，故其值低于该土体的饱和导水率。而且，非饱和土体水的导水率 K 还是水基质势或含水率的函数，记为 $K(\psi_m)$ 或 $K(\theta)$。

将质量守恒定理应用于多孔介质中的流体运动，可得到流体运动的连续方程，再与达西定律相结合可以得出土中水分运动的基本方程。

研究只限于固相骨架不变形的多孔介质。设在土体水分流动的空间内任取一点(x,y,z)，并以该点为中心取无限小的一个平行六面体。六面体的边长分别为 Δx、Δy、Δz，且和相应的坐标轴平行。

分析自 t 至 $t+\Delta t$ 时间内单元体中水的质量守恒问题。设单元体中心土中水分运动通量在三个方向上的分量分别为 $q_x = \frac{1}{2}\frac{\partial q_x}{\partial x}\Delta x$、$q_y$、$q_z$，水的密度为 ρ_w。取平行于坐标平面 yoz 的两个侧面 $ABCD$ 和 $A'B'C'D'$，其面积为 $\Delta y\Delta z$。自左边界面 $ABCD$ 流入的土中水分通量为 $q_x - \frac{1}{2}\frac{\partial q_x}{\partial x}\Delta x$，在 Δt 时间内由此界面流入单元体内的土中水质量为：

$$\rho_w q_x \Delta y\Delta z\Delta t - \frac{1}{2}\frac{\partial(\rho_w q_x)}{\partial x}\Delta x\Delta y\Delta z\Delta t \tag{3-14}$$

自右边界面 $A'B'C'D'$ 流入的土中水分通量为 $q_x + \frac{1}{2}\frac{\partial q_x}{\partial x}\Delta x$，在 Δt 时间内由此界面流入单元体内的土中水质量为：

$$\rho_w q_x \Delta y\Delta z\Delta t + \frac{1}{2}\frac{\partial(\rho_w q_x)}{\partial x}\Delta x\Delta y\Delta z\Delta t \tag{3-15}$$

因此，沿 x 轴方向流入单元体和流出单元体的土中水分质量之差为：

$$-\frac{\partial(\rho_w q_x)}{\partial x}\Delta x\Delta y\Delta z\Delta t \tag{3-16}$$

同理沿 y、z 轴方向流入单元体和流出单元体的土中水分质量之差分别为：

$$-\frac{\partial(\rho_w q_y)}{\partial y}\Delta x\Delta y\Delta z\Delta t \tag{3-17}$$

$$-\frac{\partial(\rho_w q_z)}{\partial z}\Delta x\Delta y\Delta z\Delta t \tag{3-18}$$

故在 Δt 时间内，流入和流出单元体的土中水分质量差总计为：

$$-\left[\frac{\partial(\rho_w q_x)}{\partial x}+\frac{\partial(\rho_w q_y)}{\partial y}+\frac{\partial(\rho_w q_z)}{\partial z}\right]\Delta x\Delta y\Delta z\Delta t \tag{3-19}$$

在单元体内，土中水分的质量为 $\rho_w\theta\Delta x\Delta y\Delta z$，$\theta$ 为体积含水率。由于固相骨架不变形，即 Δx、Δy、Δz 不随时间改变。根据质量守恒原理的物理意义，在单位时间内净流入量或净流出量与同一单位时间内土体内含水率的变化相等。因此，Δt 时间内单元体内土中水分质量的变化量为：

$$\frac{\partial(\rho_w\theta)}{\partial t}\Delta x\Delta y\Delta z\Delta t \tag{3-20}$$

单元体内土中水分质量的变化，是由流入单元体和流出单元体的水分质量之差造成的。根据质量守恒原理，两者在数值上是相等的，由此可得出土体水分运动的连续方程：

$$\frac{\partial(\rho_w\theta)}{\partial t}=-\left[\frac{\partial(\rho_w q_x)}{\partial x}+\frac{\partial(\rho_w q_y)}{\partial y}+\frac{\partial(\rho_w q_z)}{\partial z}\right] \tag{3-21}$$

当土中水不可压缩时，水的密度为常数，此时连续方程可写为：

$$\frac{\partial\theta}{\partial t}=-\left(\frac{\partial q_x}{\partial x}+\frac{\partial q_y}{\partial y}+\frac{\partial q_z}{\partial z}\right) \tag{3-22}$$

将上式代入 Darcy 定律，设土体为各向同性 $K_x(\theta)=K_y(\theta)=K_z(\theta)=K(\theta)$，即可得到土中水运动的基本方程：

$$\frac{\partial\theta}{\partial t}=\frac{\partial}{\partial x}\left[K(\theta)\frac{\partial\psi}{\partial x}\right]+\frac{\partial}{\partial y}\left[K(\theta)\frac{\partial\psi}{\partial y}\right]+\frac{\partial}{\partial z}\left[K(\theta)\frac{\partial\psi}{\partial z}\right] \tag{3-23}$$

运用基本方程解决实际问题时，遇到的情况是各式各样的。有的土体剖面可近似视为均质土体，有的则需视为层状土体；有的土体水分运动可近似为一维或二维（平面）的流动问题，适宜采用直角坐标系，有的则可近似为轴对称流动问题，使用柱坐标系更合适；有的土体剖面需要考虑地下水位的存在和变化，有的可视为无地下水位，如此等等。为使基本方程能够适用于复杂多变的实际问题，并使得问题的分析比较简便，故针对不同的具体问题，可将基本方程改换为其他形式。基本方程的改换有多种不同方式，根据高速公路工程的实际情况和特点，下面介绍以含水率 θ 为因变量的基本方程。

非饱和土中水的扩散率 $D(\theta)$ 为渗透系数 $K(\theta)$ 与比水容量 $C(\theta)$ 的比值，即：

$$D(\theta)=\frac{K(\theta)}{C(\theta)}=\frac{K(\theta)\mathrm{d}\theta}{\mathrm{d}\psi} \tag{3-24}$$

由此可以得到以含水率 θ 为因变量的基本方程为：

$$\frac{\partial\theta}{\partial t}=\frac{\partial}{\partial x}\left[D(\theta)\frac{\partial\theta}{\partial x}\right]+\frac{\partial}{\partial y}\left[D(\theta)\frac{\partial\theta}{\partial y}\right]+\frac{\partial K(\theta)}{\partial y} \tag{3-25}$$

上式便是土中水运动的基本微分方程式。由于渗透系数 $K(\theta)$ 和水分扩散率 $D(\theta)$ 是含

水率 θ 的函数,故此方程为一个二阶非线性的偏微分方程。除少量特殊问题外,一般情况下,对此方程做出解析解答是困难的,大部分的实际问题需要采用数值方法求解。因此,研究土中水分的运动需要借助试验研究与土水势理论研究相结合的方法。

3.3 滨海地区土水特征曲线研究及湿化变形机理

3.3.1 土水特征曲线

饱和土中水的运动和非饱和土中水运动的一个重要区别在于渗透系数。土体达到饱和时,全部孔隙都充满了水,渗透系数为一常数,而非饱和土中的孔隙则是部分地被气体所占据,其渗透系数随含水率的变化而变化。若要得到非饱和多孔介质的渗流特性,就必须得到渗透系数和基质势及含水率之间的关系,这种关系可以通过非饱和多孔介质水力参数的特征曲线来描述。

1)土水特征曲线定义

土水特征曲线 SWCC(soil-water characteristic curve)是表示土体持水能力的重要曲线,反映了土体基质吸力与体积含水率(θ)、质量含水率(w)或饱和度(S_r)之间的关系。土水特征曲线是非饱和土力学研究中的一项重要内容,与非饱和土的强度、压缩性、渗透性和土体颗粒分布等工程性质有着密切联系。

饱和土是由固体土颗粒和孔隙水两部分组成,而非饱和土则是在土骨架形成的孔隙中包含水和空气,无孔隙水的非饱和土是干土,孔隙中的气体是联通的;孔隙中无气体的非饱和土是饱和土,孔隙水是连通的,即饱和土是非饱和土的特例。通常定义的非饱和土由三相组成,包括土颗粒、水和空气。实际上,确切地说,非饱和土还有第四相存在,即水、气交界面,也称为收缩膜。以气泡形式存在的少量空气使得孔隙中流动的水具有可压缩性,这是非饱和土性质复杂的重要原因,给采用试验方法确定其力学参数带来了很大困难。非饱和土的孔隙压力包括孔隙水压力 u_w 和孔隙气压力 u_a 两部分,一般孔隙气压力大于大气压,而孔隙水压力小于大气压,所以水气交界处存在压力差:

$$u_s = u_a - u_w \tag{3-26}$$

式中:u_s ——土的基质吸力,也称毛细压力。

基质吸力是非饱和土本质特征的力学反应,表示土基质对土中水分的吸持作用,也是区别于饱和土力学的基本特征。影响它的直接因素有土的饱和度 S_r 或气相连通程度,即水和气的存在状态。饱和度与基质吸力之间具有直接而密切的联系。基质吸力影响着非饱和土的力学性质。

2)土水特征曲线特征

对于非饱和土来讲,土中水的基质势 ψ_m,或非饱和区的负压力水头 h,是随土中体积含水率 θ($\theta = \dfrac{V_w}{V}$, V_w、V 分别为土体中水的体积和土体的总体积;对于饱和土,其体积含水率 $\theta = n$, 对于非饱和土 $\theta < n$;n 为土体的孔隙率。)而变化的,它们之间的关系曲线即为土体水分特征曲线或土体持水曲线,简称土水特征曲线。由于基质势是负的,通常用其相反数 S(即

为正值)来表示其与含水率的关系,该正值定义为基质吸力,简称吸力。因此,土中水的土水特征曲线也就是是土的体积含水率 θ 与基质吸力的关系曲线。基质吸力的有无是区分饱和土与非饱和土的关键标准,而吸力的量测当前尚存在技术问题,难度较大。

图 3-2 反映了粉土的典型土水特征曲线。如图所示,当土中的水分处于饱和状态时,含水率为 $\theta_s = n$,而吸力 S 为零。若对土体施加微小的吸力,土体中尚无水排出,则含水率维持饱和值。当吸力增加至某一临界值,即只有当土中的吸力 S 大于一定值 S_a 时,由于土体中最大孔隙不能抗拒所施加的吸力而继续保持水分,气体进入土的孔隙,于是土体中的孔隙水开始排出,相应的,土体含水率开始减小。值 S_a 的大小与土的最大孔隙尺寸有关。饱和土体开始排水意味着空气随之进入土体,故将该临界值 S_a 称为进气吸力,或进气值。该值在试验测定非饱和土的基质吸力(负压力水头)时是一个重要参数。在基质吸力超过进气值 S_a 继续增大时,土中水开始首先从大的孔隙排出,再到小的孔隙排出。由于土体水先从大孔隙中排出,所以当吸力不大时,土体的含水率随着基质吸力变化而变化较大;当吸力很高时,就只有在十分狭小的孔隙中才能保持水分了,且这部分被保持的水分也非常有限,于是,即使较大幅度的吸力变化所引起的含水率变化值也相当小。当含水率减小到临界值 θ_r 时,吸力的变化不会再引起土体含水率的减小,这个临界含水率 θ_r 即称为剩余含水率或残余含水率。残余含水率反映了土体中的"不可动"水的数量,它与土的矿物成分、土中细孔隙的分布及孔隙水的化学成分等有关。对于土水特征曲线,随着含水率的增大,土中孔隙逐渐被水填满,基质吸力随之逐渐降低,当吸力降低到一定值 S_a 时,土体中孔隙全部被水充满。

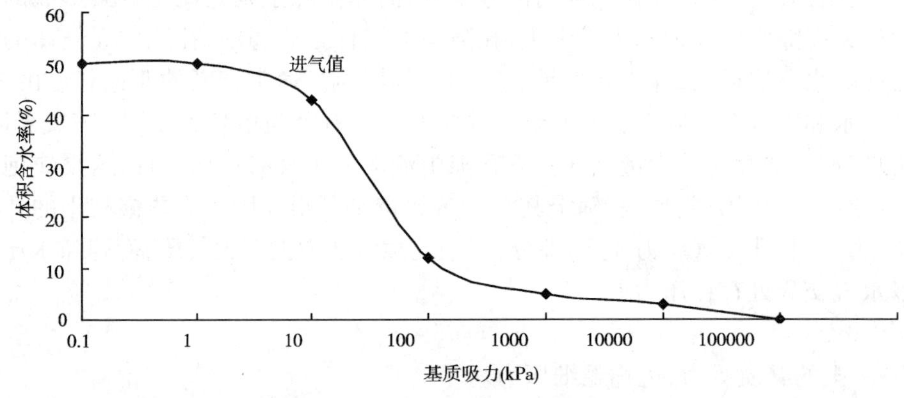

图 3-2　典型的土水特征曲线示意图

在土水特征曲线中,残余含水率是一个重要参数。在以往文献中,对残余含水率有许多解释,这些解释多半是出于经验性定义或根据推断定义。Brooks 和 Corey 认为残余含水率应当是吸力达到无穷大时的含水率,但事实上,对于不同的土类,吸力不可能达到无穷大,注意到这一点后,那么这种定义使用起来有诸多不便。Lebedeff 曾进行砂土的毛细试验,在研究结果中提出砂土中的水量分布是其上水面高度的函数,砂土的含水率存在一个特定值,当含水率低于该值后便不再随吸力的增加而减少。根据他的定义,残余含水率是对应于吸力急剧增大时的含水率,他采用"最大分子持水能力"(maximum molecular moisture holding capacity)来描述这一特殊的含水率。Van Genuchten 等人提出,吸力达到 1500kPa 时土体可成为残余状态,实际上,该值仅仅是在试验室内人们所能达到的最大吸力值,对于某些高塑性黏土而言,该条件下,土体远未达到实际残余状态。Fredlund 等就曾在试验室借助蒸汽提取试验测到了高达 3×10^5kPa的吸力。

近年来,更多的学者倾向于将残余含水率视为一个不具有实际物理意义的经验参数。目前比较流行的一种定义方法是 Sillers 的方法,他将残余含水率定义为当土中孔隙水从基本上受毛细作用转变到受吸附力作用时的含水率,同时认为残余含水率就是吸力为 3000kPa 对应的含水率。S. K. Vanapalli 认为残余含水率并不是土中所能达到的最低限度,通过蒸发、过度干燥或离心脱水所能达到的含水率均可能低于残余含水率。同时,土水特征曲线是一条连续的函数,不存在一个成为残余含水率的特殊点。这一解释并不能否认残余含水率的重要性。在国内,龚壁卫等提出,在非饱和膨胀土的研究中,可以考虑采用工程中常用的缩限含水率来替代残余含水率。

对于同一土体而言,对应于吸湿过程和脱湿过程分别有两个不同的土水特征曲线,这种现象称为滞后现象。产生滞后现象的原因主要是土中孔隙的几何形状的影响,以及脱湿过程和吸湿过程中的液、固表面接触角的不同。由于吸湿和脱湿两个过程存在的瓶颈现象而导致相同的吸力值对应于不同的含水率。

3)土水特征曲线影响因素

土水特征曲线表达了非饱和土体的一个基本特性,对于土体非饱和渗流运动及其他方面的研究具有十分重要的作用。一般说来,影响土水特征曲线的因素主要有以下几方面:

①土的矿物成分。包括土颗粒的矿物成分和可溶盐的成分。它们的影响主要反映在土体对水的亲和程度上,亲水性矿物含量越大,其亲水性质越强,所组成的土体表现出的基质吸力就越大,反映在土水特征曲线上,残余含水率大,曲线斜率平缓。

②孔隙结构。包括孔隙大小、级配和组成结构等。孔隙结构形式影响土水作用面积和收缩膜的形状,收缩膜的形状决定基质吸力的大小。土体的孔隙尺寸越小,进气值越高,持水性越强,则土水特征曲线越平缓。此外,收缩膜的形状依赖于土粒的几何形状,从而基质吸力也依赖于土粒形状。例如,当其他指标一样时,介于球形颗粒之间的收缩膜与介于片形或针形颗粒之间的收缩膜在形状上完全不同,从而它们的土水特征曲线差别很大。

③土的力学性质。土体在外力作用下发生收缩、膨胀或变形,将改变土的孔隙结构,影响收缩膜形状和土的持水性,从而改变土水特征曲线的形状。

④液体的性质。液体性质决定着液体的表面张力,从而影响着弯液面的形状以及液面内外压力差。另外,液体的性质也影响着接触角的大小。

⑤孔隙气。对于非饱和土,孔隙气有两种状态,一是与大气直接相通;二是孔隙气为水所封闭。孔隙气的成分和压力影响着表面张力和接触角,此外,表面张力和接触角也依赖于固体和液体的物理化学性质。

4)土水特征曲线拟合

通过室内试验的方法测定某种土的土水特征曲线需要经过大量的试验,花费很长时间,试验设备也十分昂贵。为了对土水特征曲线进行精确方便的描述,研究人员在试验的基础上提出了许多相关模型。

(1)Fredlund and Xing 模型

Fredlund and Xing 建立的土水特征曲线的数学模型为:

$$\theta(h) = c(h) \frac{\theta_s}{\left\{\ln\left[\exp(1) + \left(\frac{h}{a}\right)^b\right]\right\}^c} \tag{3-27}$$

其中，

$$c(h) = 1 - \frac{\ln\left(1 + \frac{h}{h_r}\right)}{\ln\left(1 + \frac{10^6}{h_r}\right)}$$

式中：a——进气值函数的土性参数；

b——当超过土的进气值时与土中水流出量函数的土性参数；

c——参与含水率函数的土性参数；

h_r——当出现残余含水率时表示吸力函数的土性参数。

(2) Broadbirdge-White 模型

Broadbirdge-White 建立的土水特征曲线的数学模型为：

$$\psi(\Theta) = -\lambda \frac{1 - \Theta}{\Theta} - \frac{\lambda}{c} \ln \frac{c - \Theta}{(c - 1)^{\Theta}} \tag{3-28}$$

式中：ψ——土的基质势；

λ——反映孔隙大小分布的参数；

c——土体的结构参数；

Θ——相对含水率。

计算公式：

$$s_p = \frac{1}{(\theta_s - \theta_r)} \left| \frac{d\theta_p}{d(\lg\psi_p)} \right| \tag{3-29}$$

式中：θ——体积含水率；

θ_r——土体残余体积含水率；

θ_s——饱和体积含水率。

(3) Van Genuchten 模型

Van Genuchten 建立的土水特征曲线的数学模型为：

$$\theta(h) = \theta_r + \frac{\theta_s - \theta_r}{(1 + |ah|^n)^m} \tag{3-30}$$

式中：h——吸力水头，cm；

a、m、n——拟合参数系数，$m = 1 - \frac{1}{n}$。

Van Genuchten 于 1980 年提出了计算 a、m 的公式：

$$m = 1 - \exp(-0.8 s_p) \quad (0 \leq s_p \leq 1) \tag{3-31}$$

$$m = 1 - \frac{0.5755}{s_p} + \frac{0.1}{s_p^2} + \frac{0.025}{s_p^3} \quad (s_p > 1) \tag{3-32}$$

$$a = \frac{1}{\psi}(2^{\frac{1}{m}} - 1)^{(1-m)} \tag{3-33}$$

其中，

$$s_p = \frac{1}{(\theta_s - \theta_r)}\left|\frac{d\theta_p}{d(\lg\psi_p)}\right|$$

式中：ψ ——基质吸力；

ψ_p ——含水率 θ_p 时对应的基质吸力。

西安建筑科技大学的卢靖采用室内离心机法对非饱和土的土水特征曲线进行了试验研究测定。离心机法的基本原理实质上是把重力场装置搬移到离心力场，将土柱法测试水势全部搬到离心力场内。在重力场中，H 高度的水体是受到重力加速度 g 作用。在离心场中，g 的作用由离心加速度 $r \times n^2$ 代替，其中 r 为运转半径，n 为转速。

$$H = 1.118 \times r \times n^2 \tag{3-34}$$

式(3-34)即为离心机计算水势的公式，其中 r 为离心半径(cm)，n 为转速(r/min)，H 为水头(cm)。此试验共需测试四个不同干密度的土样在四种不同温度条件下的土水特征曲线。卢靖分析了室内试验结果，以非饱和土力学理论为基础，结合 Van Genuchten 模型提出了土水特征曲线的拟合经验公式，并将使用拟合经验公式得到的滨海地区路基土的力学指标与通过室内试验方法得到的结果相比对分析，符合良好。由于试验条件的限制，采用卢靖推导出的土水特征曲线经验公式。

$$\theta(h,T,\rho_d) = \theta_r + \frac{\theta_s - \theta_r}{(1 + |\alpha h|^n)^m} \tag{3-35}$$

其中，$\theta_r = -0.3833 + 0.3606\rho_d$

$\theta_s = 1 - 0.38\rho_d$

$\alpha = e^{(8.9785 - 0.0784T) + (-9.359 + 0.0685T)\rho_d}$

$n = (10.5092 - 0.7789T + 0.0154T^2) + (-14.3573 + 1.1402T - 0.0224T^2)\rho_d + (5.56192 - 0.4141T - 0.0081T^2)\rho_d^2$

$m = 1 - \frac{1}{n}$

对于滨海地区路基土取 $\rho_d = 1.82\ g/cm^3$，$T = 25℃$，则根据拟合公式绘出的土水特征曲线。

$$\theta = 0.2009 + \frac{0.1835}{(1 + |0.0047h|^{1.621})^{0.383}} \tag{3-36}$$

可得曲线如图 3-3 所示。

3.3.2 滨海地区路基土渗透系数

对于饱和土体渗透系数的研究方法现在已比较完善，通过室内试验即可得到。对于非饱和土来说，其渗透系数为饱和度或体积含水率的函数，由于体积含水率和饱和度与基质吸力之间的关系可以用土水特征曲线来体现，渗透系数也是基质吸力的函数。

1)非饱和水气两相渗流达西定律

早在 1956 年，达西(Darcy)通过饱和砂层的渗透试验，得出了通量 Q^w（单位时间内通过单

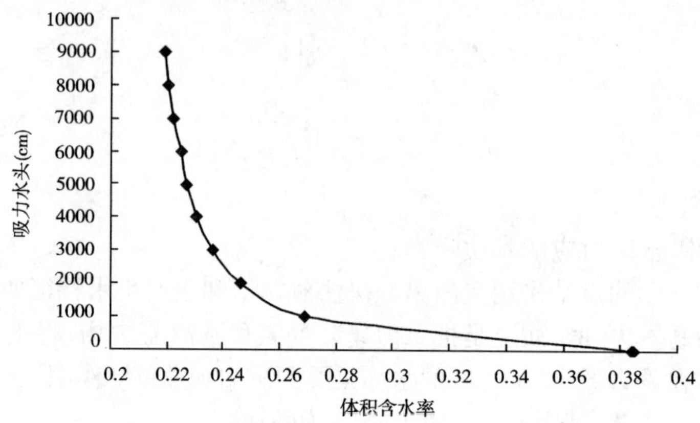

图 3-3 滨海水网区路基土的土水特征曲线

位面积土体的水量)或者说渗透速率 v^w 和水力梯度成正比的达西定律:

$$v^w = -k_s^w \frac{dH^w}{dl} \tag{3-37}$$

式中:v^w ——水相的渗透速度;

H^w ——水力水头;

$\frac{dH^w}{dl}$ ——水力梯度;

k_s^w ——比例常数,称为水力传导率或通常说的渗透系数。

达西定律是一种经验定律,为了使达西定律更多地从基础学定律中导出,研究者们做过很多尝试,最成功的一种方法是对通过孔隙介质理想化概念模型的水流使用纳维—司托克斯(N-S)方程,再按照孔隙水流真实速度 $v^{w'}$,与全断面上平均流速 v^w 的关系($v^{w'} = \frac{v^w}{n}$,n 为孔隙率),将 $v^{w'}$ 转化为 v^w 即可。

对不可压缩的土体,N-S 方程为:

$$\frac{dv^{w\prime}}{dt} = f_w - \frac{1}{\rho_w}\nabla p_w + \frac{v}{n}\nabla^2 v^{w'} \tag{3-38}$$

对于多孔介质中的渗流,可把上式中的水质点真实流速换成平均流速 $\frac{v^w}{n}$,即得到相应的运动方程:

$$\frac{1}{n}\frac{dv^w}{dt} = f_w - \frac{1}{\rho_w}\nabla p_w + \frac{v}{n}\nabla^2 v^w \tag{3-39}$$

式 $\frac{dv^w}{dt} = \frac{\partial v_x^w}{\partial x} + \frac{\partial v_y^w}{\partial y} + \frac{\partial v_z^w}{\partial z} + \frac{\partial v^w}{\partial t}$,因渗流速度及其在各坐标方向的导数很小,可略去,则上式可写成:

$$\frac{1}{n}\frac{\partial v^w}{\partial t} = f_w - \frac{1}{\rho_w}\nabla p_w + \frac{v}{n}\nabla^2 v^w \tag{3-40}$$

式中:∇p_w ——水压力梯度;

v ——运动黏滞系数;

f_w ——单位质量体积力。

$$\text{算子}\ \nabla = \text{grad}\ ,\text{且}\ \nabla^2 = \frac{\partial^2}{\partial x^2} + \frac{\partial^2}{\partial y^2} + \frac{\partial^2}{\partial z^2} \tag{3-41}$$

因为式(3-41)中的单位质量体积力只有一个沿 Z 方向向下的重力，$f = -\rho_w g$ 且 $H^w = \frac{p_w}{\rho_w g} + z$，$\nabla p_w = \rho_w g \nabla H^w - \rho_w g$，则(3-40)式可写成：

$$\frac{1}{ng}\frac{\partial v^w}{\partial t} = -\nabla H^w + \frac{v}{ng}\nabla^2 v^w \tag{3-42}$$

最后一项 $\frac{v}{ng}\nabla^2 v^w$ 相当于黏滞阻力项。在渗流中对于单位质量液体来说，渗流阻力应为沿流线 s 单位长度的能量损失，将 $\frac{v}{n}\nabla^2 v^w = g\frac{\mathrm{d}H^w}{\mathrm{d}s} = -g\frac{v^w}{k^w}$ 代入上式，即可得到不可压缩流体在不变形多孔介质中N-S方程：

$$\frac{1}{ng}\frac{\partial v^w}{\partial t} = -\nabla H^w - \frac{v^w}{k_s^w} \tag{3-43}$$

对地下渗流问题，左项与右项相比甚小可略去不计，则上式简化为只受重力和阻力项控制的达西渗流方程即：

$$v^w = -k_s^w \nabla H^w \tag{3-44}$$

Richards(1931)将Darcy定律延伸于非饱和土体水、气相的流动中，同时考虑到 $k_s^w\mu_w = k_s^g\mu_g$，并规定导水、气率为非饱和基质势 h 的函数，$k^w(h)$ 或 $k^w(\theta)$ 、$k^g(h)$ 或 $k^g(\theta)$ 为水、气渗透系数，$k_{rw}(h)$ 或 $k_{rw}(\theta)$ 、$k_{rg}(h)$ 或 $k_{rg}(\theta)$ 为水相、气相相对渗透系数，均为非饱和基质势或为含水率的函数。即：

水相：
$$v^w = -k^w(h)\nabla H^w = -k_s^w k_{rw}(h)\nabla H^w$$

或
$$v^w = -k^w(\theta)\nabla H^w = -k_s^w k_{rw}(\theta)\nabla H^w \tag{3-45}$$

气相：
$$v^g = -k^g(h)\nabla H^g = -k_s^g k_{rg}(h)\nabla H^g = -k_s^w\frac{\mu_w}{\mu_g}k_{rg}(h)\nabla H^g$$

或
$$v^g = -k^g(\theta)\nabla H^g = -k_s^g k_{rg}(\theta)\nabla H^g = -k_s^w\frac{\mu_w}{\mu_g}k_{rg}(\theta)\nabla H^g \tag{3-46}$$

式中：v^w ——水渗透速率；

∇H^w ——非饱和渗流场中的总水相；

∇H^g ——非饱和渗流场中的气相水力梯度；

μ_w ——水相动力黏度；

μ_g ——气相动力黏度；

k_s^w ——饱和度“1”的水相渗透系数；

k_s^g ——饱和度“0”的气相渗透系数。

2)利用土水特征曲线计算渗透系数

非饱和土的渗透系数是含水率的函数，随着含水率的减小而减小，可由土水特征曲线间接求得。非饱和土的渗透系数函数为 $k_w(\theta_w)_1$ 。

根据非饱和土力学知识,利用图 3-3 计算非饱和路基土渗透系数。首先将土水特征曲线按体积含水率分为 m 间段。图 3-3 将土水特征曲线分成 9 段,即有 9 个中点。第一个体积含水率 $(\theta_w)_1$ 相应于饱和土[即($u_a - u_w$)等于零]。第 i 段中点的体积含水率为 $(\theta_w)_i$,对应一个特定的基质吸力 $(u_a - u_w)_i$ 。这些点的编号由点 1(即 $i = 1$)到点 9(即 $i = 9$)。

由非饱和土力学渗透系数函数 $k_w(\theta_w)$ 可以根据下面的公式确定:

$$k_w(\theta_w)_i = \frac{k_s}{k_{sc}} A_d \sum_{j=i}^{10} \left[(2j + 1 - 2i)(u_a - u_w)_j^{-2} \right] \qquad (i = 1,2,\cdots,10) \tag{3-47}$$

式中: $k_w(\theta_w)_i$ ——用相应于第 i 个点的体积含水率 $(\theta_w)_i$ 确定水的渗透系数;

$(u_a - u_w)_j^{-2}$ ——相应于第 j 点的基质吸力;

i ——点的编号,随体积含水率的增加而减小,例如,当 $i = 1$ 时,含水率为饱和土的体积含水率;

k_s ——实测饱和土的渗透系数;

k_{sc} ——饱和渗透系数;

A_d ——调整常数,等于 $\dfrac{T_s^2 \rho_w g \theta_s^p}{2\mu_w N^2}$;

T_s ——水的表面张力;

ρ_w ——水的密度;

g ——重力加速度;

μ_w ——水的绝对黏度;

θ_s ——基质吸力为零时的体积含水率;

p ——考虑不同尺寸空隙间相互影响常数,其值设定为 2.0;

N ——饱和体积含水率与零体积含水率之间取点数。

上式中的 $\sum_{j=i}^{10} [(2j + 1 - 2i)(u_a - u_w)_j^{-2}]$ 项表述为渗透性函数的形状。A_d 是使用渗透函数的尺度。但是,渗透函数值 k_w 是根据饱和土的渗透系数 k_s 用式($\dfrac{k_s}{k_{sc}}$)予以修正的。所以,为了简化,根据经验设定 $A_d = 1$ 。

饱和土的渗透系数 k_s 为在室内试验单独测得,滨海地区路基土选取沧黄高速公路第七标段进行试验,测得饱和土的渗透系数 $k_s = 6.52 \times 10^{-7}$ m/s。

k_{sc} 的计算公式为:

$$k_{sc} = \sum_{j=i}^{10} [(2j + 1 - 2i)(u_a - u_w)_j^{-2}] \qquad (i = 0,1,2,\cdots,10) \tag{3-48}$$

把土水特征曲线相应的基质吸力代入上式,设定 $A_d = 1$,计算得出 $k_{sc} = 0.82$m/s。k_{sc} 的值既包括饱和体积含水率,又包括了零点。所以, $\dfrac{k_s}{k_{sc}} = 7.95 \times 10^{-7}$,计算非饱和土的渗透系数见图 3-4。

3.3.3 路基土的湿化及其原理

在地下水上升的过程中,路基土由非饱和土转变为饱和土。土体的结构发生变化,其应力—应变关系也随之改变，各项物理力学指标有所降低，这个过程称为湿化过程。土体在湿化过程中一般都要发生土体体积的改变，这种在湿化过程中的体积变化被称为湿化变形。对于滨海地区路基土而言，产生湿化变形的原因主要在于因毛细现象等引起的水位上升。

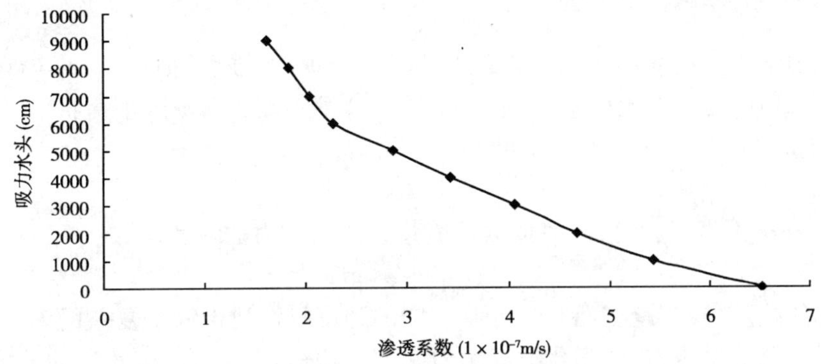

图 3-4　滨海水网区路基土示同吸力的渗透系数

影响土体所产生的湿化变形的大小的因素主要有土的三相组成，以及构成土的固体颗粒的结构形式。

土的三相体系由固体的土颗粒、水和气体所组成。固相土颗粒构成土体的骨架，是土体的主要部分，土颗粒之间的孔隙充满了水和气体，孔隙中水、气并存，为三相体系，即为非饱和土体；饱和土体为两相体系。

液相和气相是土体中最容易发生体积变化的成分，影响土体湿化变形大小的因素也主要是土体中液相和气相的组成以及它们之间的相互关系。

土体浸水，由"干态"（不饱和）向"湿态"（饱和）过度，增加的水分子与土体的固体土颗粒作用，使得土体各项物理力学指标有较大的改变，通常会使土体的强度降低；而水分子与气体的相互作用表现在，水分子排挤气体，同时在土体压力作用下，一些气体得以排出，土体达到饱和时，土体中不存在吸附气体；水分可以溶解一部分气体，使得气体在土体中所占的体积减小。上述几方面共同作用的结果，使得土体在浸水前后发生体积改变，称之为湿化变形。

湿化变形的明显与否取决于土体的湿度、密度、压力、气体含量和土颗粒的大小等土体的特性：对于原状土和超固结土而言，湿化变形一般不会太明显；但对于松软土的湿化变形通常都比较明显。

为减轻湿化变形对路基的不利影响，对于高速公路路基来说，可以在路基的适当部位铺设隔水层，以防止由毛细现象引发的水位的上升；还可以设置防水排水设施，例如排水沟、截水沟等，减小和防止由于降雨的影响而产生的湿化变形。

3.4　滨海地区路基土强度研究

抗剪强度是土的一个重要力学指标，地基承载力、侧向土压力和边坡稳定等许多岩土工程问题都与土的抗剪强度有关。对于饱和土的抗剪强度已得到了比较全面的研究，采用 Mohr-Coulomb 破坏准则和有效应力的概念可以表达出饱和土的抗剪强度，通过绘制饱和土的破坏包线，可以表达出破坏时破坏面上的剪应力与有效应力之间的关系，通过破坏包线可以得到各法向有效应力下的抗剪强度。与饱和土相比，非饱和土为三相体系，吸力的存在使得非饱和土的性质要变得更为复杂，饱和土的抗剪强度表达式不再适用于非饱和土。

3.4.1 饱和、非饱和土强度特性

在经典土力学中广泛采用的强度理论是 Mohr-Coulomb 强度理论。该理论认为一旦土体内任意一平面的剪应力达到土的抗剪强度，土体就会发生破坏即极限平衡状态。在破裂面上，法向应力 σ 与抗剪强度 τ_f 之间存在函数关系，即：

$$\tau_f = f(\sigma) \tag{3-49}$$

当法向应力 σ 不是很大时，抗剪强度可简化为法向应力的线性函数：

$$\tau_f = c + \sigma\tan\varphi \tag{3-50}$$

非饱和土的孔隙中兼含空气和水。因此，它的强度特性比饱和土复杂的多。由于水、气分界处呈弯液面。孔隙水压力 u_w 和孔隙气压力 u_a 不相等，且 $u_a > u_w$，两者的差值即为毛细压力，在不排水，不排气的条件下孔隙水压力 u_w 和孔隙气压力 u_a 都随外力的增加而增加。为了考虑孔隙水压力 u_w 和孔隙气压力 u_a 对非饱和土变形和特性的影响，Bishop（毕肖普）引进了等效孔隙压力的概念，试图把饱和土的有效应力原理直接引申到非饱和土，即

$$u = u_a - x(u_a - u_w) \tag{3-51}$$

于是非饱和土的强度可表达为：

$$\tau_f = c' + [\sigma - u_a + x(u_a - u_w)]\tan\varphi' \tag{3-52}$$

式中：x——试验测定的参数，主要取决于试样的含水率。

Bishop 为了测定 x 值做了如下假定，对于给定试样的初始孔隙比，无论试样是否饱和，有效强度的参数是不变的。但是，孔隙中空气的存在将改变土骨架在应力改变下的结构行为，因而将影响到有效强度参数以及剪切过程中体积的变化，另外众多试验表明参数 x 还与土的类型、干湿循环以及基质吸力的变化路径有关；按变形和强度确定的参数 x 值不仅在数值上有很大的差异，而且也打破了介于 0 ~ 1 的取值范围，从而使得参数 x 的物理意义变得非常模糊，因此 x 值很难确定。

因此，有些学者主张撇开饱和土的有效应力原理及测定 x，直接用剪破面上的法向应力分量来建立非饱和土强度表达式。Fredlund（弗雷德伦德）提出的非饱和土的强度表达式为：

$$\tau_f = c' + (\sigma - u_a)\tan\varphi' + (\sigma - u_w)\tan\varphi'' \tag{3-53}$$

在非饱和土内任意平面上有三个法向应力变量，即法向应力 σ、孔隙水压力 u_w 和孔隙气压力 u_a。而三个变量中任两个变量的组合可用来规定非饱和土的应力状态。可能的组合有：①$(\sigma - u_a)$ 和 $(u_a - u_w)$；②$(\sigma - u_w)$ 和 $(u_a - u_w)$；③$(\sigma - u_a)$ 和 $(\sigma - u_w)$。因此，非饱和土的强度可用上述任意组合表达。Fredlund 采用的是第一种组合即 $(\sigma - u_a)$ 和 $(u_a - u_w)$，这是因为对于大多数实际问题孔隙气压力就是大气压力，因而，总应力的变化和孔隙水压力的变化的影响可以分开考虑。

非饱和土的强度是由有效黏聚力 c'、外荷载引起的有效应力 $(\sigma - u_a)$ 产生的剪阻力和内部 $(u_a - u_w)$ 产生的剪阻力三部分组成的。当土由非饱和趋近饱和时，u_a 趋于 u_w，而毛细吸力 $(u_a - u_w)$ 变为零，上式就成为饱和土的应力表达式。φ'' 相当于吸力 $(u_a - u_w)$ 对纵轴强度的坡度。当固定 $(\sigma - u_a)$ 而改变 $(u_a - u_w)$ 时，可以得到不同的强度值。大量的试验研究证

明吸力 $(u_a - u_w)$ 引起的 φ'' 通常约为 φ' 的一半,由此,非饱和土的总黏聚力可以写成两个黏聚力分量。

$$c^* = c' + (u_a - u_w)\tan\varphi' \tag{3-54}$$

因为应力状态变量不仅需要能描述应力状态,而且要表达土的力学特性。而土的力学特性又与土体结构和应力状态有关,所以非饱和土的力学特性与外荷载引起的有效应力 $(\sigma - u_a)$ 和内部吸力 $(u_a - u_w)$ 密切相关,若只用一个应力状态变量显然是不够的。

虽然,Fredlund 提出的非饱和土的强度表达式为大家广泛认可。但是 φ'' 并不是一个常数,它随吸力 $(u_a - u_w)$ 变化。国内外学者进行了大量研究并取得了很多成果,提出了许多土体强度的表达式,并且在试验和实践中对各自提出的某些表达式进行解释和验证。

卢肇钧教授在研究膨胀土的强度特性时,将对非饱和土的强度组成分成三个部分:真黏聚力(或者称结构黏聚力)、外力产生的摩擦强度以及吸力产生的吸力强度(或者称表观黏聚力)。定义吸力强度为 τ_s ,那么,非饱和土的强度公式可写为:

$$\tau = c' + (\sigma - u_a)\tan\varphi' + \tau_s \tag{3-55}$$

针对非饱和膨胀土的研究发现初始吸力与膨胀力的关系大致呈直线,膨胀土的吸力强度 τ_s 与其膨胀力 p_s 之间呈线性关系,进一步提出了吸力强度 τ_s 与其膨胀力 p_s 之间关系式:

$$\tau_s = mp_s\tan\varphi' \tag{3-56}$$

式中:m ——膨胀力有效系数。

王钊等以双曲线模型为基础,提出了抗剪强度公式:

$$\tau_f = c' + (\sigma - u_a)\tan\varphi' + \frac{u_a - u_w}{\dfrac{1}{\tan\alpha} - \dfrac{(u_a - u_w)}{\beta}}\tan\varphi' \tag{3-57}$$

式中:α ——剪切强度对基质吸力的初始摩擦角;

β ——吸力强度的极限值。

双曲线模型不仅反映摩擦角 φ' 与吸力 $(u_a - u_w)$ 之间的非线性关系,而且表明吸力对强度的贡献是有限的。

沈珠江教授提出了非饱和土吸力对强度贡献的公式:

$$\tau_s = \frac{u_a - u_w}{1 - d(u_a - u_w)}\tan\varphi' \tag{3-58}$$

式中:d ——参数。

由于非饱和土的抗剪强度和吸力与含水率密切相关,而吸力与含水率的关系为土水特征曲线,因此,可以知道非饱和土的抗剪强度与土水特征曲线存在一定的关系。

Vanapalli 和 Fredlund 利用土水特征曲线,提出了预测非饱和土吸力强度的方程:

$$\tau_s = (u_a - u_w)[\theta(\psi)]^k\tan\varphi' \tag{3-59}$$

式中:$\theta(\psi)$ ——不同吸力下的体积含水率,$\theta(\psi) = \dfrac{\theta(\psi)}{\theta_s}$;

k ——拟合系数。

因此,非饱和土的抗剪强度公式为:

$$\tau_f = c' + (\sigma_n - u_a)\tan\varphi' + (u_a - u_w)\left(\frac{S - S_r}{100 - S_r}\right)\tan\varphi' \tag{3-60}$$

式(3-60)中并未出现与吸力相关的摩擦角 φ''，但是，$\tan\varphi''$ 可以通过剪力强度对吸力求导得到：

$$\tan\varphi'' = \frac{\mathrm{d}\tau}{\mathrm{d}(u_a - u_w)} = \left\{[\theta(\psi)]^k + (u_a - u_w)\frac{\mathrm{d}[\Theta(\psi)]^k}{\mathrm{d}(u_a - u_w)}\right\}\tan\varphi' \tag{3-61}$$

体积含水率也可以通过饱和度来表示非饱和土的抗剪强度预测公式：

$$\tau_f = c' + (\sigma_n - u_a)\tan\varphi' + (u_a - u_w)(S^k)\tan\varphi' \tag{3-62}$$

$$\tau_f = c' + (\sigma_n - u_a)\tan\varphi' + (u_a - u_w)\left(\frac{S - S_r}{100 - S_r}\right)\tan\varphi' \tag{3-63}$$

如果假设将吸力强度表示为 $\tau_s = f(s)\tan\varphi'$，目前提出的 $f(s)$ 的表达式主要有：

Mckke
$$f(s) = b_1\left[1 - e^{\frac{-(u_a-u_w)}{b_1}}\right] + (u_a - u_w)_b \tag{3-64}$$

Fredlund
$$f(s) = \int_0^{\psi}(S_e)^p d(u_a - u_w)_b \tag{3-65}$$

沈珠江教授在 1998 年提出
$$f(s) = d(u_a - u_w)^n \tag{3-66}$$

式中：b_1、p、d——试验常数；

S_e——有效饱和度；

$(u_a - u_w)_b$——进气值。

但是到目前为止还没有一个被公认为最合理的函数表达式。不过，Vanapalli 在 1994 年用不同湿密状态，排水条件和净应力与吸力水平下的试验证明 Fredlund 的表达式比 Mckke 表达式更符合实测结果。

还有其他学者通过另外一些途径求取吸力强度的表达式，主要是通过试验加数据拟合的方法。

杨代泉通过击实试验证明，吸力强度与含水率之间是线性的，因而提出非饱和土的抗剪强度公式为：

$$\tau_f = c' + (\sigma - u_a)\tan\varphi' + (w_s - w)\theta\tan\varphi' \tag{3-67}$$

式中：w_s——饱和含水率。

Lalnbom 也提出了相应的非饱和土抗剪强度公式，可以表示为：

$$\tau_f = c' + (\sigma - u_a)\tan\varphi' + (u_a - u_w)\theta\tan\varphi' \tag{3-68}$$

汤连生通过对非饱和土粒间吸力的研究，提出了湿吸力、本征结构吸力和可变结构吸力的定义，认为非饱和土颗粒间的总吸力是由本征结构吸力、可变结构吸力、有效基质吸力、湿吸力和牵引力组成的。在定义非饱和土的广义有效应力的基础上，提出的非饱和土抗剪强度公式：

$$\tau_f = s_i'\tan\varphi' + s_d' + (\sigma - u_a)\tan\varphi' + (s_m' + s_a' + s_c')\tan\varphi' \tag{3-69}$$

式中：s_i'——本征结构吸力；

s_d'——由收缩膜产生的牵引力；

s_m'——有效基质吸力，即孔隙水压力和孔隙气压力；

s_a'——湿吸力；

s_c'——可变结构吸力。

张惠珍在试验的基础上得到了非饱和土吸力强度与含水率之间的关系式：

$$\tau_s = me^{-bw} \tag{3-70}$$

式中：w ——含水率；

m、b ——与土的类型有关的参数。

由此，得到的非饱和膨胀土的抗剪强度公式为：

$$\tau_f = c' + (\sigma - u_a)\tan\varphi' + me^{-bw} \tag{3-71}$$

从人们开始考虑非饱和土的性状时起，研究者们就从未停止过对非饱和土试验和测试技术的研究工作。至今非饱和土的测试技术已有了很大程度的发展，但是相对于非饱和土理论的发展，还是有些滞后的。原因在于非饱和土力学因其复杂性对测试手段和仪器设备具有强烈的依赖性。我们利用非饱和三轴仪对滨海地区路基土强度特性进行研究。

3.4.2 饱和土三轴试验

三轴剪切试验是一种比较完善的测定土抗剪强度的试验方法。该试验是试样在某一固定的周围压力下，逐渐增大轴向压力，直至试样破坏的一种抗剪强度试验，是以 Mohr-Coulomb 强度理论为依据而设计的三轴向加压的剪力试验。它可以根据工程目的的不同，采用不同的排水条件进行试验。能够比较真实的模拟土体受力破坏规律。

沧黄高速公路处于东部滨海地区，地下水位较高，路床处在毛细水影响的范围内，路基受力后，水分不能排出。针对沧黄高速公路上、下路床的结构层，采用固结不排水剪（CU）。因为这种方法适用的条件是土体受力而孔隙压力不消散的情况。

1）围压的确定

上路床，路面结构层以下 0 ~ 30cm，上面均布荷载 p，p 值大小为汽车荷载 Ⅰ 级，由公路工程技术标准知道 $p = q_k = 10.5$ kN/m。

上路床围压的计算，简化为半无限体内的应力计算。粗略估算围压：

$$\psi \in (0, \pi) \tag{3-72}$$

$$\sigma_1 = \frac{p}{\pi}(\psi + \sin\psi) \tag{3-73}$$

$$\sigma_3 = \frac{p}{\pi}(\psi - \sin\psi) \tag{3-74}$$

求导可得：

$$\sigma'_1 = \frac{p}{\pi}(1 + \cos\psi) = 0 \tag{3-75}$$

求解可得 $\psi = \pi$，即在均布荷载中心处表面位置。

将 $\psi = \pi$ 代入得：

$$\sigma_1 = \frac{p}{\pi}(\psi + \sin\psi) = p \tag{3-76}$$

$$\sigma_3 = \frac{p}{\pi}(\psi - \sin\psi) = p \tag{3-77}$$

即取围压为 10.5kN/m^2。

ψ 随着深度的增加而减小，$\sin\psi$ 值随 ψ 变化呈正弦变化，当 $\psi = \pi/2$ 时，$\sigma_1 - \sigma_3$ 取最大值。

$$\tau = \frac{1}{2}(\sigma_1 - \sigma_3) = \frac{p}{\pi}\sin\psi \tag{3-78}$$

$$\sigma_1 = \frac{p}{\pi}(\psi + \sin\psi) = \frac{p}{\pi}\left(\frac{1}{2} + 1\right) \tag{3-79}$$

$$\sigma_3 = \frac{p}{\pi}(\psi - \sin\psi) = \frac{p}{\pi}\left(\frac{\pi}{2} - 1\right) \tag{3-80}$$

取 $p = q_k = 10.5$ kN/m 代入,得

$$\sigma_1 = \frac{p}{\pi}(\psi + \sin\psi) = \frac{p}{\pi}\left(\frac{\pi}{2} + 1\right) = 8.59\ \text{kN/m}^2 \tag{3-81}$$

$$\sigma_3 = \frac{p}{\pi}(\psi - \sin\psi) = \frac{p}{\pi}\left(\frac{\pi}{2} - 1\right) = 1.91\ \text{kN/m}^2 \tag{3-82}$$

此时的深度为 $b/2$,考虑一定深度下,由于土体自重作用引起的均布荷载增大作用,$q_k = \frac{\rho g b}{2}$,式中 b 为均布荷载的宽度;ρ 取最大干密度,则 $\rho = 1.82\ \text{g/cm}^3$。

2)选用汽车轴重为荷载值,我国现行路面设计规范中规定的标准轴

BZZ—100 的轴重 $p = 100\text{kN}$,轮载 $p_1 = 25\text{kN}$,单位压力 $p = 0.7$ MPa,由上式可得 $d_{100} = 0.213\text{m}$,$D_{100} = 0.302\text{m}$。所以,在上述计算中,$p = q_k = 10.5$ kN/m,那么,

$$p = \frac{0.7 \times 1000 \times \pi D_{100}^2}{4 \times D_{100}} = 166\text{kN/m}$$

$$b = D_{100} = 0.302\text{m}$$

在 $b/2 = 0.151\text{m}$ 处,

$$\sigma_1 = \frac{p}{\pi}(\psi + \sin\psi) = \frac{p}{\pi}\left(\frac{\pi}{2} + 1\right) = 135.84\ \text{kN/m}^2$$

$$\sigma_3 = \frac{p}{\pi}(\psi - \sin\psi) = \frac{p}{\pi}\left(\frac{\pi}{2} - 1\right) = 30.16\ \text{kN/m}^2$$

根据计算,在标准汽车荷载作用下,最容易破坏点为路面结构层以下深度为 0.151m 处的土体,相对应的围压为 30.16kPa,破坏应力为 135.84kPa。选取压实度 96%,围压为 30kPa 进行三轴试验。不同的围压代表不同深度处,可以说围压随着深度的增加而增加,采用 30kPa、50kPa、60kPa 这三种围压就是为了模拟路床部位的受力特性,测定路基土的抗剪强度。

3)饱和土三轴试验结果分析

滨海地区路基土饱和样的强度试验是用常规三轴压缩仪完成的,制备扰动样 4 个,土样的干密度为 $1.82\ \text{g/cm}^3$,采用不固结不排水快剪,三轴试验的结果见图 3-5。试验结果得滨海地区路基土饱和样的强度指标:$c' = 66.4$ kPa,$\varphi' = 27.3°$。

从图 3-5 的应力—应变关系可以得到:围压越大,抗剪强度越高;围压越大,在弹性变形阶段其弹性模量越大。试验证明,路基越深的地方其抗剪强度越高,抗剪切能力越高。

为了研究含水率对路基土体抗剪强度的影响,选取了包括最优含水率在内的三个点进行比较,试验选择在围压 30kPa,压实度 96%,含水率 13.8%、16.8%、19.8% 三种试验进行不排水不固结快剪三轴试验。得出的应力—应变关系曲线如图 3-6 所示。

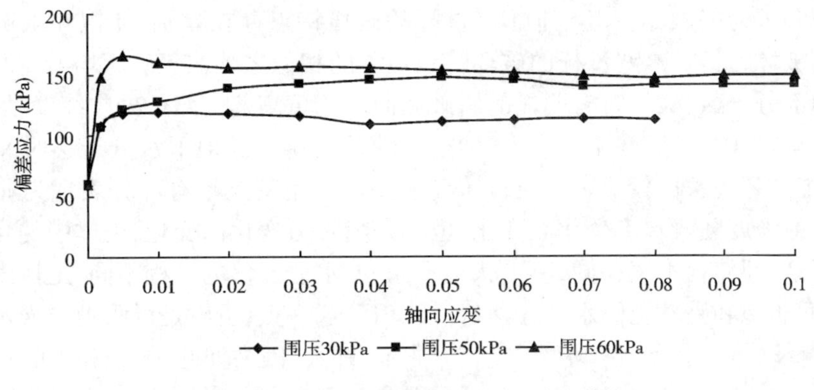

图 3-5　不同围压三轴快剪的应力—应变关系

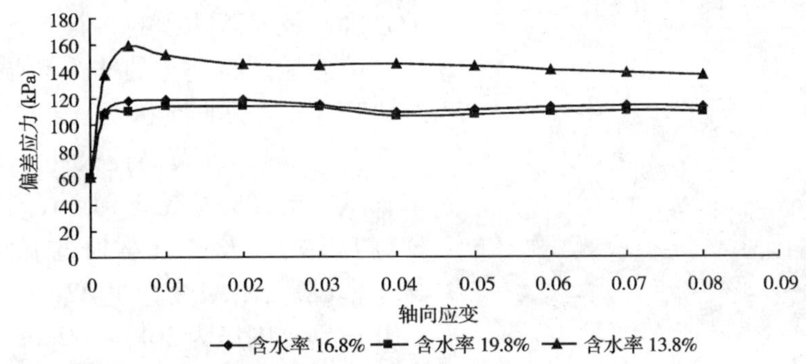

图 3-6　围压 30kPa 不同含水率三轴快剪的应力—应变关系

通过试验可以得到以下结论：在围压 30kPa、压实度 96% 相同的试验条件下，三种在最优含水率附近的土样的抗剪强度关系为：低于最优含水率的 13.8% >最优含水率 16.8% >高于最优含水率的 19.8%；并且含水率越低的试样破坏时有明显的峰值出现；含水率越高其破坏强度越低，且没有明显的峰值出现。

综上所述，含水率对土体的抗剪强度影响很大，在最优含水率附近，含水率越高其抗剪强度越低。土体的剪切强度受多方面影响，但主要为土体内部各种颗粒间的黏附力。颗粒外有附着水，当附着水过量时，就不再提供强度，而是起到了润滑剂作用，降低其抗剪强度。反之，在相同密实度情况下，含水率低的试样中土体颗粒置换了含水率高的试验中的水分。颗粒周围的附着水仅提供吸附力，这时试样的抗剪强度会增大。但是其承载力储备很差，通过试验知道，含水率低的试样破坏形式为剪切破坏，试样有明显的破裂面。反之，高含水率的试样的破坏则主要是鼓胀破坏。

3.4.3 非饱和土三轴试验

在三轴条件下，饱和土试样的破坏是剪切破坏已经被普遍接受。按照材料力学的基本理论，破坏准则遵循最大剪应力理论的材料，其破坏面应该沿 45°线方向发生。对于其他受剪破坏的材料，破坏面不一定沿着 45°线方向发生，但是理论上破坏面沿着某个斜面发生却是必然的。但是饱和试样在三轴条件下破坏后的外形与上述特点存在差别。当主应力差出现峰值或应变达到设定的破坏值时，试样中间部分外鼓，两个端截面面积则基本保持不变，整个破坏试样呈鼓形。饱和试样的破坏特点与非饱和试样的破坏特点存在差别,非饱和土试样的破坏呈现明显的剪切破坏特征。这些试样的破坏特点最大的相似之处在于破坏均沿着某个斜面发生而非仅仅中间部分外鼓,破坏时有明显的斜破坏面。沧黄高速公路位处中纬度,属于温带大陆性气候,干旱季节失水收缩,在雨水渗入、地下水的毛细作用及地下水分迁移时又吸水饱和膨胀,路基土干湿循环现象比较显著。通常情况下该地区路基土均有部分表现为非饱和土的特性。非饱和土的强度随含水率变化而变化,也就是随吸力变化而变化,土体中的含水率不同对应的吸力就不同,即使含水率相同,应力状态不同,或水分迁移的过程不同,土体中的吸力也不同,这可从前面非饱和路基土的水分迁移特性认识到这一点,也就是说吸力与含水率的关系是非唯一的。因为如此,非饱和土的强度特性表现得非常复杂,这主要由于吸力对非饱和路基土体的强度有较显著的影响。

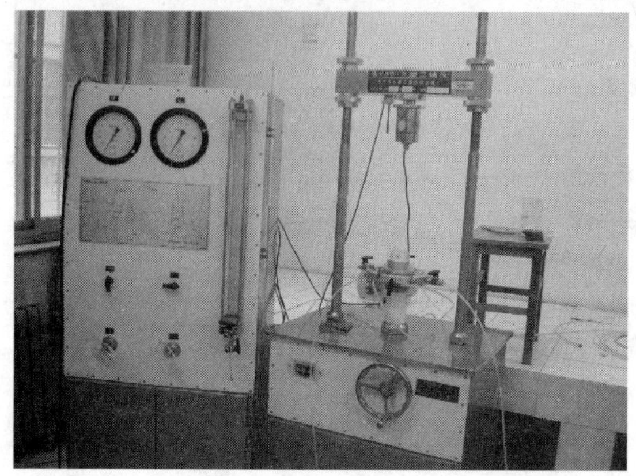
图 3-7　非饱和土三轴仪

滨海地区路基土的非饱和强度试验进行了3组不同吸力的非饱和土三轴试验,仪器设备见图3-7。试样是沧黄高速公路路基土的重塑样,三轴试验土样的直径3.91cm,高度为8.0cm,土样分四层均匀击实,土样通过土水特征曲线确定含水率,最大干密度为1.82g/cm³。图3-8～图3-10分别是围压为30kPa、60kPa、100kPa非饱和土三轴剪切应力—应变关系。

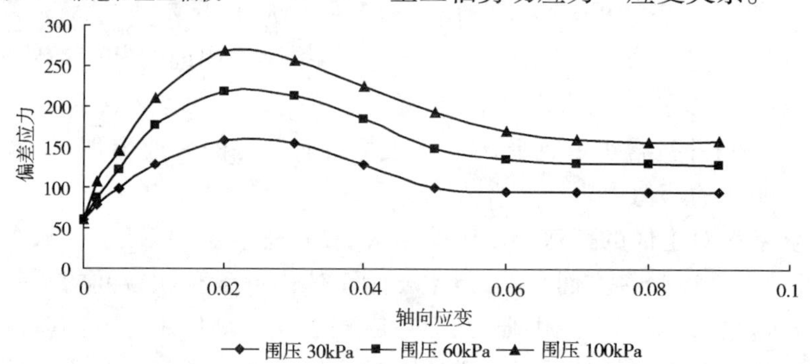

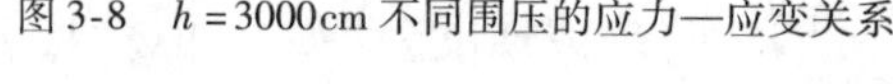

图 3-8　$h=3000$cm 不同围压的应力—应变关系

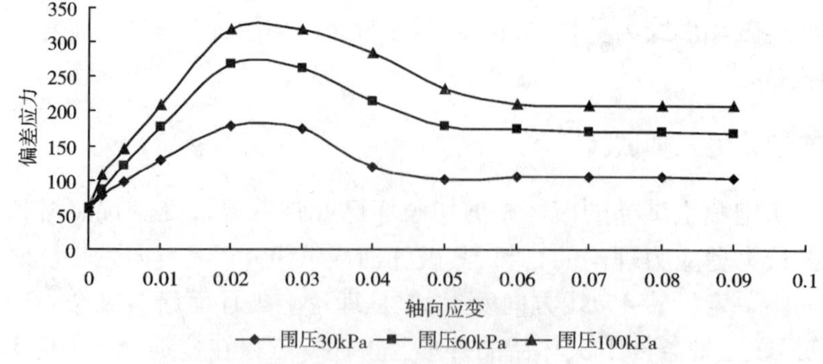

图 3-9　$h=6000$cm 不同围压的应力—应变关系

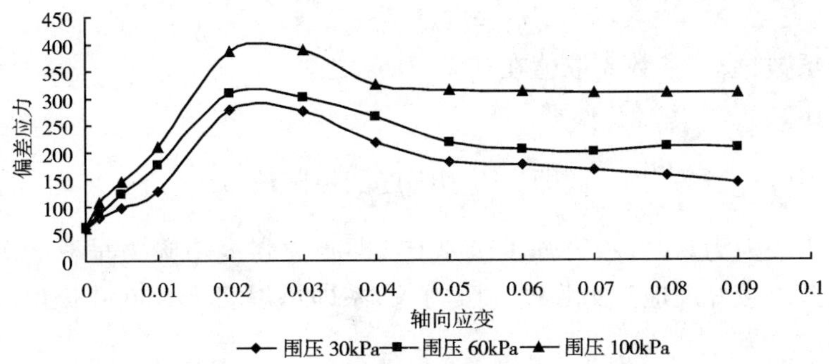

图 3-10　$h=9000$cm 不同围压的应力—应变关系

从图 3-8 ~ 图 3-10 可以看出，随着轴向应变的增加，偏差应力逐渐增加，直到一个基本稳定的值为止，此时，即使应变继续增加，剪切应力也不再增大，基本呈理想塑性特征，这个应力值即为气压存在时的最大剪切应力。

随着围压（σ_3-u_a）的增加，土样剪切破坏时的偏差应力也相应增大。围压越大，土样在剪切过程中表现出来的非线性就越明显。剪切过程中，随着轴应变 ε_1 的增加。其偏差应力（$\sigma_1-\sigma_3+u_a$）差基本都趋近于其峰值，应力—应变曲线随轴应变的增加，主应力差回落趋于残余值，应变软化特征明显。

根据非饱和土双应力变量抗剪强度公式可近似计算非饱和土的抗剪强度有效黏聚力 c' 和内摩擦角 φ' 如表 3-1 所示。与前述饱和土的强度参数比较，由于基质吸力的存在，非饱和土的强度参数略有提高。

非饱和土三轴剪切数据表　　表 3-1

吸力水头(cm)	c' (kPa)	φ' (°)
3000	74.2	27.4
6000	79.5	27.3
9000	83.62	27.3

从非饱和土剪切试验结果来看，土样的有效黏聚力 c'、内摩擦角 φ' 变化不大，即 c'、φ' 与吸力无关。即可认为吸力对强度的贡献是有限的。目前有许多模型可以求出吸力强度与抗剪强度之间的关系。其中应用比较广的为吸力强度的双曲模型。东南大学的缪林昌通过对南阳膨胀土进行试验，研究了不同吸力状态下非饱和膨胀土的强度特性，并提出了计算吸力强度的双曲模型，该双曲模型能较好地描述吸力对强度的贡献，模型适用性强，参数易于确定，可实现非饱和土强度的预测，为相关工程的设计与施工提供可靠的参数，便于在工程实践中应用。

对于非饱和土的强度：

$$\tau_f = c' + (\sigma - u_a)\tan\varphi' + \tau_{us} \tag{3-83}$$

式中：τ_{us} ——与吸力直接相关的抗剪强度，即为吸力强度。

计算吸力强度的双曲模型为：

$$\tau_{us} = \frac{a u_s}{1 + \frac{(1-a)u_s}{p_a}} \tag{3-84}$$

其中，

$$u_s = (u_a - u_w)$$

式中：a——回归系数，通常参数 a 取值在 0.4 ~ 0.7 之间；

p_a——大气压力。

当 $u_s \to +\infty$ 时，$\tau_{us} = \dfrac{ap_a}{1-a}$，此即为吸力强度的极限值，从而进一步印证了吸力对强度的贡献是有限的。当吸力为 0 时，吸力强度也是 0。即吸力强度与吸力呈双曲关系。实际分析表明这一双曲关系能较好反应吸力强度与吸力关，系即可以将 Fredlund 提出的非饱和土的强度表达式写为：

$$\tau_f = c' + (\sigma - u_a)\tan\varphi' + \frac{au_s}{1 + \dfrac{(1-a)u_s}{p_a}} \tag{3-85}$$

通过上式建立了土的抗剪强度 τ_f 与基质吸力 u_s 之间的关系，从而使得吸力强度数量化，证明了在基质吸力和净法向应力之间不存在交互作用，基质吸力和净法向应力对强度的贡献可以分别单独表示。

3.5 小　　结

(1)水分迁移是一种十分复杂的物理、化学作用过程，受多种力和多种能量的控制和制约。许多研究者先后提出了多种理论方法。土水势理论是当前研究滨海地区路基土水分迁移常用的理论方法。根据能量守恒的原理，所谓水分迁移是土体中的水分在各种势能作用下的重分布，由于动能可以忽略不计，所以，土中水分所具有的势能即土水势，是决定土中水分运动的重要因素。任意两点的土水势差值即土水势梯度，是水分在两点间运动的驱动力。

(2)非饱和多孔介质的渗流特性十分复杂，非饱和土基质势及含水率之间的关系是描述非饱和土中水运动的重要指标，这种关系可以通过土水特征曲线来描述。非饱和土中水的渗透系数随含水率的变化而变化，而根据土水特征曲线可以确定不同吸力作用下渗透系数的变化，非饱和土的渗透系数是含水率的函数，随着含水率的减小而减小。

(3)土体受湿化过程的影响发生土体体积的改变，这种在湿化过程中的体积变化称之为湿化变形。滨海地区路基土产生湿化变形的原因主要是由于毛细现象等引起的水位上升。可以在路基的适当部位铺设隔水层，防止由毛细现象引发的水位的上升；设置防水和排水设施如排水沟、截水沟等，减小和防止由于降雨的影响而产生的湿化变形。

(4)根据不同围压情况下三轴快剪试验结果可以得到不同的围压代表不同深度，可以说围压随着深度的增加而增加，采用 30kPa、50kPa、60kPa 这三种围压就是为了模拟路床部位的受力特性。三轴快剪在不同含水率情况下试验结果表明：含水率对土体的剪切强度影响很大，在最优含水率附近，含水率越高其抗剪强度越低。土体的剪切强度受多方面影响，但主要为试样内部各种颗粒间的黏附力。颗粒外有附着水，当附着水过量时，就不再提供强度，而是起到了润滑剂的作用，降低其抗剪强度。反之，在相同密实度情况下，相比较来说，含水率低的试样中土体颗粒置换了含水率高的试样中的水分。颗粒周围的附着水仅提供吸附力，这时试样的抗剪强度会增大。但是其承载力储备很差，通过试验知道，含水率低的试样破坏形式为剪切破坏,试样有明显的破裂面。

(5)通过非饱和土三轴快剪试验结果分析,随着轴向应变的增加,偏差应力逐渐增加,直到一个基本稳定的值为止,此时,即使应变继续增加,剪切应力也不再增大,基本呈理想塑性特征,这个应力值即为气压存在时的最大剪切应力。随着围压 $(\sigma_3 - u_a)$ 的增加,土样剪切破坏时的偏差应力也相应增大。围压越大,土样在剪切过程中表现出来的非线性就越明显。剪切过程中,随着轴应变 ε_1 的增加。其偏差应力 $(\sigma_1 - \sigma_3 + u_a)$ 差基本都趋近于其峰值,应力—应变曲线随轴应变的增加,主应力差回落趋于残余值,应变软化特征明显。

根据对试验结果的分析,同时结合非饱和土抗剪强度的双曲模型,建立了土的抗剪强度 τ_f 与基质吸力 u_s 之间的关系,从而使得吸力强度数量化,证明了在基质吸力和净法向应力之间不存在交互作用,基质吸力和净法向应力对强度的贡献可以分别单独表示。

第 4 章　滨海盐渍土基本工程特性

滨海地区成陆时间短，受海水浸渍和海岸退移影响，经过蒸发作用，水中盐分凝聚于地表或地表下浅层土中，即形成滨海盐渍土。滨海地区降水量较大，地下水水位高，氯盐具有较高的吸湿性和保水性，路基会常处于潮湿状态，促使路基土中易溶盐状态（结晶与溶液之间）的转变，使路基土的密度、强度和水稳性降低；经过蒸发和毛细作用，盐分会大量聚集在基层材料中，造成路基次生盐渍化等系列病害。因此，在滨海地区修建高速公路，了解盐渍土工程地质特性十分必要。

4.1　研究区概况

4.1.1　地层与水文地质条件

依据沉积环境和地貌单元将研究区划分为沧州—黄骅、黄骅—黄骅港两个沉积单元。

(1)沧州—黄骅一带为冲洪积平原区。该区地层成分以粉质黏土、粉土、粉细砂为主。与工程建设关系密切的为第四系全新统地层，自上而下划分为 3 个工程地质层：第 1 层为陆相地层；第 2 层为海相地层，是浅基础的主要受力层；第 3 层为陆相地层，为深基础持力层。

(2)黄骅—黄骅港一带为冲海积—海积平原区。该区位于渤海西岸，第四系以来随着全球气候的变化，发生了四次海进海退，形成了有规律的海相、陆相及湖泊沼泽相的地层。海相地层以细颗粒土为主，颜色呈灰色、灰黑色，土体为软塑 ~ 流塑状，土体中夹杂粉砂薄层。陆相及湖泊沼泽相以褐黄色、灰褐色为主，土体为硬塑 ~ 软塑状，以黏土、粉质黏土为主，含有贝壳碎片，夹杂粉砂、粉土层，呈薄层状或透镜体状。与工程建设关系密切的第四系全新统地层，自上而下划分为 3 个工程地质层：第 1 层为地表硬壳层；第 2 层为海相沉积的软弱层，为浅基础的主要受力层；第 3 层为陆相沉积层，为良好的桩尖持力层（见图 4-1）。

研究路线区跨越南运河、捷地减河、南排水河、六十六排干、黄浪渠、新南排干等沟渠，基本上常年干枯无水，所以，该区地下水几乎完全接受大气降水补给。按赋存条件，地下水为潜水。水质分为淡水、微咸水和咸水，赋存在第四系全新统松散地层中，含水介质为粉土、粉砂地层，水位埋深 2 ~ 15m，向海边方向水位变浅。每年的 5 月为枯水期，9 月为丰水期。地下水水质分析成果见表 4-1，部分沟渠地表水水质分析成果见表 4-2。

地下水位随季节不同而变化，水位变幅 K0 +000 ~ K77 +000 为 2.0 ~ 4.0m，K77 +000 ~ 终点小于 1m。表 4-3 中的地下水位为一年之中的最高水位。根据地下水位埋深和毛细水上升经过的地层岩性可以初步判别，土壤盐渍化及次生盐渍化问题应该多发生在桩号 K49 以后，即黄骅市—黄骅港区段。

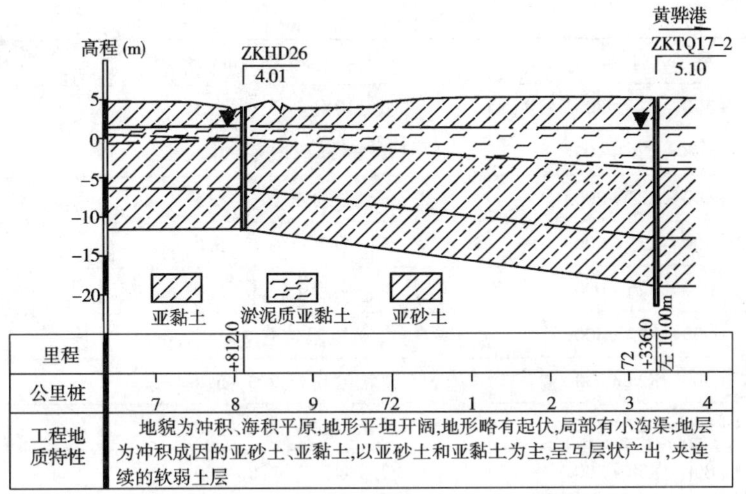

图 4-1　沧黄高速公路 K71 +600 ~ K72 +400 段工程地质纵断面图

沧黄高速公路沿线地下水水质分析成果表　　表 4-1

桩号	SO_4^{2-} (mg/L)	Cl^- (mg/L)	CO_2 (mg/L)	HCO^{3-} (mg/L)	$SO_4^{2-}+Cl^{-1}$ (mg/L)	Mg^{2+} (mg/L)	矿化度 (g/L)	水类型
K5 +600	129.7	156.2	19.8	384.3	258.9	46.2	0.72	淡水
K6 +175	148.9	95.9		207.4	244.8	40.1	0.5	淡水
K13 +400	610.1	605.3	26.4	1024.8	1215.4	261.4	2.5	微咸水
K19 +500	182.6	1110.4	15.4	585.6	1293	171.5	2.4	微咸水
K29 +000	365.1	548.5		689.3	913.6	96.1	1.9	微咸水
K52 +000	1201	6314.3	17.6	1171.2	7515.3	925.4	12.35	盐水

沧黄高速公路沿线部分沟渠地表水水质分析成果表　　表 4-2

地点	SO_4^{2-} (mg/L)	Cl^- (mg/L)	CO_2 (mg/L)	HCO^{3-} (mg/L)	$SO_4^{2-}+Cl^{-1}$ (mg/L)	Mg^{2+} (mg/L)	矿化度 (g/L)	水类型
南运河	149	96		207	244.8	40.1	0.5	淡水
廖家洼排干	240	1437		262	1677.3	92.4	2.85	微咸水
新黄南排干	1922	12052		104	13973.1	1679	21.41	盐水
南排水河	2306	19759	15	61	22065.2	1605	34.6	盐水

沧黄高速公路沿线表层土厚度及浅层地下水位埋深统计表　　表 4-3

序号	桩　号	表层土及厚度(m)	地下水位埋深(m)
1	K0 +000 ~ K6 +350	高液限黏土,2.0 ~ 5.0	10 ~ 15
2	K6 +350 ~ K7 +900	低液限粉土,2.0 ~ 3.0	10
3	K7 +900 ~ K8 +950	低液限黏土,2.0 ~ 3.0	10
4	K8 +950 ~ K9 +950	低液限粉土,5.0 ~ 7.0	10 ~ 15
5	K9 +950 ~ K12 +300	低液限粉土,3.0	10

续上表

序号	桩　　号	表层土及厚度(m)	地下水位埋深(m)
6	K12 +300 ~ K17 +800	低液限黏土,3.0 ~5.5	10
7	K17 +800 ~ K20 +400	低液限粉土,3.0	10
8	K20 +400 ~ K23 +200	低液限粉土,3.0 ~4.5	7 ~8
9	K23 +200 ~ K25 +000	低液限黏土,3.0 ~5.0	7 ~8
10	K25 +000 ~ K26 +000	低液限粉土,2.0 ~5.0	5 ~6
11	K26 +000 ~ K27 +500	低液限黏土,2.0	5
12	K27 +500 ~ K28 +000	低液限粉土,2.5 ~5.0	5
13	K28 +000 ~ K29 +800	低液限粉土,2.0 ~4.0	6 ~7
14	K29 +800 ~ K38 +300	低液限黏土,2.0 ~5.0	6 ~7
15	K38 +300 ~ K41 +100	低液限黏土,1.5 ~2.5	6
16	K41 +100 ~ K45 +000	低液限粉土,2.0	5
17	K45 +000 ~ K48 +000	低液限黏土,3.0 ~8.0	5 ~7
18	K48 +000 ~ K49 +000	低液限粉土,5.0 ~7.0	7
19	K49 +000 ~ K52 +000	低液限黏土,3.0 ~7.0	3 ~5
20	K52 +000 ~ K74 +800	低液限粉土,1.5 ~3.0	1.5 ~3.0
21	K74 +800 ~ K75 +400	低液限黏土,5.0	1.5 ~3.0
22	K75 +400 ~ K76 +500	低液限粉土,2.0 ~3.0	3.0
23	K76 +500 ~ K82 +000	低液限粉土,1.0 ~2.0	3.5
24	K82 +000 ~ K90 +500	低液限黏土,1.0 ~4.0	1 ~2
25	K90 +500 ~ K94	低液限黏土,1.5 ~2.5	1 ~2

4.1.2 研究区盐渍土的分类、分级、分区

由于不同路段的盐分类型不同,对研究区按照《岩土工程勘察规范》(GB 50021—2001)对盐渍土的类型及分级进行划分,详见图 4-2 和表 4-4。

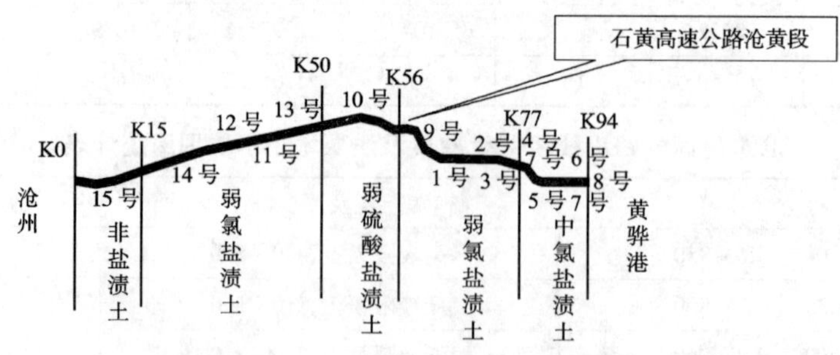

图 4-2　石黄高速公路沧黄段沿线盐渍土分级分区及取样位置图

沧黄高速公路沿线盐渍土分区及分级统计表　表4-4

盐渍土分区	盐渍土类型	易溶盐含量(g/100g)			盐渍化等级
		范围值	平均值	表层1m深度内的平均值	
K0～K15	非盐渍土型	0.09～0.20	0.15	0.15	无
K15～K50	氯盐渍土型	0.30～0.67	0.48	0.35	弱
K50～K56	亚硫酸盐渍土型	0.53	0.53	无	弱
K56～K77	氯盐渍土型	0.41～0.53	0.47	0.47	弱
K77～K94	氯盐渍土型	1.10～3.63	2.4	2.4	中

沧黄高速公路全线的盐渍土约占总长度的85%，主要分布在K15～K94区段，特别是进入长芦盐场(K77)后的路段，其含盐量明显高于其他路段。总体上，盐渍土由西向东含盐量逐渐升高，盐渍土类型以氯盐渍土为主，少部分为亚硫酸盐渍土。

4.2　滨海盐渍土物理性质

盐渍土的物质相态与一般土不同，其液相中含有盐溶液，固相中含有结晶盐。由于盐溶液和盐晶体的含量不同，致使土的物理性质发生了一系列的变化，并相应的引起土的工程性质改变。

4.2.1　物理性质指标测定

1)相对密度

滨海盐渍土的相对密度值在2.62～2.71之间，土颗粒的矿物成分与一般土相同。对于盐渍土，采用相对密度瓶进行相对密度试验，不能用水作为排开液体，以防止盐类溶解。本次试验采用99.7%的无水乙醇代替蒸馏水进行相对密度试验。试验成果见表4-5。随着含盐量的增加，土体中的固体盐粒也在增加，盐的相对密度大于土颗粒矿物的相对密度，所以土的相对密度值在增加。

不同含盐量的同一种土的相对密度　表4-5

含盐量(%)	0.5	1.0	2.0	3.0	4.0	5.0
相对密度(g/cm^3)	2.679	2.684	2.691	2.698	2.699	2.713

2)天然密度

滨海盐渍土的天然密度变化不大，其值为13.3～17.7kN/m^{3}之间，而内陆盐渍土的变化范围则较大，在14.1～25.2kN/m^{3}之间。这主要是因为不同盐渍土的土颗粒不同所致，滨海盐渍土为粉土、粉质黏土和黏土。而内陆盐渍土既有碎石类土、砂土，又有黏性土。盐渍土天然密度的试验方法与非盐渍土相同。只是对于含有较多Na_2SO_4的盐渍土，应考虑其在低温条件下的结晶膨胀特性使体积增大对天然密度的测定所带来的影响。

3)孔隙比

表征盐渍土密实程度的另一个重要指标是孔隙比。盐渍土的溶陷量不仅取决于含盐量与含盐类型,更重要的还取决于孔隙比的大小。从测定结果看出,滨海盐渍土的孔隙比变化范围较大,在0.5~1.0之间。孔隙比越大,表征土壤疏松,通气透水性能越好,当其一旦浸水,由盐胶结的土颗粒间的联结力削弱或消失,颗粒落入孔隙中,导致土体产生较大溶陷。

4.2.2 物理指标的修正

盐渍土的三相体与常规土不同,如图4-3所示。在天然状态下,其固态骨架中除土的固体颗粒外,还有不稳定的结晶盐(图4-3a),遇水后部分(或全部)的易溶结晶盐转变成液态(图4-3c、d);充分淋滤以后,土中的易溶盐被淋滤掉,即成为图4-3e)的状态。另外,原状盐渍土烘干后,所有液态的易溶盐转化为结晶盐(图4-3b)。由于盐渍土因不同条件下三相体的变化较大,因而给盐渍土各项指标的准确测定带来一定的困难,使用时应注意修正。

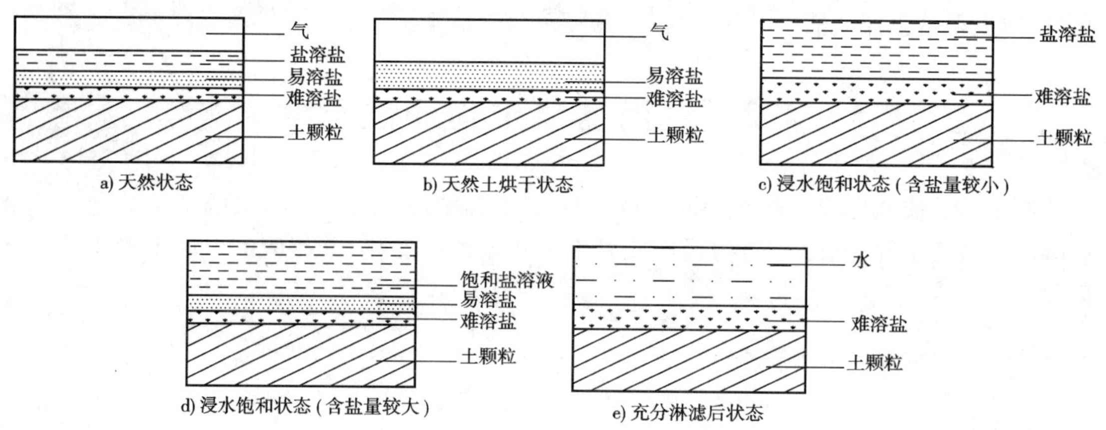

图4-3 盐渍土的三相示意图

盐渍土的三相体的液体,实际上不是水(除强结合水外),而是水把部分盐溶解形成的一种盐溶液;三相体中的固体,除土颗粒之外,还包括结晶的易溶盐,因此含水率与普通土中所指的含水率有一定的差别。

$$w_1 = \frac{m_{水}}{m_{土颗粒}} \times 100\% \tag{4-1}$$

$$w_2 = \frac{m_{水}}{m_{土颗粒} + m_{结晶盐}} \times 100\% \tag{4-2}$$

$$w_3 = \frac{m_{水} + m_{溶解盐}}{m_{土颗粒} + m_{结晶盐}} \times 100\% \tag{4-3}$$

式中:w_1——常规土定义的含水率,%;

w_2——把盐看成土骨架的一部分时的含水率,%;

w_3——把盐看成土骨架的一部分时的含液率,%。

由上述比较可知，w_2 与常规土定义的含水率 w_1 相比偏小，且随着含盐量的增加而减小。对于盐渍土来说，用含液率 w_3 来代替含水率更能反映盐渍土的基本性质，并且，在求得含液率以后，用它代替含水率来计算其他物理力学指标更为合理。

从表 4-6 中可以看出，与用含水率计算的结果相比，用含液率计算的干密度值偏小，而孔隙比和饱和度值偏大。这是因为计算含水率时把盐作为土骨架的一部分而得的，没有正确地反映土中的固体颗粒与土中的液态物质的关系。对于实际工程来说，将是偏于不安全的，实际工程中必须根据需要对所测定的盐渍土的指标进行修正。

含水率 w_2 和含液率 w_3 换算部分物理指标对照　　表 4-6

桩号	深度（m）	易溶盐含量（%）	含水率（%）	含液率（%）	计算干密度（g/cm^3）		计算孔隙比		计算饱和度（%）	
					按含水率	按含液率	按含水率	按含液率	按含水率	按含液率
K62	0.3	0.06	18.8	18.9	1.63	1.63	0.617	0.618	80.5	80.6
	0.7	0.24	24.3	24.6	1.50	1.50	0.755	0.759	85.0	85.5
	1.7	0.34	34.8	35.2	1.39	1.38	0.903	0.909	100.0	100.0
K73	0.3	0.13	21.4	21.5	1.70	1.70	0.573	0.575	99.6	100.0
	0.6	0.22	28.0	28.3	1.56	1.55	0.717	0.721	100.0	100.0
	0.8	0.25	29.6	29.9	1.51	1.51	0.765	0.770	100.0	100.0
K77	0.3	1.9	24.2	26.4	1.61	1.58	0.658	0.687	98.2	100.0
	0.9	0.9	28.5	29.6	1.49	1.47	0.796	0.811	95.6	97.3
	1.6	0.51	41.9	42.6	1.30	1.30	1.048	1.057	100.0	100.0
K83	0.9	1.63	22.0	23.8	1.64	1.62	0.629	0.653	93.4	97.3
	1.4	1.59	27.4	29.3	1.53	1.51	0.744	0.770	98.3	100.0
	1.8	1.57	28.5	30.4	1.57	1.55	0.698	0.723	100.0	100.0

4.2.3 颗粒组成

颗粒组成是比较稳定的物理性状，主要取决于土壤母质。黏粒是颗粒组成中最为活跃的部分，对土壤吸附性、膨缩性、结构性以及土壤孔隙的构成都具有重要作用。一般认为当黏粒含量超过 15% 时，就能明显表现出其性状。从测定结果可以看出：

①各土层剖面的黏粒含量平均在 10% 左右，高的超过 30%，从上到下有逐渐增加的趋势；

②粉粒含量以表层（0 ~ 20cm）较多，均在 60% 以上，有的高达 94.2%，下层较少，与黏粒相反；

③依据《公路土工试验规程》分类系统，研究区属于低液限粉质黏土及黏土。

需要指出的是，由于盐渍中含盐，使土中的微粒胶结成小集粒。另外，由于土中还存在着颗粒状的结晶盐，因此，如果在进行颗粒分析试验之前，不预先除去土中的盐，则所测的盐渍土的颗粒组成与含盐量及含盐类型存在一定的关系，如表 4-7、图 4-4 所示。

滨海盐渍土的颗粒组成　　表 4-7

<table>
<tr><th rowspan="3">取样位置</th><th rowspan="3">深度(m)</th><th rowspan="3">含盐量(%)</th><th colspan="6">颗粒级配(%)</th><th rowspan="3">按洗盐后的黏粒含量进行土的分类</th></tr>
<tr><th colspan="3">洗盐前</th><th colspan="3">洗盐后</th></tr>
<tr><th>0.25 ~ 0.075</th><th>0.075 ~ 0.005</th><th><0.005</th><th>0.25 ~ 0.075</th><th>0.075 ~ 0.005</th><th><0.005</th></tr>
<tr><td rowspan="9">K90 + 000</td><td>0.1</td><td>3.63</td><td>2.23</td><td>69.30</td><td>28.47</td><td>2.13</td><td>75.68</td><td>22.18</td><td rowspan="9">粉质黏土</td></tr>
<tr><td>0.2</td><td>1.84</td><td>4.80</td><td>73.49</td><td>21.71</td><td>1.43</td><td>79.76</td><td>18.81</td></tr>
<tr><td>0.4</td><td>2.02</td><td>1.33</td><td>86.04</td><td>12.63</td><td>2.23</td><td>90.78</td><td>6.99</td></tr>
<tr><td>0.5</td><td>2.33</td><td>3.33</td><td>85.72</td><td>10.95</td><td>4.20</td><td>88.81</td><td>6.99</td></tr>
<tr><td>0.6</td><td>2.35</td><td>4.63</td><td>82.74</td><td>12.63</td><td>1.93</td><td>90.10</td><td>7.96</td></tr>
<tr><td>0.7</td><td>2.05</td><td>1.57</td><td>87.48</td><td>10.95</td><td>3.33</td><td>89.73</td><td>6.93</td></tr>
<tr><td>0.8</td><td>1.83</td><td>3.17</td><td>76.82</td><td>20.02</td><td>2.17</td><td>84.99</td><td>12.84</td></tr>
<tr><td>0.9</td><td>1.54</td><td>3.03</td><td>80.96</td><td>16.01</td><td>2.67</td><td>89.37</td><td>7.96</td></tr>
<tr><td>1.0</td><td>1.35</td><td>2.60</td><td>79.70</td><td>17.70</td><td>2.07</td><td>84.14</td><td>13.80</td></tr>
</table>

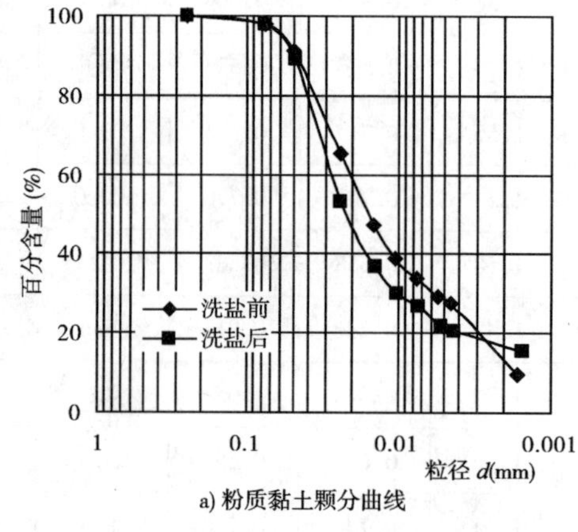

a) 粉质黏土颗分曲线

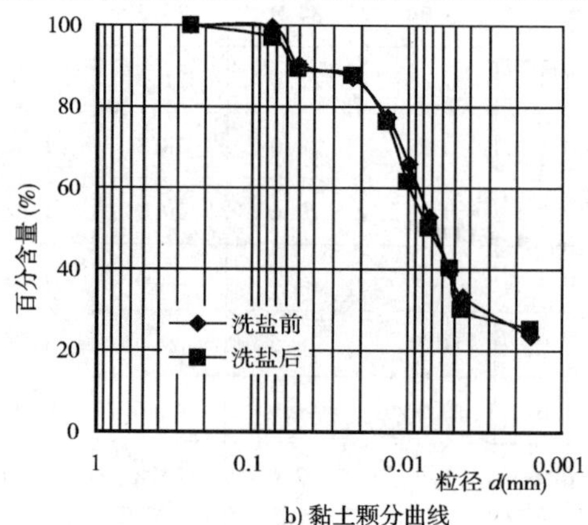

b) 黏土颗分曲线

图 4-4　盐渍土洗盐前后的颗粒大小分布曲线

分析产生图 4-4 结果的原因是:盐渍土中的固相结晶盐在土中起骨架作用,因而改变了原来的颗粒组成;但当盐渍土中的易溶盐溶于水后,原来由盐胶结而成的集粒就会解体,固相结晶盐会溶解成为盐溶液,使土颗粒分散度增高,细颗粒含量明显增大。由于黏粒的吸附性强于粉粒,黏土洗盐后的颗粒分散度不高,因此,其颗分曲线洗盐前后差异不明显。

4.3　滨海盐渍土化学性质及分类

4.3.1　土样化学成分测定方法

1)土壤含盐量的测定

土壤溶液因盐基离子的存在而具有导电性,其导电能力的大小与溶液中所含阳离子或阴离子的多少成比例,也就说与土壤溶液中的含盐量成比例,因而常利用电导率作为测定土壤盐分浓度的指标。

各盐基离子与电导率之间的关系如图 4-5 所示。从绝对含量方面来看，Na^{+}、Cl^{-} 与含盐量的多少呈显著正相关，宏观上支配着土壤含盐量的高低：Mg^{2+}、SO_4^{2-} 与土壤含盐量有正相关趋势，HCO_3^{-} 呈负相关趋势，而 K^{+}、Ca^{2+}、NO_3^{-} 在自然条件下则基本不受土壤含盐量多少的影响，变化幅度较小。

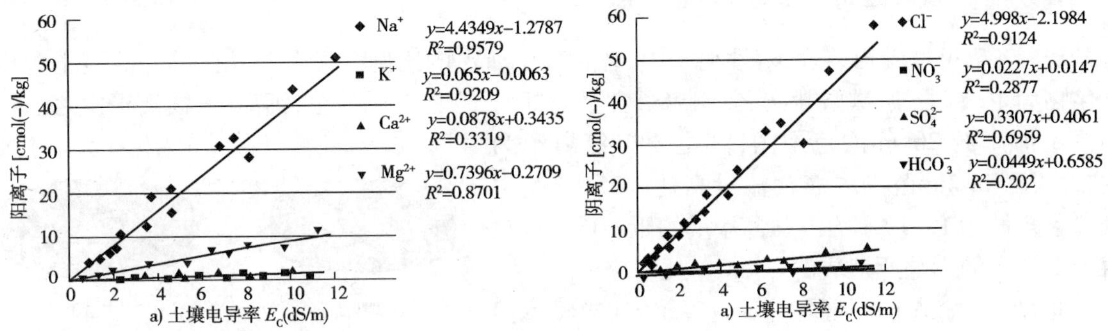

图 4-5　各盐基离子与电导率之间的关系

2）水溶性盐离子种类的测定

土壤中所含阳离子种类用原子吸光法测定，阴离子 Cl^{-}、SO_4^{2-}、NO_3^{2-} 采用高速液相色谱仪，CO_3^{2-}、HCO_3^{-} 采用 pH8.4 碱度滴定法测定。测定结果见表 4-8。

土样化学性质测定结果　　表 4-8

土样编号	pH 值	$K^{+}+Na^{+}$	Mg^{2+}	Ca^{2+}	Cl^{-}	SO_4^{2-}	HCO_3^{-}	CO_3^{2-}	易溶盐总量	盐渍土判别
1	8.55	0.879	0.037	0.112	1.329	0.309	0.143	0.018	2.4	非盐渍土
2	8.46	0.667	0.039	0.072	0.960	0.211	0.233	0.016	2.1	非盐渍土
3	8.45	3.026	0.131	0.157	4.760	0.566	0.201	0.033	10.8	盐渍土
4	9.12	0.236	0.010	0.024	0.057	0.039	0.568	0.016	0.8	非盐渍土
5	9.42	0.775	0.010	0.028	0.988	0.125	0.200	0.065	1.9	非盐渍土

4.3.2　盐渍土中盐分的垂直分布特征

土壤水溶性盐类是盐渍土中最为重要的存在形态。通过对研究区所取的近 200 组盐渍土样作土壤含盐量分析，得出如图 4-6 所示盐分随深度变化的剖面分布情况。

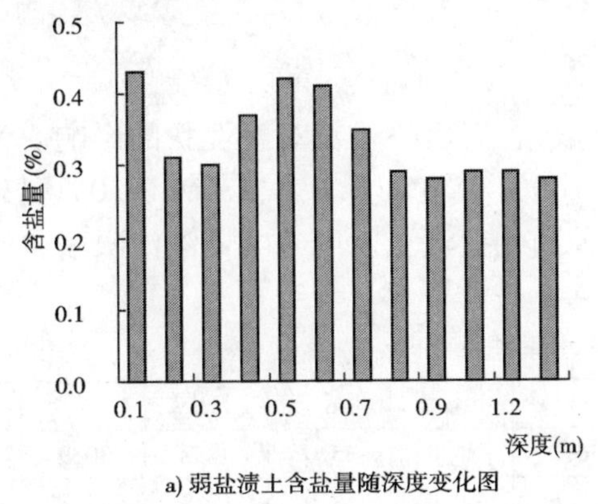

a) 弱盐渍土含盐量随深度变化图

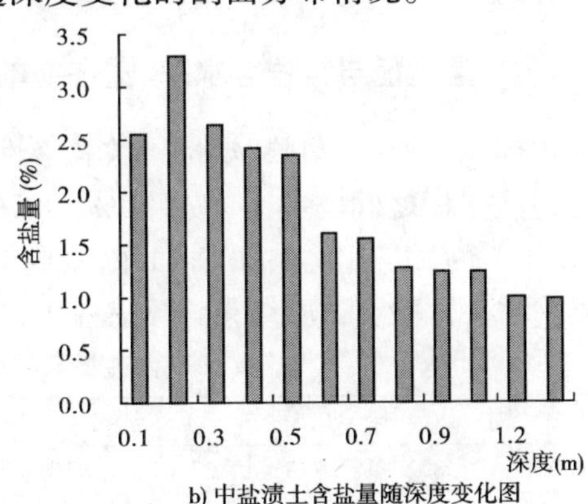

b) 中盐渍土含盐量随深度变化图

图 4-6　盐渍土含盐量随深度变化的剖面图

从盐分的剖面分布特征来看，基本上都是土壤的表层含量较高，下层的含量较低，即含盐量随深度的增加而降低，尤其是未经开发利用的土壤更加明显。这是由于当地气候干燥，降水不足，地壳长期蒸发累积的结果，因此，可以认为北方滨海盐渍土地区仍处于以积盐为主的发展过程。

4.3.3 滨海盐渍土的离子含量特点

从图4-7可以看出，在水溶性离子中，各种离子所占的比例有很大差异。滨海盐渍土中以氯化物为主，硫酸盐、碳酸盐次之，阳离子含量以钾离子、钠离子为主，钙离子、镁离子次之。特别是离海岸约20km的范围内，其主要以氯离子为主，地表面0.2m范围内总含盐量高达3.25%，其中氯离子含量达1.91%，约占总含盐量的近60%，这是由于受海水的影响所造成的。

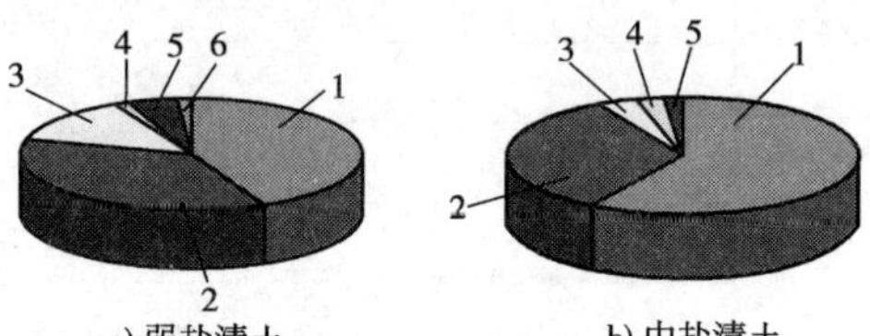

图4-7 弱、中盐渍土各离子含量分布图

1-Cl^-；2-K^+，Na^+；3-SO_4^{2-}；4-Mg^{2+}；5-Ca^{2+}；6-CO_3^{2-}

北方滨海盐渍土地区属于NaCl型，由于NaCl水溶性强，大都以离子形态存在于土壤水溶液中。依据《岩土工程勘察规范》的含盐量分类规定，研究区的盐渍土类型主要为弱氯盐渍土和中氯盐渍土。

4.4 滨海盐渍土水理性质

盐渍土的水理性质是指土中具有一定化学成分的液相在质和量上的变化，通过它对固体颗粒间极其复杂的相互作用，引起土体表现出来各种各样的特性。主要包括稠度、透水性和毛细性等。表征在不同含水率情况下土中固体颗粒的活动程度或土体抵抗各种荷载的能力称之为稠度；表征在不同的水头压力下固体颗粒间水溶液的透过能力称之为透水性；表征由于固体颗粒间所构成毛细孔角间水溶液的运动特性称为毛细性。上述水理性质在各种工程建设中对评价盐渍土的适用与否又随土的类型不同而具有不同的重要性。例如，对于黏性盐渍土来说，当盐溶液变化时，就有可能逐渐膨胀、改变土的稠度、减弱颗粒间的黏结性，在评价其承载性能、边坡稳定性、道路冻胀等方面有着重要的意义。对于砂性盐渍土来说，透水性和毛细性则成为其主要的水理性质。

4.4.1 含盐量与界限含水率、塑性指数的关系

塑性指标包括液限、塑限、塑性指数和液性指数，它们反映了水对土性状的影响。为研究含盐量与塑性指标之间的关系，按照0%、0.5%、1.0%、2.0%、3.0%、4.0%、8.0%、11.0%、14.0%、23.0%的质量比例掺加NaCl，配制成10种固化盐渍土。用光电式液塑限联合测定仪进行界限含水率试验。试验结果详见表4-9和图4-8。

含盐量与界限含水率关系　　表4-9

含盐量(%)	0	0.5	1	2	3	4	8	11	14	23
液限(%)	38.2	37.8	37.6	37.6	36.2	36.0	35.0	34.2	30.9	29.0
塑限(%)	20.0	19.6	19.1	18.8	18.6	18.0	18.0	17.8	17.8	16.0
塑性指数(%)	18.2	18.2	18.5	18.8	17.6	18.0	17.0	16.4	13.1	13.0

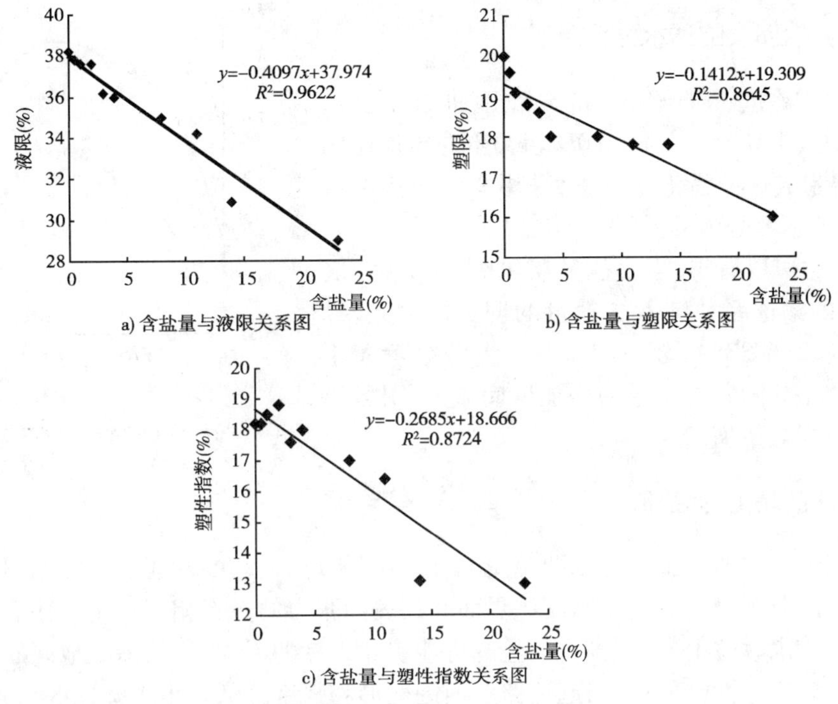

图4-8　盐渍土塑性指数与含盐量的关系图

从试验结果可以得出下列认识：

(1)含盐量对液限含水率有明显的影响，随含盐量增加逐渐降低。当含盐量增加至23%时，液限下降24%；含盐量2%～8%时，液限平均下降6.42%；含盐量8%～14%时，液限平均下降12.65%；含盐量在2%以内，液限平均下降1.04%；含盐量在14%以后，液限平均下降2.29%，后两个含盐量区间内的液限值下降幅度较小。

(2)土的塑限含水率随着含盐量的增加，呈平缓下降趋势。当含盐量增至23%时，塑限含水率降低20%。与液限相比，下降幅度变小。塑限的下降幅度在各含盐区段基本一致，没有突变点；含盐量在4%～17%区间，塑限的变化幅度最小，曲线趋于水平；含盐量在4%以内和17%以上，塑限的下降幅度相对较大。

(3)随着含盐量的增加，塑性指数总体上呈降低趋势。含盐量增加至23%时，塑性指数下降28.6%。

其原因是盐渍土的三相体与常规土不同，它由气体、盐溶液、易溶盐结晶、难溶盐结晶、土颗粒五部分组成。随着土中易溶盐含量的逐渐增加，溶解于土中孔隙水的盐溶液逐渐达到饱和，多余的盐分会以晶体的形态充填在土颗粒空隙间，盐晶体的出现使土颗粒原有的粒度成分和排列方式发生了改变，增强了土粒间的联结，由于盐晶体的粒径明显大于粉粒和黏粒，因而降低了土的可塑性；另一方面，由于易溶盐溶解于土的孔隙水中，改变了水溶液的离子成分和浓度，当溶液浓度较高时，土颗粒表面的扩散层被压缩变薄，从而降低了土的可塑性。据国内曾对含盐量为6%～10%的63个盐渍土土样进行洗盐前后塑性指标的试验研究表明，未经洗盐的盐渍土，其液限含水率平均值比洗盐后(洗盐方法采用自来水和蒸馏水各洗3遍)的土小2%～3%，塑限含水率小1%～2%。

4.4.2 盐渍土的透水性

采用最大干密度1.87g/cm³ 粉质黏土(非盐渍土),按照0%、0.5%、1.0%、2.0%、3.0%、4.0%的质量比例掺加NaCl,配制成6种固化盐渍土,采用变水头法渗透试验,测定其渗透系数K。

从图4-9中可以看出,当含盐量在0.0%~2.0%之间,粉质黏土的渗透系数随着含盐量的增加而增大,最大渗透系数达2.6933846×10^{-6}cm/s。当含盐量大于2.0%时,渗透系数随着含盐量的增加反而减少,明显出现了一个界限含盐量值。

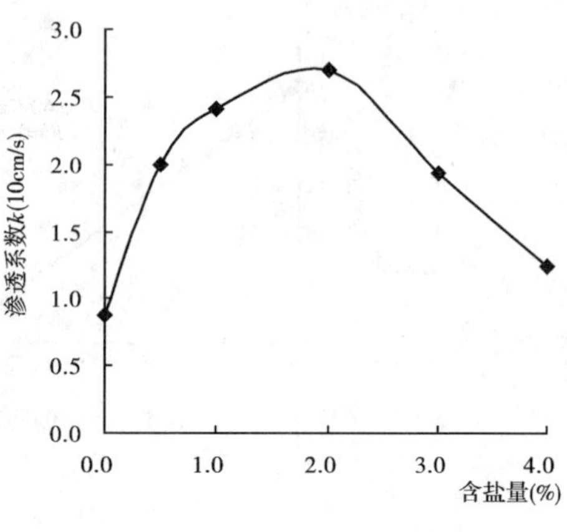

图4-9 粉质黏土的含盐量与渗透系数关系曲线

4.4.3 盐渍土的毛细性

土的毛细性指水通过土的毛细孔隙受毛细作用各方向运动的性能。毛细作用是指水与矿物颗粒表面间的分子吸引力同水与气体界面间的表面张力的二者相互作用。盐渍土地区的毛细现象将使得潜水水位上升,毛细水的上升可能引起不良的后果:①盐渍土地区的建筑物地基受毛细水浸湿后稳定性降低;②引起道路路面的变形和强度降低。为了降低潜水面,提高土的强度,保证建筑物的安全,必须对土的毛细性加以研究,才能做出正确的工程地质评价。

1) 盐渍土的毛细性影响因素

(1)粒度成分对毛细性的影响

土的粒度成分对毛细水上升高度的影响在于其决定了土的孔隙大小和性质。不同的粒径具有不同的上升高度和速度。

(2)水溶液的化学成分对毛细性的影响

盐渍土中的液相为无机盐溶液,无机盐的存在会改变水的表面张力,又会影响水的密度,它将影响毛细水的上升高度。西北农业大学尉庆丰、王益权做试验表明:① 无机盐水溶液的表面张力均随浓度的增加而增大,密度随浓度的增加而增大;② 无机盐使毛细水上升高度明显降低。就无机盐而言,根据拉普拉斯(Laplace)公式,随着浓度的增加,表面张力增大,将提高毛细水上升高度;然而,密度随浓度的增加而增大,增加率远远大于表面张力的增加率,将使毛细水上升高度降低。

2) 毛细水的上升高度及其变化规律

根据现场开挖的探坑观察及沿线的地质调查,将不同区段的毛细水上升高度汇总于表4-10。毛细水上升高度是以地下水位为基准面的,当地下水位埋深较大时(一般为10m),毛细水的变化对工程和盐渍土变化基本上没有影响。综合判定本区毛细水的上升高度为200~335cm。

沧黄高速公路沿线毛细水上升高度汇总表 表4-10

序号	桩 号	毛细水上升高度(cm)	序号	桩 号	毛细水上升高度(cm)
1	K0+000~K20+000	250~325	5	K52+000~K57+000	220~300
2	K20+000~K37+000	230~310	6	K57+000~K62+000	220~325
3	K37+000~K45+000	270~335	7	K62+000~K77+000	250~320
4	K45+00~K52+000	230~290	8	K77+000~K94+000	200

4.5　滨海盐渍土的力学性质

4.5.1　滨海盐渍土的击实性

通常在气候干燥状态下，由于盐的胶结作用，含盐地层的力学性能较好，但在浸水（雨、雪）条件下，其力学性能会迅速恶化，造成路基的严重塌陷和毁坏。工程中控制填土工程质量的指标是土的干密度。理论上，填土所能达到的最大干密度应由饱和度 $S_r=100\%$ 的条件确定。实际上，假定饱和度为 100% 是不可能的，土中空气不可能全部排出，因此，实际的干密度就比理论值小。对研究区的 14 个土样进行了重型击实试验，结果见表 4-11、图 4-10、图 4-11。

沧黄高速公路沿线盐渍土击实试验成果表　　表 4-11

取样点位置	土名称	塑限（%）	含盐量（%）	最大干密度（kN/m³）	最优含水率（%）
K5 +350	粉质黏土	17.7	0.25	1.87	11.4
K20 +000	粉质黏土	19.4	0.30	1.82	13.7
K31 +300	粉土	17.2	0.11	1.87	13.1
K38 +100	粉土	21.8	0.05	1.82	11.4
K52 +200	粉质黏土	19.0	0.10	1.80	15.3
K59 +000	粉质黏土	18.2	0.26	1.79	14.7
K62 +742	粉质黏土	19.6	0.24	1.81	13.3
K68 +170	粉质黏土	14.8	0.24	1.83	12.2
K73 +350	粉质黏土	13.8	0.03	1.79	14.9
K77 +040	粉土	9.0	1.90	1.81	13.9
K79 +450	黏土	19.8	1.90	1.88	15.2
K83 +860	粉质黏土	13.6	1.63	1.84	15.22
K90 +000	粉质黏土	12.2	2.33	1.93	12.45
K94 +000	黏土	21.7	2.64	1.87	16.6

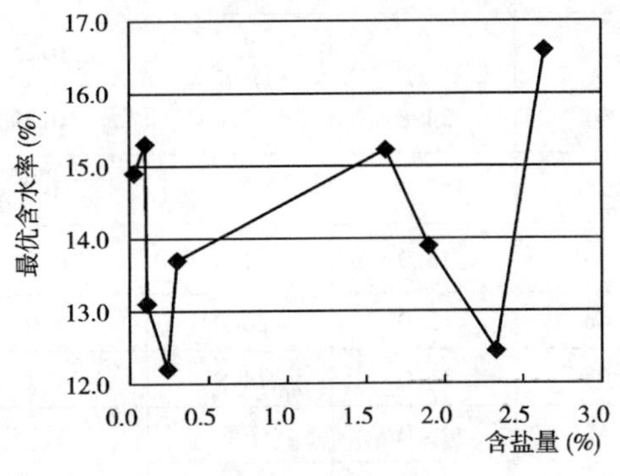

图 4-10　最优含水率随含盐量变化图

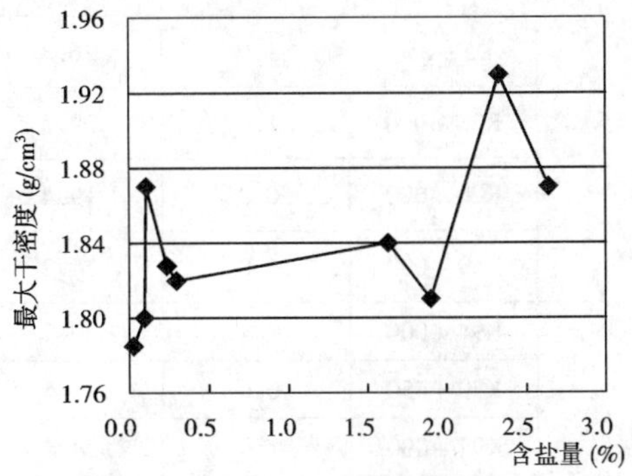

图 4-11　最大干密度随含盐量变化图

试验成果表明，土中黏粒越多，最优含水率就越大。当土的含水率远远超过最优含水率时，夯击填土很快使土达到饱和，然后就会变成橡皮土，使土发生塑性变形。同时，最优含水率也与夯击能量有关，对同一种土，夯击能量较大，可得到较大的干密度。

4.5.2 滨海盐渍土的抗剪强度

盐渍土的抗剪强度除与土的矿物成分、粒度级配、天然含水率、密实度和天然结构状态有关外，还与土中的含盐量有密切关系。在盐渍土中，由于盐晶体填充了土的孔隙及盐的胶结作用，使得盐渍土的抗剪强度受到土中含盐量的影响。对滨海地区沧黄高速公路沿线取样，于现场进行快速剪切试验（表4-12、图4-12、图4-13）

沧黄高速公路沿线盐渍土含盐量与抗剪强度的关系　　表4-12

土名称	取样位置及深度(m)		含水率 w(%)	干密度 ρ_d(g/cm^3)	直快黏聚力 c(kPa)	直快摩擦角 φ(°)	含盐量 (g/100g)
粉土	K31+300	0.5	20.8	1.59	7.6	33.0	0.03
	K38+100	0.3	19.5	1.80	41.0	30.0	0.05
	K52+200	1.0	26.6	1.51	18.0	35.0	0.08
	K38+100	0.8	19.7	1.60	40.0	27.0	0.13
	K20+000	0.7	27.9	1.54	25.0	27.2	0.35
	K77+040	0.9	28.5	1.49	70.0	32.0	0.9
	K79+450	0.3	29.0	1.50	20.5	28.0	1.9
粉质黏土	K31+300	1.0	23.8	1.60	23.0	34.0	0.11
	K52+200	1.4	24.7	1.52	20.0	32.0	0.12
	K59+000	1.4	16.7	1.47	31.0	32.0	0.12
	K59+000	1.8	28.0	1.50	45.0	8.5	0.21
	K5+350	0.5	20.5	1.63	5.0	35.0	0.25
	K5+350	1.0	26.3	1.50	45.0	9.8	0.25
	K20+000	1.4	28.5	1.51	34.8	13.0	0.29
	K20+000	0.3	19.4	1.74	57.0	12.0	0.3
	K59+000	1.0	24.2	1.33	18.0	31.0	0.32
黏土	K94+000	1.4	30.2	1.46	52.0	23.0	0.98
	K79+450	0.6	21.5	1.65	56.0	14.9	1.19
	K94+000	1.0	24.4	1.58	46.0	7.5	1.25
	K94+000	0.6	23.1	1.66	72.0	23.0	1.6
	K94+000	0.3	19.1	1.77	136.0	16.2	2.64

研究结果表明：对含氯盐为主的盐渍土，起初其抗剪强度随含盐量的增加而下降，但当土中含盐量超过某一界限值时，抗剪强度则随着含盐量的增加而增大。

当土中含盐分较少时，土中孔隙水能充分溶解土中易溶盐形成盐溶液，而以离子形式存在于土内孔隙水中起不到骨架作用，黏聚力变小；盐溶液在土粒相互移动时起润滑作用，从而使内摩擦角也变小。但当土体含盐量较大时，土中孔隙水的盐溶液达到饱和，多余盐分便以晶体的形态存在于土中并成为土骨架的一部分，起着重要的胶结作用，致使土的黏聚力及内摩擦角随含盐量的增加而增大。对于滨海地区的饱和氯盐渍土而言，土中的盐分以晶体的形式存在，并成为土骨架的一部分起胶结作用，土体的内摩擦角和黏聚力将随含盐量的增加而增大。

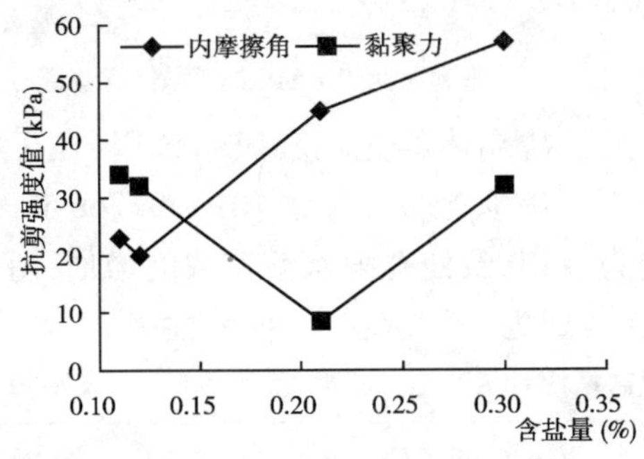

图 4-12　粉质黏土抗剪强度随含盐量变化图

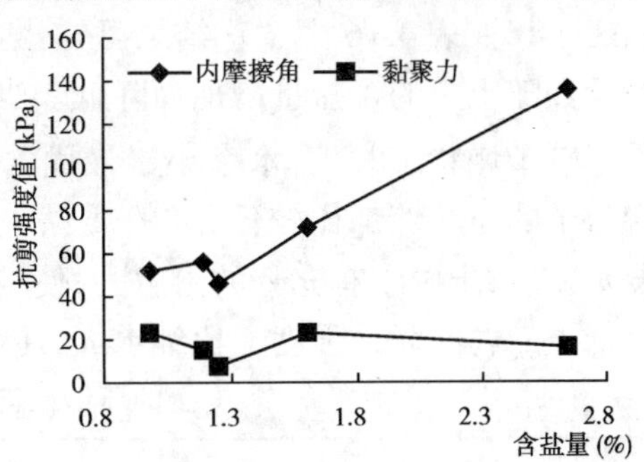

图 4-13　黏土抗剪强度随含盐量变化图

4.5.3　滨海盐渍土的压缩性

1）盐渍土的饱和度对压缩性的影响

盐渍土的压缩变形是指地基土在天然含水率条件下受外荷载作用所产生的变形。这种变形主要来源于土中孔隙的减小。盐渍土的压缩系数与其含盐量盐渍土的饱和度有关。

非饱和氯盐渍土的压缩系数随含盐量的增加而降低，具体如表 4-13 所示。对于饱和盐渍土，根据室内试验研究结果表明：压缩系数随含盐量变化呈类似正态分布形式，试验结果如图 4-14。

非饱和氯盐渍土的压缩系数与含盐量的关系　　表 4-13

NaCl 含量(%)	试件含水率(%)	试件密度(g/cm^3)	压缩系数(MPa^{-1})
0	16.58	1.61	0.45
1	16.48	1.61	0.54
3	16.05	1.64	0.45
5	16.83	1.67	0.44

结果表明：当含盐量从 0.0% 增加至 10.0% 时，盐渍土的压缩系数呈上升趋势，并于含盐量为 10.5% 时，压缩系数达到最大值 0.78MPa^{-1}，然后，随着含盐量的增加压缩系数缓慢减小，最后，含盐量为 25% 时的压缩系数值接近含盐量为 0.0% 的值。

这种现象的主要原因是黏粒反离子层的离子种类和浓度随土体的化学成分变化，并影响到反离子层的厚度，尤其是扩散层的厚度，从而影响土体的压缩性。对于黏性土配盐而成的盐渍土，黏粒反离子层离子以 Ca^{2+} 为主，由于 Ca^{2+} 对土粒起胶结作用，随着土壤溶液中 K^{+} 和

Na^+的浓度增大并与Ca^{2+}达到一定比例时，Ca^{2+}的交换能力较K^+和Na^+强，使低价的K^+和Na^+离子通过交换作用取代高价的Ca^{2+}，使土体在含盐量较小时，黏粒间的水化薄膜变厚，粒间排斥力增大，从而黏粒间的胶结作用减少量比结晶盐的胶结作用的增加量大，使土体压缩量增大；但当土体含盐量增加时，结晶盐的胶结作用显著增加，使土的压缩系数降低。

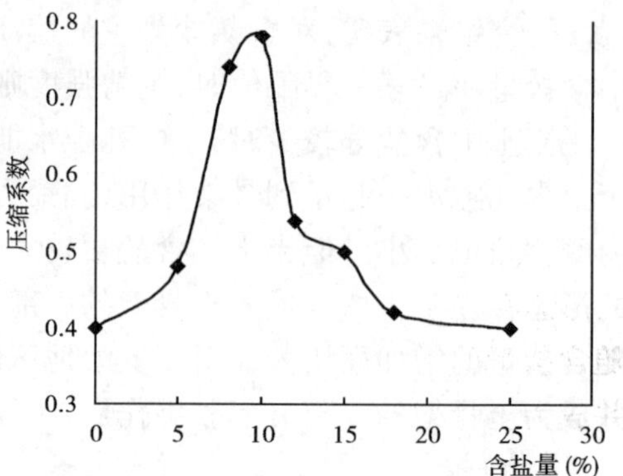

图4-14　饱和氯盐渍土的压缩系数随含盐量的变化

2）含盐量对压缩性的影响

从表4-14～表4-16中试验结果可知：氯盐渍土的压缩系数随土中的含盐量增加而降低。当滨海盐渍土处于较干燥状态时（含水率小于最优含水率），由于盐晶体的充填和胶结作用，在天然条件下含盐土的压缩性都比较低，如粉质黏土类盐渍土压缩系数$a_{1\text{-}2}$为0.101～0.366 MPa^{-1}。但在浸水以后，土中水有充分的溶解力，使结晶盐变为液相，致使孔隙水溶液浓度增加，而盐溶液在降低土的粒间联结强度上比纯水大，使得盐渍土变成为一种软弱土，压缩性极大。

土的压缩性与密度、含盐量统计表　　表4-14

土的分类	取样位置及深度		含盐量（%）	含水率 w（%）	天然密度 ρ（g/cm^3）	压缩系数 $a_{1\text{-}2}$（MPa^{-1}）
粉土	K31+300	0.5	0.03	20.8	1.92	0.304
	K38+100	0.3	0.05	19.5	2.15	0.119
	K52+200	1.0	0.08	26.6	1.91	0.101
粉质黏土	K52+200	1.4	0.12	24.7	1.90	0.361
	K68+170	0.3	0.13	21.4	2.06	0.231
	K68+170	0.6	0.22	28.0	1.99	0.158
	K68+170	0.8	0.25	29.6	1.96	0.117
黏土	K73+350	1.5	0.04	30.1	1.91	0.093
	K73+350	1.8	0.05	27.1	1.95	0.090

弱盐渍土的压缩性与密度、含盐量统计表　　表4-15

土的分类	取样位置及深度		含盐量（%）	含水率 w（%）	天然密度 ρ（g/cm^3）	压缩系数 $a_{1\text{-}2}$（MPa^{-1}）
粉土	K20+000	0.7	0.35	27.9	1.97	0.337
	K77+040	0.9	0.90	28.5	1.91	0.161
粉质黏土	K5+350	0.5	0.25	20.5	1.97	0.261
	K5+350	1.0	0.25	26.3	1.90	0.422
	K59+000	0.6	0.26	21.6	1.72	0.387
	K20+000	1.4	0.29	28.5	1.94	0.391
	K20+000	0.3	0.3	19.4	2.08	0.268

中盐渍土的压缩性与密度、含盐量统计表　表 4-16

土的分类	取样位置及深度		含盐量（%）	含水率 w（%）	天然密度 ρ（g/cm^3）	压缩系数 $a_{1\text{-}2}$（MPa^{-1}）
粉土	K77 +040	0.3	1.9	24.2	2.00	0.337
	K77 +040	0.9	0.90	28.5	1.91	0.156
粉质黏土	K90 +000	2.0	0.96	20.3	2.10	0.153
	K90 +000	1.0	1.35	22.7	2.01	0.169
	K83 +860	0.9	1.63	22.0	2.00	0.166
	K90 +000	0.5	2.33	18.8	2.11	0.115
黏土	K79 +450	0.6	1.19	28.5	1.91	0.337
	K94 +000	1.0	1.25	24.4	1.97	0.342
	K94 +000	0.6	1.60	23.1	2.04	0.186

4.5.4 滨海盐渍土的溶陷性

天然状态下的盐渍土在土的自重压力或附加压力作用下受水浸湿时产生的变形称为溶陷变形。盐渍土的溶陷与土中结晶盐的溶解有密切关系，如果结晶盐不溶解，就不会产生溶陷变形。盐渍土的溶陷变形有两种：一是在静水中的溶陷变形，即水力梯度较小无渗流时，土中部分或全部结晶盐溶解，导致土体结构破坏，孔隙减小，产生溶陷；二是潜蚀溶陷，即土中的盐分和部分土颗粒因水的渗流被带走而形成的溶陷变形。研究表明：潜蚀溶陷是盐渍土溶陷的主要部分。沧黄高速公路东段沿线盐渍土溶陷现状见图 4-15。

图 4-15　沧黄高速公路东段沿线盐渍土溶陷现状

溶陷量的大小取决于浸水量、土中盐的性质和含量、土体液相的含量与浓度以及土的原始结构。盐渍土的溶陷机理与黄土的湿陷机理有类似之处，即由浸水导致土体连接强度降低，土结构坍塌。所不同的是盐渍土结构强度的降低,完全由于土结构连接处的盐结晶被水溶解所致,当浸水时间长,地下水水力梯度大,水源充足的情况下,盐渍土的部分颗粒将被带走,产生潜蚀。

盐渍土的溶陷性评价,按工作次序,首先要进行初步判别,进而测试盐渍土的溶陷系数 δ 值,根据 δ 值判别溶陷性土与非溶陷性土;而后计算分级溶陷量 Δ,根据 Δ 值判别溶陷等级。

(1)初步判别。依据下列条件,可初步判别为非溶陷性土或不考虑溶陷性对建筑物的影响:

①碎石类盐渍土中洗盐后粒径大于2mm的颗粒超过全重70%时,可判为非溶陷性土;

②碎石类、砂类盐渍土的湿度为很湿至饱和、粉土类盐渍土的湿度很湿、黏性土类盐渍土的状态为软塑至流塑时,可判为非溶陷性土。

(2)需进一步进行溶陷性判别时,根据现场和土质条件,采用下列试验方法确定盐渍土的溶陷系数 δ。

①室内压缩试验。在一定压力作用下,溶陷系数应按下式确定:

$$\delta = \frac{h_p - h'_p}{h_0} \tag{4-4}$$

式中:δ——溶陷系数;

h_p——原状土样,加压到一定压力 P 时,下沉稳定后的高度,cm;

h'_p——上述加压稳定后的土样,经浸水溶滤,下沉稳定后的高度,cm;

h_0——土样的原始高度,cm。

室内压缩试验适用于土质比较均一,不含粗砾、能采取原状土的黏性土、粉土和含少量黏土的砂土。

②现场浸水载荷试验。选择有代表性的盐渍土场地,进行现场浸水载荷试验,平均溶陷系数应按下式确定。测定盐渍土溶陷系数的载荷试验方法可参照石油天然气行业标准《盐渍土地区建筑规范》的规定进行。

$$\delta = \frac{\Delta S}{h_s} \tag{4-5}$$

式中:ΔS——承压板压力为 P 时,盐渍土层浸水后的溶陷量,cm;

h_s——承压板下盐渍土的湿润深度,cm。

现场浸水载荷试验适用于各类土层,特别是碎石土,不能采取原状土的盐渍土,必采用现场浸水载荷试验。

(3)盐渍土的溶陷性,按溶陷系数 δ 值判定,可分为两类:

当溶陷系数 δ 值 <0.01 时,为非溶陷性土;

当溶陷系数 δ 值 $\geqslant 0.01$ 时,为溶陷性土。

(4)盐渍土地基的分级溶陷量应按下式计算:

$$\Delta = \sum_{i=1}^{n} \delta_i h_i \tag{4-6}$$

式中:Δ——盐渍土地基的分级溶陷量,cm;

δ_i——第 i 层土的溶陷系数;

h_i——第 i 层土的厚度，cm。

(5)盐渍土地基的溶陷等级应按表 4-17 划分。

盐渍土地基的溶陷等级　　表 4-17

溶陷等级	分级溶陷量 Δ(cm)	溶陷等级	分级溶陷量 Δ(cm)
Ⅰ	$7 < \Delta \leq 15$	Ⅲ	>40
Ⅱ	$15 < \Delta \leq 40$		

4.5.5 滨海盐渍土的盐胀性

盐渍土的盐胀一般可以分为两类，即结晶盐胀和非结晶盐胀。结晶盐胀是指盐渍土因温度降低或失去水分后，溶于土中孔隙的盐浓缩并析出结晶而产生的体积膨胀，具有代表性的是硫酸盐渍土；非结晶膨胀是指由于盐渍土中存在大量的吸附性阳离子，具有较强的亲水性，遇水后很快与胶粒相互作用，在胶粒颗粒与黏粒颗粒周围形成稳固的结合水薄膜，从而减小颗粒间的黏聚力，引起土体膨胀，具有代表性的是碳酸盐渍土。

研究区中有 15% 的路段为弱亚硫酸盐渍土。一般认为，硫酸盐渍土路基产生膨胀危害的含盐量在 2% 左右，达不到该含量，膨胀作用较小，不致影响土体密度。因此，研究区内盐渍土不会因盐胀而对路基造成危害。

第5章　滨海盐渍土用作高速公路路基填料改良试验

5.1　高速公路路基填料的基本要求

填方路基要求有足够的强度和稳定性，一般要满足以下基本条件：①在行车荷载和路基的自重荷载作用下能保持长期稳定；②压缩沉降能很快完成；③其力学特性不易受其他因素（如水、温度、地震等）影响，发生不利于路基稳定的变化。路基填料是保证路基强度和稳定性的重要影响因素之一。为达到上述基本要求，《公路路基施工技术规范》（JTG F10—2006）规定了高速公路路基填料的最小强度和最大粒径（表5-1）。

路基填料最小 CBR 值、压实度和最大粒径要求　　表5-1

项目分类		路床表面以下深度（cm）	填料最小 CBR 值	压实度（%）	填料最大粒径（cm）
填方路基	上路床	0～30	8%	≥96	10
	下路床	30～80	5%	≥96	10
	上路堤	80～150	4%	≥94	15
	下路堤	150以下	3%	≥93	15

注：1. 表列压实度系按《公路土工试验规程》中重型击实试验法求得的最大干密度的压实度。

2. 当路床填料 CBR 值达不到表列要求时，可采取掺石灰、固化材料或换填其他材料处理。

一般来说，对于高速公路路基，应该使用品质优良的填料，这样既可以减少后期沉降，又可以有较高的安全储备以保证路基的稳定。从国内外的试验研究和工程实践来看，高速公路常使用砾（角砾）类土和砂类土等作为路基优良填料。实际观测表明，采用优质、级配良好的粗粒料可以大大减少路基的后期沉降。然而路基填料的选取受公路沿线地质情况的制约，在地质条件较差的地段，特别是滨海盐渍土地区，填料含盐量较高，大量填料就需要远运，运距越远，造价越高。这使得公路建设中既要注意填料的性质，又要考虑土料来源及其经济性。另外，公路由于其线状特点，同一工程中，路基填料性质变化也很大。因此，路基全部使用优质填料的可能性不大。《公路路基施工技术规范》中对路基填料只规定了其强度和粒径，对于填料的材质并无具体规定。我国地质条件复杂，随着高速公路的迅速发展、科技进步和类似工程经验的增多，对于公路填料的应用范围也越来越广。淤泥、冻土、膨胀土和盐渍土等不能直接用于填筑路基的土料，经过合理的加固改良后，只要能满足高速公路对路基填料的基本要求者均可充当路基填料，现已有很多成功的工程应用实例。

5.2 高速公路路基填料的改良

我国公路部门一般定义的改良填料是通过在土体中掺入水泥、石灰、消石灰、粉煤灰等固化材料处理，以提高其工程性能指标为目的的土体。近年来，我国陆续制定和施行了一系列有关改良土材料的国家标准和行业标准，其中常用的有：《土壤固化剂》(CJ/T 3073)、《固化类路面基层和底基层技术规程》(CJJ/T 80)、《粉煤灰石灰类道路基层施工及验收规程》(CJJ 04)和《公路工程无机结合料稳定材料试验规程》(JTG E51)等，规定了改良土材料的选择、组成、配合比设计、结构设计、施工、质量要求、检查验收及常规试验方法等内容，这大大促进了改良填料的研究开发和推广应用。但是，这些标准一般只适用于路面基层、底基层、垫层等路面结构的部分层位。改良填料用于路基填筑时，其组成、配比、施工工艺及检查验收应该达到什么指标是一个需要深入研究的课题。固化材料改良盐渍土各方面的性能指标是否能满足现代高速公路路基的要求，在我国还缺乏实际使用经验。因此在实际工程应用时，应根据现场具体的土质情况、气候条件、地下水位和设计要求等，选用适宜的土壤固化剂类型及相应的胶结材料，并进行足够的室内试验，有条件时还应修筑一定的试验路段，慎重地推广应用。

路基填料加固改良的方法有多种，按其技术措施的不同可分为机械方法(如压实)、物理方法(如改善水温状况)、加入掺加剂(粒料、黏土、盐溶液、有机结合料、无机结合料、高分子化合物及其他化学添加剂)和其他技术处理(如热处理、电化学加固)等。具体加固方法的选择应根据工程结构使用要求、结构物对加固的要求(强度、刚度、稳定性)，掺加剂或材料的供应情况、施工条件及当地的土质等进行详细的技术经济比较后确定。近几年，改良填料在公路工程中发展较快，尤其是无机结合料改良土，这些改良填料具有较高的抗压强度，且强度和模量随龄期不断增长，具有良好的稳定性。电石灰、石灰和粉煤灰改良填料在公路和其他部门已经大量使用了多年，积累了十分丰富的经验。这些传统的无机结合料改良填料比起改良前的土料在工程技术性能的各方面均有不同程度的提高和改善，这主要表现在：①改善土的力学性能，降低土的塑性，增大土的黏聚力和内摩擦角，有效地提高了土的抗剪强度，使土的承载力、固结特性和可压实性得到显著改善；②使土的水稳性、抗冻性和耐干湿循环能力等耐久性能有所改善；③强度和耐久性随着时间的延续不断增长；④扩大了土料的应用范围，使可用土料地区分布广泛，原料十分充足；⑤施工技术较为成熟，使用成本低。

5.3 电石灰材料的基本性能

电石灰是在生产乙炔的过程中产生的，其化学反应式为：$CaC_2 + H_2O \rightarrow Ca(OH)_2 + C_2H_2 \uparrow + Q$，反应式中的 $Ca(OH)_2$ 即为俗称的电石灰，外观呈灰白色。生成的电石灰暴露在空气中，含水率逐渐降低。随着水分的减少，表层 $Ca(OH)_2$、$Mg(OH)_2$ 失去外围水膜的保护，空气中 CO_2 即与之反应生成 $CaCO_3$、$MgCO_3$，从而使有效钙镁成分降低。放置较长时间的电石灰堆，一般其表层 30cm 炭化较严重，在不同程度上形成一层硬壳。它既阻止了水分的蒸发，也保护了内部的 $Ca(OH)_2$ 不易受大气中 CO_2 的作用而炭化。不同堆放时间、堆放部位的电石灰的含水率、氧化钙、氧化镁含量见表 5-2。

沧州市化工厂电石灰氧化钙、氧化镁含量及含水率　　表 5-2

放置时间	取样部位	含水率(%)	活性氧化钙(%)	氧化镁(%)	活性氧化钙与氧化镁(%)
新排放料	沉淀池	105.7	60.95	0.32	61.27
	排放堆	98.4	60.43	0.60	61.03
放置半年	表层	24.3	34.19	0.66	34.86
	30cm 以内	83.5	57.56	0.56	58.12
放置 2 年	表层	12.7	32.73	0.42	33.16
	30cm 以内	75.8	55.32	0.38	55.70

电石灰质量较轻,松方密度为 0.63 ~ 1.1g/cm^3;颗粒较细,最大粒径一般小于 2mm,颗粒组成见表 5-3,作胶结料使用十分有利。

电石灰颗粒组成　　表 5-3

粒径(mm)	2	1	0.5	0.25	0.075
通过率(%)	100	98.2	95.6	63.0	89.5

电石灰颗粒较细,且活性物质主要为 $Ca(OH)_2$,从这方面来看可以代替石灰。在建筑工程领域,常用电石灰代替石灰配制混合砂浆,对粉煤灰进行改性生产砌筑水泥,与粉煤灰一起大量用于生产加气混凝土砌块、蒸压砖等建筑材料。

在公路工程方面,已有的工程实践证明电石灰代替石灰,与粉煤灰作为胶结料稳定集料做路面基层、底基层是可行的。在控制电石灰钙、镁含量达到规范要求的Ⅲ级消石灰标准的情况下,电石灰稳定土和二灰土可用于二级及二级以下公路的底基层;对于高等级的公路,电石灰稳定土和二灰土在选择土质的情况下可用于底基层。

5.4 电石灰改良滨海盐渍土的试验方案

为了研究电石灰改良盐渍土的物理、力学和耐久性等工程特性,以利于改良材料在高速公路路基工程中的应用,将所选取不同盐渍化程度的盐渍土,掺入不同含量的电石灰,以不同的压实度制备改良土样,在不同龄期的养护条件下,进行大量的室内试验(包括改良盐渍土填料的击实试验、液塑限试验、CBR 试验、回弹模量试验、水稳定性试验、冻融循环试验、无侧限抗压强度试验、三轴压缩试验和单向压缩固结试验等)。各种室内土工试验主要参照国标《土工试验方法标准》和交通行业标准《公路土工试验规程》,对于在盐渍土中添加电石灰固化剂而形成的改良混合料,主要参照建设部行业标准《土壤固化剂》和《固化类路面基层和底基层技术规程》及交通行业标准《公路工程无机结合料稳定材料试验规程》;对于目前国内没有明确统一试验方法的情况下,主要参照美国材料试验协会 ASTM 和美国公路工程协会 AASHO 及《日本土工试验法》的标准;另外,还参照了水泥混凝土的有关试验规程,主要是交通行业标准《公路工程水泥混凝土试验规程》。室内试验流程见图 5-1。

5.4.1 试料准备

试验用土结合沧黄高速公路沿线路基填料用土的分布特点,选取具有代表性的 7 标段和

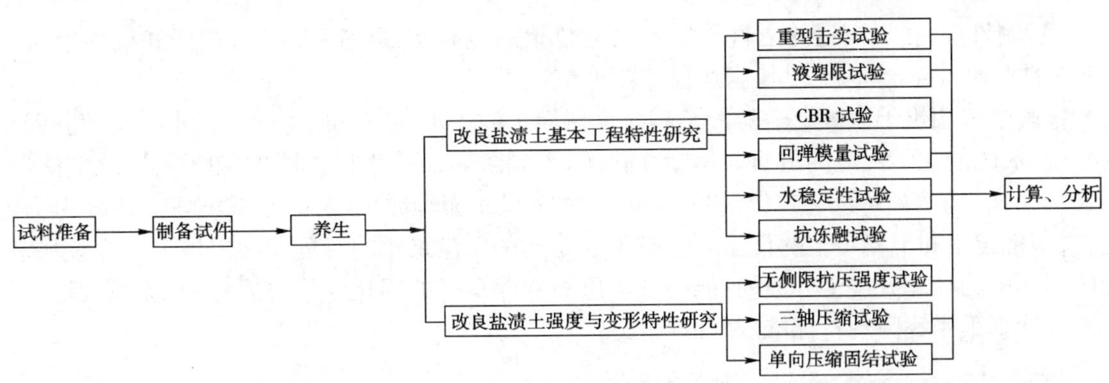

图5-1 电石灰改良盐渍土室内试验流程图

8标段的路线沿线土料，其物理化学性质指标见表5-4和表5-5。试验中使用的改良材料是河北省沧州市化工厂生产的电石灰，其物理化学指标见表5-6。

土料基本物理性质指标 表5-4

土样编号	相对密度 d_s	稠度指标			击实试验		粒度组成(%)	
		液限 w_L(%)	塑限 w_p(%)	塑性指数 I_p	最大干密度 ρ_{dmax}(g/cm³)	最优含水率 w(%)	0.074～0.005 mm	<0.005 mm
1号	2.67	34.4	20.5	13.9	1.84	15.22	88.61	11.39
2号	2.68	36.0	19.7	16.3	1.87	11.40	96.72	3.28

盐渍土化学分析结果 表5-5

土样编号	pH值	CO_3^{2-} (g/kg)	HCO_3^- (g/kg)	Cl^- (g/kg)	SO_4^{2-} (g/kg)	Ca^{2+} (g/kg)	Mg^{2+} (g/kg)	$K^+ + Na^+$ (g/kg)	易溶盐总量 (g/kg)	盐渍土类型
1号	8.33	0.016	0.189	9.381	0.333	0.185	0.356	5.433	19.6	中等氯盐渍土
2号	8.60	0.013	0.306	0.668	0.209	0.079	0.035	0.502	2.0	非盐渍土

电石灰颗粒组成及化学组成 表5-6

颗粒组成	粒径(mm)				
	2	1	0.5	0.25	0.075
	100%	98.2%	95.6%	63.0%	89.5%
物理性质	密度		含水率		
	0.98g/cm³		75.8%		
化学成分	CaO	MgO	活性氧化钙与氧化镁		
	52.16%	0.41%	52.57%		

试料准备的具体步骤如下：

(1)将具有代表性的风干土料用木槌和木碾捣碎，但应避免破碎粒料的原粒径，过2mm筛。

(2)试验前一天，取具有代表性的风干土料，测定其风干含水率。

(3)按比制件含水率小3%配制土料，将土料和水搅拌均匀后，放在密闭容器内浸润12～24h。

(4)制件前,在浸润过的土料中加入预定数量的电石灰,并拌和均匀,在拌和过程中将预留3%的水加入混合料中,使其达到制件含水率。

试验中采用烘干法测定素盐渍土和改良盐渍土的含水率。改良土中的含水率是随着固化剂与土、水之间化学反应的进行而不断变化的,不同龄期、不同固化剂类型和不同固化剂掺量,其含水率修正值均不同。在105~110℃的条件下烘干至恒重的稳定土(即改良土)称为干稳定土,湿稳定土和干稳定土的质量之差与干稳定土的质量之比的百分率称为稳定土的含水率。我国标准中的计算方法十分简便,能反映出电石灰改良剂的固化效果。因此,本课题试验中含水率的计算采用我国现行标准规定的方法。

5.4.2 试验注意事项

(1)在试验前,对试验所用材料进行必要的质量检验。对于原料土,准确测定它的含水率、含盐量。放置过程中,应注意含水率的变化,如果放置时间较长,需将原料土放入塑料袋密封,然后再放入装有水的器皿内保存,防止水分挥发,改变原料土的含水率,影响混合土中最终含水率的确定。电石灰要放置在干燥的地方,密封保存,且不能放置时间过长,否则会导致电石灰本身活性降低。

(2)在制样之前,一定保证混合料的均匀程度。拌和均匀的混合土料用肉眼观察,颜色无明显差异,电石灰均匀分布于土中。混合料不均匀必将导致所制试样质量的波动,这是试样质量出现偏差的主要原因。

(3)要保证试样上下表面很平整。试样的上下表面不平整对无侧限抗压强度试验的测定结果影响较大,所以,在制样过程中一定要将表面处理平整。

(4)试件的干密度应为最大干密度乘以相应的压实度,即压实度×最大干密度=要求干密度,本次试验采用的压实度分别为90%、93%、94%、96%、100%。

(5)在模具内壁抹一层润滑剂,这样可以方便拆模,保证试样不被损坏。但要注意所采用的润滑剂不会与各种原材料发生反应。如果不采用润滑剂,脱模时比较困难,会破坏试样。当试件快要从试模中顶出时,应该减缓千斤顶上升速度以保证试件边角完好无损以及侧面光滑。

(6)特别注意试样的养护条件是否达到要求,养护环境是否一致,这对试验结果影响比较大,因为随着养护时间的延长,混合土的物理、力学特性是在不断变化的。养护温度高的试样测出的强度,大于正常养护的试样,而质量却小于正常养护的试样。所以试样养护时,一定要保证养护条件一致。

(7)为控制进行平行试验的试件处于相同初始状态,本次试验特别规定同批制备的试件的平均质量偏差应在规定质量的±2g范围内,否则试件作废。

(8)试件的质量损失是指含水率的减少,不包括由于各种不同原因从试件掉下的混合料。

5.5 电石灰改良滨海盐渍土的基本工程特性

5.5.1 电石灰改良盐渍土的重型击实试验

为了控制路基的填筑压实质量,必须掌握电石灰改良盐渍土填料的压实特性。事先得到所用改良填料的最大干密度和最优含水率是控制路基填筑质量的充要条件。这两个指标的获取主要通过标准击实试验来完成。击实试验由 R. R. Proctor 自 1933 年首创，根据单位土体的击实功，现行的击实标准主要分普氏标准和修正的普氏标准两种。本次试验采用重型击实标准对电石灰改良盐渍土进行击实，绘制改良填料的含水率—干密度关系曲线，确定最优含水率和最大干密度。并为其他力学和耐久性试验做准备。

试样采用干法制备，将风干土样放在橡皮板上碾散后过 5mm 筛，按预估最优含水率制备一组含水率相差约 2% 的试样，装入塑料袋中静置 24h 以上，然后分层击实，测定最大干密度及最优含水率。表 5-7 列出了掺入电石灰后混合料的击实试验结果。

电石灰改良盐渍土击实试验结果　　表 5-7

土样	1 号（中盐渍土）						2 号（非盐渍土）					
	0%	2%	4%	6%	8%	10%	0%	2%	4%	6%	8%	10%
最大干密度（g/cm³）	1.84	1.82	1.8	1.78	1.76	1.75	1.87	1.83	1.82	1.82	1.81	1.79
最优含水率（%）	15.22	14.48	15.2	15.8	15.6	16.6	11.4	11.3	12.1	11.8	12.4	13.38

注：表中 2%、4%、6%、8%、10% 为电石灰的百分含量。

从试验结果可以看出（图 5-2 和图 5-3），盐渍土中的盐分对压实有一定影响，1 号土样的改良土的最大干密度小于 2 号土样的改良土的最大干密度；对于电石灰改良 1 号盐渍土，混合料的最大干密度随电石灰掺入量的增加而减小，最优含水率随着掺入量的增加而增加。图5-2 表明，随着掺入量的增加，电灰土的最大干密度并不是成比例减少的，而在 4% ~8% 之间呈停滞状态，这一特点反映出确定合理的含灰率必须以系统试验资料为依据，盲目的加大和减小电石灰的含量，并不一定能达到最佳工程效果。

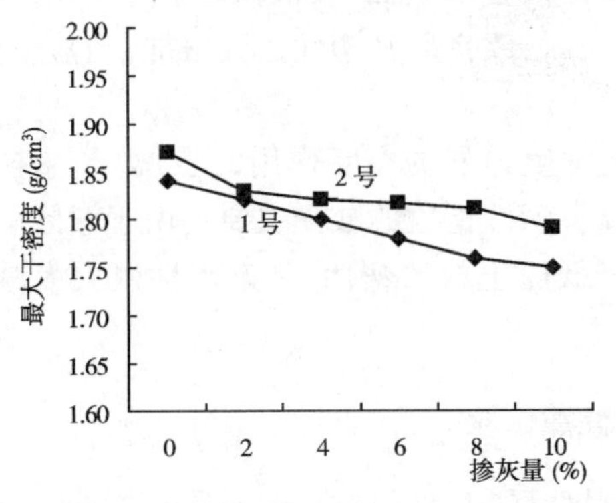

图 5-2　最大干密度与电石灰掺量的关系曲线

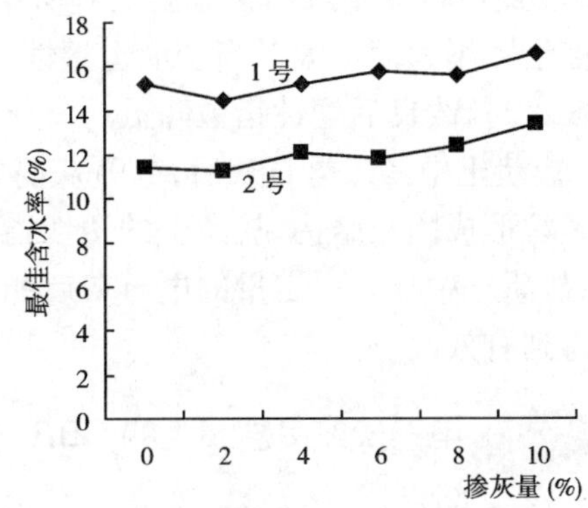

图 5-3　最优含水率与电石灰掺量的关系曲线

试验结果表明：随电石灰掺量的增加，混合料的最大干密度减小，最优含水率增大，且具有很好的相关性。通过回归分析，混合料的最大干密度、最优含水率与电石灰掺量回归方程为：

$$\gamma_d = -0.033\alpha + 1.845 \qquad R = 0.99 \tag{5-1}$$

$$w = 0.9767\alpha + 13.928 \qquad R = 0.99 \tag{5-2}$$

式中：γ_d——重型击实试验得出的最大干密度，g/cm³；

w——重型击实试验得出的最优含水率,%;

α——混合料中电石灰掺量,%。

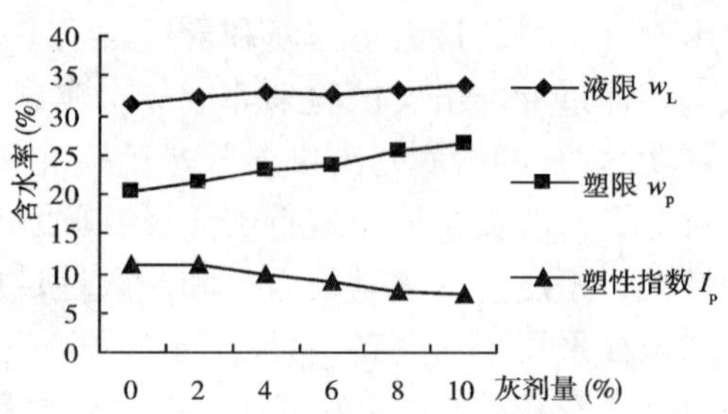

图5-4　改良盐渍土的界限含水率与电石灰掺量关系曲线

5.5.2 电石灰改良盐渍土的液塑限试验

土的液塑限能反映土颗粒与水之间相互作用的程度,可间接反映出土的工程性质。通过试验,研究经电石灰改良后的盐渍土填料的液限、塑限、塑性指数的变化情况。液限试验采用锥式液限仪法,塑限试验采用搓条法。1号盐渍土样掺入不同配比的电石灰养生7d后进行液塑限试验,其结果见表5-8、图5-4。

电石灰改良盐渍土的液塑限表　　表5-8

土样	掺量(%)	养生7d后试验		
		液限 w_L(%)	塑限 w_p(%)	塑性指数 I_p(%)
1号	0	31.5	20.4	11.1
	2	32.4	21.4	11.0
	4	33.0	23.2	9.8
	6	32.5	23.6	8.9
	8	33.2	25.4	7.8
	10	33.8	26.4	7.4

从表5-8、图5-4可以看出,1号盐渍土中掺入电石灰改良后,其液塑限有明显变化,表现出以下特征:

(1)改良填料液塑限均较盐渍土有所增长,增长幅度因土而异,液限增幅较小,而塑限增幅随塑性指数增大而增大。当盐渍土塑性指数较小时,改良后其塑性指数增加;当盐渍土的塑性指数较大时,改良后塑性指数降低。

(2)盐渍土中掺入电石灰后,电石灰与盐渍土发生强烈的相互作用,经过离子交换作用,使黏细颗粒形成团粒结构,盐渍土的塑性指数下降。塑性指数的减少主要是由于塑限的提高。所以,在盐渍土中加入一定量的电石灰后能显著降低原土料的塑性,其亲水性也大大减弱,工程性质得到有效改善。

5.5.3 电石灰改良盐渍土的CBR与回弹模量试验

在车轮荷载作用下,路基路面结构的强度与刚度除了与路面材料的品质有关外,路基的支承起着决定性作用。路基作为路面结构的基础,它抵抗车轮荷载能力的大小,主要取决于路基在一定应力级位下抵抗变形的能力。用于表征路基承载力的参数指标有回弹模量、地基反应模量和加州承载比(CBR)等。

(1) 承载比(CBR)试验

CBR(加州承载比)用来评定土基材料承载能力和土基抵抗变形能力的指标,在路基施工中是一项极为重要的指标。承载能力以材料抵抗局部荷载压入变形的能力表征,并采用标准碎石，以它们的相对比值 CBR 值表示。其计算公式为：

$$CBR = P/P_s \times 100\% \tag{5-3}$$

式中：P——对应于某一贯入度的土基单位压力，MPa；

P_s——与土基贯入度相同的标准单位压力，MPa。

将具有代表性的风干试样用木碾捣碎过筛，过筛的试样按四分法制备试件。试件制备后，泡水测膨胀量，然后，进行贯入试验，使贯入杆以 1～1.25mm/min 的速度压入试件，记下贯入量。采用贯入量为 2.5mm 时的单位压力与标准压力之比作为材料的承载比(CBR)，同时，计算贯入量为 5mm 时的承载比，如贯入量为 5mm 时的承载比大于 2.5mm 时的承载比，则试验需重做。图 5-5 表示贯入量为 2.5mm 时不同电石灰掺量的改良盐渍土的承载比值(CBR)，图 5-6 表示电石灰改良盐渍土 CBR 值随龄期的变化。

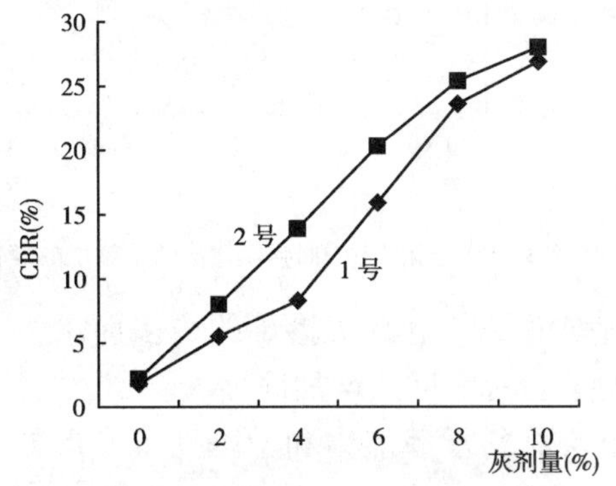

图 5-5 CBR 值随电石灰掺量的变化曲线

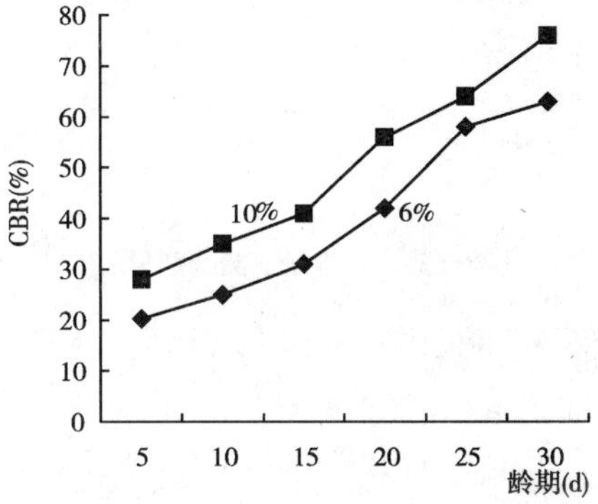

图 5-6 CBR 值随龄期的变化曲线

从图 5-5 中可以看出，盐渍土的 CBR 值过低，直接使用无法保证工程质量；而采用电石灰稳定盐渍土以后，CBR 值可提高 5～10 倍，完全满足高速公路路基设计的路堤填料要求，成为优良的路基填料，且随着电石灰掺量的增加，改良盐渍土的 CBR 值增大。从图 5-6 中可以看出，对于电石灰掺量为 10% 和 6% 的改良盐渍土，其 CBR 值均随龄期的增长而增大。

从表 5-9 中可以看出，压实度对改良盐渍土的强度有显著影响。随着压实度降低，改良盐渍土 CBR 值逐渐减小，总体而论，压实度每降低 1%，CBR 值约减小 5%。

不同压实度的改良盐渍土 CBR 值 表 5-9

土样	掺灰量(%)	压实度(%)				
		90	93	94	96	100
1号	6	8.3	10.8	12.6	15.4	20.3
	10	14.3	19.8	23.2	25.9	28.0

(2)回弹模量试验

设计中对路基、路面都有设计容许弯沉值的要求，容许弯沉值是通过回弹模量 E_0 计算得出的。按照我国现行的《公路沥青路面设计规范》(JTG D50—2006)，回弹模量是进行路面结构层厚度计算所必需的设计参数，路基采用回弹模量 E_0 作为主要控制指标。

将不同电石灰掺量的改良盐渍土在各自最优含水率与最大干密度下，采用击实制备试件，

试件尺寸为 $\phi152mm \times h120mm$。根据不同的压实度计算土样干密度，采用不同的压力制成试件，把成型好的试件放入温度为(20 ±2)℃、相对湿度为90%以上的养生室中养生，对养生到预定龄期的试件按现行的《公路土工试验规程》(JTG E40—2007)的强度仪法测试回弹模量。不同电石灰掺量的试件回弹模量试验结果见图5-7和图5-8。

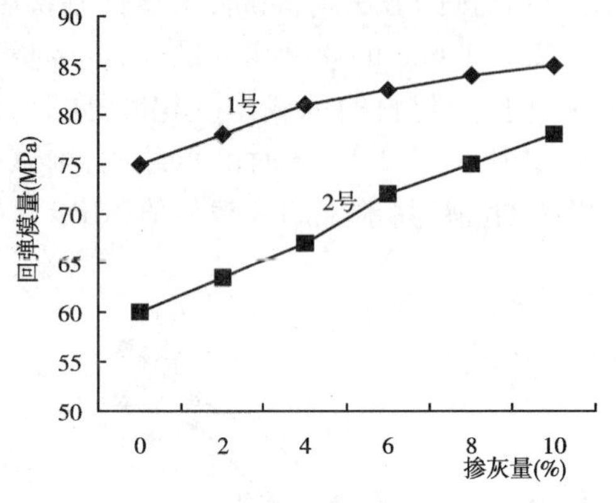

图5-7　改良盐渍土的回弹模量值随灰剂量的变化曲线

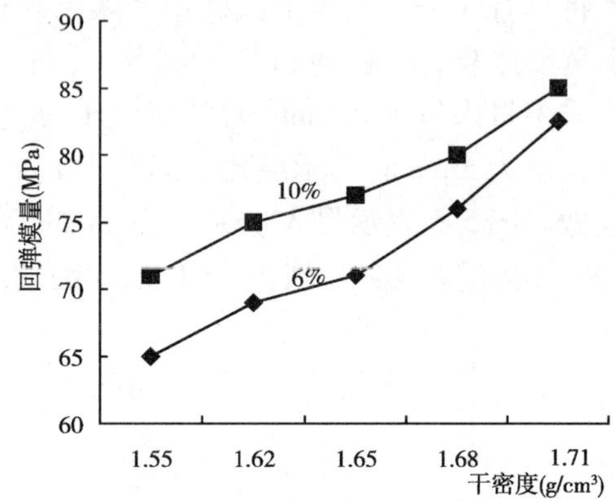

图5-8　改良盐渍土的回弹模量值随干密度的变化曲线

从图5-7和图5-8中可以看出，改良盐渍土回弹模量随电石灰掺量的增多而增大；同时，在电石灰掺量相同的情况下，改良盐渍土的回弹模量随密实度的增加而增大。

加州承载比CBR和回弹模量都是一种评定土基材料承载能力和土基抵抗变形能力的指标。通过对不同地区的土质进行研究，E_0 与CBR之间存在着一定的关系，二者呈显著正相关。压实度对路基填料强度有显著影响，随着压实度降低，改良盐渍土的强度急剧下降。由此可见，施工中保证改良盐渍土达到设计的压实度标准十分重要。改良土随电石灰掺量的增加，其CBR值和回弹模量明显增长。但是掺量超过一定值，一方面，CBR值和回弹模量的增加幅度减小，甚至绝对值会降低；另一方面，改良土的强度指标会远远超过规范要求，因此，应综合经济合理、技术可行等因素确定合适的电石灰掺量。

试验结果表明，电石灰改良盐渍土作为路基填料，在压实状态下，从压缩性、承载力上完全能满足要求。

5.6　电石灰改良盐渍土的强度与变形特性

本节将通过无侧限抗压强度试验、三轴压缩试验和单向压缩固结试验对改良盐渍土的强度与变形特性进行研究。众所周知，改良土的强度及变形特性受到很多因素的影响，如土和改良材料自身的物理性质、应力条件、试验条件等。在试验过程中，任何条件的改变，都可能引起改良土的强度及变形特性的变化，改良土的强度及变形特性是由多因素影响的综合结果。由于电石灰改良盐渍土的特性受到诸多条件的影响，对所有的影响因素都进行分析，实际工程中是不可能做到的。大量的研究结果表明：改良盐渍土的强度与变形特性的主要影响因素是试样的压实度或干密度、电石灰掺量与龄期。本节将围绕这三个因素展开分析讨论。为了从上述几方面来研究电石灰改良盐渍土的强度和变形特性，试验方案见表5-10。

改良盐渍土强度与变形特性研究试验方案　　表 5-10

压实度 P(%)或干密度(g/cm^3)	电石灰掺量 α(%)	龄期(d)
90 或 1.54	2	7 14 28
93 或 1.59	4	
94 或 1.61	6	
96 或 1.64	8	
100 或 1.71	10	

5.6.1 改良盐渍土的强度特性试验

改良盐渍土的强度特性是它的重要力学性质之一,受改良填料中电石灰掺量、干密度(由成样时的压实度决定)和龄期等的制约,它们之间的相互作用构成了改良盐渍土强度的复杂性。因此,需要对改良盐渍土的强度特性进行大量的试验工作。

1)改良盐渍土的单轴抗压强度

在研究配比对改良盐渍土强度特性的影响时,最基本、最简单的方法就是通过无侧限抗压强度试验来测定分析配比与抗压强度的关系(表 5-11)。

电石灰改良盐渍土的 7d 抗压强度(单位:kPa)　　表 5-11

配比(%)	压实度 P				
	90%	93%	94%	96%	100%
0	96	101	116	126	131
2	116	126	131	141	152
4	162	182	207	222	247
6	212	242	258	283	313
8	283	323	354	374	430
10	293	328	370	392	450

抗压强度随电石灰掺入比的变化规律如图 5-9 所示。

图 5-9a)表示改良盐渍土干密度变化范围在 1.58 ~ 1.76g/cm^3 之间,龄期 7d 时,抗压强度与电石灰掺入比的关系。压实度虽然不同,但都是改良土中电石灰掺入比越高,抗压强度越高。电石灰掺入比高,龄期、压实度等对抗压强度的影响大;反之,龄期、压实度对抗压强度的影响小。图 5-9b)、c)分别为龄期 14d 和 28d,不同密度情况下,抗压强度与电石灰掺入比的关系,也呈现了与 7d 龄期时相同的增长关系。

试验盐渍土样对抗压强度的提高有一个最佳电石灰掺入比。当电石灰掺入比低于该值时,增加电石灰掺入比对抗压强度的影响较大;当电石灰掺入比高于最佳值时,增加电石灰掺入比,对抗压强度的提高影响较小。从图 5-9 看出,电石灰掺入比小于 8%,抗压强度增长幅度较大;掺入比大于 8% 时,抗压强度增长幅度较小,甚至出现增长停滞的现象。

抗压强度随密度的变化规律如图 5-10 所示。

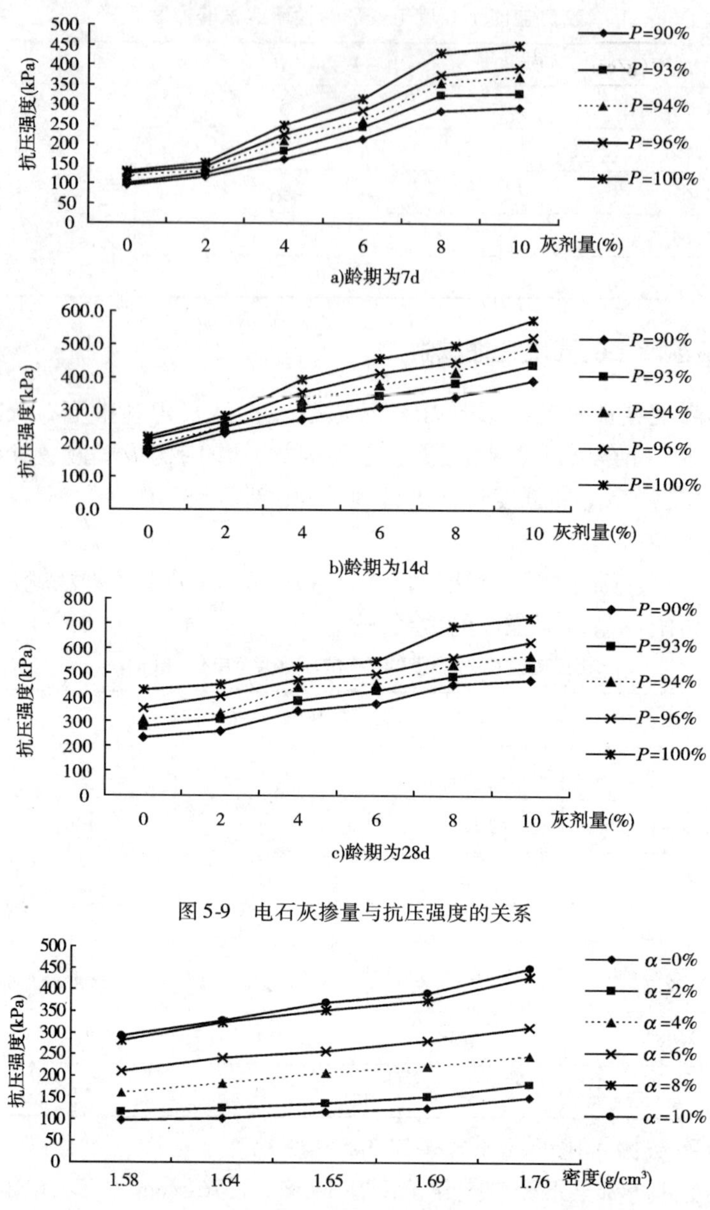

图 5-9　电石灰掺量与抗压强度的关系

图 5-10　电石灰改良盐渍土抗压强度随密度的变化

图 5-10 中为不同电石灰掺入比的改良盐渍土在龄期 7d 时，抗压强度与密度的关系。从图中可以看出，改良土的抗压强度随干密度的增大而增高，但掺灰量不同，增大的幅度不同。当电石灰掺入比超过 6% 时，随密度的增大，抗压强度不断提高，二者呈线性关系，强度增长大于 10%；当电石灰掺入比小于 6%，抗压强度随密度增大而缓慢增长，增幅不足 8%。上述情况说明，密度与抗压强度的关系因电石灰掺入比不同而发生变化。电石灰掺入比较低时，除电石灰的固化作用外，改良土中的土颗粒对抗压强度可能会起到一定的骨架作用，颗粒含量有最佳组合问题，当达到骨架的最佳组合时，强度较高，当颗粒超过最佳组合，黏结作用下降，强度降低。当电石灰掺入比较高时，对抗压强度起主要作用的是电石灰的水化作用，类似于石灰

土,骨架作用不明显,所以,抗压强度随电石灰掺入比增高而逐渐增高。

抗压强度随龄期的变化规律如图5-11所示。

图5-11a)为按最大压实度,不同电石灰掺入比条件下,抗压强度与龄期的关系。随龄期的延长,抗压强度呈线性增加。电石灰掺入比为2%、4%时,随龄期变化,混合土抗压强度增长趋势极为平缓;电石灰掺入比为6%时,抗压强度增长趋势稍有提高;掺入比加大到8%时,电石灰固化作用较为明显,强度呈明显递增的趋势。可见不同掺入比时,龄期对抗压强度的影响程度不同,电石灰掺入比高,龄期对抗压强度的影响作用明显;反之,电石灰掺入比低,龄期对抗压强度的影响作用不明显。图5-11b)为电石灰掺入比为8%时,不同压实度情况下,抗压强度与龄期的关系,二者也呈直线关系。压实度大,抗压强度随龄期增长快;压实度小,随龄期增长慢,说明压实度对抗压强度的影响较大。当压实度小于93%时,抗压强度在后期有明显的减缓,但总体规律都是抗压强度随龄期的延长而线性增大。从图中可以看出,龄期对抗压强度的影响,受电石灰掺入比和压实度的不同而有所不同,但龄期相同时,压实度对抗压强度的影响比电石灰掺量明显。

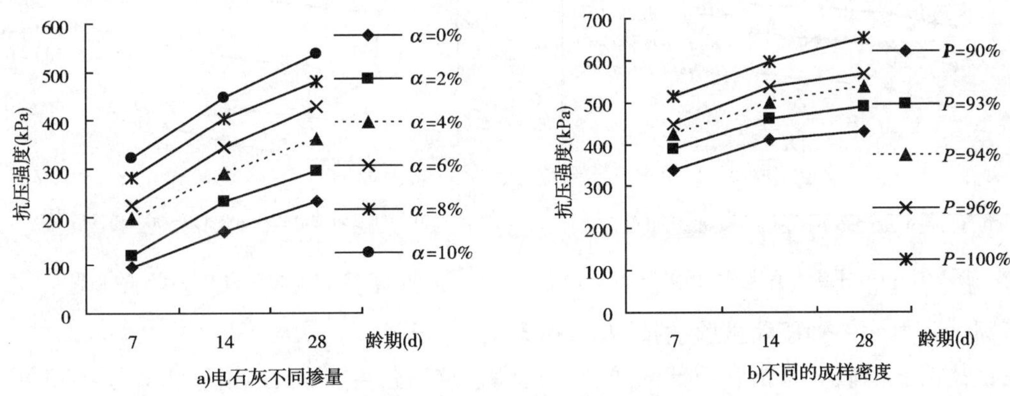

图5-11 电石灰改良盐渍土的抗压强度与龄期的关系

2)电石灰改良盐渍土的抗剪强度

抗剪强度特性是改良土的重要力学性质之一,在工程设计的计算分析工作中,抗剪强度指标(内摩擦角和黏聚力)是其中最重要的计算参数,能否正确测定土工材料的抗剪强度指标,往往是设计质量和工程成败的关键所在。因此,应对抗剪强度指标的性质和变化规律有一个清晰的概念,对内摩擦角和黏聚力与配比的关系有一个大致的了解,尽可能为实际工程提供准确的参数。电石灰改良盐渍土作为一种特殊的路基填筑材料,关于它抗剪强度特性的研究较少,但影响改良盐渍土抗剪强度指标的因素多且复杂。本节在无侧限抗压强度试验的基础上,对改良盐渍土的不固结不排水三轴压缩试验和固结不排水三轴压缩试验的抗剪强度特性分别从电石灰掺入比、密度和龄期方面进行了研究。

三轴压缩试验,由于围压的作用,试样的剪切破坏形式与单轴抗压强度试验的试样破坏形式不同。为了解围压对改良盐渍土最大主应力差的影响程度,对本次三轴压缩试验结果的最大主应力差与围压的关系进行了分析。

(1)不固结不排水三轴压缩试验UU

龄期为7d,不同电石灰掺入比的改良盐渍土,最大主应力差随围压的变化关系见图5-12,

最大主应力差随围压的增大逐渐增大。电石灰掺入比高的试样,最大主应力差大;反之,电石灰掺入比低的试样,最大主应力差相对小些。随压实度增大,高围压的最大主应力差比相同围压下压实度小的试样最大主应力差大。改良盐渍土试样随龄期的延长,其固化作用明显,最大主应力差随围压的增大逐渐增大。

(2)固结不排水三轴压缩试验 CU

固结不排水三轴压缩试验,虽然配比、龄期不同,但最大主应力差都随围压的增大而逐渐增大,见图 5-13,只是增大的趋势略有不同,龄期长、电石灰掺入比高,最大主应力差增大的幅度大,电石灰掺入比低,增大的幅度小。在固结不排水三轴压缩试验中,最大主应力差与围压的关系受电石灰掺入比、密度和龄期的影响较小,但是电石灰掺入比高、密度大,最大主应力差大,随围压变化的趋势也明显。

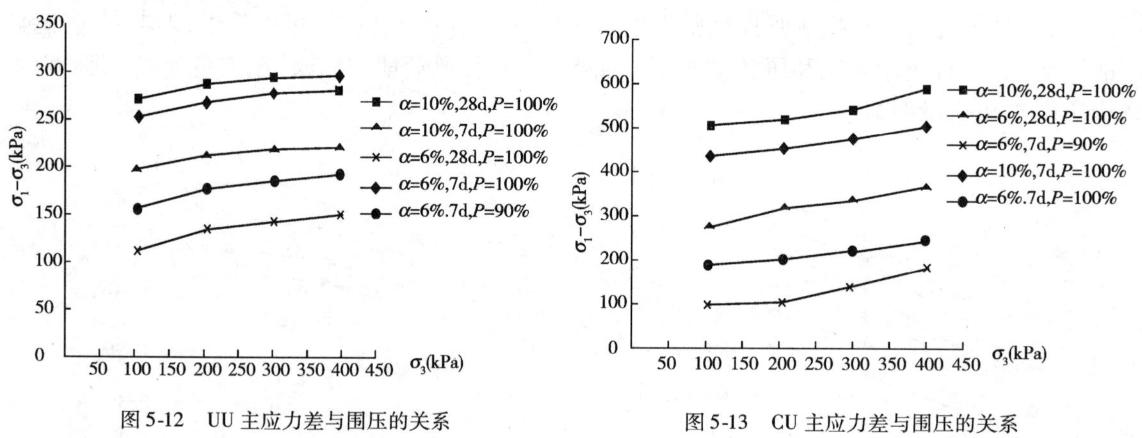

图 5-12　UU 主应力差与围压的关系

图 5-13　CU 主应力差与围压的关系

不固结不排水三轴压缩试验的抗剪强度指标:

改良盐渍土的破坏是指它内部的剪应力达到了抗剪强度,屈服是指它出现了不可恢复的变形。不同的试验方法,测得的抗剪强度指标不同。相同配比的改良盐渍土,在一定围压范围内,c、φ 是确定值。本次试验通过对改良盐渍土不固结不排水和固结不排水两种三轴压缩试验结果的分析,确定了电石灰改良盐渍土不同条件的抗剪强度指标。

在工程设计的计算分析中,应尽可能采用有效强度指标和有效应力的分析方法。但是,由于实际工程中的超静水压力很难准确计算和量测,因而,有许多设计工作仍采用总应力分析计算方法,并按照近似条件采用固结不排水或不固结不排水压缩试验的抗剪强度指标。

不同配比的改良盐渍土,不固结不排水压缩试验的摩尔圆与抗剪强度包络线,见图 5-14,围压在一定范围内,包络线近似为直线,可用摩尔—库仑理论确定改良土的抗剪强度指标。依据摩尔—库仑破坏准则,破坏面上的法向应力和剪切应力满足函数关系:$\tau=f(\sigma)$。

通常用库仑公式表示一定应力范围内改良盐渍土的抗剪强度,抗剪强度的包络线是一条直线,如图 5-14 所示。

$$\tau=c+\sigma\tan\varphi \tag{5-3}$$

由图 5-14a)、b)、c)可以看出,干密度为 1.58g/cm^3(压实度为 90%),龄期 7d,不同电石灰掺入比的改良盐渍土,在围压 400kPa 范围内,摩尔强度包络线为上升趋势的直线,φ 角为正值。抗剪强度指标 c、φ 值的大小见表 5-12,电石灰掺入比高,黏聚力大,电石灰掺入比低,黏聚力小，φ 角则大致相同，变化很小。

图5-14d）为电石灰掺入比2%，密度1.76g/cm^3，龄期7d的改良盐渍土的摩尔圆与抗剪强度包络线。由表5-12中的数据可以看出，密度增大，黏聚力的值变大，φ 角增加明显。

图5-14e）为电石灰掺入比10%，密度1.58g/cm^3，龄期28d的改良盐渍土的摩尔圆与抗剪强度包络线，由于龄期的影响，强度包络线上升趋势变为更为明显，φ 角和黏聚力则继续增大，而电石灰掺入比2%，密度1.58g/cm^3 的改良盐渍土，龄期变化对抗剪强度指标影响很小，见图5-14f），包络线仍为平缓上升的直线，黏聚力有所提高，φ 角的变化趋势有所减缓。可见龄期对抗剪强度指标的影响受电石灰掺入比大小的控制。

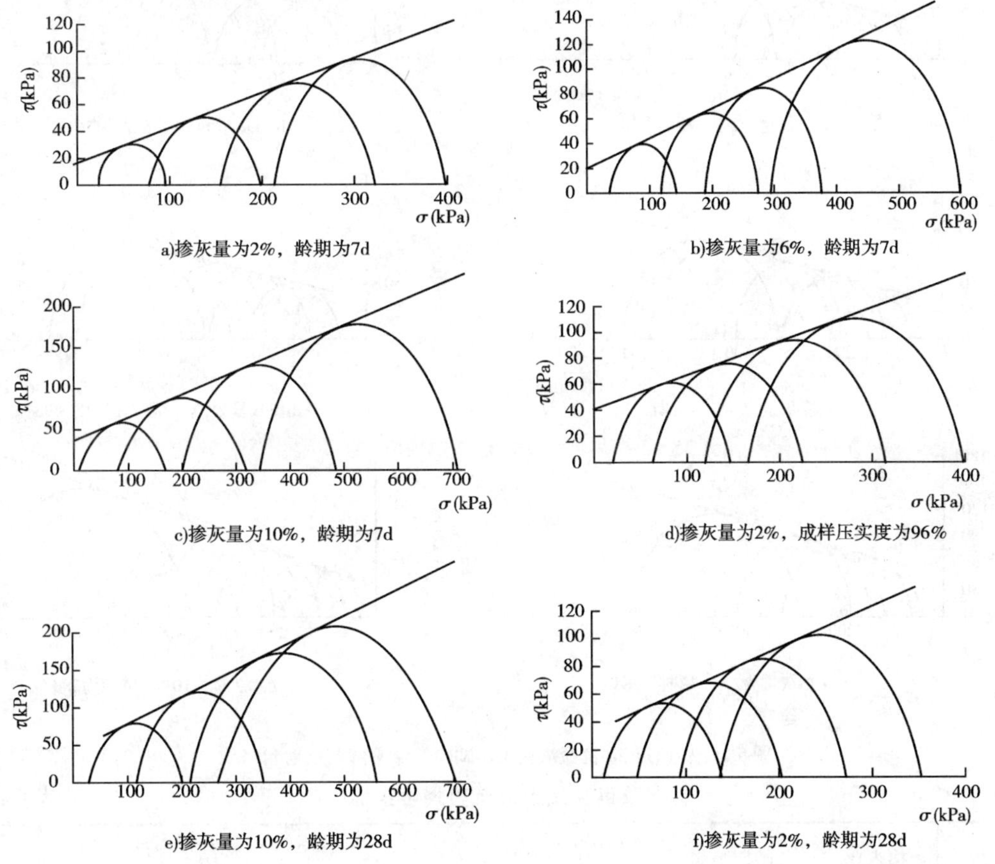

图5-14　电石灰改良盐渍土UU试验的摩尔圆与抗剪强度包络线

固结不排水三轴压缩试验的抗剪强度指标：

图5-15为与不固结不排水压缩试验相同配比的试样，进行固结不排水压缩试验时的摩尔圆与抗剪强度包络线，也符合摩尔—库仑强度准则。实线为总应力摩尔圆和强度包络线，虚线为有效应力摩尔圆和有效应力强度包络线，φ 角都为正值，强度包络线为上升直线，φ' 比 φ 大，c' 比 c 小，与石灰土体相似；从表5-12中看出，不同电石灰掺入比的抗剪强度指标，电石灰掺入比增高，用总应力分析法表示的抗剪强度指标，黏聚力变大，但 φ 角变化很小；而有效应力分析法表示的抗剪强度指标，电石灰掺入比高，黏聚力大，φ' 角则稍有降低的趋势。抗剪强度指标随密度的增大表现为总应力法表示的黏聚力增大，φ 角也增大；而有效应力法表示的黏聚力

变大，φ'角没有变化。不同龄期的抗剪强度指标，随龄期的增大，电石灰掺入比10%的试样，总应力法表示的强度包络线，表现为黏聚力增大明显，φ角有所增大；有效应力法表示的抗剪强度指标为黏聚力有明显增大，φ'角也增大；电石灰掺入比2%的试样，总应力法表示的强度包络线，表现为黏聚力增大不明显，φ角降低；有效应力法表示抗剪强度指标为黏聚力有所增大，φ'角变小。

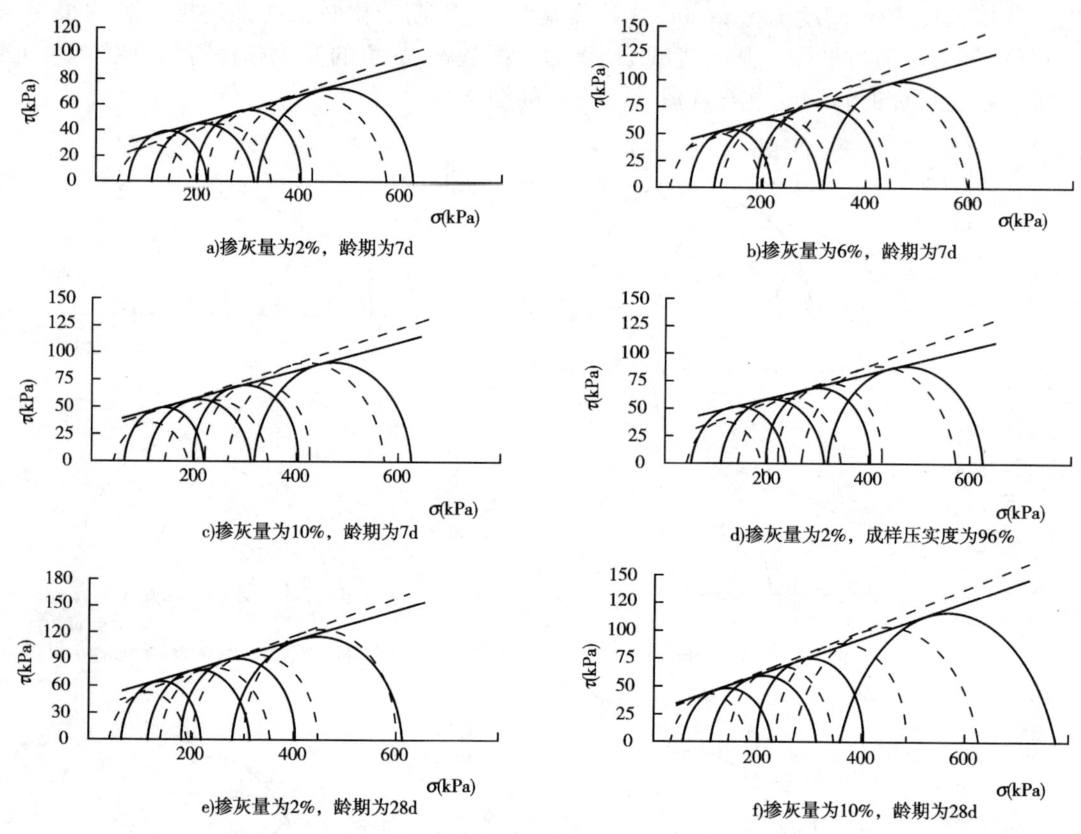

图5-15　电石灰改良盐渍土CU试验的摩尔圆与抗剪包络线

改良盐渍土的抗剪强度指标　　表5-12

干密度 ρ(g/cm^3)	掺入比 α(%)	龄期 T(d)	不固结不排水		固结不排水			
			c(kPa)	φ(°)	c(kPa)	φ(°)	c'(kPa)	φ'(°)
1.58	2	7	16.7	18	20	21	16	24.2
1.58	6	7	20	19.6	24	22.5	19.2	26.3
1.58	10	7	31.7	21.1	38	23.7	30.4	28.3
1.69	2	7	43.5	25	41	23	37.2	25.5
1.58	10	28	39	31.2	42	26	33.6	28
1.58	2	28	33	30	33	25	26.4	26.5

5.6.2 改良盐渍土的变形特性试验

改良盐渍土的变形特性是其工程特性的重要特性之一，分析改良盐渍土的变形特性，确定电石灰改良盐渍土填料的工程特性，为实际高速公路建设提供可靠的设计参数，是计算改良盐渍土填料路基工后沉降和稳定性的基础。

1)单轴应力—应变特征

改良盐渍土的应力—应变关系，是描述荷载作用下，改良盐渍土变形与强度特性的基础，也是评价路基变形与稳定性的前提条件。改良盐渍土作为特殊的路基填筑材料，只有通过试验，正确确定它的应力—应变关系，才能满足当前改良土在土工应用中的计算要求。

通过对不同配比改良盐渍土的无侧限抗压强度试验，得到部分单轴应力—应变曲线，典型的单轴应力—应变曲线形态如图 5-16 所示。通过对单轴应力—应变曲线特征的分析，改良盐渍土属于弹塑性材料，图中曲线与坚硬土体的应力—应变曲线有十分相似之处，有明显的峰值应力出现。整个应力—应变曲线分为三个阶段：第一阶段是直线段。初始加载时，随着应变增大，对应的应力不断增大，在达到屈服应力之前，应力—应变关系接近于线性关系，但直线段很短。线性关系说明试样处于弹性变形状态，试样尚无明显的裂缝出现，原有裂缝被压密，变形可以完全恢复。第二阶段为材料的塑性屈服阶段。随着荷载的增加，试样出现了新的裂缝，原有裂缝也有所发展，土由收缩变为膨胀，此时应变的增长速度大于应力的增长速度，应力—应变关系明显地转为曲线，应力增大到峰值。第三阶段是破坏后阶段。应力下降，曲线的坡度变成负值。在本次试验的配比范围内，破坏应变大致在 1.5% ~5% 之间，应力强度的变化范围在 80 ~ 600kPa 之间。因改良盐渍土为多种材料的混合体，对于应力—应变曲线形态的影响因素，从材料组成成分的配比变化入手，主要分析电石灰掺入比、干密度和龄期对单轴应力—应变曲线形态的影响。

电石灰掺入比对单轴应力—应变曲线的影响：

电石灰掺入比不同，改良盐渍土中生成的水化物结晶程度不同，宏观上表现为改良盐渍土的应力—应变特性随电石灰掺入比增加而发生变化。图 5-17 为干密度为 1.58g/cm^3 的不同电石灰掺入比的应力—应变曲线。由图可见，电石灰掺入比变化，不会影响应力—应变曲线的类型，始终为应变软化型，但会改变曲线的形态。电石灰掺入比高，应力—应变曲线陡，初始弹性模量大，应力强度高，破坏应变小，约 2%，脆性破坏明显；电石灰掺入比低，曲线变缓，破坏应变变大，应变达 4.5% 左右，塑性变形明显。

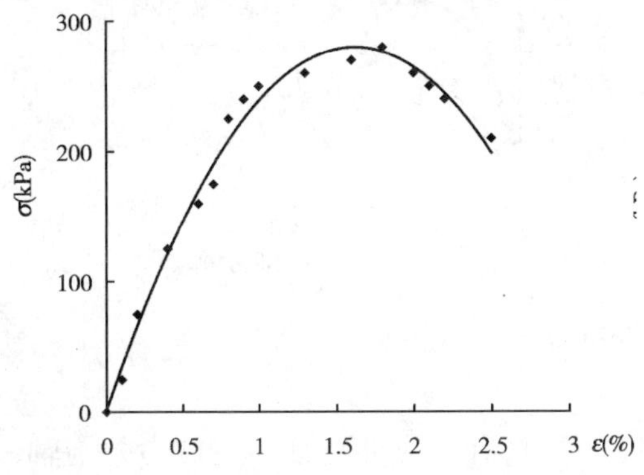

图 5-16　电石灰改良盐渍土单轴应力—应变曲线

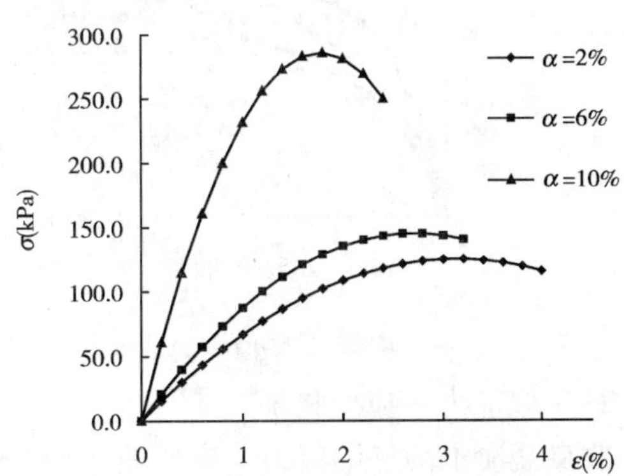

图 5-17　不同掺量灰改良盐渍土应力—应变曲线

干密度对单轴应力—应变曲线的影响：

干密度对改良盐渍土应力—应变特性的影响，其实就是成样时的压实度的不同，改良盐渍土的内部结构不同。电石灰掺入比为2%和10%，龄期7d，不同密度的应力—应变曲线见图5-18。由图可见，电石灰掺入比低，密度对应力—应变曲线的形态影响小，不同密度的应力—应变曲线几乎重合，电石灰掺入比为2%的应力—应变曲线，虽然密度不同，但曲线基本上重合。电石灰掺入比高，密度对应力—应变曲线的影响明显，如电石灰掺入比10%的应力—应变曲线，密度大，强度高，初始弹性模量大；密度小，强度低，初始弹性模量降低，塑性变形变大，但破坏应变变化不大，在2.5%～3.5%之间。这些说明电石灰掺入比在应力—应变曲线形态的改变中作用明显。电石灰掺入比高，随着生成水化物含量的增加，改良土中的胶结作用明显增强，应力—应变曲线形态变化明显；电石灰掺入比低，胶结作用本身就比较弱，结晶盐颗粒相对增多，对胶结作用影响不明显，再加上结晶盐颗粒骨架作用的正面影响，应力—应变曲线形态变化不明显。

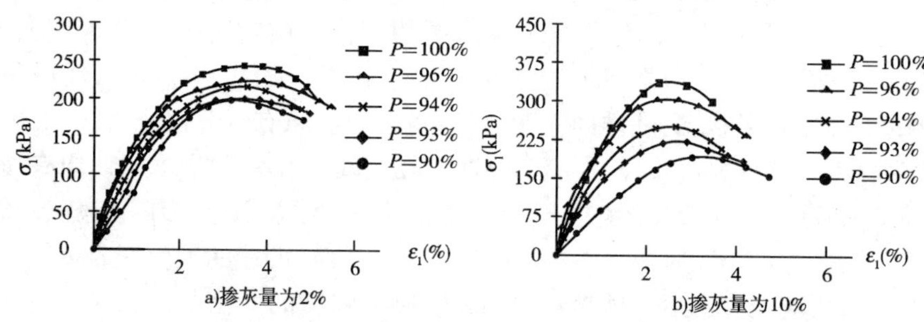

图5-18 不同密度的电石灰改良盐渍土应力—应变关系曲线

龄期对单轴应力—应变曲线的影响：

因为改良盐渍土中含有电石灰，电石灰有一个固化的过程，随着养护时间的延长，改良盐渍土中的水化物不断增多，应力—应变曲线的形态也在不断变化。图5-19为电石灰掺入比为2%和10%，密度大致相同，龄期不同时的应力—应变曲线，龄期对其变化规律的影响是一致的。龄期延长，弹性阶段的曲线变陡，即初始弹性模量增大，相应的峰值应力也增高，曲线由平缓逐渐变为尖峰状，说明材料由塑性向脆性过渡，破坏应变减小。

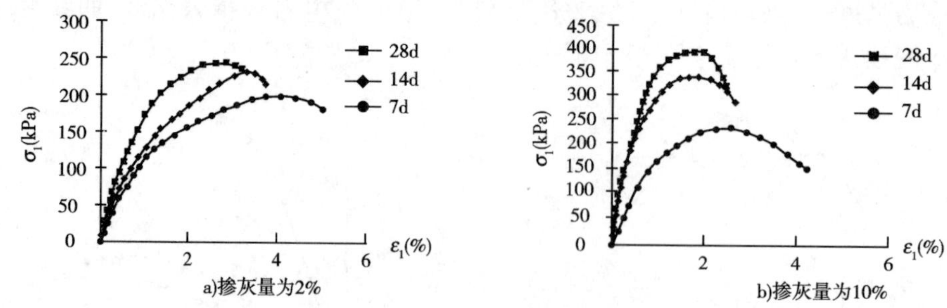

图5-19 电石灰改良盐渍土不同龄期的应力—应变曲线

2）三轴应力—应变特征

改良盐渍土的三轴应力—应变曲线如图5-20所示，具有非线性特征。主应力差与轴向应变关系曲线初始阶段为直线，改良土处于弹性变形状态，当应力达到某一值（即屈服应力）后，应力—应变关系呈非线性,表明改良盐渍土存在塑性变形,这种变形关系说明,改良盐渍土变形具有非线性的特征。图 5-20 中的曲线也表明,改良盐渍土的总应变是由不同性质的应变组成的,总应变可分为弹性应变增量和塑性应变增量两部分。

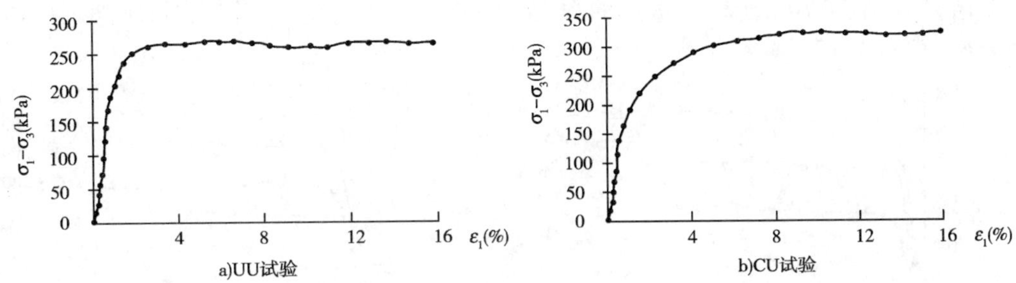

图 5-20 掺量为 6% 的电石灰改良盐渍土应力—应变曲线

不固结不排水三轴压缩试验应力—应变曲线:

(1)电石灰掺入比的影响

将干密度为 1.58g/cm^3,电石灰掺入比为 2% 和 10%,龄期 7d 的改良盐渍土,进行不固结不排水常规三轴压缩试验,试验结果见图 5-21。对比不同电石灰掺入比的试样,初始模量与围压有密切关系。围压越大,初始模量越大;主应力差($\sigma_1 - \sigma_3$)随围压增大而增大。电石灰掺入比在一定范围内,不同围压作用下,改良盐渍土应力—应变曲线的类型没有发生改变。电石灰掺入比为 10%,相同围压时,主应力差($\sigma_1 - \sigma_3$)大,随围压增大而增大的幅度小,在应变接近 2% 时,主应力差相差很小;电石灰掺入比为 2%,相同围压时,主应力差较小,随围压变化的幅度稍大,电石灰掺入比对主应力差大小的影响明显,见图 5-22,但对应力—应变曲线形态的改变不大。

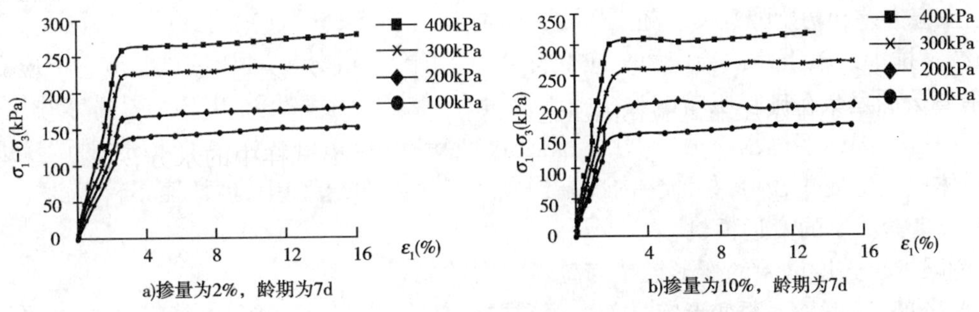

图 5-21 电石灰改良盐渍土 UU 应力—应变曲线

(2)密度的影响

为了解密度对三轴压缩应力—应变特性的影响,分别对压实度为 90%、94%、100%,电石灰掺入比 6%,龄期 7d 的改良盐渍土,进行不固结不排水三轴压缩应力—应变曲线分析,见图 5-23,初始弹性模量随改良盐渍土的成样密度的增大而增大。对于相同应变情况下,最大主应力差($\sigma_1 - \sigma_3$)$_f$ 与试样的成样密度呈正比例关系。

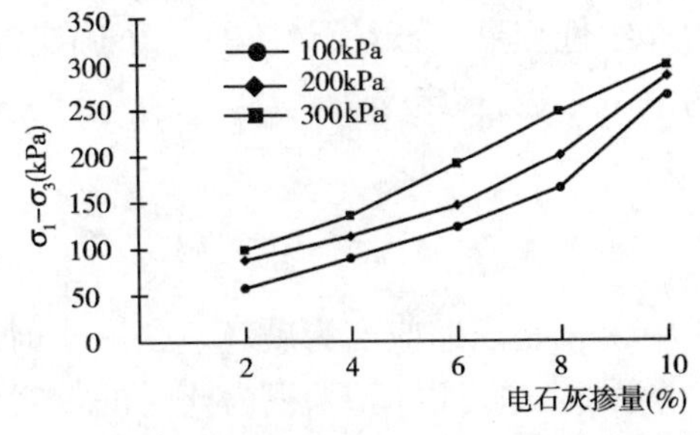

图 5-22 最大主应力差与电石灰掺量的关系曲线

(3)龄期的影响

图5-24为密度1.58g/cm³,电石灰掺入比10%,龄期28d的不固结不排水三轴压缩应力—应变曲线。与图5-21b)相比,龄期28d的应力—应变曲线随围压增大,初始弹性模量和主应力差增大,与龄期7d的应力—应变曲线随围压的变化一致;应变较大时,则随围压增大,主应力差变大。

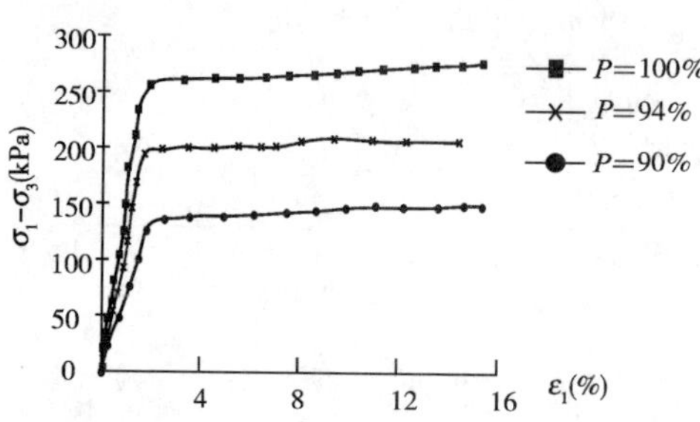

图5-23　电石灰改良盐渍土不同密度试样的UU应力—应变曲线

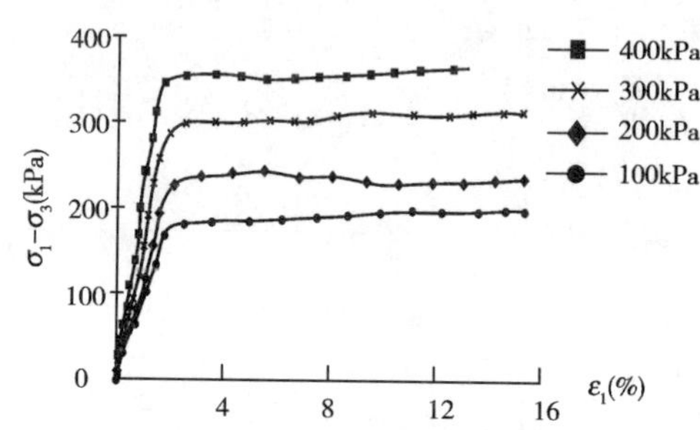

图5-24　电石灰改良盐渍土UU应力—应变曲线

固结不排水三轴压缩试验应力—应变曲线:

将与不固结不排水三轴压缩试验相同配比的试样,进行固结不排水三轴压缩试验,试验结果见图5-25,电石灰掺入比的影响见图5-25a)、b)、c),随着围压不断增加,应力—应变曲线初始段线性程度和切线斜率在不断下降。不同围压时,最大主应力差与电石灰掺入比的关系见图5-26,电石灰掺入比高,相同围压时的最大主应力差大;反之,最大主应力差小,二者近似为线性关系,围压不同时,主应力差与围压的变化趋势相同。对比图5-25a)、d),密度变大,围压对初始弹性模量的影响变小,密度1.69g/cm³的试样,围压不同,初始弹性模量变化微小,在应变还比较小时,主应力差就开始随围压的增大而增大。龄期对固结不排水三轴压缩应力—应变曲线形态的影响不明显,主应力差和初始弹性模量随围压增大而增大,见图5-25c)、e)、b)、f)。

固结不排水三轴压缩试验应力—应变特性与不固结不排水三轴压缩试验应力—应变特性不同,主要是不固结不排水压缩试验在围压施加的一瞬间,就开始剪切,没有孔隙水排出,而且剪切速率较快;固结不排水三轴压缩试验则通过施加围压,排出试样中的水分,对试样进行固结,试样体积发生变化,改良盐渍土内部结构发生变化,剪切过程中,剪切速率较慢。

3)改良盐渍土的变形模量

无侧限抗压强度试验的变形模量与抗压强度的关系:

变形模量E_{50}也是表明变形特性的一个重要参数,它表示无侧限条件下,压应力与相应压缩应变的比值,反映材料抵抗弹塑性变形的能力,可用于弹塑性问题的分析计算,改良盐渍土为非线性变形,变形模量不是一个确定的数,可用变形系数E_{50}作为表明改良盐渍土变形特性的一个参数,被定义为:

$$E_{50}=\frac{\sigma_{1/2}}{\frac{1}{2}\varepsilon_{\mathrm{f}}} \tag{5-4}$$

式中,$\sigma_{1/2}$是压缩应变为破坏应变一半时的压缩应力。

因此,也可以把E_{50}视为此时的割线模量。变形模量由无侧限抗压强度试验得出,它同应力—应变曲线一样,也受电石灰掺入比、密度和龄期等的影响,综合上述因素的影响,归结为变

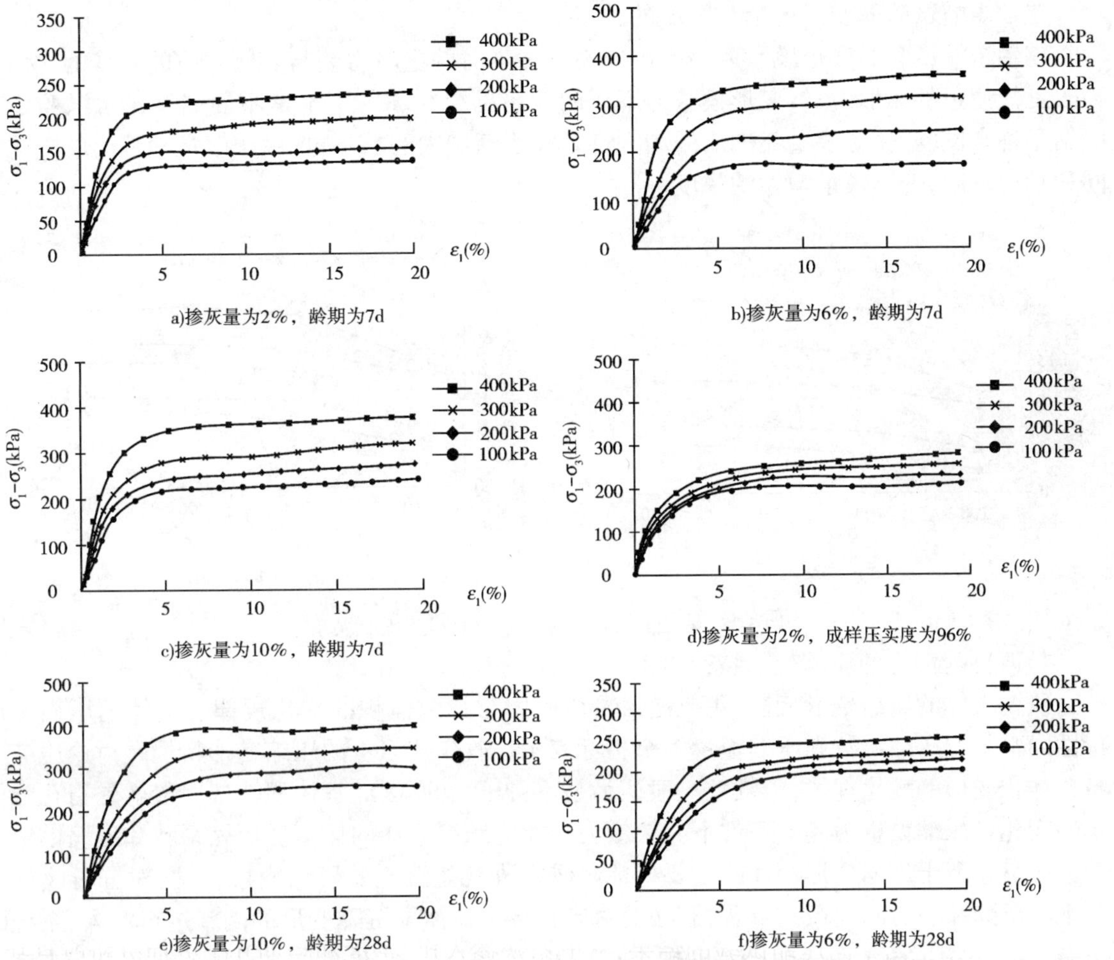

a)掺灰量为2%，龄期为7d
b)掺灰量为6%，龄期为7d
c)掺灰量为10%，龄期为7d
d)掺灰量为2%，成样压实度为96%
e)掺灰量为10%，龄期为28d
f)掺灰量为6%，龄期为28d
σ1-σ3(kPa)
ε1(%)
400kPa
300kPa
200kPa
100kPa

图 5-25　电石灰改良盐渍土 CU 应力—应变曲线

形模量与抗压强度的关系。图 5-27 是由无侧限抗压强度试验所得的变形模量 E_{50} 与抗压强度的关系，两者基本上呈乘幂关系，变形模量随抗压强度的增加而不断增大。本次试验中，改良盐渍土，可用 $E_{50}=aq_{\mathrm{u}}^{\mathrm{b}}$ 的经验关系作为推估的依据，a、b 为试验常数，$a=0.0015$，$b=1.72$，$R^2=0.96$。

σ1-σ3(kPa)
电石灰掺量(%)
100kPa
200kPa
300kPa

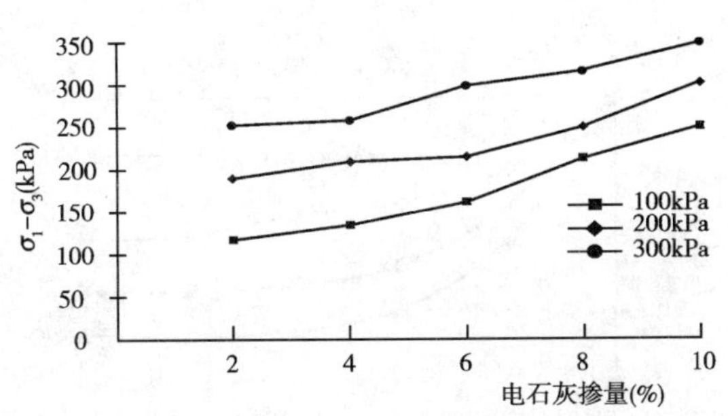

图 5-26　电石灰改良盐渍土 CU 试验最大主应力差与电石灰掺量的关系

变形模量(MPa)
抗压强度(kPa)

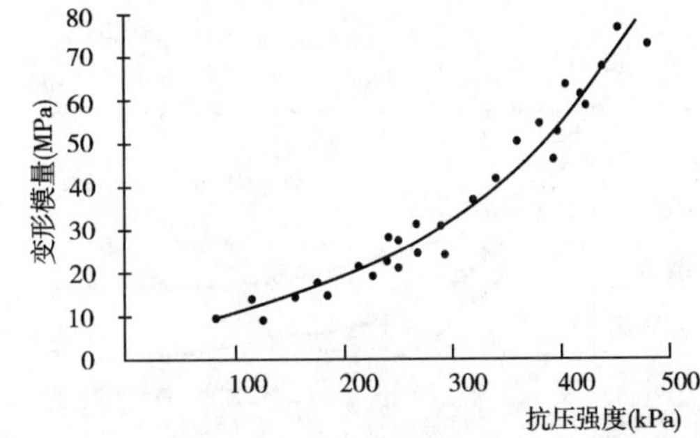

图 5-27　电石灰改良盐渍土变形模量与抗压强度的关系

三轴压缩试验的变形模量与围压的关系：

三轴压缩试验的变形模量取最大主应力差一半时的主应力差与其所对应的应变的比值作为改良盐渍土的变形模量，变形模量与围压的关系见图5-28。不论是不固结不排水试验还是固结不排水试验，变形模量随围压的增大都是在逐渐增大的。不过，由于改良盐渍土的配比不同和龄期不同，变形模量增大的幅度不同。

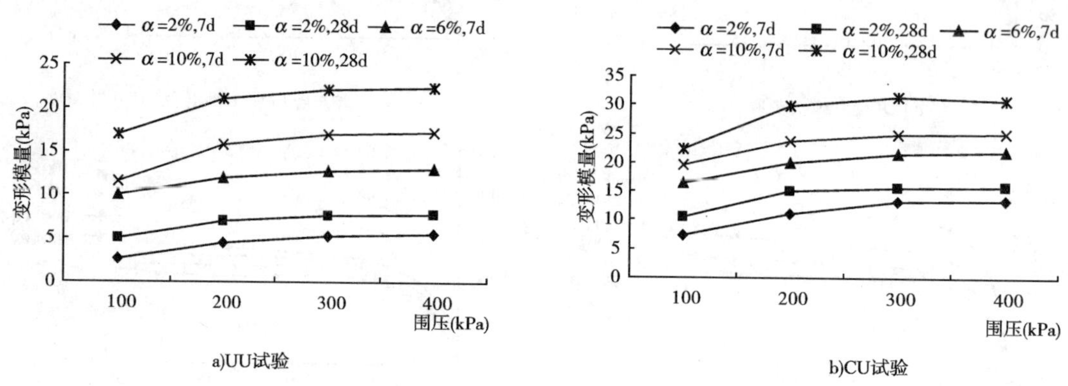

图5-28　电石灰改良盐渍土变形模量与围压的关系

4）改良盐渍土的压缩变形特性

研究土体的压缩变形特性，主要是讨论压应力与孔隙体积的变化规律。土体的压缩变形特性通常采用压缩系数和压缩模量两个指标表示。改良盐渍土的压缩变形特性是讨论压应力与总体积变形的变化规律，土颗粒一般认为是不可压缩的，因而总体积变形一般就是指孔隙体积的变化。压缩模量为侧限条件下有效应力与相应压缩应变的比值。压缩系数和压缩模量是表示改良盐渍土压缩变形特性的重要指标。研究改良盐渍土的压缩变形特性，对分析改良盐渍土的沉降和稳定问题极其重要，有必要对影响改良盐渍土沉降变形的因素进行深入、系统的研究。本章根据室内单向压缩试验的结果，从电石灰掺入比、密度和龄期几个方面分析改良盐渍土的压缩变形特性。

不同电石灰掺入比的压缩变形特性：

干密度为1.58g/cm^3，电石灰掺入比不同时，改良盐渍土荷载与变形的关系曲线如图5-29所示。从图中可看出，电石灰掺入比对压缩变形量的影响比较明显，不论7d还是28d，电石灰掺入比高，相同荷载作用下的变形量小，在加载过程中，改良盐渍土的沉降变形量随压力的增大而增大。

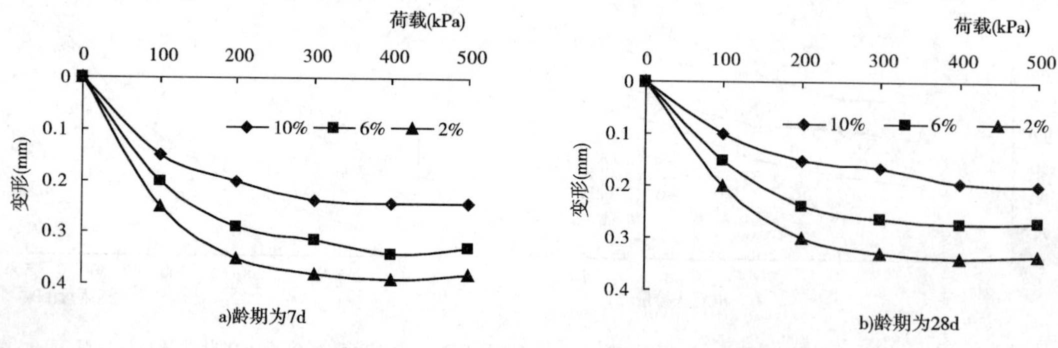

图5-29　电石灰改良盐渍土不同电石灰掺量的压缩曲线

由图 5-29 中的曲线可以得到不同电石灰掺入比和不同龄期时的压缩模量和压缩屈服应力，见表 5-13。表中的数据表明，电石灰掺入比增高，压缩模量和屈服应力变大；压缩模量与电石灰掺入比的关系见图 5-30，由图可以看出，压缩模量随电石灰掺入比的增高在逐渐增大，龄期长，压缩模量随电石灰掺入比增大而增大的幅度大，龄期短，增大幅度小，二者的关系近似为线性关系。

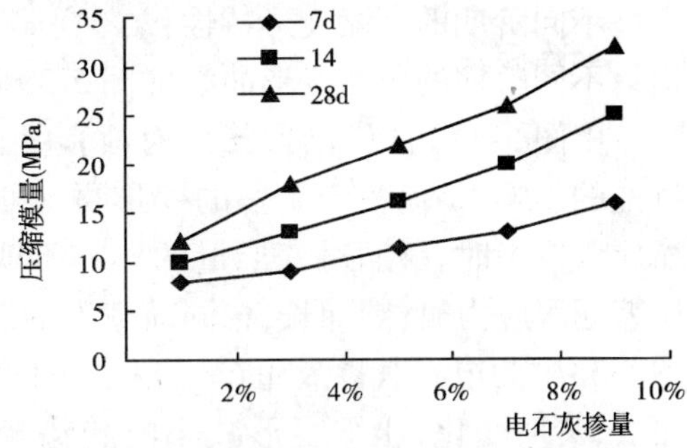

图 5-30　电石灰改良盐渍土压缩模量与电石灰掺量的关系曲线

不同密度的压缩变形特性：

试件的密度实际反映的是改良盐渍土的压实度，所以，密度对其压缩变形的影响也不容忽视。图 5-31 为电石灰掺入比 6%，不同密度的压缩变形曲线，变形曲线与不同电石灰掺入比的变形曲线相似，且变形趋势都相同。荷载小于压缩屈服应力时，密度不同的试样变形模量都较小，其值相差不大。荷载超过压缩屈服应力时，变形的趋势逐渐变大，密度越大，变形量越小。

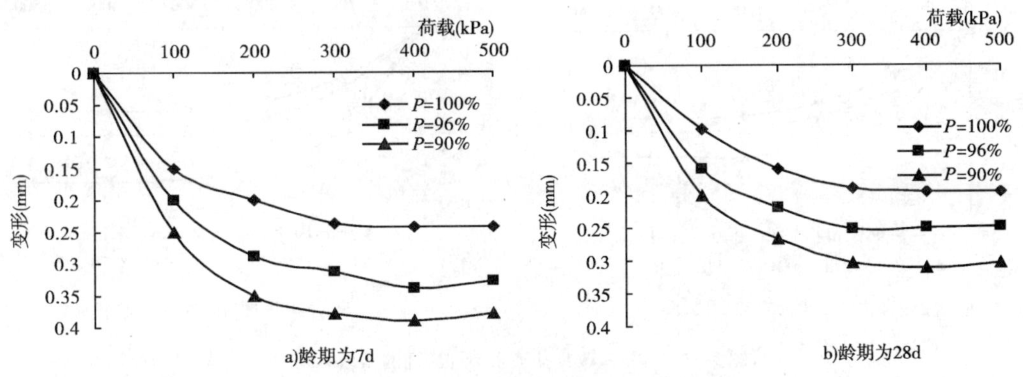

图 5-31　电石灰改良盐渍土不同密度的压缩曲线

不同密度的压缩模量见表 5-13。从表中数据可看出，密度对压缩模量的影响较大，压缩模量与密度的关系见图 5-32，密度大，压缩模量大，压缩模量随密度的增大在逐渐增大，也可近似认为线性增大，龄期不同，增大的幅度却大体相同。

电石灰改良盐渍土的压缩模量（单位：MPa）　　表 5-13

龄期	干密度（g/cm³）	掺量 α				
		2%	4%	6%	8%	10%
7d	1.59	8	9	11.5	13	16
	1.68	12	14	16	18.6	21
	1.76	15	18	20	22.5	24
14d	1.59	10	13	16.2	20	25
	1.68	12.5	15	21	25	29
	1.76	15	20	26	29.5	34
28d	1.59	12.1	18	22	26	32
	1.68	15	19	28	31	38
	1.76	23	29	35	38	41

不同龄期的压缩变形特性：

不同龄期的压缩变形曲线如图5-33所示。

由图5-33可以看出，龄期对改良盐渍土压缩变形特性的影响，是使各个阶段的变形量减小，荷载小于压缩屈服应力时，龄期对变形量的影响不明显；荷载大于压缩屈服应力时，龄期长，相同荷载下的总体变形量小。图5-33a）为电石灰掺入比6%，密度不同时的压缩变形曲线，龄期变化，压缩变形减小的趋势相同；图5-33b）为密度1.58g/cm^3，不同电石灰掺入比的压缩变形曲线，电石灰掺入比高，龄期对变形量的影响大，电石灰掺入比10%的改良盐渍土，14d的变形量，比7d的变形量小很多，而电石灰掺入比6%的改良盐渍土，14d的变形量与7d的变形量相比，变化不是很大，说明龄期对变形量的影响受电石灰掺入比大小的影响。从表5-13中可以看出，龄期增大，压缩模量不断增大。

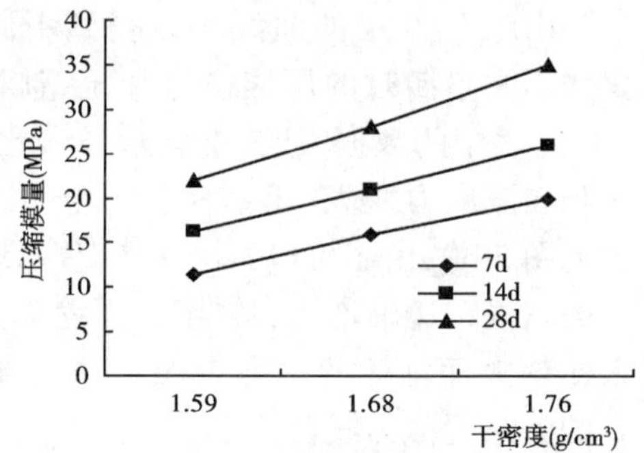

图5-32　电石灰改良盐渍土压缩模量与最大干密度的关系

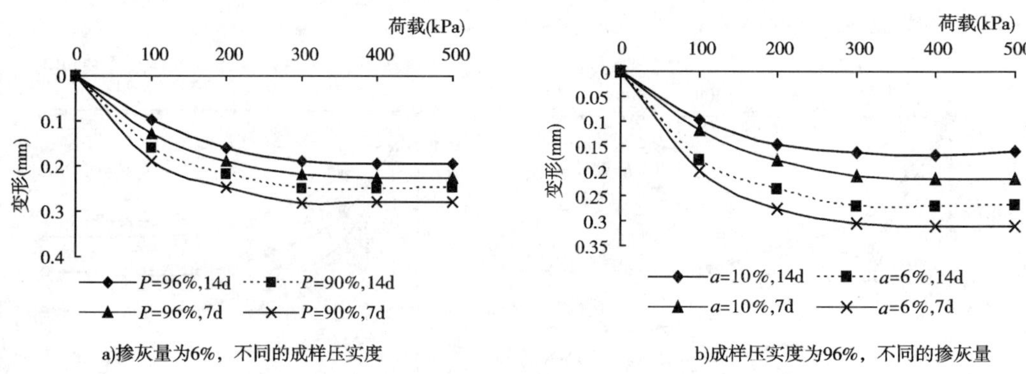

图5-33　电石灰改良盐渍土不同龄期的压缩曲线

5.7　电石灰改良盐渍土强度形成机理及特点

5.7.1　电石灰改良盐渍土的机理

电石灰是电石与水在形成乙炔气的过程中产生的工业废料，其主要成分是氢氧化钙。电石灰加入盐渍土中后，电石灰与土之间发生相互作用，从而使土的性质发生根本的改变。在初期主要表现为土的结团、塑性降低、最优含水率的增大和最大干密度的减小等，在后期主要表现为结晶结构的形成，从而使板结性、强度和稳定性得到提高。电石灰改良盐渍土中发生的系列物理化学反应主要有：

（1）离子交换作用

土的微小颗粒具有一定的胶体性质，它们一般都带有负电荷，表面吸附着一定数量的钠、氢、钾等低价阳离子（Na^+、H^+、K^+）。电石灰是一种强电解质，在土中加入电石灰和水后，电石灰在溶液中电离出来的钙离子（Ca^{2+}）就与土中的钠、氢、钾离子产生离子交换作用。

$$Ca(OH)_2 \rightarrow Ca^{2+} + 2(OH)^- \tag{5-5}$$

$$\boxed{土}X^{+}+Ca^{2+}\longleftrightarrow\boxed{土}Ca^{2+}+X^{+} \tag{5-6}$$

式中:X^{+}——一价金属离子,如 Na^{+}、H^{+}、K^{+} 等。

从而使原来的钠(钾)土变成了钙土,土颗粒表面所吸附的粒子由一价变成了二价,由于 $\boxed{土}Ca^{2+}$ 的结合水膜厚度比土吸附一价金属离子(Na^{+}、H^{+}、K^{+})要薄,而且 $\boxed{土}Ca^{2+}$ 结合水膜受外界水分影响的变化不大,因此,$\boxed{土}Ca^{2+}$ 具有许多优良的物理力学性质,特别是表现了良好的水稳性。由于离子交换作用,减少了土颗粒表面吸附水膜的厚度,使土粒相互之间更为接近,分子引力随着增加,许多单个土粒聚成了小团粒组成一个稳定结构。

(2)结晶硬化作用

电石灰 $Ca(OH)_2$ 掺入土中,由于水分较少,只有少部分离析,还有少部分的 $Ca(OH)_2$ 进行化学作用,绝大部分饱和 $Ca(OH)_2$ 在灰土中自行结晶,其化学反应式如下:

$$Ca(OH)_2+nH_2O\rightarrow Ca(OH)_2\cdot nH_2O$$

电石灰吸收水分(胶体)→含水晶体(晶体)

由于结晶作用,$Ca(OH)_2$ 由胶体逐渐成为晶体。这种晶体能够相互结合,并与土粒结合起来形成共晶体,把土粒胶结成晶体。晶体的 $Ca(OH)_2$ 与不定形(非晶体)的 $Ca(OH)_2$ 相比,溶解度几乎小一半,因而电石灰土的水稳性得到提高。

(3)火山灰作用

火山灰作用是指电石灰与土中活性的氧化硅和氧化铝起化学反应,生成含水的硅酸钙和氯酸钙的过程,它们在水分作用下能逐渐结硬,其反应式为:

$$x\,Ca(OH)_2+SiO_2+(n-1)H_2O\rightarrow xCaO\cdot SiO_2\cdot nH_2O \tag{5-7}$$

$$x\,Ca(OH)_2+A1_2O_3+(n-1)H_2O\rightarrow xCaO\cdot A1_2O_3\cdot nH_2O \tag{5-8}$$

式中:x 表示1或2。

反应生成的化合物是一种水稳性良好的结合料。火山灰反应是在不断吸收水分的情况下逐渐发生的,因而具有水硬性质。火山灰反应是构成电石灰土早期强度的主要原因。

$Ca(OH)_2\cdot nH_2O$ 所形成的立体结晶网格和结晶硅酸钙($xCaO\cdot SiO_2\cdot nH_2O$)、结晶铝酸钙[$xCaO\cdot A1_2O_3\cdot nH_2O$]虽然含量很少,但这些胶凝物质具有水硬性质,能够在固体与水两相环境下发生硬化,并且这些胶凝物质($xCaO\cdot SiO_2\cdot nH_2O$、$xCaO\cdot A1_2O_3\cdot nH_2O$)和氢氧化钙结晶[$Ca(OH)_2\cdot nH_2O$]在土的团粒外围形成一层稳定的保护膜,具有很强的黏结力,把土团粒胶结起来。同时,保护膜还能起隔离作用,阻止水分进入。因此,这层稳定保护膜是灰土获得强度和水稳性的基本因素。

(4)$Ca(OH)_2$ 的碳酸化作用

指电石灰改良土暴露在空气中,$Ca(OH)_2$ 与空气中的 CO_2 发生化学反应生成 $CaCO_3$ 的过程,其化学反应方程式为:

$$Ca(OH)_2+CO_2\rightarrow CaCO_3+H_2O$$

所生成的不溶于水的 $CaCO_3$ 具有较高的强度与水稳性,其对土的胶结作用使土得到了加固。另外,$CaCO_3$ 的固相体积比 $Ca(OH)_2$ 的固相体积略微增大,致使改良填料体积更加密实。反应中的 CO_2 可能由混合料的孔隙渗入或随雨水渗入,也可能由土本身产生,而电石灰改良土的表层发生碳酸化反应形成的 $CaCO_3$ 硬壳,阻碍了 CO_2 的进一步渗入和水分的向外散发。

因此，$Ca(OH)_2$ 的碳酸化反应是个相当长的过程，这是电石灰改良填料后期强度增长的主要原因之一。

综上所述，电石灰与土混合均匀后，其内部将发生离子交换、火山灰反应和电石灰本身的碳化与结晶等物理化学变化，离子交换后使黏土胶团双电层中的电动电位降低，扩散层减薄，增加了土粒间的范德华力；火山灰反应将生成含水硅酸钙、铝酸钙等胶凝物质；电石灰炭化后形成碳酸钙晶粒；电石灰结晶是指氢氧化钙由原来的松散的无定型状态变为晶体状态，只要有水和空气存在，不论电石灰土混合料处于松散状态或密实状态，上述4个物理化学变化总是不断进行，直到电石灰中的活性氧化钙、活性氧化镁反应完毕为止。电石灰本身的炭化与结晶作用主要是电石灰自身反应的结果，反应的程度与土质的变化影响不大。即无论电石灰与何种土进行改良加固，只要电石灰剂量保证，电石灰的质量满足要求，电石灰的炭化与结晶过程是不会有太大的差异的。离子交换、火山灰反应不仅受电石灰质量、剂量的影响，而且土本身的各种性能将显著地影响到这两种作用的程度和结果，不同的土质与这两种反应过程会有显著的差异。

电石灰改良土早期强度的形成关键在于离子交换和火山灰反应的程度大小。根据离子交换反应的原理，土颗粒进行反应能力的大小，一是取决于土的表面积大小，二是取决于土的交换容量的多少。当电石灰中的钙离子与土粒之间发生离子交换反应时，交换的部位都是在土颗粒的表面上，所以，土粒的表面积越大，可交换的部位也就越多，从而造成的效果也就越显著。火山灰反应生成的产物是一种具有很高水稳性的凝胶物质，依靠这种产物将土的颗粒胶连、包裹在一起，形成电石灰土的早期强度。影响这一过程的因素一是取决于外因条件，如周围环境的温度和湿度，电石灰的质量与剂量；二是取决于内因条件，主要是指土体自身的土质因素。当外界条件充分满足的条件下，内因即土质因素就起决定性的作用了。首先，土不同的成分对火山灰反应起着至关重要的作用。研究表明，其火山灰反应的氧化物只是具有活性的二氧化硅和三氧化二铝，这些活性的氧化物与电石灰作用，生成凝胶物质，而那些非活性的原生矿物，如石英、云母、长石类在碱性条件下是不发生反应的。

因此，经过物理的和化学的作用，电石灰改良土发生团聚，由于胶凝物生成，构成了凝胶团聚结构。随着龄期的增长，棒状及纤维状结晶体形成，并不断生长，构成了结晶体的网架结构。随着龄期的继续增长，胶凝结构层加厚，结晶的网架结构加密，形成了胶凝—结晶的网状混合结构。离子交换反应使泥土颗粒胶体絮凝，土的湿塌性得到了改善，电石灰土获得初期的水稳性；碳酸化反应与火山灰反应对提高电石灰土的强度与稳定性起决定性作用。当它们的生成物处于胶凝状态时，电石灰土结构属凝聚结构，随着结晶网架的形成，逐渐向结晶缩合结构转化，其刚度不断增加。

5.7.2 水土化学作用对改良土力学性质的影响

机理分析中，已经提到了不同的土对于改良填料强度的形成会有显著的影响。这也就不难理解为什么在相同的配合比情况下，不同的土，改良后力学性质差别却很大。土的力学性质决定于颗粒之间联结力及相应的颗粒、水和气体之间的相互作用，土的矿物成分和结合水及其水溶液的相互作用是决定土的结构特征性的基础，结构特征决定土的物理力学性质。在以往的工作中，对土的物理力学性质的判断，更多的依靠对土的固相组成的分析。对土的固相成分的定量分析虽不能对力的性质定量估算，但对于了解土的结构及可能的特性是有很大帮助的。

在有的情况下，土的固相成分是相同的，可相同配比的改良土的力学性质还是有明显的差异。下面以黏性土为例，分析黏土—水—电解质体系，解释产生差异的原因。胶体化学认为各组分的界面存在不匀衡的力场，对于比表面积小的物质这种力场的作用是可以忽略不计的，但对于由表面积非常大而且颗粒又十分接近的黏土颗粒构成的黏土—水—电解质体系来说，这种力场对它产生的物理性状的影响是明显的。这些影响和效应造成了各种颗粒间的引力和斥力，并由此控制着黏粒的絮凝，影响到黏土的强度性质。双电层理论可以较好的解释这种影响效应。黏土颗粒表面一般是带负电的，并在土粒周围形成一定的电场。水溶液的阳离子一方面受土粒周围电场作用，一方面又受布朗运动的扩散作用，在土粒周围是不均匀分布，形成扩散层，土粒表面的负电荷和扩散层合起来称为双电层。

扩散层中电位的变化规律：

$$\psi = \psi_0 \exp(-kx) \tag{5-9}$$

式中：ψ——扩散层土粒表面距离为 x 处的电位；

ψ_0——土粒表面的电位；

k——Boltzmann 常数。

$$K = \left(\frac{8\pi n_0}{DkT}\right)^{\frac{1}{2}} ev$$

式中：n_0——距土粒表面较远处水溶液的离子正常浓度；

D——介电常数；

T——绝对温度；

e——单位电子电荷；

v——离子价。

由于电势随距离的变远完全按指数曲线下降，在这种情况下，扩散电荷的重心位于距表面 $1/k$ 处，因此，常把 $1/k$ 看作双电层的厚度。

由公式可知，双电层的厚度对表面电荷密度（表面电势 ψ_0）、电解质浓度、阳离子化合价的变化是很敏感的。当土粒表面电荷一定时，扩散层的厚度与离子价 v 成反比，与水溶液中的离子浓度 n_0 的平方成反比。而且，电解质浓度的增加还减小了土粒表面电荷不定情况下的表面电势。

平行平面相互作用双电层的搭接是粒间斥力的一个重要原因，也就是说粒间的斥力取决于相邻双电层间搭接量或相互作用。用双电层可以评价由于黏土—水—电解质系统变量的变化而引起系统性状的可能变化。一般说来，双电层越厚，悬浮液中颗粒的絮凝倾向就小，在黏性土中，水的含量就高，膨胀压力也越大。

土中常见的阳离子有 Ca^{2+}、Mg^{2+}、Na^+、K^+、H^+，在一定的环境条件下，黏土吸附的阳离子总电荷不变，离子交换是由一群不同类型的离子在总电荷相同的情况下置换所吸附的离子，这种离子交换作用并不影响黏土颗粒本身的结构。

以电石灰土为例，石灰的水化打破原有的平衡，水化离子 OH^- 浓度大大增加，H^+ 浓度减小，阳离子进行新的交换吸附。Ca^{2+} 相对于 Na^+、K^+、H^+ 是一个多价阳离子，多价阳离子被优先吸附是一个为 Collis-George 和 Bozeman 的理论和大量试验证实的事实，Ca^{2+} 此时又有浓度的优势，所以，Ca^{2+} 将大量置换 Na^+、K^+、H^+ 双电层也因为离子化合价的升高和离子浓度的升高，而厚度变小，电势降低。土粒水化层变薄，土粒间排斥力降低，土粒更易被压实，或土粒相互凝紧，改变土的颗粒组分。对液相成分的定量分析虽然不能对土的物理力学性质定量估算，但可以对黏土的物理力学性质进行定性的分析。

5.8 小　　结

本章通过大量电石灰改良盐渍土室内试验，研究了电石灰不同掺入量、不同压实度、不同龄期改良盐渍土的基本工程特性，并对电石灰改良盐渍土的抗压强度特性和抗剪强度特性进行了分析，还就改良盐渍土具有的不同于一般土体的变形特性、应力—应变特性和压缩变形特性进行了研究，得到如下几点结论：

(1)电石灰改良盐渍土较盐渍土的击实性有明显变化。改良盐渍土的最大干密度随电石灰掺量的增加而减小，最优含水率随掺入料含量的增加而增加，石灰土最大干密度低于盐渍土，且随掺合比增大而降低。石灰土最优含水率均大于盐渍土，且随掺合比增加而增大。

(2)改良填料液塑限均较盐渍土有所增长，增长幅度因土质含盐量而异，液限增幅较小，而塑限增幅随塑性指数增大而增大。当盐渍土塑性指数较小时，改良后其塑性指数增加；当盐渍土的塑性指数较大时，改良后塑性指数降低。

(3)改良土随电石灰掺量的增加，其 CBR 值和回弹模量明显增长。但是掺量超过一定值，一方面，CBR 值和回弹模量的增加幅度减小，甚至绝对值会降低；另一方面，改良土的强度指标会远远超过规范要求。因此，应综合经济合理、技术可行等因素确定合适的电石灰掺量。

(4)揭示了改良土无侧限抗压强度随电石灰掺入量、压实度、含水率和龄期的变化规律。无侧限抗压强度随电石灰掺入量的增加而增大；电石灰掺入量高时强度与密实度成正比，电石灰掺入量低时抗压强度与密实度的关系不明显；无侧限抗压强度随龄期的延长呈线性增长的趋势。

(5)对不固结不排水和固结不排水三轴压缩试验的结果进行分析，得到了改良盐渍土的破坏准则和抗剪强度特性。抗剪强度指标的内摩擦角和黏聚力随电石灰掺入比、密度和龄期不同而有所不同，电石灰掺入比对不固结不排水压缩试验的抗剪强度指标 φ 值影响不大，大体上相同，对黏聚力的影响比较明显。固结不排水三轴压缩试验的抗剪强度指标中，c、c'随电石灰掺入比的增高而增大；φ 角变化不大，φ'角则有降低的趋势；密度增大，c、c'值变大，φ、φ'角则没有什么变化；龄期延长，则使 φ、φ'值增大。改良盐渍土破坏准则不论是不固结不排水三轴压缩试验还是固结不排水三轴压缩试验，基本上都符合摩尔—库仑破坏准则。

(6)单轴的应力—应变曲线随电石灰掺量、改良土密度和龄期的变化有以下规律：电石灰掺入比变化，不会影响应力—应变曲线的类型，始终为应变软化型，仅会改变曲线的形态；密度对应力—应变曲线的形态影响小，不同密度的应力—应变曲线几乎重合；龄期延长，材料由塑性向脆性过渡。

(7)分析了不固结不排水和固结不排水三轴应力—应变曲线的形态，围压作用下，电石灰掺入比、密度和龄期对应力—应变曲线的类型没有影响，但对主应力差大小有影响，不固结不排水试验和固结不排水试验的应力—应变曲线的主应力差、初始弹性模量均随围压的增大而增大。

第6章　滨海地区高速公路路基土干湿循环试验研究

路基土的耐干湿循环能力是指路基抵抗因自然环境中水分的变化而产生破坏的能力，它是评价路基填土耐久性的最重要的指标之一。尤其是在滨海地区，路基填料经常会处于有水—无水的循环环境下，本研究通过试验模拟现场路基填土失水—吸水的循环过程，研究干湿循环次数对土体抗压强度及变形规律的影响。

工程实践表明，环境条件的多变引起的干湿循环过程是导致路基填料土力学特性退化、进而产生破坏的一个重要原因。具体表现为，路基填料土在干旱季节失水收缩，雨季又会吸水饱和发生膨胀，这种往复的作用导致填料土体结构产生变化，路基土体强度降低，最终引起路基破坏。因此，研究干湿循环导致路基土强度降低的机理、规律，以及影响因素，对于控制、改进路基填料的工程特性，并采取相应措施提高填料抗干湿循环的能力，具有十分重要的意义。

研究表明，当土体中含有黏粒时，容易使得路基填土或其改良土具有吸水膨胀、失水收缩的性质。土体经历干湿循环的过程中必然在其内部产生干缩与湿胀变形，而又因为土体本身具有一定的结构强度，这种干缩与湿胀变形在发生时必然又会受到土体自身结构强度的限制。当变形产生的应力超过土体自身的结构强度时，就会在土颗粒团间相互联结的薄弱处产生应力集中，形成微裂缝，随着干湿循环次数的不断增加，干缩与湿胀变形将进一步增大，导致微裂缝逐渐扩展，最终可导致土体自身结构破坏，从宏观上看，就表现为土体强度逐渐衰化。但是，当土体在经历几次干湿循环后，其内部微裂缝扩展到一定程度后，如果再经历干湿循环过程，土体内部的干缩湿胀变形也就具备了一定空间，干缩湿胀变形在石灰土结构中产生的应力就会减小，微裂缝进一步扩展的趋势也随之得到减弱，从而使得土体强度衰减的程度随着干湿循环次数的增加而逐渐趋于稳定。本试验就是基于这一基本思路，研究路基填料在经历干湿循环过程中强度、变形及含水率随循环周数的变化规律，为预测和防治路基填料性能衰退现象提供参考依据。根据工程实际，对盐渍土及石灰改良土两种土样进行了试验研究。

6.1　盐渍土的干湿循环试验

6.1.1　试验方法

本试验通过对不同干湿循环周次条件下的盐渍土土样进行无侧限抗压试验及含水率试验，分析所得试验数据的规律，进行拟合分析，找出能预测路基填料最终稳定时的涨缩率、含水率及强度特性的最佳方法。

根据试验所需土样数量，将风干后的土样过2mm 筛，按最优含水率加水拌匀再在塑料袋内润湿一夜后，按击实试样的制作法在制样器内分四层制成高8.0cm、直径3.91cm、压实度为

96%的击实试样24块,将制好的试样放入养护缸备用,共做4组平行试验。

为模拟滨海地区路基填土在雨水入渗蒸发及地下水毛细作用下的干湿循环现象,将试样在开放式系统下做干湿循环试验,即有充足的外来水分补给。具体步骤如下:

(1)将试样放入恒温烘箱中,在(70±2)℃温度下烘干24h后取出并称重。

(2)在水槽中铺设透水石,加水至透水石顶面以下约1mm,保持水槽平稳,然后将在干燥环境下晾放至室温并包在特制饱和器中的试样置于透水石上,令其通过透水石从水槽中吸水24h。饱和器的目的是限制试样在吸水过程中的侧向变形。

(3)将吸水24h的试样从水槽中取出,脱去饱和器并擦干表面水分后测量其质量及高度。

(4)取出4个试样进行无侧限抗压强度试验。试验中记录轴向百分表读数、量力环读数及破坏形态,并在试样破坏后从其中部取土测量含水率。如此就完成了一个干湿循环周次。

将剩下的试样重复1~4步,继续进行试验,直至土样强度稳定。

6.1.2 试验结果及分析

经试验发现,盐渍土土样只能做两个周次的干湿循环试验,在第三周试验中,吸水后的试样已不能直立,在自重作用下就会有明显变形,可认为没有无侧限抗压强度(图6-1)。将所得4组平行试验数据取均值并绘制应力—应变曲线,如图6-2所示。

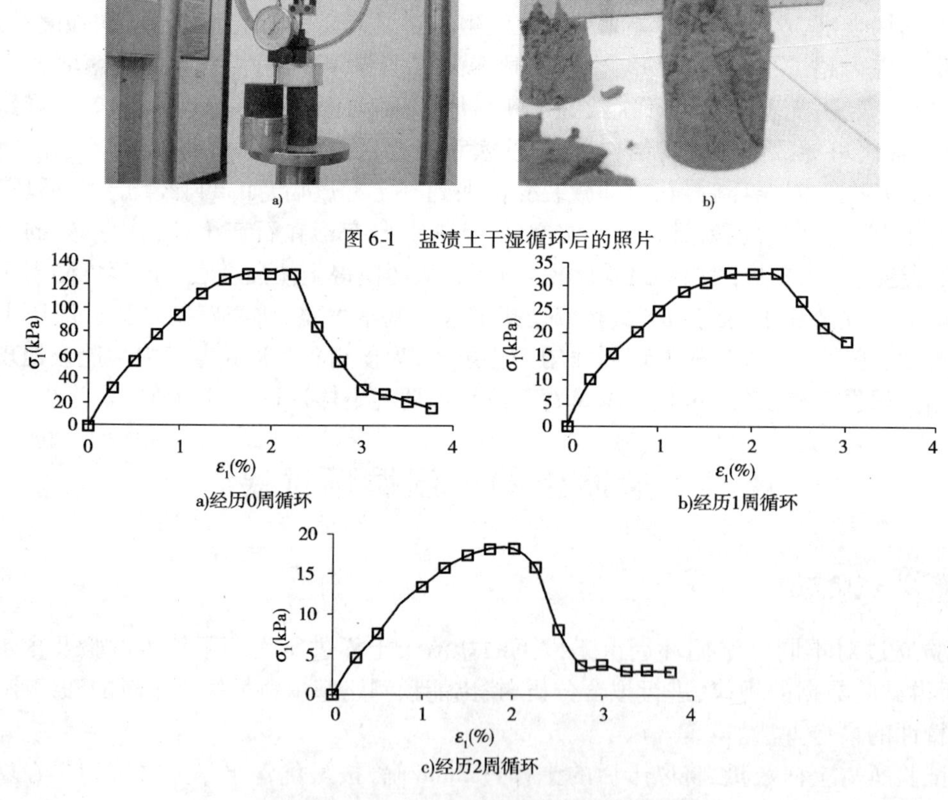

图6-1 盐渍土干湿循环后的照片

图6-2 盐渍土经不同干湿循环周次后强度

将各个干湿循环周次下所得无侧限抗压强度 q_u、含水率 w 及试样高度 h 与循环周次 n 之间关系绘制曲线，如图 6-3 所示。

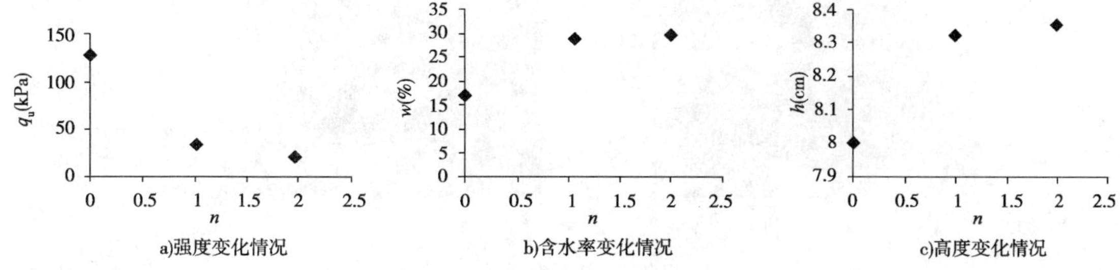

图 6-3 盐渍土试样干湿循环结果

由图 6-3 可以看出：

(1)所有盐渍土试样不管是否经历干湿循环过程，达到应力峰值时应变均为 1.75%，说明干湿循环过程对盐渍土应变影响不大。

(2)经历 1 周干湿循环过程后，盐渍土土样的强度发生急剧衰减，降幅达 75%，经历第 2 周循环过程后，降幅亦有 44%，而在第 3 周干湿循环过程后已失去无侧限抗压强度，可见盐渍土的水稳性较差。

(3)未经历干湿循环时，土样的含水率为最优含水率(16.8%)，而在第 1 周循环中，土样饱水后含水率为 29.0%，在第 2 周循环中，土样饱水后含水率为 29.6%，基本保持不变。

(4)随着干湿循环周数的增加，土样饱水后的体积也在逐渐增大，由于在饱水过程中用饱和器限制了侧向变形，所以，可以用土样的高度 h 的变化来表征其体变量，由图 6-2c)可看出，经历第 1 周循环后，土样的变形量较大，而在第 2 周循环过程中的变形很小。由此可得出经历 2 周干湿循环过程后试样的干密度 ρ_{d2} 为 1.64g/cm^3，其值为未经历干湿循环时试样干密度 ρ_{d0} 的 95.8%。

6.2 石灰改良土的干湿循环试验

6.2.1 试验方法

本试验通过对不同干湿循环周次条件下的石灰改良土土样进行无侧限抗压试验及含水率试验，将所得试验数据进行拟合分析，并对不同的经验公式作出选比改进，找出能预测路基填料最终稳定时的涨缩率、含水率及强度特性的最佳方法。

根据试验所需土样数量，将风干后的土样过 2mm 筛，按最优含水率加水拌匀再在塑料袋内润湿一夜后，在制样器内压制成高 5cm、直径 5cm、压实度为 96% 的压实试样 36 块，将制好的试样放入标准养护箱养护 6d，再浸水 1d 后做试验，共做 6 组平行试验(图 6-4)。干湿循环过程与盐渍土试样干湿循环方法相同。

6.2.2 试验结果及分析

试验发现，经过 5 次干湿循环过程后，石灰改良土的无侧限抗压强度已趋于稳定，将所得

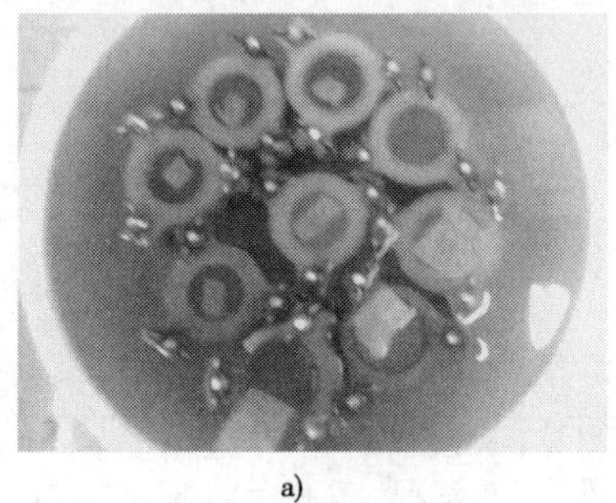

a)

b)

图 6-4　石灰改良土干湿循环试验照片

6 组平行试验数据取均值并绘制应力—应变曲线，如图 6-5 所示。将各个干湿循环周次下所得无侧限抗压强度 q_u、含水率 w 及试样高度 h 与循环周次 n 之间关系绘制曲线，如表 6-1 和图 6-6 所示。

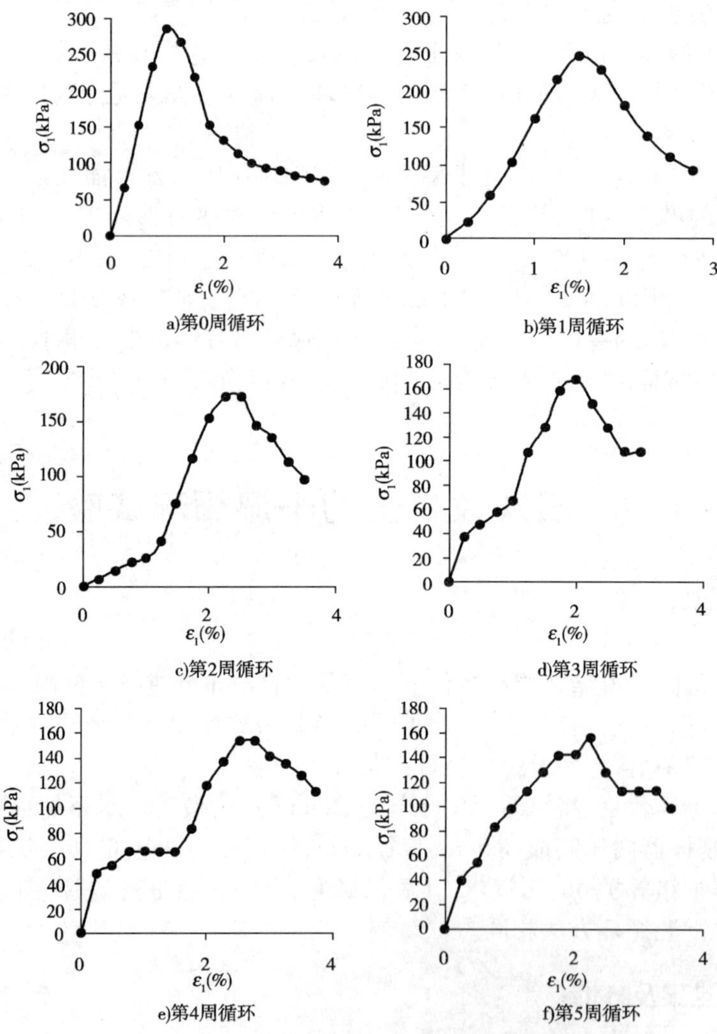

图 6-5　石灰改良土经不同干湿循环周次后强度

干湿循环后改良土的变化特征　　表 6-1

次　数	峰值强度(kPa)	含水率变化(%)	高度变化(cm)
0	283.2	26.9	5.2
1	245.1	27.0	5.24
2	172.4	29.3	5.30
3	167.6	29.0	5.31
4	152.8	29.2	5.33
5	155.9	29.6	5.32

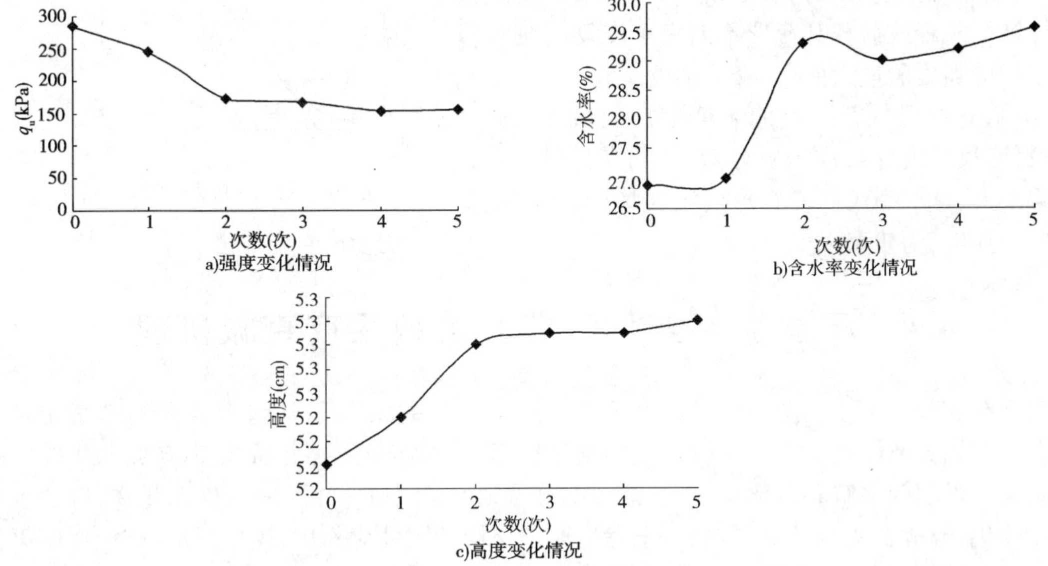

图 6-6　石灰改良土干湿循环试验结果

分析以上各图,可得出如下结论:

(1)未经历干湿循环过程时,应变达到 1% 时应力就达到峰值,试样破坏,而在经历干湿循环后,试样破坏时的应变稍有增加,基本稳定在 1.5% 左右,说明其刚度有一定衰减。

(2)随着干湿循环次数增加,石灰改良土的强度最初发生急剧衰减,前两周降幅达 20% 左右,但经历 3 周循环过程后,逐渐稳定在未经历干湿循环试样强度的 50% 左右,其衰减程度较之盐渍土来说,有较大改善,水稳定性良好,试样无侧限抗压强度最终会稳定在 156kPa。

(3)在前 2 周循环过程中,土样饱水后含水率略有增加趋势,大约增加了 2.4%,以后则保持平稳,说明经历 2 周循环后,其内部的微裂缝已扩展到一定程度,进一步扩展的趋势也随之减弱。

(4)随着干湿循环周数的增加,石灰改良土土样饱水后的体积也在不断增大,由于在饱水过程中用饱和器限制了侧向变形,所以,可以用土样的高度 h 的变化来表征其体变量,由图6-6可看出,在前 2 周循环中,土样的变形量较大,其后则逐渐趋于稳定,最终稳定在 5.31cm 左右,最终稳定时的干密度 $\rho_{d\infty}=1.46g/cm^3$,其值为未经历干湿循环时试样干密度 ρ_{d0} 的90.4%。

6.3 干湿循环条件下路基填料破坏过程

对干湿循环条件下路基填料的应力—应变关系曲线进行分析，不难发现都基本经历了以下几个阶段(图6-7)：

(1)压密阶段(OA)，表现出了较低应力时具有一定的压缩性。

(2)弹性段(AB)，经过压密后骨架与水紧密结合，因为是不排水压缩，此时变形变现为弹性变形。

(3)塑性屈服段(BC)，在该阶段，土样受压变形具有塑性特征。释放荷载其变形不能完全恢复。在C点达到了抗剪强度的最大值，为峰值强度。

(4)破坏阶段(CD)，达到峰值强度后，试样开始产生裂纹，裂纹扩展导致应力突然释放，即CD段。从试验结果上看，这些裂纹并没有形成主破坏面，土样仍具有一定的强度，为残余强度。

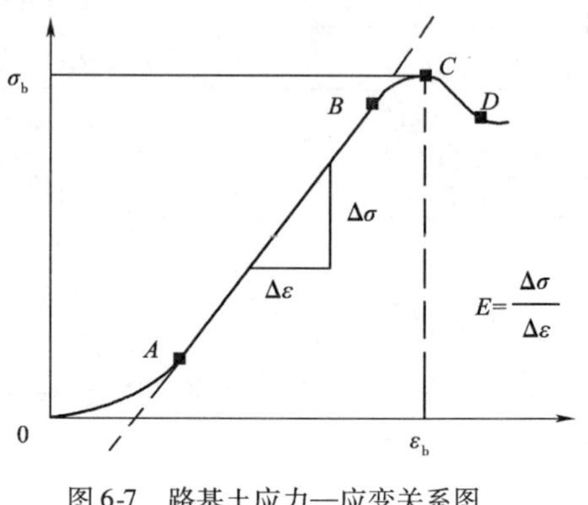

图6-7 路基土应力—应变关系图

6.4 干湿循环条件下路基填料强度衰减机理

对于石灰改良土在干湿循环条件下的强度衰化的主要原因可分析如下。石灰改良土是一种复杂的多相分散体系。在石灰改良土的制作过程中，石灰与土拌和后，石灰矿物与土体中的水分会发生强烈的水解和水化反应，从溶液中分解出$Ca(OH)_2$，并形成其他水化物，有的水化物继续硬化，形成石灰石骨架，有的与土发生离子交换及团粒化作用、硬凝反应、碳酸反应等相互作用，下面对这些相互作用作一详细说明。

离子交换及团粒化作用指的是，在石灰水化后形成的胶体中，$Ca(OH)_2$和Ca^{2+}、OH^-共存，而作为分散体的细粒土在与水结合时一般表现为胶体特征，其表面通常会带有Na^+、K^+等离子，于是，石灰水化过程中析出的Ca^{2+}会与土中的Na^+、K^+进行当量吸附交换，吸附交换的结果使得土颗粒形成较大的土团。又由于石灰水化的产物$Ca(OH)_2$具有强烈的吸附活性，使得这些土团进一步结合起来，形成稳定的石灰土链条状联结结构，具有封闭土团间孔隙的作用。

而硬凝反应指的是随着石灰水化反应的深入，溶液中析出大量的Ca^{2+}离子，当Ca^{2+}离子数量超过上述离子交换的需要量之后，在碱性的环境中就与部分黏土矿物发生化学反应，生成不溶于水的稳定结晶矿物。这些重新结合的结晶化合物，依靠着比较强的化学键结合构成结晶网状结构，从而增强了土的强度和水稳性。

碳酸反应是指石灰水化物中游离的$Ca(OH)_2$不断吸收水中的CO_2生成$CaCO_3$，此反应能使土结团，起到粗粒化作用，从而提高土的强度；另一方面，还可以形成所谓的“晶边—晶面结合”的蜂窝状结构，而土中的矿物颗粒包覆于蜂窝状结构中，这便是石灰改良土的结构。

对于路基工程中使用的石灰改良土，在改良后的土结构中，土颗粒团起着主导作用，当土颗粒团中含有黏粒时，就会导致石灰改良土具有失水收缩、吸水膨胀的性质。石灰改良土在经历干湿循环过程后，在其内部将发生干缩与湿胀变形，而又因为石灰改良土体本身具有一定的结构强度，这种干缩与湿胀变形在发生时必然又会受到土体自身结构强度的限制。当变形产生的应力超过石灰改良土体自身的结构强度时，就会在土颗粒团间相互连接的薄弱处产生应力集中，形成微裂缝，随着干湿循环次数的不断增加，干缩与湿胀变形将进一步增大，导致微裂缝逐渐扩展，最终可导致石灰改良土体自身结构破坏，从宏观上看，就表现为石灰改良土体的强度逐渐退化。但是，当石灰改良土在经历几次干湿循环后，其内部微裂缝扩展到一定程度后，如果再经历干湿循环过程，土体内部的干缩湿胀变形也就具备了一定空间，干缩湿胀变形在石灰土结构中产生的应力就会减小，微裂缝进一步扩展的趋势也随之得到减弱，从而使得土体强度衰减的程度随着干湿循环次数的增加而逐渐趋于稳定。

6.5　小　　结

(1)盐渍土的水稳性较差:经历1周干湿循环过程后，土样的强度发生急剧衰减，降幅达75%，经历第2周循环过程后，降幅亦有44%，而在第3周干湿循环过程后已失去无侧限抗压强度。经过干湿循环后，土样饱水后的含水率基本保持不变。随着干湿循环周数的增加，土样饱水后的体积也在逐渐增大。

(2)石灰改良土经历干湿循环后，试样破坏时的应变较循环前有所增加，其刚度有一定衰减。随着干湿循环次数增加，改良土的强度最初发生急剧衰减，前两周降幅达20%左右，但经历3周循环过程后，逐渐稳定在未经历干湿循环试样强度的50%左右，其衰减程度较之盐渍土来说，有较大改善，水稳定性良好。在前2周循环过程中，土样饱水后含水率大约增加了2.4%，以后基本保持平稳。随着干湿循环周数的增加，改良土土样饱水后的体积也在不断增大。

(3)干湿循环条件下路基填料强度衰减机理分析。石灰改良土在经历干湿循环过程后，在其内部将发生干缩与湿胀变形，而又因为石灰改良土体本身具有一定的结构强度，这种干缩与湿胀变形在发生时必然又会受到土体自身结构强度的限制。当变形产生的应力超过石灰改良土体自身的结构强度时，就会在土颗粒团间相互联结的薄弱处产生应力集中，形成微裂缝，随着干湿循环次数的不断增加，干缩与湿胀变形将进一步增大，导致微裂缝逐渐扩展，最终可导致石灰改良土体自身结构破坏，从宏观上看，就表现为石灰改良土体的强度逐渐退化。但是，当石灰改良土在经历几次干湿循环后，其内部微裂缝扩展到一定程度后，如果再经历干湿循环过程，土体内部的干缩湿胀变形也就具备了一定空间，干缩湿胀变形在石灰土结构中产生的应力就会减小，微裂缝进一步扩展的趋势也随之得到减弱，从而使得土体强度衰减的程度随着干湿循环次数的增加而逐渐趋于稳定。

第7章　电石灰改良滨海地区盐渍土路基施工技术研究

理想的设计必须通过施工来实现，再好的设计也只是纸面上的设想，是否可行，效果如何，全靠施工实现和检验。“精心设计，精心施工”是一个完整的过程，就耗费的人力、财力和资源，以及快速、高效与安全的要求而言，施工比设计更重要。电石灰改良盐渍土路基施工应使电石灰掺量符合设计要求，盐渍土料、电石灰和水分布均匀，压实后的密实度达到规范要求的混合料，经过养生后，成为一种结硬整体性材料，且路基表面平整，具有规定的路拱，能满足高速公路路基结构的使用要求。试验段施工过程不仅要验证室内试验已取得的成果，还要重点研究满足高速公路路基标准的施工工艺技术参数。

7.1　现有高速公路路基施工规范要求

按照《公路路基施工技术规范》(JTG F10—2006)的要求，高速公路路基施工的主要技术要求如下：

(1)高速公路、一级公路以及在特殊地区或采用新技术、新工艺、新材料进行路基施工时，应采用不同的施工方案做试验路段，从中选出路基施工的最佳方案指导全线施工。试验路段位置应选择在地质条件、断面形式均具有代表性的地段，路段长度不宜小于100m。试验所用的材料和机具应当与将来全线施工所用的材料和机具相同。通过试验来确定不同机具压实不同填料的最优含水率、适宜的松铺厚度和相应的碾压遍数、最佳的机械配套和施工组织。

(2)填料最大粒径不能超过15cm，且对应于相应的公路等级有一定的强度要求，主要通过土料的CBR值来衡量(表7-1)。压实的过程中，只有压实度达到标准后，才能进行下一层的施工，用透水性不良的土筑路堤时，应控制其含水率在最佳压实含水率±2%之内。

高速公路路基主要指标要求　　表7-1

项目分类（路面底面以下深度）		填料最小强度(CBR)		填料最大粒径(cm)
		高速公路及一级公路	二级及二级以下公路	
路堤	上路床(0～30cm)	8.0	6.0	10
	下路床(30～80cm)	5.0	4.0	10
	上路堤(80～150cm)	4.0	3.0	15
	下路堤(＞150cm)	3.0	2.0	15
零填及路堑路床(0～30cm)		8.0	6.0	10

(3)土方路堤，必须根据设计断面，分层填筑、分层压实。分层的最大松铺厚度，高速公路

和一级公路不应超过 30cm，盐渍土路堤每层松铺厚度不大于 20cm，碾压时应严格控制含水率，不应大于最优含水率 1 个百分点。

(4)在压路机实施压实作业的过程中，应遵循"先轻后重、先慢后快、先边后中、先内后外"的原则。即在初压阶段，考虑到铺筑层较松软，压路机的行驶阻力大，应先用小吨位的压路机低速碾压，使铺筑层初步形成稳定的实体，为复压作前期准备；复压时适当增加压路机的整机重量，以较低的速度碾压，延长对铺筑层的作用时间，使其影响深度加大，使土壤变形、移位充分，还可减轻以至于避免因车轮速度过快产生的拥土现象；随着压实遍数的增加和土壤密实度的提高，逐渐提高碾压速度，使压路机的作业效率及铺筑层表面平整度得以提高；压路机的碾压作业应先从道路的两侧开始，逐步向道路中的中线碾压；弯道碾压时应由内侧、低处开始，逐渐向外侧、高处碾压；山区道路碾压时，从靠近山体的一侧开始，逐渐向外侧碾压。

目前，我国高速公路路基普遍存在超限沉降和差异性沉降现象，路基压实标准一直是公路工程界关注的焦点。为了消减路基差异变形，减少桥头跳车等问题，《公路路基设计规范》(JTG D30—2004)对路基压实度进行了调整，分别提高了 1% ~3%，并将零填及路堑路床压实厚度由 0.30m(上路床)改为 0.80m(上、下路床)(表 7-2)。

路基压实度标准　　表 7-2

填挖类型		路面底面以下深度(cm)	压实度(%)		
			高速公路、一级公路	二级公路	三、四级公路
填方路基	上路床	0 ~30	≥96	≥95	≥94
	下路床	30 ~80	≥96	≥95	≥94
	上路堤	80 ~150	≥94	≥94	≥93
	下路堤	150 以下	≥93	≥92	≥90
零填及路堑路床		0 ~30	≥96	≥95	≥94
		30 ~80	≥96	≥95	

7.2　试验路段施工概述

在盐渍土改良室内系列试验研究的基础上，根据公路施工规范的要求进行现场填筑试验。试验路段位于黄骅港区西侧，沧黄高速公路 8 标段的 K87 +550 ~ K87 +650 处，接近高速公路的终点。

7.2.1　试验段改良盐渍土路基结构

本试验路段北侧为虾池，地表常年积水 1m 左右。因此，在研究改良盐渍土填料在路基中的应用时，必须将基底的影响因素考虑进去。由于该段路基与一座上跨分离立交桥连接，路基填方较高，在试验路段修建后，将形成一个高填方地段，这成为研究改良盐渍土填料在高路堤应用，分析控制沉降各种因素的一个重要的地段，特别是基底对上部路堤沉降的影响具有重要的意义。试验段路基的结构形式见图 7-1。其中下路堤采用配合比为 6% 的电石灰改良中盐渍土填筑，上下路床和上路堤采用配合比为 8% 的电石灰改良中盐渍土填筑。

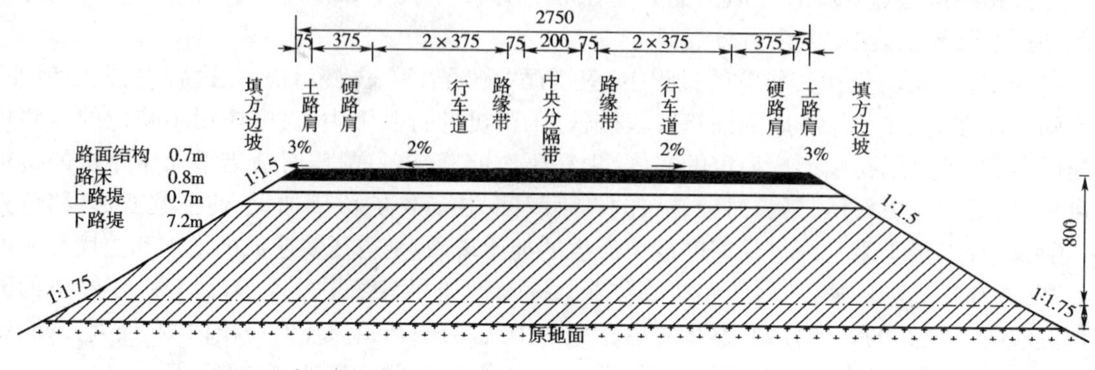

图 7-1　电石灰改良盐渍土填筑路基试验段横断面结构图(尺寸单位:mm)

7.2.2 试验段路基填筑施工工艺流程

改良填料的施工方法主要有两种。第一种方法是就地拌和法或称路拌法。采用这种方法时,先将要改良的盐渍土(沿线路就地取土或从附近取土坑中经选择后取土)摊铺在下承层上,整平后在其上摊铺掺入料,然后用拌和机进行拌和,并进行整平和压实。第二种方法是中心站拌和法或称集中拌和法,即集中在某一场地(通常在取料厂),用固定式拌和机拌和改良盐渍土混合料,用自卸卡车将拌成的混合料运送到铺筑工地,然后进行摊铺和压实。由于路基填料的土方工程量非常大,国内一般常用路拌法。本次施工工艺研究也采用路拌法施工,其施工工艺流程图见图 7-2。

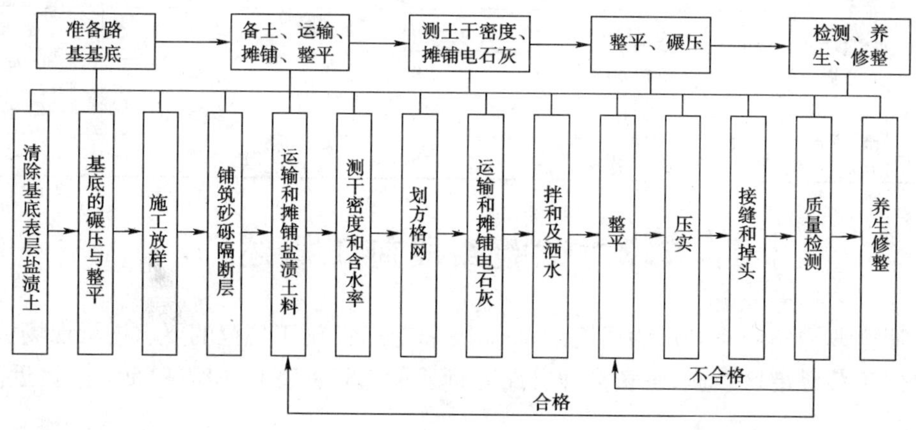

图 7-2　电石灰改良盐渍土路基施工工艺流程

7.2.3 施工机械设备

按照高速公路路基施工的技术标准和现场填筑试验确定的试验研究目的和内容,首先对改良土的粉碎、拌和、压实、养生等机械进行了调研,在充分分析调研资料的基础上,结合现场施工单位的实际情况并根据试验路堤工程数量、施工工期及现场施工条件等因素,施工中基本选择了负荷大、功率高的大型施工机械,并进行了设备生产能力间的配套优化组合,现场机具配置见表 7-3。

试验段采用的施工机械设备表　　表7-3

序　号	名　称	规格型号	数量(台、套)	备　注
1	移动式稳定土厂拌设备	YWCB—200A	1	
2	灰土破碎机	PC—200	1	
3	轮式稳定土拌和机	WBL21—Ⅱ	1	
4	平地机	PY160B	1	
5	自行式振动碾	YZ18GD—2	1	
6	拖式振动碾	YZT16B	1	
7	推土机	T—140	2	
8	推土机	120	1	
9	挖掘机	TC—200	2	
10	挖掘机	181	1	
11	装载机	966D	1	
12	装载机	WL—50	1	
13	自卸汽车	EQ140	21	
14	小型自卸车	FCLA	2	
15	电动夯实机	HW40	2	
16	旋耕机	504	2	
17	三铧犁		1	
18	洒水车	EQ141	1	
19	加长东风车		1	

7.3　电石灰改良盐渍土路基施工准备

7.3.1　施工放样和清除地表盐渍土

施工放样：

由于本试验段为直线段，在开工前进行施工测量放线，恢复路线的中线，每15~20m设一桩，并在两侧边缘外设指示标。进行水准测量，在两侧指示标上标出每层边缘的设计标高。

清除基底表层盐渍土：

本试验路段北侧为虾池，地表常年积水1m左右。经勘查和室内试验及现场测试，进行基底工程地质性质评价，虾池底为0.5~1m左右含盐量高的软弱土体，故在施工前先做围堰排水，围堰设置于公路占地界内侧3m左右，顶宽3m，边坡坡度1:1，作为排水沟的北堤。又因基底土层含盐量较大，容易引起路基的次生盐渍化，所以，基底上部1m厚的软弱土体均予以挖除，并运送到指定的弃土场，这些挖方晾晒2个月后作为改良土的原料。

7.3.2　铺筑砂砾隔断层

(1)砂垫层采用的材料为当地滹沱河的中砂及粗砂，经检测，砂垫层无明显粗、细粒料分离，最大粒径不宜大于5cm，且含泥量小于3%。铺筑砂垫层的宽度大于路堤底宽，两侧各宽出0.5m，以防止在施工过程中由于施工机械的破坏影响垫层的有效作用。铺筑砂垫层厚度为0.5m，用16t压路机将砂压密到设计要求95%的密实度，并将场地整平。在铺设土工格栅之前，必须对换填砂垫层按照规范进行验收。要求其表面应平整坚实，没有任何松散材料和软弱地点，其平整度和压实度应符合规定要求。凡验收不合格的路段，采取措施使其达到标准后，再进行铺设土工格栅和填筑改良盐渍土路堤的施工。

(2)为了增加地基土的抗剪强度，提高路堤的整体稳定性，达到排水及隔离的作用，在砂垫层中铺设土工格栅。所用土工格栅型号为双向拉伸聚丙烯TGSG30-30，每延米纵横向拉伸屈服力均为30kN/m，纵向屈服伸长率13%，横向屈服伸长率16%，横向2%伸长率时拉伸力11kN/m，横向2%伸长率时拉伸力13kN/m，纵横向5%伸长率时拉伸力均为15kN/m。土工格栅铺设时，将强度高的方向置于垂直路堤轴线的方向，在受力方向连接处的搭接长度为20cm，以确保其强度不低于材料设计抗拉强度；用插钉法固定土工格栅，确保没有褶皱。

(3)在土工格栅上第一层填料摊铺压实时，采用轻型推土机或前置式装载机。填筑压实的厚度大于60cm后，采用重型压实机械压实。施工现场一切车辆、施工机械只沿路堤轴线方向行驶。采用后卸式卡车沿加筋材料两侧边缘清卸填料，形成施工便道。再由两侧向中心平行于路堤中心对称填筑。填料必须卸在已摊铺完毕的土面上，卸土高度以不大于1m为宜。

7.3.3 备料

1)改良盐渍土填料中电石灰用量计算方法

在改良土混合料中，盐渍土、电石灰和水的数量可按以下方法确定。设改良土的厚度为h(m)、宽度为b(m)，则所需的改良盐渍土混合料可用下式计算：

$$P_m = 1.03\rho_d hbl \tag{7-1}$$

式中：P_m——电石灰改良盐渍土的干质量，t；

l——路段的长度，m；

ρ_d——电石灰改良盐渍土的预期压实干密度，t/m^3；

1.03——损耗系数。

在计算电石灰改良盐渍土混合料中的材料数量时，电石灰的剂量按干土质量的百分率(%)计(即剂量=电石灰/干土质量)，而水的数量则按土和电石灰的总干质量的百分率(%)计。混合料中水的数量P_w(t)：

$$P_w = wP_m \tag{7-2}$$

式中：w——混合料的含水率，%；

混合料中干土的质量P_s(t)：

$$P_s = P_m/(1 + C/100) \tag{7-3}$$

式中：C——电石灰剂量，%。

混合料中电石灰的质量P_c(t)：

$$P_c = P_m - P_s \tag{7-4}$$

由于天然状态下的土通常都含有一定数量的水，因此，必须对水和土的质量进行校正。如天然状态下土的含水率为w_0(%)，则应该向混合料中增加的水量为P'_w：

$$P'_{w} = P_{w} - P_{s}w_{0}/100 \tag{7-5}$$

同时,天然状态土的质量应该是 P'_{s} :

$$P'_{s} = P_{s}/(1 + w_{0}/100) \tag{7-6}$$

通常电石灰的含水率很小(小于 0.5%),对于工地施工来说,可以忽略不计。

2)盐渍土土料与电石灰

盐渍土在取土场按预定的采料深度范围内自上而下采集,并将土料中的草皮和杂土清除干净。不同含盐等级的盐渍土分别堆放。无论是采土场内的土料,还是弃方盐渍土,都要进行室内试验和现场测试,只要其含盐量满足改良的要求,都可以按照电石灰改良盐渍土试验研究的方法进行改良。发现土料含盐量有明显变化,则需调整改良配合比。电石灰储存在化工厂的储存场,去掉表面 0.5m 左右钙化硬壳,直接运到施工现场施工。在现场堆放,则集中堆放在地势较高的场地。

7.4　电石灰改良盐渍土路基施工技术研究

7.4.1　运输及摊铺

1)盐渍土土料的摊铺

土方路堤根据设计断面分层填筑、分层压实。根据每层的宽度、厚度及预定的干密度,计算每层所需的干土数量,根据选料的含水率和所用运土车的吨位,计算每辆车的堆放距离。选料装车时,使每辆卡车的装载数量基本相等。将土料运至摊铺地点,根据计算好的堆放距离由远至近等距离卸料,严格掌握卸料距离,避免土料不够或过多。运送填料较摊铺填料工序只提前 1 ~ 2d,防止土料在下承层上的堆放时间过长。运到路段上的土料,事先粉碎土料中较大的土块后摊铺均匀,当天用平地机铺平。盐渍土料摊铺前在下承层表面洒水,使其表面湿润,但不过分潮湿而造成泥泞。在摊铺电石灰前 1d 按事先通过试验确定的松铺系数摊铺土料。摊料长度与施工日进度相同,以够次日加电石灰、拌和、碾压成型为准。用平地机和其他合适的机具将土料均匀摊铺在预定的宽度上,表面应力求平整,并有规定的路拱,同时具有一定的密实度,以便摊铺电石灰。摊铺过程中,将土块、超尺寸颗粒及其他杂物拣除。路拌法施工采用边卸边推法摊铺未改良的盐渍土土料,由于运输车辆的行驶使填料变密,增加了路拌机作业困难。因此,填料采用先卸后推法摊铺。用推土机推平后,用平地机整平。

2)电石灰的摊铺

摊铺电石灰前,如土料过干,应事先洒水闷料,使土的含水率略小于最优含水率。在人工摊铺的盐渍土土料上,用 6 ~ 8t 的两轮压路机碾压 1 ~ 2 遍,使其表面平整,并有一定密实度。用核子湿度密度仪获取盐渍土的含水率和干密度。摊铺电石灰时,事先根据电石灰改良土的压实厚度、预定的干密度和电石灰剂量,计算每平方米电石灰土需要的电石灰用量,并计算每袋电石灰的摊铺面积。然后,根据计算的每袋电石灰的纵横间距,或根据计算的每车电石灰的纵横间距,用电石灰在料层上作摆放电石灰的标记,同时划出摊铺电石灰的边线。将电石灰运到摊铺路段后,按事先做好的标记摆放电石灰,并检查有无遗漏或多余,用木刮板将电石灰均匀摊开。电石灰摊铺完毕后,表面不能出现空白位置或电石灰过分集中的位置。量测电石灰的松铺厚度,根据电石灰的含水率和松密度,校核电石灰用量是否合适。

7.4.2 拌和与洒水

拌和的目的是使电石灰完全均匀地分布到盐渍土料中。在用机械拌和的第一、二遍,通常是进行干拌。然后再边洒水边拌和,即进行湿拌。

所谓干拌,实际上是拌和预湿的土及电石灰,并不是要求盐渍土是干的。干拌的目的是使电石灰分布到全部土料中,不要求达到完全拌和,而是预防加水过程中电石灰成团。拌和应采用专门的拌和机械设备,如国产的 WB 系列轮胎式拌和机或进口 BOMAG 及 P&H 系列拌和机。先用平地机将铺好电石灰的盐渍土料翻拌两遍,使电石灰分布到盐渍土料中,但不翻犁到底,以防止电石灰落到底部。第一遍由路中心开始,将混合料向中间翻,同时机械慢速前进。第二遍相反,由两边开始,将混合料向外侧翻,接着用旋耕机拌和两遍再用铧犁将底部料翻起。随时检查调整翻拌深度,使改良盐渍土的土层全部翻透。严禁在底部留有"盐渍土"夹层,也应防止破坏下承层的表面。一般应翻犁两遍,接着用旋耕机拌和两遍,再用多铧犁翻犁两遍。

均匀地喷洒足够数量的水,对改良盐渍土的质量十分重要。拌和机械应在洒水车后面进行拌和。洒水及拌和过程中,及时检查混合料的含水率。当含水率接近最优含水率时,减少每次喷洒的水量。拌和一直进行到洒的水量已足够、混合料的颜色及含水率均匀为止。由于没有别的快速方法评定拌和的均匀性,通常采用颜色一致(没有灰条、灰团和花面)、没有粗细粒料"窝"作为判别拌和均匀的标志。此时,也可取样做颗粒分析试验并测定电石灰的掺量,但检测的速度较慢。为了确保混合料的拌和、压实效果,在拌和过程中,水分略大些较水分不足为好;另外洒水车尽量避免在正进行拌和的以及当天计划拌和的路段上调头和停留,以防止局部水量过大。

改良盐渍土混合料的含水率可用核子湿度密度仪进行测定,以判断含水率是否达到预定的最佳值。含水率也可现场人工判断。具体方法是:用手抓一把电石灰改良土混合料,用力在手中捏紧成团。落在地上能散开,表示含水率合适。

7.4.3 整平和碾压

混合料拌和均匀后,先用平地机初步整平。平地机由两侧向路中心进行刮平。需要时,再返回刮一遍。用平地机快速碾压 1~2 遍,以暴露潜在的不平整。再用平地机如前述整平,并再碾压一遍。局部低洼处,用平地机的齿耙将其表层 5cm 以上耙松,并用新拌的改良盐渍土补平。每次整平都要按照要求的坡度和路拱进行。特别要注意接缝处的整平,接缝必须顺势平整。

电石灰改良盐渍土混合料整平到需要的断面和坡度后,应立即用 12t 以上的三轮压路机或振动压路机在路基全宽内进行碾压。直线段,由两侧路肩向路中心碾压。碾压时后轮应重叠 1/2 的轮宽,后轮必须超过两端的接缝处,后轮压完路至全宽时即为一遍。碾压过程中,如发生"弹簧"、松散起皮等现象,则及时翻开换以新的电石灰改良盐渍土或添加电石灰重新拌和,或用其他方法处理,直至达到质量要求。碾压第一遍为静压,第二遍后为振动压,最后一遍为静压,以消除压路机的痕迹。碾压一直到要求的密实度为止,施工控制在 6~8 遍。在碾压终了之前,用平地机再终平一次,使改良盐渍土混合料层纵向顺适,路拱符合设计要求。碾压时注意，压路机不得在已完成的或正在碾压的路段上“调头”和急刹车。碾压过程中，表面始终保持潮湿。压实作业按照先两侧后中间、先快后慢、先静压后振压最后静压的程序进行，随分层填筑碾压施工进行分层检测，合理调配机械设备，恰当安排各个工序，以保质保量。

7.4.4 接缝和“调头”处的处理

试验段总长100m，且处于直线段，在整个试验段施工的过程中，全断面范围内均匀铺设混合料，避免出现纵向裂缝。对于不连续施工的情况，两工作段的接缝采用的搭接方法为：前一工作段拌和整平后，应仅比预留的下一段高出一层填筑层厚度。从前一段的末端向后留2～3m长的坡段。下一段施工时，将前一工作段的2m长范围与前一段预留的坡段的混合料翻松或挖除，继续向前进行施工。

7.4.5 养生

用改良填料填筑的路堤，不间断施工时不考虑养生，不能连续填筑则需要对已填筑的路基表面进行养生。其方法可选择洒水养生、覆盖塑料薄膜、周边用土压紧等多种措施，本次试验段在填筑试验过程中，因天气原因采用彩条篷布覆盖的方式进行养生。

7.5 路基压实理论

7.5.1 概述

土是由固相、液相和气相组成的三相体，固体中矿物颗粒与水的相互作用是决定土的物理力学性质的根本因素。固体颗粒中亲水性、比表面积、易溶成分等是评价固体颗粒性质的主要方面，但当固体成分一定时，含水率的多少成为决定其性质的最主要方面。水与固体颗粒成分发生物理、化学反应，靠近固体表面的结合水的性质接近于固体，具有抗切弹性和屈服极限，同时水也存在黏滞性。土的含水率对其物理力学性质，其中包括变形的性能影响是非常大的。在机械压实中遇到的是松散的回填土，它们在结构上的整体的完整性已被机械破坏，连续的土体分解成了土粒和小土块，但小土块内部还保留原有的结构。

土在压实过程中分为两部分，一种是可恢复的变形，一种是不可恢复的变形。捷尼索夫将黏聚力分成两部分：一种是能恢复的黏聚力，称之为初生黏聚力；一种是不能恢复的黏聚力，称之为固化黏聚力。如果有外力作用在结构未破坏的土时，土的变形只有在克服了固化黏聚力的基础上才可能发生。而黏聚力又可以分为颗粒内部黏聚力和颗粒之间黏聚力，在压实过程中，因为多为松散填料，在刚发生作用时，只有颗粒之间的相互移动，当开始接触时，就会发生颗粒之间的相互定向排列和从紊乱状态进入到定向排列状态。Н·Я·哈尔胡塔描述的这种过程如下：“颗粒和团粒相互接近时，首先接触的是它们周围的薄膜。接触后薄膜受到挤压，从而薄膜发生变形。挤压时，处在接触地方的薄膜厚度减少，而在其他未受应力的地方，薄膜的厚度就增加。挤压强度很大时，在这些经受应力的地方，薄膜的厚度在一定的尺寸时，薄膜还有物理化学相互作用力所支持，由此产生的多余的水就流出。在发生细小颗粒的薄膜变形时，颗粒本身和团粒也产生相对位移，这些位移的方向基本上是向着它们相互接近的方向。这时,颗粒进行重新排列,进入稳定状态,使空隙均匀,超应力消失,土也具有一定的结构。在发生相对变形时,还产生颗粒本身的变形,但这种变形很小。由此可以认为压实过程中厚度的变化只是由于颗粒的相对位移变化引起”。

7.5.2 压实过程中土的微观结构变化

施斌利用由莫斯科大学研制的 Videolab 图像分析系统进行了土击实的微观性状变化研究,这个研究成果也表明了压实过程中结构的变化。他的测试结果表明:在相同的击实功能下,随着制件含水率的增加,黏性土的微观结构也发生了一系列变化,松散集粒结构→紧密集粒结构→镶嵌结构→紊流状结构→定向排列结构。应用 Videolab 图像处理系统对上述 5 种微结构类型的 SEM 图像进行了定量处理(表 7-4)。

击实土微观结构定量分析结果　　表 7-4

结构类型	相对面积(孔隙)(%)	平均孔径(μm)	孔径(μm)(%)			
			<0.5	0.5~5	5~50	>50
松散集粒结构	9.2	10.5	16.7	24.7	50.2	8.4
紧密集粒结构	7.4	5.2	21.6	38.2	40.2	0.0
钳嵌结构	6.5	4.2	24.4	47.5	28.1	0.0
紊流状结构	6.7	4.8	23.1	51.4	25.5	0.0
定向排列结构	7.2	5.7	18.8	58.4	22.6	0.0

从这个试验中可以看出,在击实过程中,它的孔径在变小,开始松散集粒结构孔径10.5μm→紧密集粒结构 5.2μm→镶嵌结构 4.2μm→紊流状结构 4.8μm→定向排列结构5.7μm,其后的紊流状结构孔径变大(图 7-3)。土的结构变化的过程中,中间粒径增多,这是因为大粒径在击实作用下,粒径变小,小粒径在击实作用下,击实成块,粒径增大。填料压实后的结构,只能在这个结构的状态变化中,最终会稳定在定向排列的结构下。

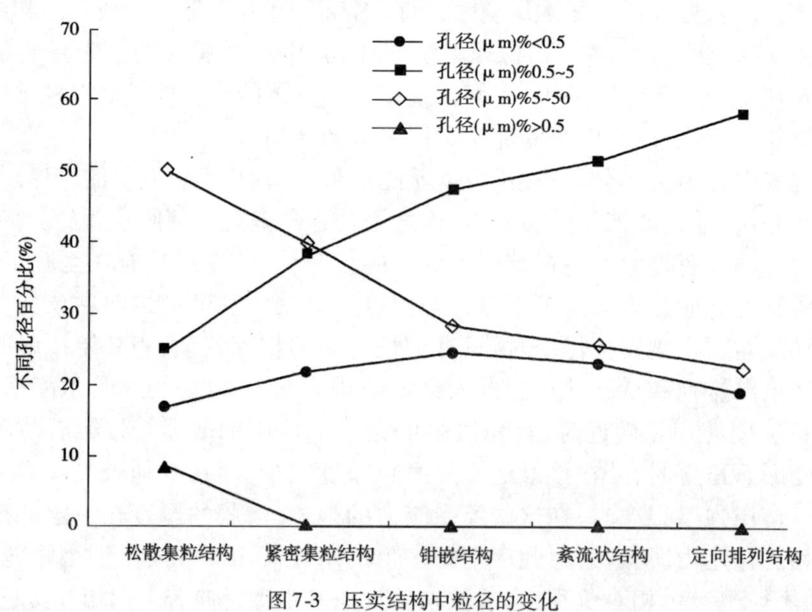

图 7-3　压实结构中粒径的变化

压实的过程是结构变密的过程，何开胜研究了土的微观变形，图7-4可更形象的说明压实的过程。土体是由团粒组成，较大的一级团粒又包含了较小的团粒，公路填料的压实的过程，主要团粒压实变小，然后团粒和颗粒在外力作用下压密。图7-5中表明这三种变化的状态，这三种方式表明在压实设备作用下，不同团粒之间相互接触的过程，在不同的阶段，它们呈现出结构更加紧密的状态。

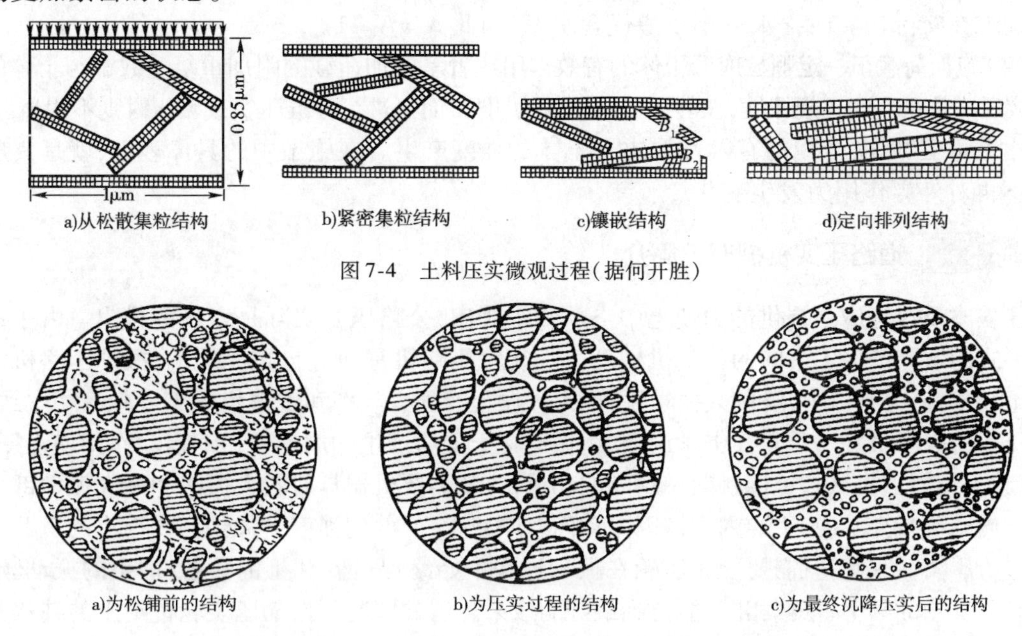

a)从松散集粒结构　b)紧密集粒结构　c)镶嵌结构　d)定向排列结构

图7-4　土料压实微观过程(据何开胜)

a)为松铺前的结构　b)为压实过程的结构　c)为最终沉降压实后的结构

图7-5　压实过程中结构的变化

7.5.3 道路有效压实过程

公路工程中解释压实为：压实是指增加单位体积内固体颗粒的数量，减少孔隙率的过程。它可以充分发挥路基土和路面的材料的强度，可以减少路基、路面在行车荷载下产生的形变，可以增加路基土和路面材料的不透水性和强度稳定性。疏松的土体和压实不好的填料受水分的影响很大，压实从其本质上讲是一种材料增加强度、减少沉降的过程。研究道路路基压实过程与在土力学中研究固结过程，有基本不同之处。在研究固结过程时，考虑的是一种长时期的静压力，这种压力使得土中的水排出，土粒排得紧密。在研究施工过程时，所考虑的是一种短期的作用力，这种力通过压实机械提供，无论它是振动、静压还是冲击，作用时间很短。在这种情况下，水的排出不可能占很大的比例，由压实产生的土体变化，主要是空气的体积排出，土和被水膜包围的土粒相互紧密。在持续的作用下，土粒及团聚体越来越紧，如果继续施加压力，土壤的密实度不会增加，主要引起弹性变形，而成为无效的功。Б·И·比鲁亚提出如下标准：从压实至有效作用起，超过有效作用的每次重复作用，系弹性变形恢复后(荷重取消后)所测定的密实指标仍有极小的变化($0 \sim 0.03 g/cm^3$)。这种现象不仅在压实接近于最优含水率的黏性土时，而且在土体小于或大于最优含水率时亦能发生。因此，压实的有效作用是施加荷载与土体的相互作用过程；在外力与土体中内摩擦力和黏结力之间产生比较稳定的平衡。比鲁亚提出的确定有效压实标准如下：

(1)在压实土体的曲线$\delta = f(n,N,P)$上,可以看出土体在施加荷载作用下,密实度δ几乎达到最大值,我们称为有效作用。若继续施加荷载,则δ便产生很小的变化(每次新的作用后不大于$0.03g/cm^3$)。

(2)施加荷载于土的压实有效作用,必须是在曲线转变在直线的阶段上。

(3)进行压实时,碾压有效次数N应增加一遍,这是考虑压实的过程中土可能发干,以及有些地方在实际压实时含水率小于最优含水率,因此$N = N + 1$。

(4)施加荷载于一定颗粒成分土体的有效作用或者是施加荷载的附加重复遍数都与土体的含水率成反比关系。这一规律性,在静力作用下较为明显,而当进行标准压实或碾压时则不明显。

由上可见,压实作用的有效性取决于土体的强度产生。在施工中的具体表现,就是其压实指标不再对外界作用力发生变化。

7.5.4 道路压实机械理论简介

压实本质过程应是提供的力使土中空隙和水排出,公路压实实际是空气的排出。由于提供外力形式的不同产生了不同的压实机械理论。光轮压路机是通过自重完成的;振动压路机的压实理论较多,主要有以下几种:共振学说,如果被振土的固有频率和激振机械工业频率相一致,则振动压实的效果最好。重复冲击学说:利用振动在土上所产生的周期性压缩运动作用使土压实。为此,就需要增加机械与土接触前一瞬间的动量,这就需要机械具有较大振幅和增大振动部分的质量。内摩擦减少学说:土的内摩擦因振动而急剧减少,使剪切强度下降到只要很小的负荷就很容易进行压实。为此,就需要使压实轮在振动过程中始终保持着和土的接触,即土的振动频率、振幅和压实轮的频率、振幅相同,能得到最好的效果。这种情况下振动压实轮传给土的纯粹是振动能量。另外还有压力波波动学说、非线性振动学说等。振荡压路机通过提供剪应力实现;冲击式压路机通过提供强大冲击作用力实现,它的主要原理是利用大功率的动力设备,带动重型的压实轮进行压实,它利用了三个方面,压实轮自身的重力,在速度较高的情况下,它的惯性作用力,特殊曲线形式产生的剪切作用力。在这三种作用力共同作用下,产生大的合力,同时又产生了大的振动,以波动的形式向下传播。对于不同土质,各有其适应的压实机械(表7-5、表7-6)。

各种土质适宜的压实机械 表7-5

机械名称 \ 土的类别	细粒土	砂类土	砾石土	巨粒土	备 注
6~8t两轮光轮压路机	A	A	A	A	用于预压整平
12~18t三轮光轮压路机	A	A	A	B	最常使用
25~50t轮胎压路机	A	A	A	A	最常使用
羊足碾	A	C或B	C	C	粉、黏土质砂可用
振动压路机	B	A	A	A	最常使用
凸块式振动压路机	A	A	A	A	最宜使用于含水率较高的细粒土
手扶式振动压路机	B	A	A	C	用于狭窄地点
振动平板夯	B	A	A	B或C	用于狭窄地点
手扶式振动夯	A	A	A	B	用于狭窄地点
夯锤(板)	A	A	A	A	夯击影响深度最大
推土机、铲运机	A	A	A	A	仅用于摊平土层和预压

注:对于黄土、膨胀土、盐渍土等的压实机械可按细粒土考虑,A表示适合,B为可用,C为不适用。

振动压路机应用范围　　表7-6

质量和形式	块石	砂砾石		粉土、粉质土、冰碛土		黏土	
		优良级配	均匀粒级	粉质砂、粉质砾石、冰碛土	粉土、砂质粉土	低、中强度黏土	高强度黏土
3t以下光轮		△	△	△	△		
3～5t光轮		○	○	△	△	△	
5～10t光轮	△	○	○	○	△	△	△
10～15光轮	○	○	○	○	△	△	△
振动凸块式			△	△	○	○	○
振动羊角式			△	△	△	○	○

注：○：表示"适用"；△：表示"可用"。

7.6　影响路基压实效果的因素分析

利用最小的机械能量得到最好的压实效果是人们所希望的，压实机械能量作用的效果取决于土的性质和种类、土的含水率、压实的方法与施工环境。

7.6.1　含水率的影响

含水率对压实影响非常大，含水率过大，是无法压实的，需要晾晒，而含水率太小，也不容易压实，需要加水。不同含水率土的物理力学性质有很大的变化，当土体具有最小压实的含水率 w_0 时，便由硬塑性状态转变为半固体状态，因为含水率在相对含水率0.35～0.5之间时能保证使土体颗粒和团聚体之间具有最大的黏聚力。Б·И·毕滋鲁基证明：当土在最优含水率条件下压实至标准密实度时水的毛细管的移动停止。这表明，它能够创造路基最好的水稳性。最优含水率，从理论上讲，是土的含水率增加至塑性状态时的含水率，它能引起强度和密实度很大的改变。具有这一含水率的土体，在外力作用下能产生最大的抵抗力，这是由于被高度黏结着的力的水分薄膜所包围的颗粒，在相互联结时有最大的摩阻力和黏结力。土在压实的过程中，首先破坏了土的天然结构，由于土粒间的距离缩短，使其接触面增大，因而黏结力增大，土的强度增加。从理论上讲，含水率大于最优含水率1.1～1.2倍时，它的压实效果是最好的。而不同土类的干密度与含水率不同(图7-6、图7-7)。

从图7-6、图7-7可以看出，当含水率为最优含水率时，它的压实度达到最大，形变模量也最高；当饱和时，它的密度与模量降低至最小，稳定性最差。路基压实不采用回弹模量作为路基评价指标，是由于当回弹模量达到较高值时，其密度不是最大，同时遇水模量降低较大。土的最优含水率和土的塑液限有关，如果知道填料的塑液限，就可以知道它的最优含水率近似值，更为准确的值需要击实试验来确定。最优含水率的计算有以下有几种方法：

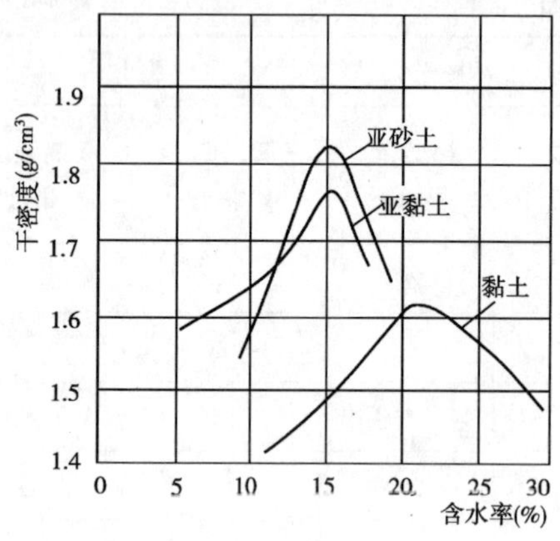

图 7-6 不同土类的干密度与含水率的关系

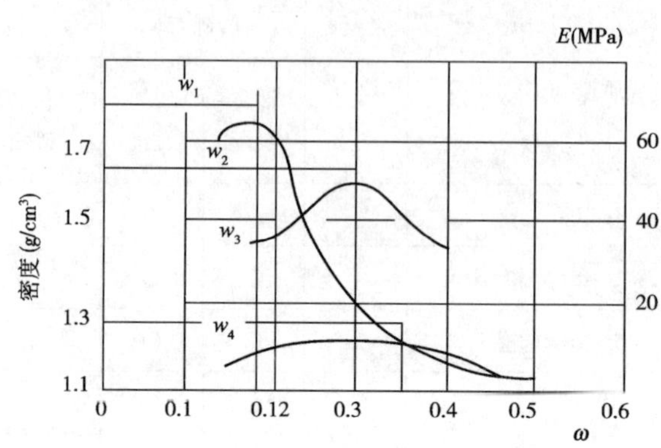

图 7-7 压实土的密度、变形模量与含水率的关系

1)前苏联哈尔科夫公路学院测定方法

最优含水率与土的液限和塑限有关：

$$w_0 = \alpha F \tag{7-7}$$

式中：w_0——最优含水率；

α——系数，当 F 为液限时，$\alpha = 0.55 \sim 0.70$，当 F 为塑限时，$\alpha = 0.35 \sim 0.40$。

将现场填料的塑液限指标代入，可得到：当 F 为液限时，适合改良盐渍土填料的 $\alpha \approx 0.4$；当 F 为塑限时，适合改良盐渍土填料的 $\alpha \approx 0.69$。

2)碾压式土坝暂行施工技术规范

最优含水率和塑液限的关系如下：

黏性土	无黏聚性土
$w_1 = w_p - 4\%$	$w_1 = 0.75w_t - 2\%$
$w_2 = w_p - 2\%$	$w_2 = 0.75w_t - 1\%$
$w_3 = w_p$	$w_3 = 0.75w_t$
$w_4 = w_p + 2\%$	$w_4 = 0.75w_t + 1\%$

以上式中：w_p 为塑限，w_t 为液限。

3)前苏联在莫斯科运河的工地上，评价砂性土采用含水率的情况

w_2 为塑性下限，w_1 为塑性上限。

含水率处在其中间：$w_2 + \dfrac{w_1 - w_2}{4}$和 $w_2 + \dfrac{w_1 - w_2}{3}$。

公路工程中常采用方法 1)进行最优含水率的计算。

7.6.2 压实机械的影响

压实原理可归结为三类，即碾压、振动和冲击。早期随着压实机械功能的发展，它的作用功效越来越高，同时，不同的土质适用于不同的压实方式。例如，目前重型振动压路机达 25t。而冲击压实机在工作中，牵引机以 12 ~ 15km/h 的速度行驶，压实轮对地表施以揉压、碾压和冲击综合作用，其最大冲击力 350t，松铺厚度能达到 1m，影响深度 1 ~ 3m，根据研究资料，碾压

层过厚,非但下层的密实度达不到要求,而且上层的压实度也会受到影响。同时,碾压层的厚度应该与所用压路机的重量或功能相适应,随压路机的类型而变。例如,用 12 ~ 15t 三轮压路机碾压时,一般应控制一层的压实厚度为 15cm,18 ~ 20t 三轮压路机碾压时的压实厚度不超过 20cm,采用振动压路机或重型轮胎式压路机，一层的压实厚度可以达 25 ~ 50cm。同样，压路机的碾压遍数对路基土和路面材料的密实度也有影响。用同一种压路机对同一种材料进行碾压时，开始对增加材料的干密度作用很大，碾压遍数继续增加，干密度的增长率就逐渐减小。碾压遍数超过一定数值后，干密度实际上就不再增加了，一般碾压遍数达到 6 遍即可(表 7-7)。

各类振动压路机压实后的实际最大铺层厚度(单位;m)　　表 7-7

压路机工作质量(括号内为振动轮部分质量)		路基			底基层	基层
		砂砾	粉土	黏土		
拖式振动压路机	6t	⊙0.60	⊙0.45	0.25	⊙0.40	⊙0.30
	10t	⊙1.00	⊙0.70	⊙0.35	⊙0.60	⊙0.40
	15t	⊙1.50	⊙1.00	⊙0.50	⊙0.80	
	6t	0.60	⊙1.45	⊙0.30	0.40	
	10t	1.00	⊙0.70	⊙0.40	0.60	
自行式振动压路机	7(3)t	⊙0.40	⊙0.30	⊙0.15	⊙0.30	⊙0.25
	10(5)t	⊙0.50	⊙0.40	0.20	⊙0.40	⊙0.30
	15(10)t	⊙1.00	⊙0.70	⊙0.35	⊙0.60	⊙0.40
	8(4)t 凸块式	0.40	⊙0.30	⊙0.20	0.30	
	8(7)t 凸块式	0.60	⊙0.40	⊙0.30	0.40	
	15(10)t 凸块式	1.00	⊙0.70	0.40	0.60	
两轮振动压路机	2t	0.30	0.20	0.10	0.20	⊙0.15
	7t	⊙0.40	0.30	0.15	⊙0.30	⊙0.25
	10t	⊙0.50	⊙0.35	0.20	⊙0.40	⊙0.30
	13t	⊙0.60	⊙0.45	⊙0.25	⊙0.45	⊙0.35
	18t 凸块式	0.90	⊙0.70	⊙0.400.60		

注:△-仅适用于为压实填方而特殊设计的压路机;⊙-适用的标记。

7.6.3 施工环境的影响

1)温度的影响

当温度小于 0℃时,由于填料中的水被冻成冰,它阻碍了压实,这对压实是不起作用的。当温度过高时,水在高温中黏度降低,因而引起了更大的润滑作用。对于黑土在高于 20℃和低于 20℃气温时的压实性,从图 7-8 中可以看出:当土的温度超过 20℃时,土壤的密实度增加不多。根据美国这方面进行的研究资料,在 0 ~ 24℃这个阶段中,最优含水率没有变化,在 24℃以上时,温度增高 20℃,则最优含水率减少 0.8% ~2.6%,平均约 1.5%。而密实度的变化很小,只有 0.02 ~0.06g/cm^3(表 7-8)。

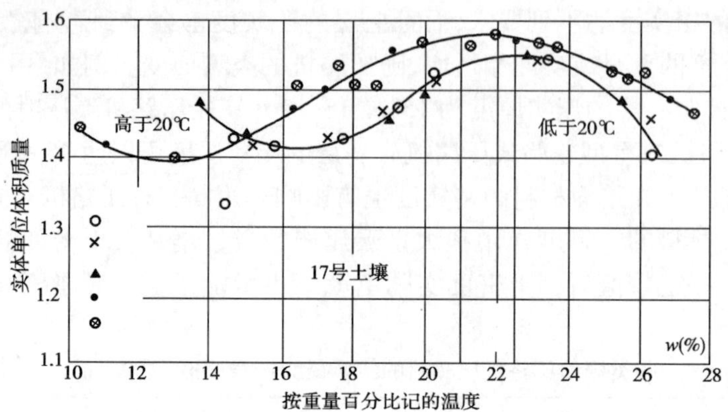

图7-8　黑土在高于20℃与低于20℃时的压实性

温度对最优含水率的影响　　表7-8

土的类型	最佳密实度(g/cm³)			最优含水率(%)		
	1.6℃	24℃	44.5℃	1.6℃	24℃	44.5℃
阿林墩土	1.75	1.77	1.80	16.2	15.2	14.4
伊瑞第土	1.61	1.62	1.63	23.1	23.1	20.5
红黏土	1.75	1.78	1.81	16.9	16.9	15.2

2)场地平整度的影响

对于压实机械而言,压实效果受场地平整度影响很大。它工作时,如果场地刮平效果好,这时,压路机光轮的线荷载均匀作用,压实效果好;如果场地刮平效果不好,这时压路机光轮不是线荷载作用,只有部分接触点受力,它的压实效果较差,形成一边挤压,一侧挤出。因此,要充分发挥压路机的作用,必须将场地的平整度做好(图7-9)。

3)施工材料的影响

由于公路是线状结构,经过路线较长,一般情况下,公路路基填料不是单一的。在许多情况下,公路路堤是几种填料填筑而成,也有在同一路堤分开填筑的情况。由于填料性质有差异,在填筑时应将易透水的填料置于下部,不透水或弱透水的材料置于上部。这种情况下,易于排水,对于路堤压实后路堤的稳定性效果是最好的(图7-10)。

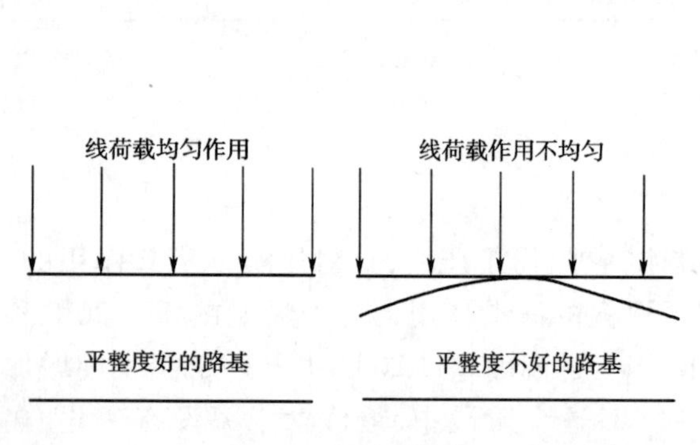

图7-9　压路机的线荷载和平整度相互作用

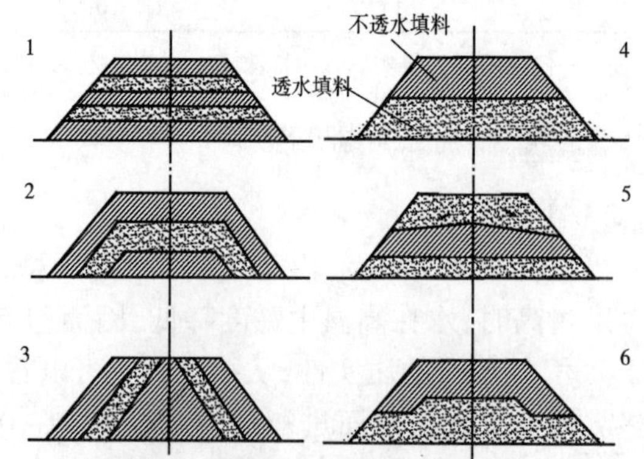

图7-10　不同材料的填筑方式

7.7 最佳施工参数的现场试验研究

7.7.1 概述

公路规范规定修筑试验路段的主要目的是确定改良土填料压实的最佳松铺厚度和最佳碾压工艺。本次试验段施工压实工艺的研究在砂垫层3m以上,压实度为93的下路堤部位开始进行,分别按松铺厚度20cm、25cm、30cm、35cm、40cm、45cm填筑,每层以中线分界,分别采用16t和18t振动压路机两种压实机械对比碾压,在每一侧分成两部分,每种压实机械按先弱振后强振和先强振后弱振两种压实工艺进行对比试验。同时,进行CBR、回弹、剪切波速等试验进行综合比较,从而得出适合改良盐渍土填料的松铺厚度、碾压遍数、压实工艺和压实机械(图7-11)。

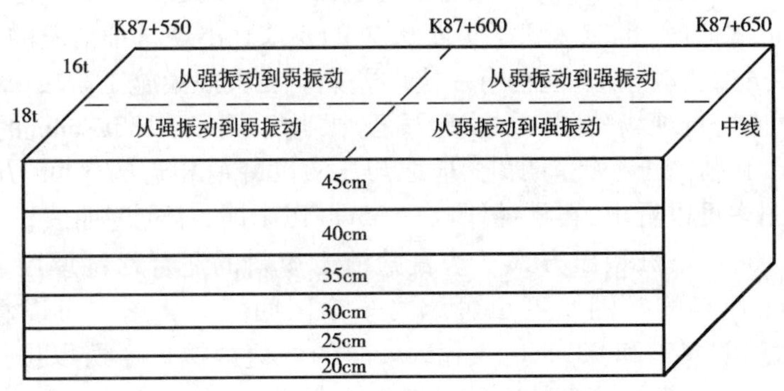

图7-11 现场压路机工作区试验方案

7.7.2 最佳松铺厚度的确定

为研究改良盐渍土填料的最佳松铺厚度,选择20cm、25cm、30cm、35cm、40cm、45cm的松铺厚度进行压实度的检测,通过现场试验的方法,确定出适合改良盐渍土填料的松铺厚度。现场试验采用灌砂法测得改良盐渍土的湿密度和含水率,从而得到不同松铺厚度填料的压实度。在现场工艺中,将试验路段分为两个操作区,分别采用16t和18t振动压路机进行压实,首先确定它的最佳松铺厚度,然后选择合适的遍数。在确定最佳的松铺厚度时,先选取其中的最大的压实度进行比较。

1)16t振动压路机碾压方式下适合改良盐渍土填料的松铺厚度

在现场压实度检测中,采用两种碾压方式,每种碾压方式的遍数都为9遍。每压一遍都要进行压实度检测。最后得到16t压路机在每层每一遍的填土密度、含水率、干密度和压实度,这样可以保证得到各指标的变化曲线,确定出峰值,从而得出适合16t压实机械的松铺厚度(表7-9)。

16t 压路机称重法测填料压实度 表 7-9

松铺厚度(cm)	K87 +650(由弱振到强振)		K87 +575(由强振到弱振)	
	最大干密度(g/cm^3)	压实度(%)	最大干密度(g/cm^3)	压实度(%)
20	1.671	92.8		
25	1.677	93.2	1.681	93.4
30	1.700	94.4	1.689	93.8
35	1.701	94.5	1.690	93.9
40	1.698	94.3	1.680	93.3
45	1.690	93.9	1.686	93.7

图 7-12 为 16t 压路机试验法得出的层厚与上层压实度的关系曲线。从图中和表中数据可以看出,压实度的峰值出现在松铺厚度为 35cm 时。在这种情况下,由弱振到强振的压实方式(上面的曲线)能达到最大的压实度为 94.5%;由强振到弱振的压实方式(下面的曲线)能达到的压实度为 93.9%,其他松铺厚度均比此值有所降低。但从图 7-12 中还可明显地看出,松铺厚度在 25 ~ 40cm 之间时,也能达到压实度 93% 的要求。出现这种情况的原因是,每层改良盐渍土填料的性质虽然比较相似,但仍有一定的差别。在大规模施工阶段,对不同地段的填土的最大标准干密度应进行现场实测。在试验过程中,均采用了 1.80g/cm^3 的标准干密度进行计算,由此在选取改良盐渍土松铺厚度时,应取与压实度峰值相近的区间,方可满足一定的保证概率。而且,从图中可以看出,在松铺厚度为 35cm 以上时,压实度曲线已开始下降。为此,可以选择 35cm 为 16t 压路机碾压方式下改良盐渍土填料的适合松铺厚度,参照规范中的取值,适合改良盐渍土填料的松铺厚度也可取为一个区间值。从图中可以看出,松铺厚度为 30cm 时,其压实度为 94.4% 和 93.8%,与 35cm 时的峰值很接近。所以按试验法得出的 16t 压路机碾压方式下适合改良盐渍土填料的松铺厚度为 30 ~ 35cm。

2)18t 振动压路机碾压方式下适合改良盐渍土的松铺厚度

表 7-10 是 18t 振动压路机采用试验法测得的各层厚填土的干密度和压实度,图 7-13 为 18t 振动压路机试验法得出的层厚与土层压实度的关系曲线。

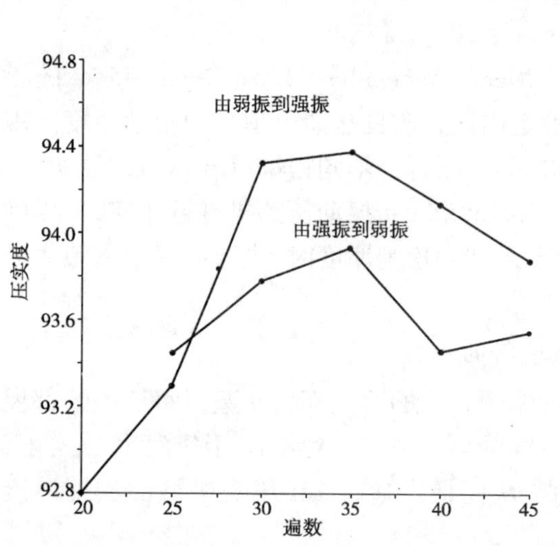

图 7-12 16t 压路机试验法层厚与压实度关系曲线

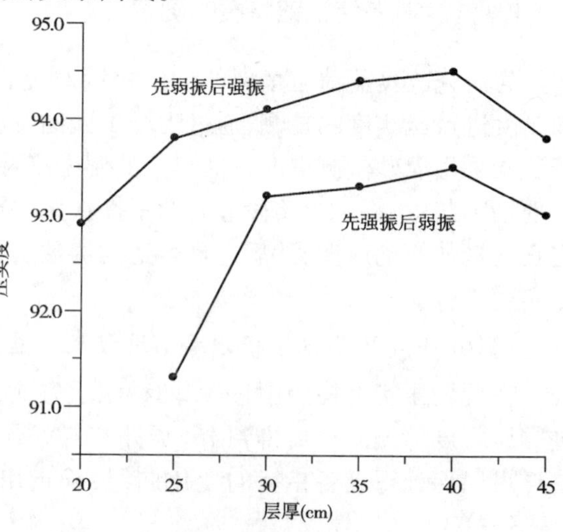

图 7-13 18t 压路机试验法层厚与压实度关系曲线

18t 压路机压实下填料压实度 表 7-10

松铺厚度(cm)	K87 +650(由弱振到强振)		K87 +575(由强振到弱振)	
	最大干密(g/cm^3)	压实度(%)	最大干密(g/cm^3)	压实度(%)
20	1.672	92.9		
25	1.689	93.8	1.681	91.3
30	1.693	94.1	1.689	93.2
35	1.699	94.4	1.69	93.3
40	1.701	94.5	1.68	93.5
45	1.689	93.8	1.686	93.0

从图中和表中数据可以看出,压实度的峰值出现在松铺厚度为40cm时。此时,由弱振到强振压实方式能达到的压实度为94.5%,由强振到弱振压实方式能达到的压实度为93.5%,其他松铺厚度均比此值有所降低。但从图中还可明显地看出,松铺厚度在35~45cm之间时,也能达到压实度93%的要求。出现这种情况的原因与上面分析的类似,即每层填料的性质虽然比较相似,但仍有一定的差别,各层填土的最大标准干密度也不尽相同,可现场测试中均采用了1.80g/cm^3的标准干密度进行计算,由此在选取改良盐渍土松铺厚度时,应取压实度值与压实度峰值相近的区间,方可满足一定的保证概率。同时,从图中还可以看出,在松铺厚度为40cm以上时,压实度曲线已开始下降。为此,可以选择40cm为18t压路机碾压方式下改良盐渍土填料的适合松铺厚度。考虑到施工中如给定某一厚度,会对施工带来一定难度,以及参照规范中的取值,适合改良盐渍土填料的松铺厚度也可取为一个区间值。从图中可以看出,松铺厚度为35cm时,其压实度分别为94.4%和93.3%,与40cm时的峰值很接近,所以,按试验法得出的18t压路机碾压方式下适合改良盐渍土填料的松铺厚度为35~40cm。

通过上述试验可以提出,16t振动压实机械压实下适合改良盐渍土填料的松铺厚度为30~35cm,18t振动压实机械压实下适合改良盐渍土填料的松铺厚度为35~40cm。

7.7.3 合适碾压遍数的确定

合适碾压遍数的研究可与合适松铺厚度的研究同时进行,在合适松铺厚度的研究中,已取得了各松铺厚度每一遍压实后的压实度,根据此数据,即可得到适合改良盐渍土填料的碾压遍数。具体实施步骤为:

(1)根据压实工艺的不同,选择K87+875(由强振到弱振)和K87+625(由弱振到强振)两条剖面线,拟定检测位置。

(2)碾压9遍,每碾压一遍,检测对应的填料湿密度、含水率,进而得到改良盐渍土的干密度和压实度。碾压方式:由强振到弱振为,静压一遍加振压6遍(由强振渐变到弱振);由弱振到强振为,静压一遍加振压6遍(由弱振渐变到强振)。

(3)根据取得的数据结果,获得合适的碾压遍数。此次研究中对6个不同松铺厚度下碾压遍数与压实度的关系做了分析,松铺厚度不同,压实度出现峰值时的碾压遍数也不尽相同,前面已对改良盐渍土填料的合适松铺厚度做了确定,在此,要研究合适碾压遍数也应基于已确定的松铺厚度,所以,下面将着重研究在合适松铺厚度下改良盐渍土填料的合适碾压遍数。前面已经述及,16t 压路机适合改良盐渍土填料的松铺厚度为 30 ~ 35cm,18t 压路机适合改良盐渍土填料的松铺厚度为 35 ~ 40cm。在此也将针对两种不同的压实机械分别研究其合适的碾压遍数。

(1)16t 压路机不同碾压方式下适合改良盐渍土的碾压遍数

为确定最佳的遍数,必须在确定的最佳松铺厚度的情况下,才可以进行比较。同时,遍数的多少同碾压方式有关系。为了确定最适合的碾压遍数,必须先确定最佳松铺厚度。同时,由于影响因素较多,各种组合较多,为了研究主要问题,研究中只进行两种碾压方式的比较。表 7-11 列出了在 16t 压路机碾压方式下各松铺厚度压实度出现峰值时的碾压遍数以及所能达到的压实度。图 7-14、图 7-15 为 16t 压路机碾压方式下松铺厚度为 30cm 和 35cm 的遍数与压实度曲线。

16t 压路机不同碾压方式下各松铺厚度压实度峰值及碾压遍数 表 7-11

松铺厚度(cm)	K87 + 650(由弱振到强振)			K87 + 575(由强振到弱振)		
	遍数	最大干密度(g/cm^3)	压实度(%)	遍数	最大干密度(g/cm^3)	压实度(%)
20	6	1.671	92.8			
25	7	1.677	93.2	4	1.681	93.4
30	6	1.7	94.4	3	1.689	93.8
35	7	1.701	94.5	3	1.69	93.9
40	7	1.698	94.3	4	1.68	93.3
45	6	1.69	93.9	4	1.686	93.7

从表 7-11 中可以看出,在此机械压实下,采用由弱振到强振方式时,松铺厚度为 30cm 时第 6 遍出现峰值,压实度为 94.5%;松铺厚度为 35cm 时第 7 遍出现峰值,压实度为 94.3%。但从图 7-14 中可看出,此时碾压 6 遍与碾压 7 遍的效果相差不大,在振压的过程中压实度稳步上升。采用由强振到弱振方式时,松铺厚度为 30cm 和 35cm 时均是在第 4 遍就出现了峰值,压实度分别为 93.8% 和 93.9%,但以后压实度反而降低。综合起来,在 16t 压实机械下,采用由弱振到强振方式时,碾压 6 遍即可满足要求;采用由强振到弱振方式时,碾压 4 遍能够达到较高的压实度,但压实度不稳定。

从碾压遍数与压实度关系曲线图中,还可以发现一个现象,就是最后一遍静压都能使压实度有所上升。同时,静压还可以将路基表面修理平整、光滑,提高外观效果,所以,在碾压达到压实度峰值后,还应再静压一遍,增加压实效果和视觉效果。

综合考虑,在 16t 压实机械下,松铺厚度为 35cm 时,采用由弱振到强振方式时,需碾压 7 遍,其中第一遍和最后一遍均为静压;采用由强振到弱振方式时,需碾压 6 遍,其中第一遍和最后一遍也为静压。

(2)18t 压路机不同碾压方式下适合改良盐渍土的碾压遍数

表 7-12 列出了在 18t 压路机碾压方式下各松铺厚度压实度出现峰值时的碾压遍数以及所能达到的压实度。图 7-16、图 7-17 为 18t 压路机碾压方式下松铺厚度为 35cm 和 40cm 的遍数与压实度曲线。

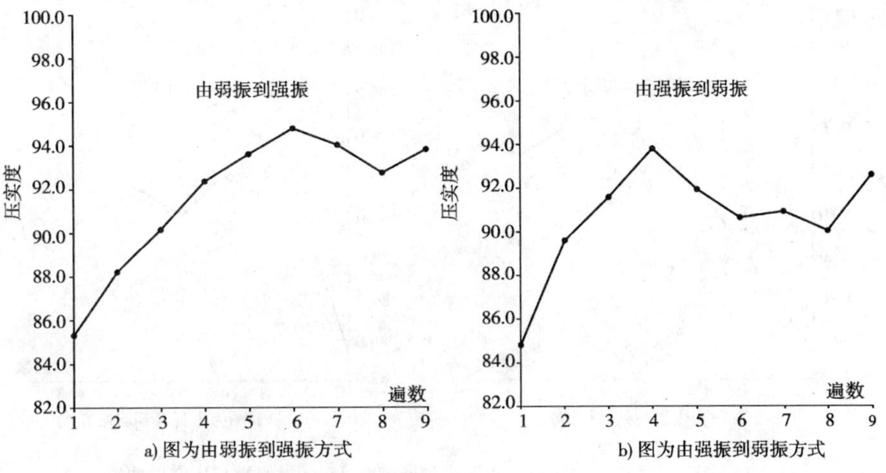

图 7-14　16t 压路机不同碾压方式下松铺厚度为 30cm 时遍数与压实度曲线

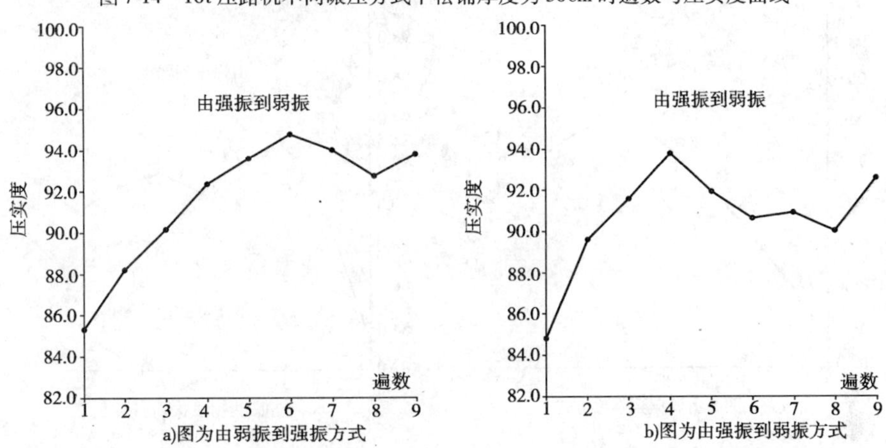

图 7-15　16t 压路机不同碾压方式下松铺厚度为 35cm 时遍数与压实度曲线

18t 压路机碾压方式下各松铺厚度压实度峰值及碾压遍数　表 7-12

松铺厚度（cm）	K87 + 650（由弱振到强振）			K87 + 575（由强振到弱振）		
	遍数	最大干密度（g/cm^3）	压实度（%）	遍数	最大干密度（g/cm^3）	压实度（%）
20	8	1.672	92.9			
25	7	1.688	93.8	4	1.681	91.3
30	5	1.693	94.1	5	1.689	93.2
35	6	1.699	94.4	4	1.69	93.3
40	5	1.701	94.5	5	1.68	93.5
45	5	1.688	93.8	4	1.686	93.0

从表 7-12 中可以看出，在此机械压实下，采用由弱振到强振方式时，松铺厚度为 35cm 时第 6 遍出现峰值，压实度为 94.4%；松铺厚度为 40cm 时第 5 遍出现峰值，压实度为 94.5%，但从图7-17 中可看出，此时碾压 5 遍与碾压 6 遍的效果相差不大，压实度随碾压的遍数不断增长。采用由强振到弱振方式时，松铺厚度为 35cm 时第 4 遍出现了峰值，压实度为 93.3%；松

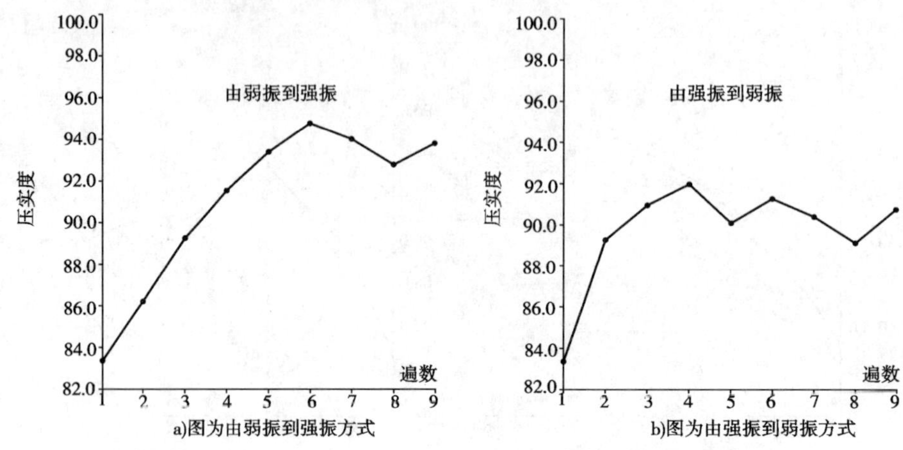

图 7-16　18t 压路机不同碾压方式下松铺厚度为 35cm 时遍数与压实度曲线

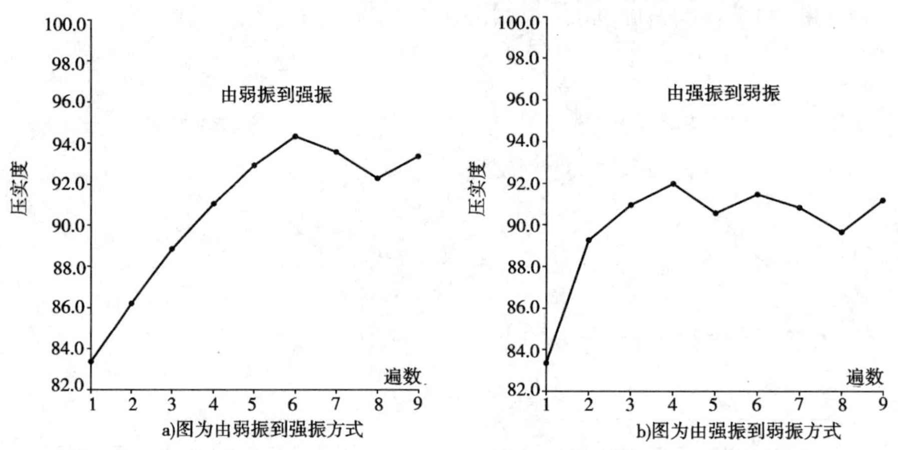

图 7-17　18t 压路机不同碾压方式下松铺厚度为 40cm 时遍数与压实度曲线

铺厚度为 40cm 时第 5 遍出现峰值，压实度为 93.5%，但从图 7-17 中可看出，此时碾压 4 遍与碾压 5 遍的效果相差不大，但这种压实方式的压实度不稳定，且压实度较由弱振到强振方式小。综合起来，在 18t 压实机械下，采用由弱振到强振方式时，碾压 5 遍即可满足要求，采用由强振到弱振方式时，碾压 4 遍就能够满足要求，但压实度较低，且增长过程不稳定。从碾压遍数与压实度关系曲线图中，同样可以发现最后 1 遍静压都能使压实度有所上升，同时，静压还可以将路基表面修理平整、光滑，提高外观效果，所以，在碾压达到压实度峰值后，还应再静压 1 遍，增加压实效果和视觉效果。

综合考虑，在 18t 压实机械下，松铺厚度为 35cm，采用由弱振到强振方式时，需碾压 6 遍，其中第一遍和最后一遍均为静压；采用由强振到弱振方式时，需碾压 5 遍，其中第一遍和最后一遍也为静压，但其压实度增长极不稳定。

7.7.4 最佳压实厚度的选取

在压实时，为了达到最好的效果，正确地选择土的受压土层的厚度是非常重要的。对于土层太厚的情况下，由于应力随深度降低，这时它的压实效果不是特别均匀。土是分层压实的，在压实过程中,下一层的刚度大,各项指标高,而最好的压实是:压实前后上下两部分的指标一致。进行研究的目的,就是要找出不同填料的有效压实深度,使在此深度内的变形达到要求的压实度,同时,不加大压实机械的重复使用,这就要求考虑所有的阻力、同时也要考虑重复加荷的必要性。最终要求在这个压实深度中,消耗的压实功是最小的。压实的厚度随提供的力的大小的不同是不一样的。在长期的历史过程中,人们已经总结出了经验。提供的力越大,压实厚度越大,目前冲击压实技术厚度可以在1m左右。对于振动压路机,人们总结出在目前的压实机械情况下,压实厚度在30cm左右为较好的厚度,现行的公路规范规定了松铺厚度为30cm。

1)由压板确定的理论公式

1926年,И·И·伊万诺夫从理论上确定了荷重作用的深度为3.5D(D为压板直径)。И·Я哈尔胡塔进行了专门试验,将土放在混凝土地基上,并以等于强度极限的30%循环荷重通过压板作用在土基上,每一次增加土的变形层厚度,按最优含水率所作的试验如下:

(1)加在压板上的荷重的作用深度等于3.0~3.5D;

(2)最优土层厚度可以认为是2.0D。

他在野外进行的试验表明:在应力状态变化速度很大的循环荷重下,最优土层厚度略有减小,其大小处在(1.25~1.5)D范围内。这样,确定的最优土层厚度为应力作用范围内达到的极限深度减小1/3~1/2。按照承压板的直径25cm计算,它的作用深度为31.25~37.5cm。

2)压路机的压陷深度h由压轮的质量和直径而定

若考虑变形模量,则可以计算有效压实深度(cm)的简单公式:

对黏土性:

$$h=0.1\frac{w}{w_0}\sqrt{qR} \tag{7-8}$$

对非黏性土:

$$h=0.13\frac{w}{w_0}\sqrt{qR} \tag{7-9}$$

式中:w——土的实际含水率;

w_0——土的最优含水率。

式中表明每一次压实时,它的作用深度,振动作用在于其提供了使颗粒运动的加速度,从而使其密实(表7-13)。

计算结果　　表7-13

项　目	16t	18t
平均作用力荷载(N/cm)	336	370
压轮半径(mm)	775	1065
含水率	22	22
压实厚度(cm)	25.6	27.5

贝鲁姆拉尔(J. V. Perumpral)和扬格(R. N. Yong)等人用有限元计算了压轮下应力和位移(图7-18)。贝鲁姆拉尔用两个不同的滑轮和不同的速度进行了计算,结果表明,最大主应力在地表以下30cm左右,它与前进速度和轮径联系不大。

7.7.5 最佳压实力的修正

为了确保压实质量,在土体表面的应力是不允许超过其强度极限的,否则,就会发生交替压实和反复压实,由于附加应力的影响,也会造成其破坏深度的增大。同时,它的表面应力也不能过低,过低的情况下,应力只作用在表面,在这种情况下,会减小压实度的绝对值,也会减小压实深度。试验证明,当表面应力为强度极限的80%~90%时,压实效果是最好的。但对于振动压实而言,由于它与振动频率有关,此时它的应力应更低一些。

由压实机械作用在土体上的最大接触应力应小于土体的压实强度极限,压实强度极限可按下式计算,结果见表7-14。

$$\sigma_{\max} = \sqrt{\frac{qE_0}{R}} \tag{7-10}$$

式中:q——线荷载(kN/m);

R——压轮半径(m);

E_0——土的变形模量。

当荷重超过强度极限时,它的压实见图7-19,B 和 B' 为强度极限,对于黏性土,当压力超过强度极限时,它的变形一直增加;对于非黏性土而言,当压力超过强度极限,它的变形会减小,随之又开始增加。现根据YZ18型压路机的参数计算它的强度极限,振动的直径为1550mm。

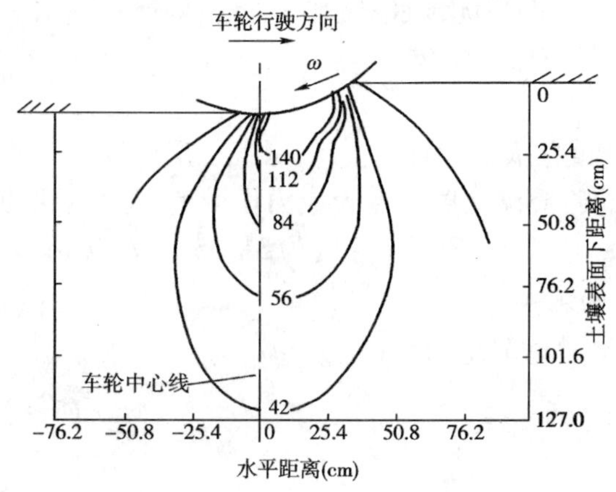

图7-18　有限元计算车轮下最大主应力图

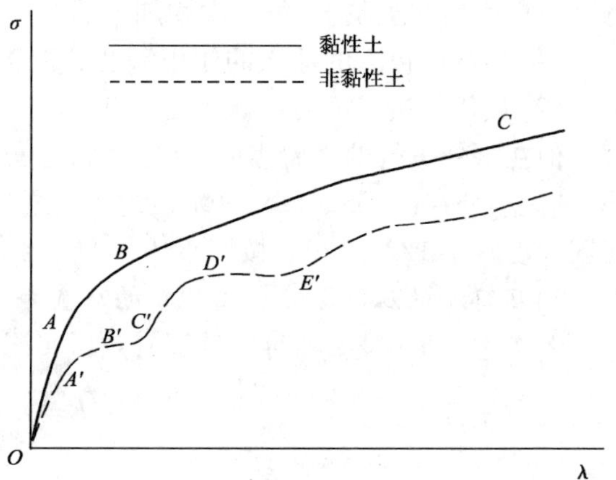

图7-19　压实超过强度时的压实曲线

碾压和夯实时土的强度极限　　表7-14

土的类型	强度极限 σ_B(MPa)		
	碾压		夯实 夯板直径70~100cm
	光轮压路机	轮胎压路机	
低黏性土(砂土、亚黏土、粉土)	0.3~0.6	0.3~0.4	0.3~0.7
中黏性土(亚黏土)	0.6~1.0※	0.4~0.6	0.7~1.2
高黏性土(重亚黏土)	1.0~1.5	0.6~0.8	1.2~2.0
极黏性土(黏土)	1.5~1.8	0.8~1.0	2.0~2.8

注:※在个别情况下,当黏土含量在8%~15%,强度极限可降到0.3~0.4MPa。

对于改良盐渍土填料,根据现场做的改良盐渍土填料试验,变形模量可选20MPa,现将18t和16t压路机代入,它的强度为0.93MPa和0.71MPa(表7-15)。按照强度极限的规定:16t压路机的压实效果要好于18t,这表明,对于改良盐渍土填料而言,它的压实力不能一次太大。

最大接触力计算　表7-15

项　目	18t	16t	项　目	18t	16t
线荷载(N/cm)	420	270	变形模量(MPa)	20	20
压轮半径(mm)	775	1065	最大接触应力	0.93	0.71

7.7.6 最佳压实方式的选取

在公路的压实施工中,分为静压、弱振和强振。强振和弱振是通过压路机中的振动轮中的偏心轮调整的,它的作用方式不同,形成了不同的振动力,振动作用力取决于它的振动幅。在强振作用下,它的振动频率低,振幅大,提供的作用力大;而在弱振作用下,它的振动频率高,振幅低,作用力小。例如,对于YZ18型压路机,在强振作用下,它的振幅为1.88mm,比弱振的振幅大0.89mm;强振的频率为29Hz,比弱振低6Hz;强振的振动力为320kN,比弱振高60kN。土是具有黏滞性的,由于黏滞性的存在,它对于外界应力的反应具有叠加性和滞后性,黏性土较之砂性土为大。如果外界作用的力速度较快,这时,它来不及发生松弛,这也是目前振动压路机加强频率的一个重要原因。同时由于压路机振动力的加大,对于土体的压实形成了表层松散,中下部压密。它们的应用组合是工艺研究的一个重点。静压可以加强平整度,增强视觉效果。弱振和强振都可以用于压实,其中弱振动可以巩固压实效果,防止反弹;强振动可以起关键作用,但不能太多,它们应用组合必须针对填料的压实情况确定,这时压实遍数会达到一个最佳的情况,单纯的弱振和静压对于压实是不好的。对于强振动,它的遍数不能太多,在施工中由于强振动的增加过多,对于压实不能起到很好的效果,由于填料的性质变化大,单纯的增大振动使得压实部位效果好,其他部位却效果变差,且黏土等对振动这个反应却很慢。过多的强振动,使填料振松。

严榕、秦四成等采用非线性动力学和神经网络理论进行了振动压实作用的分析,张泓、闻邦椿对振动压实中频率、振幅等做了较详细的研究,他从振动作用下剪切应力大于剪切强度出发,得出了以下四个主要结论:

(1)振动过程产生的振动力大于静压力,大振幅大于小振幅(图7-20)。

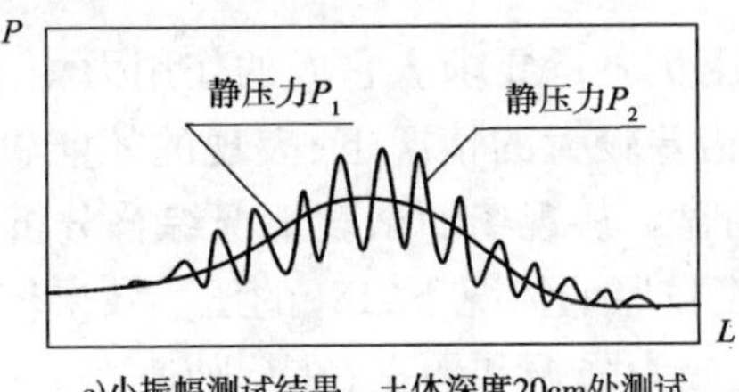

a)小振幅测试结果,土体深度20cm处测试

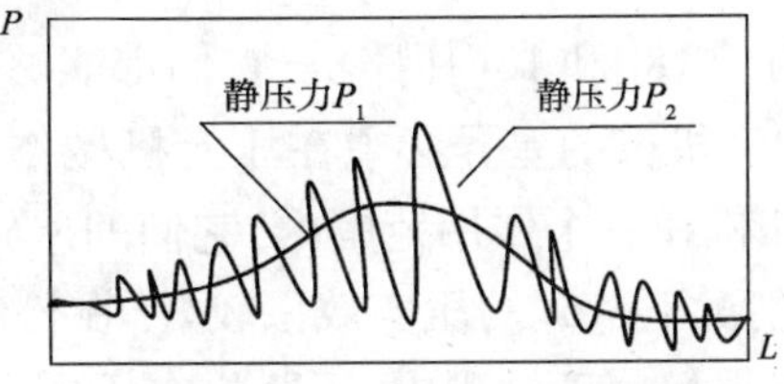

b)大振幅测试结果,土体深度20cm处测试

图7-20　土体中静动态测试结果

(2)频率越低,增大振动强度 e 会显著减小砂土的滑动摩擦。但是当振动强度 e 足够大时,进一步增加振动强度 e 对减小内摩擦力 $\sigma\tan\varphi$ 将失去作用,摩擦系数 $\tan\varphi$ 趋于常数(图7-21)。

(3)砂土土颗粒质量 m_k 大,黏聚力 c 小,振动可以显著减小砂土的滑动摩擦,对砂土的抗剪强度 τ_f 影响很大,振动对级配良好的砂土抗剪强度 τ_f 影响与颗粒均匀砂土相比,效果要好。

(4)大振幅的振动压实效果优于小振幅的压实效果。

由于压实过程中，它的抗剪强度是一个增加的过程，对于这个问题，剪切理论不能给出一个很好的解释。

图7-22为试验的结果，共压实8次，其中第1遍为静压，第2～7遍为弱振动，第8遍为强振动。可以看出，当振动为一个方式时，这时它提供的力也是相同的。由于提供的振动力不能够使颗粒互相挤压靠近，在压实遍数增加的情况下，它的压实度在减小。如同小于摩擦力的力无论作用多长时间，都不会使物体运动一样。当最后振动方式为强振动方式时，它的压实度会增加，但这个压实遍数太大，对于人员和设备的损耗太大，施工成本将会大大增加。公路中规定对于压实遍数大于10遍时，就要重新修订压实标准。

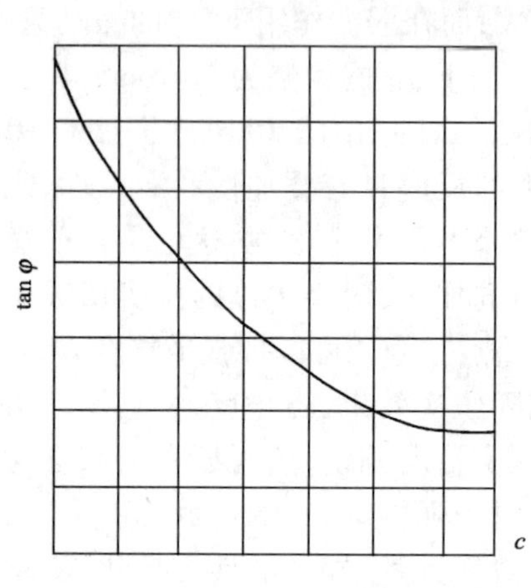

图7-21　摩擦系数 $\tan\varphi$ 与振动强度 c 关系

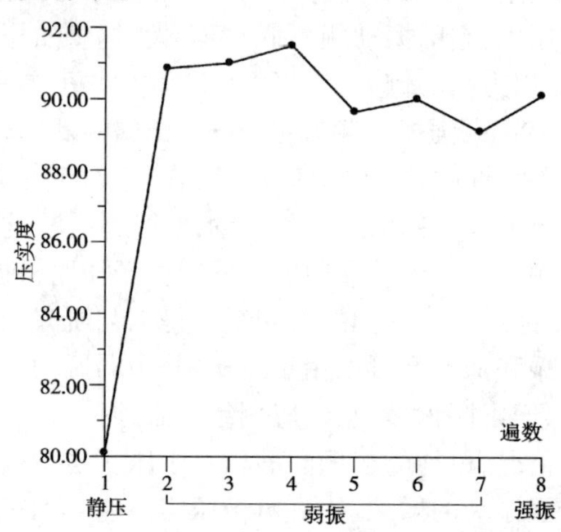

图7-22　压实方式与压实度关系

7.8　小　　结

通过试验段改良盐渍土现场填筑试验，进行了改良盐渍土施工工艺的研究，得出如下主要结论：

(1)对于18t和16t压路机，它们都能够达到压实质量要求。它们的作用力相差不大。可以认为，压实机械的差异必须在压实机械作用力相差较大的情况下，表现的才能较明显。16t和18t压路机在一个作用范围内，它们的差异不明显。从现场的试验情况综合分析，在松铺厚度较薄的情况下，16t的压实效果较好，在松铺厚度较厚的情况下，18t的压实效果较好。

(2)在现场施工过程中，压路机在压实方式上分为强振和弱振，在行驶速度上分为1挡和2挡。无论何种速度，都可以采用强振和弱振。实际情况是，速度慢时，作用的时间长，压实效果好。对于压实机械而言，压实效果受场地平整度影响很大。它工作时，如果场地刮平效果好，这时，压路机光轮的线荷载均匀作用，压实效果好；如果场地刮平效果不好，这时压路机光轮不是线荷载作用，只有部分接触点受力，它的压实效果较差。因此，要充分发挥压路机的作用，必须将场地的平整度做好。

(3)从前面的试验成果表及适合改良盐渍土填料的碾压遍数研究中可以看出，不论是18t还是16t的碾压机械，采用由弱振到强振的工艺，要5～6遍后满足压实度的要求。采用由强振到弱振的压实工艺时，要4～5遍能满足压实度的要求，但路基的压实度不稳定，施工时不易掌握，由此可以得出，不管压实机械如何，适合改良盐渍土土填料的碾压工艺是由弱振到强振的碾压方式。

综上所述，改良盐渍土填料的碾压工艺见表7-16。

改良盐渍土填料的碾压工艺　　表7-16

压实机械	松铺厚度	碾压工艺	碾压遍数	碾压方式
16t压路机	30～35cm	由弱振到强振	6	静压1遍加由弱振到强振（4遍）加静压一遍
18t压路机	35～40cm		6	静压1遍加由弱振到强振（4遍）加静压一遍

第8章　盐渍土路基施工质量控制与检测技术研究

高速公路提高了对路基强度、刚度(变形)与稳定性的要求,其质量的好坏直接影响公路运输的安全和效能。对于建设高质量的高速公路路基,路基填筑质量检验是施工过程中非常重要的一项工作,也是加强路基工程质量管理,指导规范施工及标准化作业,确保工程质量的关键环节之一。要使电石灰改良盐渍土路基施工符合高速公路路基规范和设计的要求,在施工过程中,除必须认真组织施工和严格遵照施工操作技术规范外,还必须强化管理,加强必要的室内试验和现场测试等质量检测与控制措施。现场施工管理、检测工作和质量控制是保证施工质量的重要环节。高速公路路基施工质量检测与控制可分为材料标准试验、路基填筑外形尺寸检测、路基填料压实度检测、路基力学强度检测和高填方路基沉降观测等五部分。材料标准试验和路基外形尺寸检测等常规项目的检测参照《公路工程质量检验评定标准》、《公路路基路面现场测试规程》和《公路土工试验规程》中有关要求进行,本章仅对改良盐渍土填料施工的压实状况、路基的力学强度和路基的沉降观测三个方面进行试验研究。

8.1　改良渍土路基填筑质量检测与控制

路基填料密实度检验包括压实度、相对密度、孔隙率等。这些指标与路基土的基本性状有着直接的联系,它能非常准确地反映填土被压实的程度,是路堤填筑压实检验中使用历史最久,应用最广的检验指标。目前国内外路基压实度检测方法有三类:第一类为古典的灌砂法、环刀法、水袋法。灌砂法是当前最通用的方法,很多工程都把灌砂法列为现场测定密度的标准方法。第二类为γ射线法,核子密度仪是利用放射性(通常是γ射线和中子射线)测量土或路面材料的密度和含水率。这类仪器的特点是测量速度快,需要人员少,但需要与传统方法做校核。第三类是采用物探的方法,利用瑞雷波、面波等特性,快速、无损地确定路基土层层厚及土层剪切波速等参数,根据瑞雷波或面波参数与土层密度之间的相关关系来确定路基的压实度。

路基结构力学强度检测主要包括现场承载板试验,现场承载比(CBR)试验,贝克曼梁测定路基回弹弯沉值,FWD测定变形模量等参数。由于它们反映路堤填土的强度、变形性能。因此,可根据这些指标直接评价路堤的承载能力,判断能否满足上部结构对路基的要求。

公路路基压实是动态的,不断变化的,在施工过程中,它的沉降过程造成了下部的93区向增高的方向发展。这个过程表现为沉降,它是值得我们关注的重点过程。公路沉降由于上部压实质量好,下部压实质量差,它的沉降特点表现为开始沉降快,后期沉降慢,也表现为上部沉降大,下部沉降最小。如果考虑路基分层的压缩,则是下部压缩大,上部压缩小,而这个情况类似于质量好的材料压在质量差的材料上。可以认为,它的沉降过程为下路堤在沉降过程中变成与上路堤和路床接近。上部的沉降主要是下部压缩造成的,自身的压缩较小。然后路堤区和路床区的压实度变得相近,最终它的沉降就成为一起沉降。在这个情况下,上部的沉降主要是自身的压缩。

为了更全面、更深入地判定滨海盐渍土改良后施工性能、力学强度等方面的特性,获得改良盐渍土路基方便、准确、快捷的质量检测和质量控制的方法与标准,在改良盐渍土路堤分层填筑的过程中,进行高程、压实度、剪切波速测试与承载板、CBR、弯沉、现场直剪试验和路基沉降观测等试验(表8-1)。各测试项目根据《公路工程质量检验评定标准》、《公路路基路面现场测试规程》和《公路土工试验规程》中有关路基施工质量检测的要求进行。

改良盐渍土路基填筑试验测试项目 表8-1

试项		测试要点
1	高程	根据标准确定高程测点、每碾压一遍测量一次
2	压实度测量	在高程测试点附近用灌砂法测试密度、每碾压两遍测试一次
3	SASW 试验	在高程测试点附近用SASW方法测试剪切波速、每碾压一遍测量一次
4	承载板试验	在10个断面进行现场承载板试验
5	现场CBR试验	改良盐渍土路基填筑完成后,在改良盐渍土路基顶面测试现场CBR值
6	贝克曼梁测回弹弯沉	改良盐渍土填筑完成后,在改良盐渍土路基顶面测试弯沉值
7	现场直剪试验	改良盐渍土填筑完成后,在现场对2个测点进行直剪试验
8	路基沉降观测	K87+550、K87+575和K87+620三个断面上进行沉降观测

8.2 改良盐渍土路基压实质量检测与控制

8.2.1 路基压实质量检测传统方法

1)压实干密度的测试与压实度

路堤填筑层压实施工后,必须有明确的质量检测指标,以判断改良盐渍土的确切压实程度。一般路基的填筑质量检测常采用灌砂法来获得压实干密度,进而得到填筑层的压实度。改良盐渍土路堤压实后基本处于均匀状态,所以比较适合采用灌砂法。表8-2是填筑路段中两个断面上各4个点位置的数据,每振压2遍用灌砂法测定改良盐渍土的压实干密度,通过室内击实试验获得的最大干密度可得到压实度。从表中可见,采用18t振动压路机振压6遍后,改良盐渍土填料的压实度都达到93%以上。

18t振动压路机碾压压实度(单位:%) 表8-2

碾压遍数		静轮1遍	振压2遍	振压4遍	振压6遍
松铺厚度为30cm时的压实度	测点1	91.4	97.6	99.8	100.1
	测点2	90.7	92.3	98.6	98.3
	测点3	29.4	97.9	98.2	96.0
	测点4	86.5	97.3	96.4	98.3

续上表

碾压遍数		静轮1遍	振压2遍	振压4遍	振压6遍
松铺厚度为35cm时的压实度	测点1	86.3	91.0	92.1	93.1
	测点2	80.7	93.2	94.0	94.6
	测点3	82.8	92.3	92.8	93.2
	测点4	81.5	91.6	92.5	93.3

2)压实度与碾压遍数关系

图8-1a)、b)为6%和8%电石灰改良盐渍土碾压遍数与压实度关系。压实度测量结果表明,随着振动碾压遍数的增加压实度也增加,振动碾压4~5遍后盐渍上的压实度即达到93%以上。但8%电石灰改良盐渍土在振压到第6遍时,压实度开始有下降趋势,但压实度仍在95%以上,说明振压能量已经过大;而6%电石灰盐渍土在振压到第6遍时,压实度仍缓慢增加,但已达到93%以上,说明6%电石灰盐渍土要求的振压能量比8%电石灰改良盐渍土要大。其原因为:8%电石灰改良盐渍土填料的CBR值较高,塑性较低,土性得到较大的改善,故所需压实能量相对较小;而6%电石灰盐渍土填料的CBR值相对较低,塑性仍较高,土性改善较小,故所需压实能量相对较大。

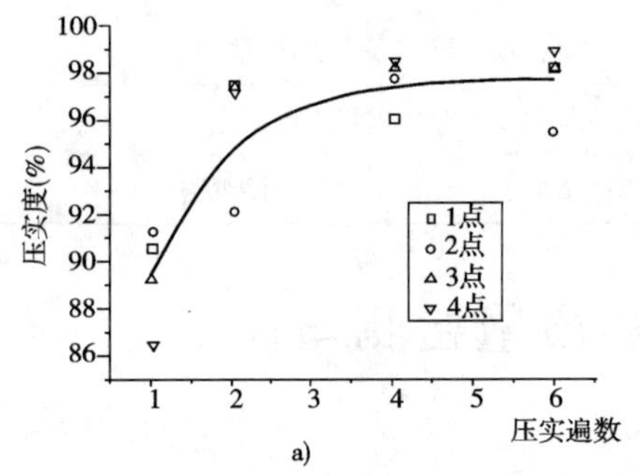

a)6%改良盐渍土碾压遍数与压实度关系

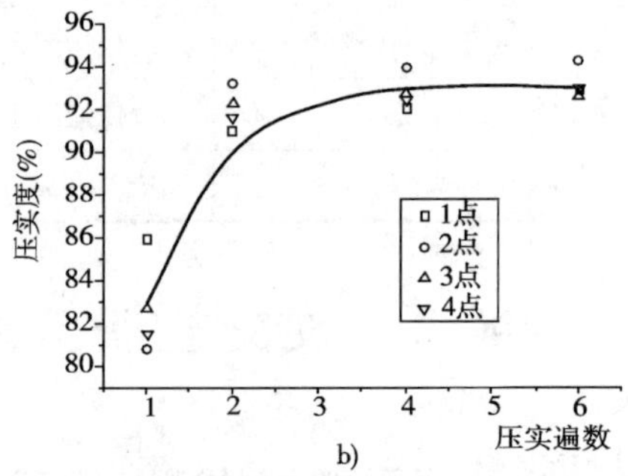

b)8%改良盐渍土碾压遍数与压实度关系

图 8-1

3)路基压实度检测对比试验

在试验段改良盐渍土路基上进行了灌沙法和环刀法两种方法的压实度检测对比,各测点位置一一对应。其结果如表8-3所示。

以灌砂法作为现场测定密度的标准方法,将其他方法与灌砂法进行回归标定。含水率试验标准方法是烘干法。其相关关系见表8-4。

从表8-4可以看出,环刀法的压实度与灌砂法相关性较好,环刀法含水率的测定与灌砂法都用烘干法,两者结果基本相同。相关关系式中,二次相关关系式较一次相关关系式的相关性好。灌砂法作为现场测定密实度的标准方法,由于其洞深通常为碾压层的厚度,能较好地反映土基的压实状况,而且每次采用的储砂筒内沙的数量不变,砂的下落高度和下落速度不变,因此,其测量精度高、准确性好。但从结果来看,有3个压实度超出100%,一是与最大干密度的确定有关,另外,还与试验的操作有关,因此,要严格遵循试验规程的每个细节,以提高精确度,同时应开展路基压实标准的探讨。环刀容积小,只要使环刀取土刚好为碾压层中间的土,环刀法测定结果与灌砂法相当。

灌砂法和环刀法所测路基压实度对比表 表 8-3

测点	灌砂法			环刀法		
	含水率	干密度	压实度	含水率	干密度	压实度
1	15.40	1.82	98.52	15.68	1.83	98.75
2	14.09	1.80	97.48	15.12	1.80	97.19
3	16.14	1.79	96.95	16.50	1.79	96.66
4	15.84	1.80	97.48	16.15	1.80	97.19
5	15.51	1.78	96.43	15.98	1.78	95.62
6	15.21	1.78	95.90	15.14	1.77	95.10
7	13.11	1.75	94.33	14.37	1.75	94.05
8	16.57	1.82	98.52	17.35	1.82	98.22
9	17.62	1.88	101.67	18.99	1.83	98.75
10	15.22	1.75	94.33	15.65	1.76	94.57
11	15.46	1.78	95.90	15.73	1.78	95.62
12	14.38	1.72	92.76	15.09	1.71	91.96
13	14.58	1.77	95.38	15.14	1.77	95.10
14	16.45	1.83	99.05	16.98	1.83	98.75
15	17.32	1.79	96.95	17.92	1.80	97.19
16	16.59	1.79	96.95	17.48	1.78	95.62
17	13.88	1.74	93.81	14.96	1.73	93.01
max	17.62	1.88	101.67	18.99	1.83	98.75
min	13.11	1.72	92.76	14.37	1.71	91.96
均值	15.49	1.79	96.61	16.13	1.78	96.08
方差	1.42	0.03	4.49	1.45	0.05	3.85
变异系数	9.18%	1.68%	4.64%	8.99%	2.80%	4.01%

环刀法与灌砂法所测参数间的相关关系 表 8-4

方法	测定参数	二次关系式	一次关系式
环刀法	压实度	$y=0.071x^2+14.94x-68.31$ ($R^2=0.9768$)	$y=0.873x+12.23$ ($R^2=0.8841$)
	含水率	$y=0.233x^2-4.768x+35.81$ ($R^2=0.9768$)	$y=0.9415x+0.9781$ ($R^2=0.8087$)

注:x 为灌砂法所测参数,y 为环刀法所测参数。

通过对比分析可知,灌砂法作为标准方法有其合理性,但应严格要求试验操作;环刀法影响因素较多,应取碾压层中间的土。

8.2.2 沉降量控制路基压实质量技术

利用水准仪,每碾压一遍,测量碾压前后高程,碾压前后高程差即该遍碾压沉降值。为使测量数据具有可比性,进行了定点测量。表 8-5 为每碾压一遍的碾压沉降量,图 8-2 是根据表

8-5 中数据，每遍沉降量进行平均后，所绘出碾压累积沉降量与碾压关系曲线。从图与表中可见，碾压 5 ~6 遍后，碾压沉降量几乎为零。平均累积沉降量曲线呈双曲线形态，用双曲线对沉降量曲线进行拟合，相关系数在 0.99 以上。利用该双曲线可以推得压缩极限沉降量。另外，该曲线与室内不同击实能量最大干密度的能量关系曲线在线型上一致，实际上碾压遍数即对应于碾压的不同能量，这说明当压实到一定程度后，能量的增加对填筑层的密实效果已不大，此时已达到较高密实度。所以，在盐渍土填筑层压实的施工质量控制过程中，可以采用压实平均累积沉降量来进行施工控制。施工的控制标准是：压实到平均累积沉降量基本不再增加。

掺量 6% 电石灰改良盐渍土路基填筑碾压沉降量　　表 8-5

碾压沉降量（mm）		静压 1 遍	振压 1 遍	振压 2 遍	振压 3 遍	振压 4 遍	振压 5 遍	振压 6 遍
第一层	测点 1	6	15	-6	6	5	0	-4
	测点 2	10	10	6	4	0	0	-3
	测点 3	30	8	3	2	4	2	1
	测点 4	12	6	17	3	0	1	1
	均值	14.5	9.75	5	3.75	2.25	0.75	-1.25
第二层	测点 1	13	14	9	3	3	0	-1
	测点 2	20	10	16	6	6	3	1
	测点 3	24	21	14	11	6	3	2
	测点 4	30	20	11	6	3	1	1
	均值	21.75	16.25	12.5	6.5	4.5	1.75	0.75

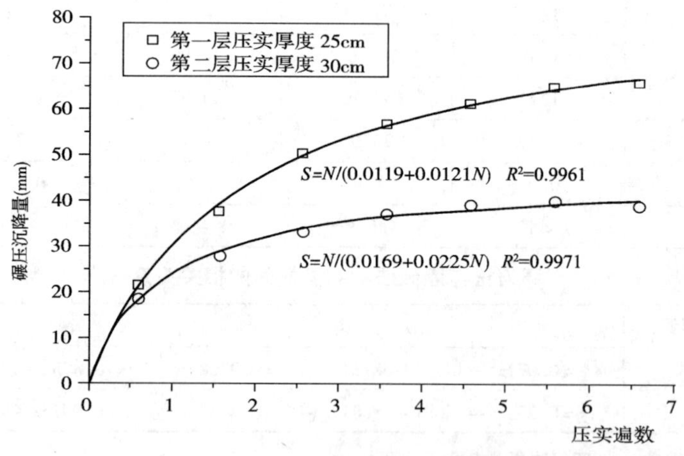

图 8-2　碾压遍数与累计平均碾压沉降量关系

由以上碾压沉降量除以压实厚度，还可获得沉降率。将碾压过程中的沉降率与密度增加率进行比较，两者基本相等。图 8-3a）、b）为碾压过程中沉降率与密度增加率的对比图。

主要因为，在压实过程中，松铺后改良盐渍土的总量不变，碾压前后的面积基本不变，则碾压过程中发生沉降将导致密度的增加。密度增加率与沉降率应相等，其关系式可导出如下，松铺后的密度 ρ_0 为：

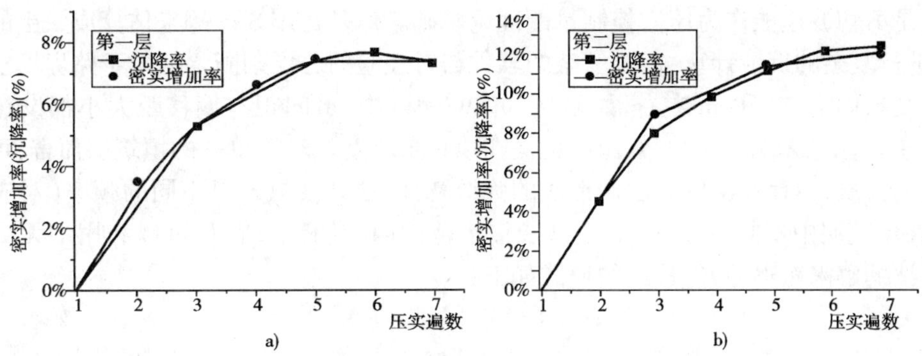

图 8-3　填筑层碾压沉降率与密度增加率比较

$$\rho_0 = \frac{W}{V_0} = \frac{W}{A_0 H_0} \tag{8-1}$$

式中：W——碾压层的总质量；

V_0——摊铺后碾压层的总体积；

A_0——摊铺后碾压层的面积；

H_0——摊铺后碾压层平均厚度。

碾压 n 次后的密度 ρ_n 为：

$$\rho_n = \frac{W}{V_n} = \frac{W}{A_n H_n} = \frac{W}{A_n(H_0 - S_n)} = \frac{W}{A_n H_0 \left(1 - \frac{S_n}{H_0}\right)} = \frac{W}{A_n H_0(1 - \varepsilon_n)} \tag{8-2}$$

式中：W——碾压层的总质量；

V_n——摊铺后碾压层的总体积；

A_n——摊铺后碾压层的面积；

ε_n——沉降率。

由 $A_0 = A_n$ 可得，

$$\rho_n = \frac{W}{A_n H_0(1 - \varepsilon_n)} = \frac{\rho_0}{(1 - \varepsilon_n)} \approx \rho_0(1 + \varepsilon_n) \tag{8-3}$$

密度增加率 $\Delta\rho/\rho_0$ 为：

$$\Delta\rho/\rho_0 = \frac{\rho_n - \rho_0}{\rho_0} \approx \varepsilon_n \tag{8-4}$$

由于灌砂法测压实后的密度，所需时间较长。根据沉降率与密度增加率的关系，可以在碾压的初期用灌砂法获得干密度，碾压过程中可由碾压沉降率来控制。最后碾压完成后再用灌砂法测试干密度。

8.2.3　剪切波速控制路基压实质量技术

1）路基填压层剪切波速获取方法

利用面波的弥散特性，SASW 方法（sperctral analysis of surface wave）可以无损、快速的确定土层层厚及土层剪切波速。土层剪切波速决定于土层的剪切模量，而土层的剪切模量在剪切应变小于 10^{-4} 时，主要受土层密度、平均有效应力的影响，所以可以用剪切波速来估算土层的密度。这是剪切波速能作为压实控制量的理论基础。但是在用 SASW 来估算成层土的剪切波速时,需进行复杂的反演计算,需要复杂的软件与有经验的分层判断。但对于路堤填筑一般填筑层厚度基本固定,在 30cm 左右,如果将 SASW 测试中,道间距与偏移距大小都设在填筑层厚度大小左右,则 SASW 所测有效深度也是在填筑层厚度。对于单一的填筑层而言,可以将它视为均匀的介质,不存在土层分层而形成的弥散特性,瑞利波只是以不同的频率(对应于不同的波长)在填筑层中不同的深度(一个波长深度范围内)传播。所以,可以利用半无限弹性体中的瑞利波的解来考察,其位移解的形式如下:

$$u = f_1(y)\sin[k(x-ct)] \tag{8-5}$$

$$u = f_2(y)\cos[k(x-ct)] \tag{8-6}$$

式中:$f_1 = -Ak[\exp(-aky) - \dfrac{(1+b^2)}{2b}\exp(-bky)]$

$f_2 = -Ak[-a\exp(-aky) - \dfrac{(1+b^2)}{2b}\exp(-bky)]$

$c < \nu_2, a = \sqrt{1-c^2/\nu_p^2}, b = \sqrt{1-c^2/v_s^2}, k = \omega/c$

瑞利波波速可以用下式(8-6)近似:

$$c \approx \frac{0.862 + 1.14\mu}{1+\mu} v_s \tag{8-7}$$

可见,半无限弹性体中瑞利波速与频率无关,不存在弥散特性。

若令 $y = 0$,则瑞利波在半无限体表面的位移可表示如下:

$$u_0 = -Ak\left(1 - \frac{1+b^2}{2b}\right)\sin[k(x-ct)] \tag{8-8}$$

$$v_0 = -Ak\left(-a - \frac{1+b^2}{2b}\right)\cos[k(x-ct)] \tag{8-9}$$

式中:u_0——水平位移;

v_0——垂直位移;

A——振动的振幅;

k——波数,$k = \omega/c$,c 为瑞雷波的相速度,为 ω 和 k 的函数;

a、b——正实数,与波数 k 有关;

c——瑞雷波在空气中的传播速度;

t——时间;

x——位移变量。

在 SASW 方法的采集过程中,利用拾振器一般采集的是垂直于地面的位移,即 v_0,利用两个相隔一定距离的拾振器之间的相位差,即可求出瑞利波的传播速度。

由于两个拾振器所拾的波是许多频率波的综合,两个拾振器所拾振动如下:

$$v_{oq} = \sum_{i=1}^{n} F_i \cos[k_i(D-ct)] \tag{8-10}$$

$$v_{oh} = \sum_{i=1}^{n} F_i \cos[k_i(2D-ct)] \tag{8-11}$$

式中:v_{oq}、v_{oh}——两个拾振器接收的速度;

F_i——频散函数的系数；

D——瑞雷波质点沿着椭圆运动的振幅，$D=Ak$；

k_i——波数，$i=\alpha$ 或 β，是当速度为 α 或 β 时的波数；

c——瑞雷波在空气中的传播速度；

t——时间。

由以上可见，当波振动的频率不同时，则前后拾振器各频率振动的相位也不同。利用傅立叶变换可以将不同频率的波分离，即可得到不同频率波的相位差，相位差如下式所示：

$$\Delta\varphi = k_i D = \frac{\omega}{c} D = \frac{2\pi f}{c} D \tag{8-12}$$

式中：$\Delta\varphi$——相位差；

k_i——波数，$i=\alpha$ 或 β，是当速度为 α 或 β 时的波数；

D——瑞雷波质点沿着椭圆运动的振幅，$D=Ak$；

ω——圆频率；

f——频率；

c——瑞雷波在空气中的传播速度。

若由傅立叶变化将不同频率的波分离后，得到不同频率的相位差后，即可由式(8-13)得不同频率(不同波长)的面波传播速度，如下式所示：

$$c = f\frac{D}{\Delta\varphi/2\pi} \tag{8-13}$$

式中：$\Delta\varphi$——相位差；

D——瑞雷波质点沿着椭圆运动的振幅，$D=Ak$；

f——频率；

c——瑞雷波在空气中的传播速度。

从以上推导可知，对路基填筑层的密度进行检测时，利用该原理不用进行复杂的反演与分层调制，只是通过对拾振器上的拾振信号进行傅立叶变化，求出不同波长波的相位差，即可求出不同波长的瑞利波波速，进而转化为剪切波速。虽然，对于均匀地层不存在弥散现象，但是由于剪切波速不但与密度有关，而且与地层的平均有效应力有关，所以在30cm填筑层内，即使密度完全一致，剪切波速也会随深度的增加而增加。解决该问题有两个途径，其一是对剪切波速进行修正，消除应力影响所造成的变化，但由于进行了速度修正，修正后的速度就与原始的剪切波速存在差别，不便于其他方面的应用与比较；其二是采用固定深度的波速，因为深度相同，意味着应力状态的基本一致，尤其是对于填料基本一致的填土情况。

知道了剪切波速后，还需进一步变换成改良盐渍土的密度。其方法也有两种，其一是在填筑现场取有代表性的改良盐渍土，在试验室中重塑成不同密度，再加上不同的围压进行剪切波速试验，获得 v_s-γ_d-σ_m 关系，由现场的剪切波速对应于室内的 v_s-γ_d-σ_m 关系即可得到现场填筑的 γ_d；另外一种方法是一般路堤填筑要进行现场填筑试验，在现场填筑试验中，进行现场SASW测试获得剪切波速，将剪切波速与其他途径获得的 γ_d 进行对比，找出 v_s-γ_d 关系，再利用该标准进行密实度检测。由于该方法在填筑现场进行，填土的施工应力状态与大面积施工接近，所得的标准也应是与实际相符的，所以本研究中推荐第二种方法。

以下是利用以上方法，在改良盐渍土路基填筑试验段中获得了剪切波速与改良盐渍土干密度的关系。SASW 测试中采用的道间距为 0.25m。在填筑段的两个断面上 4 个点位置，每振压 1 遍用 SASW 法测定改良盐渍土的剪切波速，测定的数据如表 8-6、表 8-7。从表中可见振压 6 遍后，盐渍土的剪切波速都达到 200m/s 以上。

第一层改良盐渍土填料压实的剪切波波速 表 8-6

碾压遍数	测点 1		测点 2		测点 3		测点 4	
	层厚	速度	层厚	速度	层厚	速度	层厚	速度
1	0.32	184.6	0.31	175.6	0.32	159.5	0.34	152.9
	0.42	197.4	0.45	191.7	0.52	206.7	0.37	173.6
2	0.3	210.1	0.32	185.6	0.29	184.6	0.31	212.3
	0.43	241.5	0.36	230.7	0.43	228.7	0.45	227.2
3	0.31	234.7	0.30	201.9	0.29	221.5	0.30	228.6
	0.51	278.4	0.36	223.7	0.38	228.6	0.36	236.9
4	0.33	241.3	0.31	224.3	0.30	231.9	0.31	231.6
	0.37	224.6	0.38	239.7	0.35	226.5	0.37	208.7
5	0.30	234.9	0.29	228.3	0.31	246.2	0.29	241.1
	0.41	261.8	0.45	237.9	0.37	223.7	0.46	226.9
6	0.34	237.1	0.31	203.9	0.30	230.6	0.30	250.8
	0.26	203.4	0.45	219.4	0.41	210.1	0.42	242.7

第二层改良盐渍土填料压实的剪切波波速 表 8-7

碾压遍数	测点 1		测点 2		测点 3		测点 4	
	层厚	速度	层厚	速度	层厚	速度	层厚	速度
1	0.28	169.5	0.29	149.6	0.32	166.3	0.29	152.8
	0.36	241.1	0.37	231.8	0.41	246.4	0.38	237.2
2	0.31	178.6	0.28	185.6	0.30	184.6	0.27	190.6
	0.39	231.7	0.37	205.9	0.40	233.1	0.41	246.7
3	0.36	202.9	0.32	218.5	0.33	214.3	0.34	221.4
	0.42	246.1	0.48	229.4	0.46	241.9	0.46	249.7
4	0.35	209.5	0.34	224.3	0.35	221.3	0.37	225.3
	0.41	249.3	0.46	233.8	0.46	251.9	0.39	238.3
5	0.42	214.3	0.39	231.2	0.38	228.4	0.37	232.8
	0.37	243.1	0.42	243.1	0.46	261.1	0.47	251.9
6	0.40	219.8	0.40	242.8	0.35	231.4	0.36	239.8
	0.41	238.1	0.56	264.5	0.49	264.6	0.51	267.2

2）压实度与剪切波波速的关系

图 8-4a）、b）为压实度与剪切波速之间的相关关系。通过现场改良盐渍土路基填筑施工过程中的瑞利波和压实度（灌砂法）的动态检测数据的分析研究得出了改良盐渍土填筑路基

的压实度与剪切波波速的数学关系式：

$$v = 2380.50 - 5452.40p + 3328.64p^2 \quad (6\%\text{改良电石灰盐渍土})$$

$$v = 2197.05 - 5245.16p + 3360.43p^2 \quad (8\%\text{改良电石灰盐渍土})$$

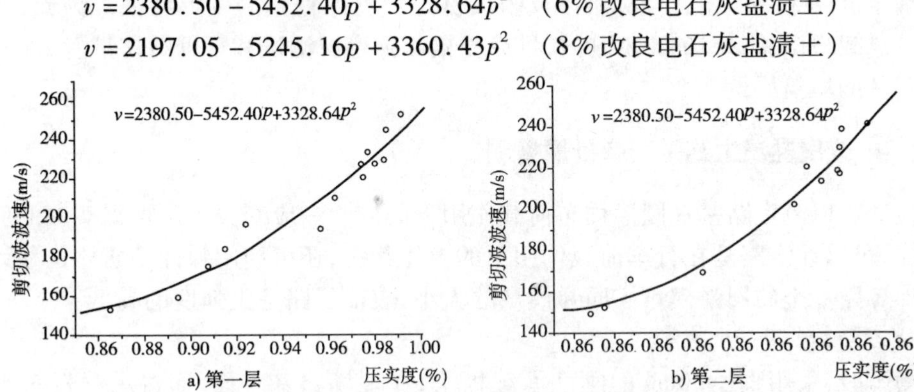

图 8-4　电石灰改良盐渍土压实度与剪切波速关系

研究表明：改良盐渍土路基填筑的剪切波波速与压实度呈二次线性关系，随着压实度的增加，其剪切波波速亦增加。根据以上公式，若按压实度 93% 来考虑，6% 改良盐渍土剪切波速应达到 180m/s。而 8% 盐渍土剪切波速应达到 200m/s。

3）碾压变数与剪切波波速的关系

图 8-5 为碾压遍数与剪切波速关系。从碾压遍数与剪切波波速的关系可知：在开始的第一、第二遍振动碾压的过程中改良盐渍土的剪切波波速与碾压遍数呈线性增长关系，增长的速率较大；振动碾压第三、第四、第五遍改良盐渍土的剪切波波速随碾压遍数增加的速率有所减小，振动碾压第六遍后，盐渍土的剪切波波速反而有所减小。产生这种现象的主要原因是由于振动碾压 5 遍后振动所做的功基本上已达到了室内的击实功，这时如果再进行振动碾压将可能破坏原填筑层的结构，使得改良盐渍土填筑结构松散，剪切波波速降低。这一现象也说明改良盐渍土填筑路基振动碾压只需 4 ~ 5 遍即可。

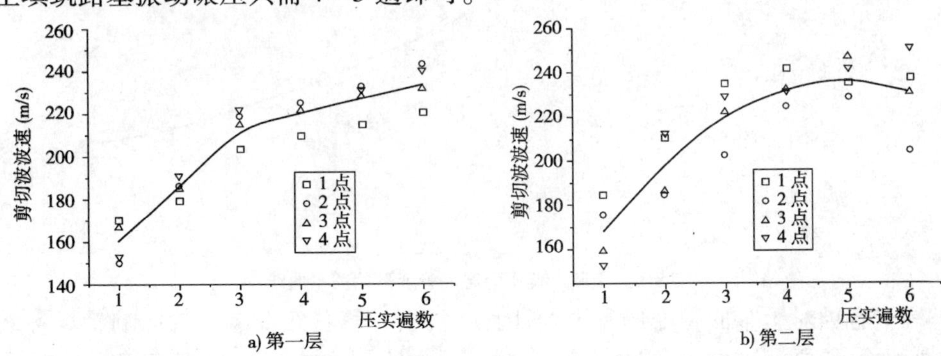

图 8-5　电石灰改良盐渍土碾压遍数与剪切波速关系

8.3　改良盐渍土路基强度检测

众所周知，稳定（包括变形）是路堤（基）的基本要求，填方压实的目的就在于提高路基土的强度，增加其稳定性和抵抗变形的能力。与稳定相联系的主要是土的强度指标 c（黏聚力），

φ(内摩擦角),与变形相联系的则是弹性模量 E_0,任何表征压实质量的指标,都应围绕这方面加以研究确定。用单一的密度指标难以反映改良土填方的稳定与变形特征。为此,在试验段现场进行了承载板试验、现场 CBR 测试,贝克曼梁回弹弯沉测试和现场剪切试验,检测评价改良盐渍土路基的填筑质量。

8.3.1 改良盐渍土路基回弹模量检测

承载板法可以测定路基在圆形均布荷载作用下的应力—应变关系。根据实测的应力—应变关系曲线,可以评定路基在行车荷载作用下的工作状态;还可利用弹性均质体位移计算的基本公式来计算路基土的回弹模量。回弹模量的大小,表征了路基土强度的高低。

1)测试方法

现场测试时,采用直径 30cm 的刚性承载板法,在现场路基表面,通过承载板对土基逐级加载、卸载的方法,测出每级荷载下相应的土基回弹变形值,经过计算求得土基回弹模量。以单位压力 p 为横坐标,回弹变形 l 为纵坐标,绘制图 8-6 所示的 p 与 l 的关系曲线。如果曲线开始段出现上凹现象,需要进行修正。修正时,一般情况下将第 1 点和第 2 点连成直线,并延长此直线与纵坐标轴相交,此交点 O' 即为新原点。

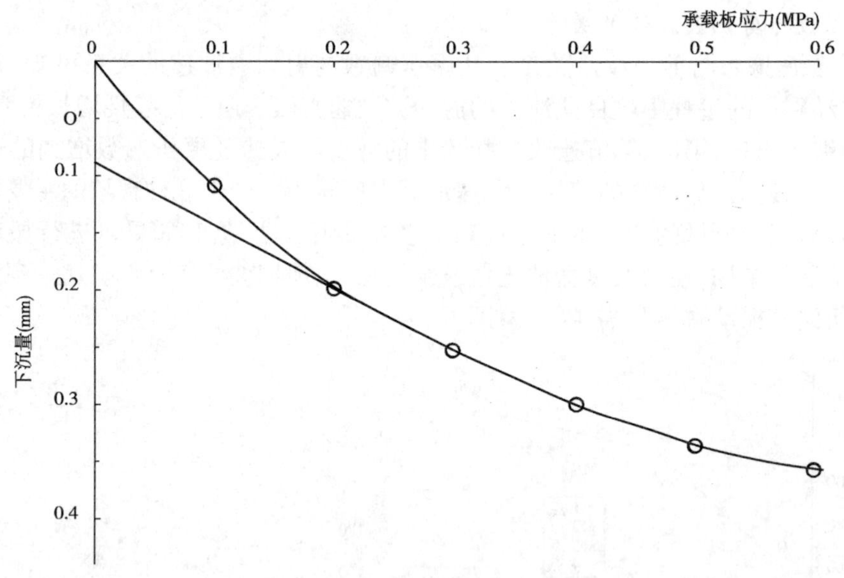

图 8-6　土基单位压力与回弹变形的关系曲线

由于汽车后轴对土基回弹变形有影响,因此,需要计算各级荷载下的影响量。各级荷载下的回弹变形加上相应的影响量,就是该级荷载下的实际回弹变形。在现行规范中对具体车型已给出了不同荷载下的影响量校正系数。但实际试验时,试验条件与规范并不能完全一致,这时就不能照搬规范的影响量校正系数,而需根据实际加载环境进行计算。

假定加载系统是千斤顶、测力环和载重车;载重车前后轴距为 s_1,反力横梁距后轴 s_2;后轴重为 p_z,总影响量为 a;某级荷载为 p_i,由于施加 p_i,后轴对地面的压力减轻 p_1,相应的影响量为 a_i,则由

$$p_i(s_1+s_2)=p_1s_1 \tag{8-14}$$

可得分级影响量:

$$a_i = \frac{p_1}{p_z}a = \frac{p_i(s_1 + s_2)}{p_z s_1}a \tag{8-15}$$

应用上式可以计算对应于各级荷载 p_i 的影响量 a_i。各级荷载下的回弹变形加上相应的影响量，即为该级荷载下的实际回弹变形。应用下式计算土基回弹模量。

$$E_0 = \frac{\pi \cdot \sum p_i D}{4\sum l_i}(1 - \mu_0^2) \tag{8-16}$$

式中：D——承载板直径 304mm；

μ——泊松比，取 0.35；

l_i——取 0.3mm 变形前的某级实际回弹变形；

p_i——相对于 l_i 的压力值(MPa)。

2）试验数据的整理与分析

目前柔性路面设计规范规定用线性归纳法计算土基回弹模量。本研究用该法分别计算了对应于变形 0.1mm、0.2mm 和 0.3mm 的土基回弹模量（分别记为 $E_{0.1}$、$E_{0.2}$ 和 $E_{0.3}$）。结果发现，$E_{0.1}$ 对原点修正比较敏感，有些试验的 $E_{0.1}$ 比 $E_{0.3}$ 大得多。本研究还对试验结果进行了回归分析，结果发现，回归分析求得的回弹模量略比线性归纳法得到的回弹模量小，但结果比较稳定。其优点是不需修正原点，计算方法亦较简单。经推导可得出如下公式：

$$E_0 = bk \tag{8-17}$$

式中：b——p-l 曲线斜率；

k——与测力环和承载板直径有关的常数。

路基回弹模量与含水率和压实度有较好的相关关系。我国这方面的研究开展较早，对不同的土质，其关系式存在较大的差异，一种土的关系式不能应用于另一种土，必须事先通过试验。试验路路基实测回弹模量与稠度和压实度的关系见表 8-8。

表 8-8

试验段土基顶面的测定结果

测点	承载板 E_0(MPa)	压实度 K	含水率(%)	稠度 W_c
1	58.1	0.964	12.3	1.42
2	67.21	0.991	10.78	1.58
3	67.21	0.987	11.6	1.49
4	71.87	0.993	11.23	1.53
5	66.49	0.984	11.6	1.49
6	66.36	0.977	11.63	1.49
7	69.79	0.992	11.25	1.53
8	72.89	1.003	11.21	1.53
9	64.85	0.975	10.43	1.62
10	69.19	0.984	11.38	1.52

利用试验路检测数据回归得出电石灰改良盐渍土路基回弹模量与稠度和压实度相应的关系式：

$$E_0 = 28.2K^{8.28}W_c^{2.12} \quad (R^2 = 0.7612) \tag{8-18}$$

8.3.2 改良盐渍土路基现场 CBR 值测定

加州承载比 CBR(california bearing ratio)是美国加利福尼亚州提出的一种评价材料承载

能力的试验方法。承载能力以材料抵抗局部荷载压入变形的能力表征，并以标准碎石的承载能力为标准，以相对值的百分数表示 CBR 值。这种方法后来也用于评定土基的强度。由于 CBR 的试验方法简单，设备造价低廉，在许多的国家得到广泛的应用。本次试验段采用了现场 CBR 测试方法来检测改良盐渍土路堤的强度。

1）测试成果

现场 CBR 测试共进行了 6 个点的 CBR 测量，测试结果汇总见表 8-9。测试的成果表明改良盐渍土路基的 CBR 值普遍较高。介于 24.9% ~69.0%之间，表明就盐渍土用于高速公路的填筑材料而言，黄骅地区的滨海盐渍土经电石灰改良后均能满足承载比大于 8% 的要求，见《公路路面基层施工技术规范》（JTJ 034—2000）。

现场 CBR 测试结果汇总表　表 8-9

测点位置	CBR 值（%）
K87 +560	28.6
K87 +575	65.0
K87 +590	59.2
K87 +605	24.9
K87 +620	51.5
K87 +635	69.0

在第 4 章中，曾对改良盐渍土进行了室内 CBR 试验，从试验结果来看，对于 93% 压实度下的改良盐渍土，即使在水中浸泡 4d，CBR 值都可以达到 20% 左右，对于最大干密度下的改良盐渍土，在水中浸泡 4d 后，CBR 值可达到 50% 左右。室内与现场的 CBR 值反映出，盐渍土路堤压实后，无论浸水与否，其承载能力都远高于一般土路堤。从室内与现场的 CBR 值比较来看，现场的 CBR 值要高于室内的 CBR 值，这是显然的，因为现场盐渍土是在最优含水率情况下，而室内盐渍土是在饱和条件下。

2）根据土基现场 CBR 值推算土基回弹模量

我国现行路基路面设计参数均采用回弹模量指标，而在境外修建的公路工程多采用 CBR 指标。因为野外 CBR 更能正确反映土基的实际情况，可解决未扰动原状土样难以切取的困难，其应用范围日益扩大。国内外不少学者正寻求野外 CBR 与回弹模量 E_0 之间的关系，通过数值分析或理论研究提出各地区各类土基 CBR 与 E_0 之间的近似关系式。但由于各自试验方法的规定、条件及标准上的差异，尤其是土基回弹模量 E_0 测定的方法各国很不统一，各公式之间亦存在较大的差异，现将部分国内外近似关系式综合列于表 8-10。试验路改良盐渍土路基顶面现场 CBR 试验值与现场承载板测定结果见表 8-11。

土基的 E_0 与 CBR 的关系

表 8-10

资料来源	关系式	备注
SHELL 公司	E_d =10CBR	动模量
	E_0 =5CBR	静模量
英国 TRRL	E_d =17.6CBR$^{0.64}$	动模量
AI 协会	E_d =10.5CBR	动模量
日本道路公团	E_0 =2 ~4CBR	静模量
交通运输部公路司	E_0 =2.5 ~3.5CBR	不浸水
	E_0 =5 ~7.5CBR	浸水
广西所	E_0 =14.4CBR	不浸水
	E_0 =20.6CBR	浸水
交通运输部规划院	E_0 =2.44CBR	静模量

现场 CBR 试验值与现场承载板测定结果

表 8-11

测　点	承载板 E_0（MPa）	CBR（%）
1	67.21	26.13
2	71.87	31.86
3	66.36	25.45
4	72.89	28.95
5	69.19	26.65

根据检测结果进行回归分析，得出电石灰改良盐渍土路基的关系式如下：

$$E_0 = 15.1380\text{CBR}^{0.4549} \quad (R^2 = 0.6766) \tag{8-19}$$

式中：E_0——承载板试验测定的静模量，MPa；

CBR——现场 CBR 值。

将回归结果与表 8-10 结果比较发现，改良盐渍土路基的回弹模量与现场 CBR 间的关系与日本道路公团的结果相似。根据现场实测的 CBR 值，运用此公式就可以得到现场路基的回弹模量。

8.3.3 改良盐渍土路基回弹弯沉的测定

路基路面结构在车辆荷载的作用下会产生变形，由于不同的道路结构层次通常连续且相互重叠，因此，这一变形反映了路基路面结构的整体强度。当汽车在道路表面行驶时，会引起路表某一范围内的变形，通常最大变形发生在后轴单侧车轮荷载的中心处，并随离车轮距离的增加而减小，但路面变形与距离之间并非直线关系。因此，通常用路面在汽车荷载下的最大变形或路面在车辆荷载作用下的表面变形来反映道路结构的整体强度及承载能力。

弯沉测试用标准的技术要求　表 8-12

标准轴载等级	BZZ-100
后轴标准载 P(kN)	100 ±1
一侧双轮荷载	50 ±0.5
轮胎充气压力	0.70 ±0.05
单轮传压面当盆回直径	21.30 ±0.5
轮隙宽度	应能满足自由插入弯沉仪测头的测试要求

路面在汽车荷载作用下产生的最大竖向变形称为总弯沉。与其他材料或结构的变形相同，当路面在变形且未达到破坏顶点时，车轮荷载去除后，变形会有部分恢复。可恢复的变形值称为回弹弯沉。弯沉测定法利用 BZZ—标准车（表 8-12）可以测定路基顶面的回弹弯沉值或纵向弯沉盆。利用实测的回弹弯沉代表值，可以检验路基的整体强度是否达到了要求。这一方法早已列入规范，作为路基竣工验收的标准之一。应用汽车实测纵向弯沉盆的大小和形状，并利用弹性层状体系理论的计算机程序，可以反算路基土在双圆荷载作用下的回弹模量。本次试验段采用贝克曼梁测定改良盐渍土路基的回弹弯沉，以反映路基的整体刚度。贝克曼梁工作原理如图 8-7 所示。

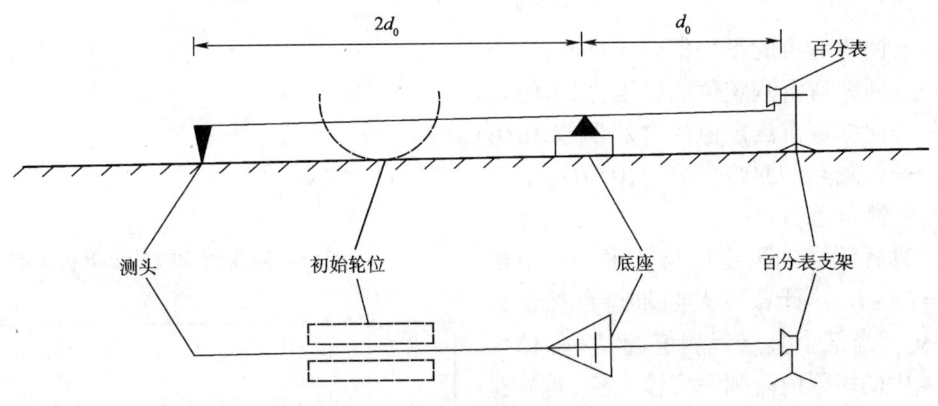

图 8-7　贝克曼梁工作原理

1)测试成果及分析

现场弯沉测试成果如表8-13所示。

改良盐渍土路基回弹弯沉测试结果表　　表8-13

桩　号	左车道							右车道						
	左表读数		右表读数		实测弯沉		均值	左表读数		右表读数		实测弯沉		均值
	初	终	初	终	初	终		初	终	初	终	初	终	
K87 +560	911	869	60	5	84	110	97	470	389	90	12	162	156	159
K87 +575			102	50		104	104	489	440	133	75	98	116	107
K87 +590	405	362	142	89	86	106	96	232	181	162	73	102	178	140
K87 +605	93	42	161	90	102	142	122	164	107	71	0	114	142	128
K87 +620	201	137	74	34	128	80	104	341	322			98		98
K87 +635	103	59	128	80	88	96	92			130	74		112	112

由以上数据与公式可求得:$\overline{L}=113.25$,$Z_m=2.0$,$S=20.36$,故$L_r=154.0$(1/100mm)。

由盐渍土填筑路基顶面的弯沉测试数据整理得到该试验段盐渍土填筑路基的代表弯沉值$L_r=154$(0.01mm)。

2)回弹模量的计算

根据现场测得的弯沉数据,按《贝克曼梁测定路基路面回弹模量试验方法》提供的下列公式整理表8-13中数据,可以计算改良盐渍土路基的回弹模量值。

$$\overline{L}=\frac{\sum L_i}{N} \tag{8-20}$$

$$S=\sqrt{\frac{\sum(L_i-L)}{N-1}} \tag{8-21}$$

$$\gamma_0=0.675\times S \tag{8-22}$$

式中:$\overline{L}$——回弹弯沉的平均值,0.01mm;

S——回弹弯沉测定值的标准差,0.01mm;

γ_0——回弹弯沉测定值的自然误差,0.01mm;

L_i——各测点的回弹弯沉值,0.01mm;

N——测点总数。

若计算各测点的测定值与算术平均值的偏差$d_i=L_i-\overline{L}$,并计算较大偏差与自然误差之比d_i/γ_0。当某个测点观测值的d_i/γ_0值大于表8-14中的极限值时则舍弃该点值,重新进行计算算术平均值($\overline{L}$)与标准差(S)。

相应不同观测次教的d/r极限值　　表8-14

N	5	10	15	20	25
d/r	2.5	2.9	3.2	3.3	3.8

计算代表弯沉值按下式计算：

$$L_i = \overline{L} + S \tag{8-23}$$

式中：L_i——计算代表弯沉值；

$\overline{L}$——舍弃不合要求测点后所余各测点弯沉的计算平均值；

S——舍弃不合要求的测点后所余各测点弯沉的标准差。

得到代表 L_i 弯沉后，即可按下式计算盐渍土路堤回弹模量。

$$E_0 = \frac{2p\delta}{L_1}(1-\mu^2)\alpha \tag{8-24}$$

式中：E_0——计算的土基、整层材料的回弹模量，MPa；

p——测定车轮的平均垂直荷载，MPa；

δ——测定用标准车双圆荷载单轮传压面当量圆的半径，cm；

μ——测定层材料的泊松比；

α——弯沉系数，为 0.712。

根据上面公式计算改良盐渍土路堤回弹模量如下：$\overline{L}=109.1(0.01\text{mm})$，$S=15.1(0.01\text{mm})$，$L_i=124.2(0.01\text{mm})$，$E_0=76.9(\text{MPa})$。

这一结果表明改良盐渍土路基的强度完全能够满足路基填筑的强度要求。

8.3.4 改良盐渍土路基的现场大型直剪试验

现场大型直剪试验原理与室内直剪试验基本相同，但由于试件尺寸大且在现场进行，因此，能把土体的非均匀性质及软弱面等对抗剪强度的影响更真实的反映出来。它适用于求测各类岩土体以及岩土体沿软弱结构面的抗剪强度。现场大型直剪试验有大剪仪法和推滑平衡法，本次试验段的大型直剪试验采用推滑平衡法。

1）测试原理

推滑平衡分析法的基本原理是对土体施加推力，使土体达到极限强度后失去稳定而滑动。推力作用在土体上，土颗粒受到挤压，沿着推力方向传递位移。而表面及两侧面为临空面，土体不受约束。这样作用于土体上的力，除本身的重力外，还有水平推力，这些力形成了滑动力和抗滑力。当滑动力等于抗滑力时，土体处于极限平衡状态。根据这一原理，可求出土体的抗剪强度指标。试验装置如图 8-8 所示。

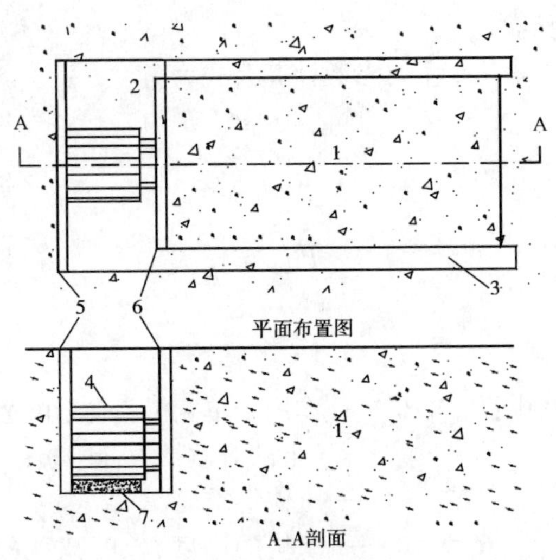

图 8-8　推滑试验装置示意图

1-推滑土体；2-水平推力槽；3-两侧断裂槽（填砂可埋测力计）；4-千斤顶；5-支撑板；6-传力板；7-垫板

2）滑动土体分析中的假定

滑动土体分析的基本假定为：滑动土体均匀、各向同性；滑动面呈一圆柱面；作用在各条块上的推力分量与条块重成正比。在分析中，推力作用点和滑动面位置按下列方法确定：

（1）确定推力（合力）作用点，以便合理布置推力设备的安装位置。根据土压力三角形分布原理可知,合力作用线位于三角形底高三分之一处,且平行于底边。

(2)滑动面位置的确定。多次现场试验中,实测滑动面和圆弧面几乎重合,从而证明前面的假定基本是正确的,可用圆弧法计算。圆弧面的作法是,根据实测资料中破坏点 c 和推力面上 a、b 两点,连接 bc,作 bc 线的垂直平分线,交 ba 延长线于 o 点,以 o 为圆心,ab 为半径画圆,得到的 bc 圆弧,即为滑弧面,如图 8-9 所示。

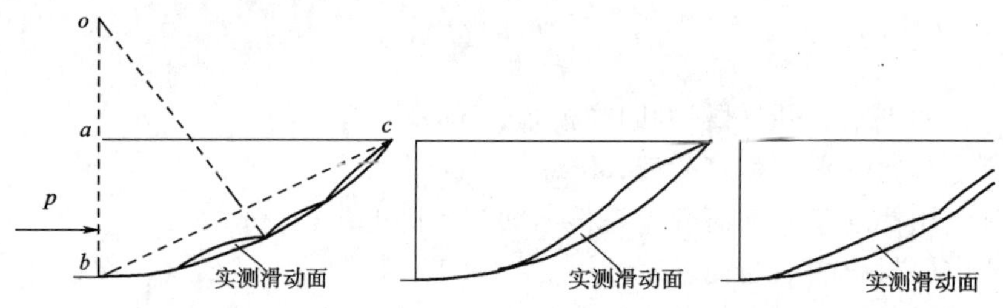

图 8-9　实测滑动面与圆弧面比较图

(3)当压力表读数开始下降时,土体破坏,此时的推力为最大推力 P_{max}。

(4)P_{min} 测试标准:千斤顶加压到 P_{max} 值后即停止加压,压力表读数后退所保持的稳定值;试体刚出现裂缝时的压力表读数。

3)滑动土体的计算方法

根据试验记录和现场描绘资料,计算并绘制土体破坏形状详图和推力与位移关系曲线,再接前述基本原理、假定等进行具体分析,求得抗剪强度指标。试验中得到最大推力 P_{max},可进行圆弧条块分析。根据作用于滑弧上的力系(重力 G,单宽推力 P_{max})建立平衡方程,如图8-10所示。

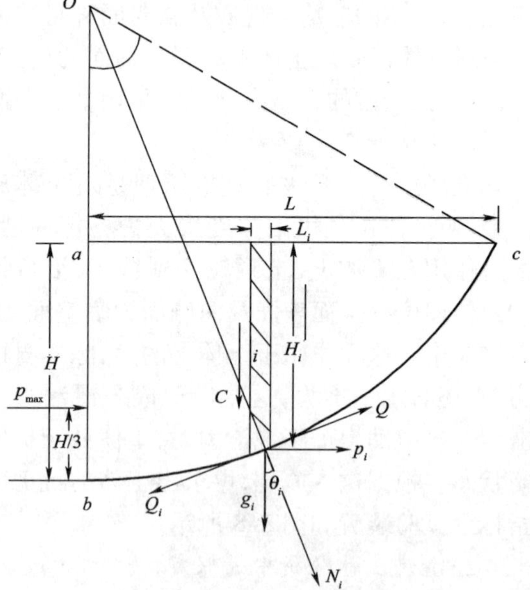

图 8-10　圆弧条块分析受力图

几个主要参数计算公式为:

$$g_i = \gamma_d H_i L_i B_i \tag{8-25}$$

$$G = \sum_{i=1}^{n} g_i \tag{8-26}$$

$$P'_{max} = \frac{P_{max}}{B} \tag{8-27}$$

$$P'_i = \frac{P_{max}}{G} g_i \tag{8-28}$$

式中:P'_{max}、$P_i{}'$——作用于单宽滑弧体、单宽条块 i 上的有效推力,kN/m;

γ_d——土体干重度;

H_i、L_i、B_i——条块的高度、长度宽度(单宽 $B_i = 1.0m$),m;

G、g_i——滑体和滑弧体($1 \sim n$)土重,kN;

B、H、L——滑弧土体宽度、高度及滑弧半径,m。

由作用于条块上滑动力与抗滑力平衡方程解得：

$$\tan\varphi=\frac{\frac{P'_{max}}{G}g_i\cos\theta_i-g_i\sin\theta_i-K\frac{P'_{max}}{G}g_i\sin\theta_i-CL_i}{g_i\cos\theta_i+K\frac{P'_{max}}{G}g_i\sin\theta_i+\frac{P'_{max}}{G}g_i\sin\theta_i} \tag{8-29}$$

由整个圆弧（1 ~ n 条块）的滑动力与抗滑力平衡方程解得：

$$\tan\varphi=\frac{\frac{P'_{max}}{G}\sum_{i=1}^{n}g_i\cos\theta_i-\sum_{i=1}^{n}K\frac{P'_{max}}{G}g_i\sin\theta_i-\sum_{i=1}^{n}g_i\sin\theta_i-C\sum_{i=1}^{n}L_i}{\sum_{i=1}^{n}g_i\cos\theta_i+\sum_{i=1}^{n}K\frac{P'_{max}}{G}g_i\sin\theta_i+\frac{P'_{max}}{G}\sum_{i=1}^{n}g_i\sin\theta_i} \tag{8-30}$$

令
$$C\sum_{i=1}^{n}L_i=c\frac{R\pi\theta}{180°}=\frac{(P_{max}-P_{min})}{B}$$

得
$$C=\frac{(P_{max}-P_{min})180°}{BR\pi\theta}$$

式中：θ、θ_i——滑弧体、条块的滑弧圆心角，(°)；

l_i——条块 i 的滑弧长；

P_{min}——推力与位移关系曲线上的最小值，kN；

φ，c——抗剪强度指标；

其余符号含义同前。

4）现场测试成果及分析

测点一（图 8-11）：最大推力 50kN，最小推力 40kN，滑动弧半径 75.24cm。

具体计算过程见表 8-15，可求得：$c=17.9$kPa；$\tan\varphi=0.708$，$\varphi=35.3°$。

计算表格　　表 8-15

条块尺寸				体积 (m^3)	重力 g_i (kN)	圆心角 (°)	$g_i\cos\alpha_i$ (kN)	$g_i\sin\alpha_i$ (kN)	L_i (cm)
序号	长	宽	高						
1	10	100	29.83	0.0298	0.584	4	0.5825	0.0407	10.51
2	10	100	28.48	0.0285	0.559	12	0.5468	0.1162	10.51
3	10	100	25.70	0.0257	0.504	20	0.4736	0.1724	10.51
4	10	100	21.31	0.0213	0.417	28	0.3682	0.1958	11.82
5	10	100	14.96	0.0146	0.286	37	0.2284	0.1721	13.13
6	10	100	5.92	0.0059	0.116	47	0.0791	0.0848	14.45
Σ	60			0.1258	2.466		2.279	0.782	70.92

测点二（图 8-12）：最大推力 62kN，最小推力 42kN，滑动弧半径 134.74cm。

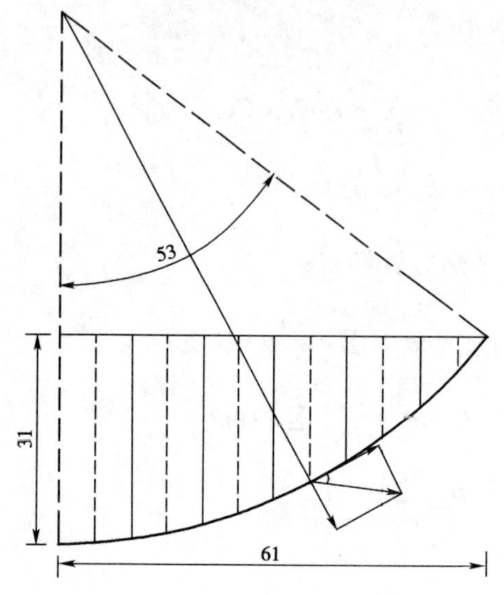

图 8-11 测点一圆弧条块分析图

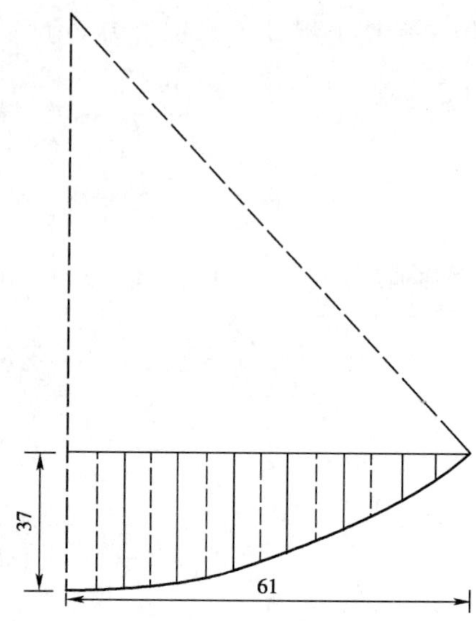

图 8-12 测点二圆弧条块分析图

具体计算过程见表 8-16,可求得:$c = 21.26\text{kPa}$;$\tan\varphi = 0.587$,$\varphi = 30.4°$。

计算表格 表 8-16

条块尺寸(cm)				体积	重力 g_i	圆心角	$g_i\cos\alpha_i$	$g_i\sin\alpha_i$	L_i
序号	长	宽	高	(m^3)	(kN)	(°)	(kN)	(kN)	(cm)
1	12	90	31.87	0.0344	0.6742	3	0.6733	0.0353	11.76
2	12	90	30.97	0.0333	0.6527	8	0.6463	0.0908	11.76
3	12	90	28.61	0.0309	0.6056	13	0.5900	0.1362	11.76
4	12	90	25.26	0.0273	0.5351	18	0.5089	0.1654	11.76
5	12	90	20.66	0.0223	0.4371	24	0.3993	0.1778	14.11
6	12	90	14.66	0.0154	0.3018	29	0.2640	0.1463	14.11
7	15	90	5.93	0.0080	0.1568	36	0.1269	0.0922	18.81
Σ	87			0.1716	3.3633		3.2087	0.844	94.07

从测试结果来看,盐渍土的路基填筑层的黏聚力相对室内试验结果稍低,内摩擦角值则相对室内试验结果大 4°~7°。主要原因为室内为饱和试样,土粒间水的润滑,致使室内的黏聚力 c 值偏高,内摩擦角 φ 大幅度降低。

8.4 改良盐渍土路堤沉降观测与分析

8.4.1 沉降观测要求

现场的分层沉降观测按以下原则进行:①观测点将直接反映出测点处路基变形情况,因此,观测地点应设在观测数据易反馈的部位,地基条件差、地形变化大、设计问题多的部位和土质调查点;②测点布置越多,测得的结构越能反映路基沉降的真实性。但测点越多,无论费用还是测试工作量、测点保护工作量和测点对施工的影响等方面因素都有增加，从满足需要与施工便利性考虑，一般路段沉降板设计在路中心、路肩等位置。

8.4.2 改良盐渍土路堤分层沉降观测

现场进行了分层沉降监测，整个监测过程与路堤填方工程同步进行并持续到路堤施工完成后3个月，由于各种原因，未进行路面铺筑，这保证了沉降只反映了路堤在自身重力作用下完成。填方路堤内部分层沉降监测采用电磁式沉降仪。路堤中分层沉降埋置采用挖坑埋设铁制底座以固定沉降管位置，填方体内部随填筑高度增加而逐步接管埋设。沉降环埋设在土体内部不同部位，用以测量不同深度土体的沉降量，以研究路堤在施工过程和施工结束后发生的固结与压缩过程，它反映了不同压实区沉降变化情况，而对顶部的沉降监测结果进行变化趋势预测，能够反映出它的最终沉降结果（图8-13）。

沉降观测采用分层沉降仪和水准仪，分层沉降仪由南京水科院研制，通过设置在PVC管外，埋置在土中的磁环进行感应（图8-14），仪器指标见表8-17：共布置了三个剖面，共45个沉降环进行监测（图8-15），沉降监测结果汇总见表8-18。断面1-2和断面1-3分层沉降监测曲线分别见图8-16和图8-17。

分层沉降仪主要技术指标　表8-17

项目	技术指标
测量范围	0～50m
最小读数	1mm
重复性误差	<2mm
侧头外径	31mm
总质量	8kg
耐水压	>500kPa
工作条件	0～40℃

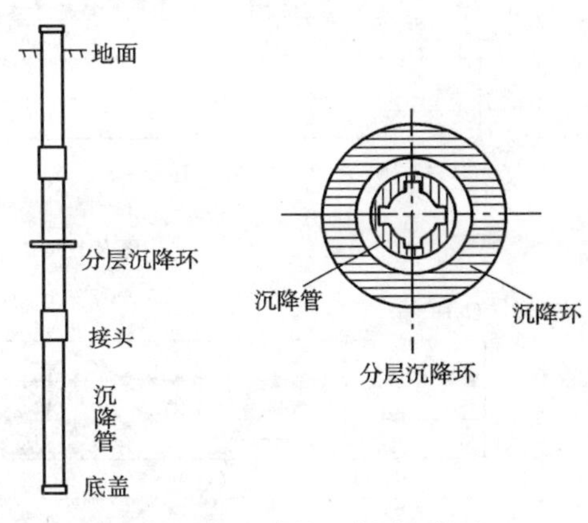

图8-13　沉降管和分层沉降环

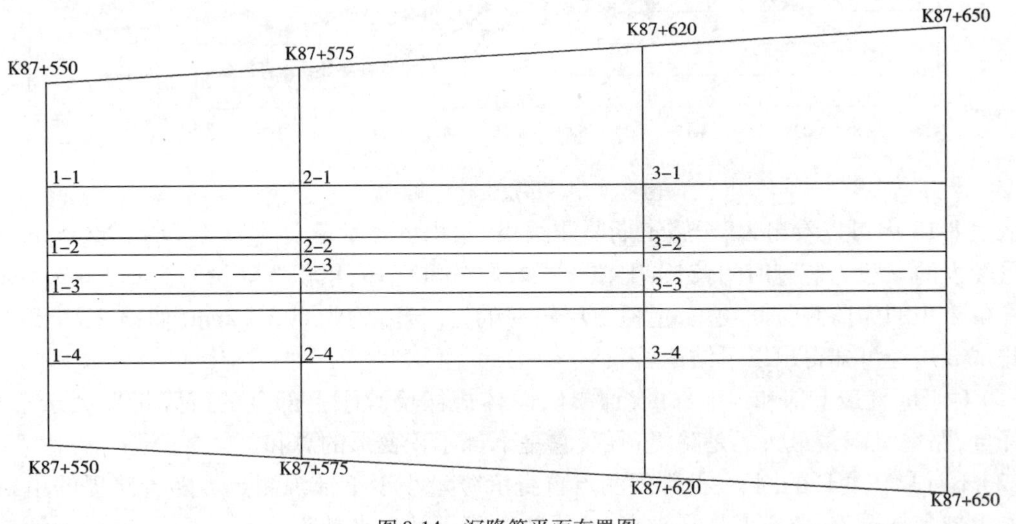

图8-14　沉降管平面布置图

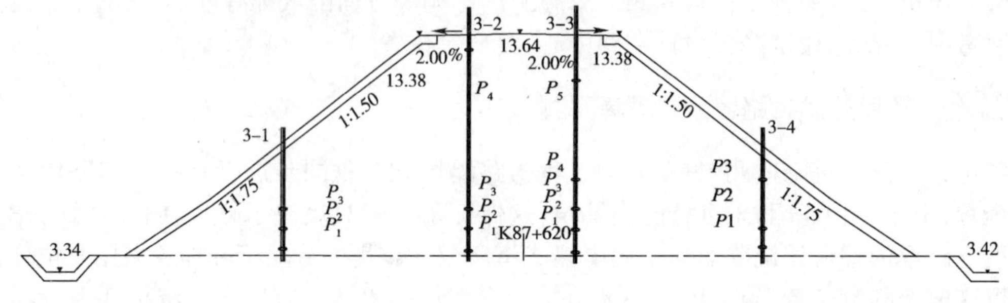

图 8-15　K87 + 620 沉降环埋置图

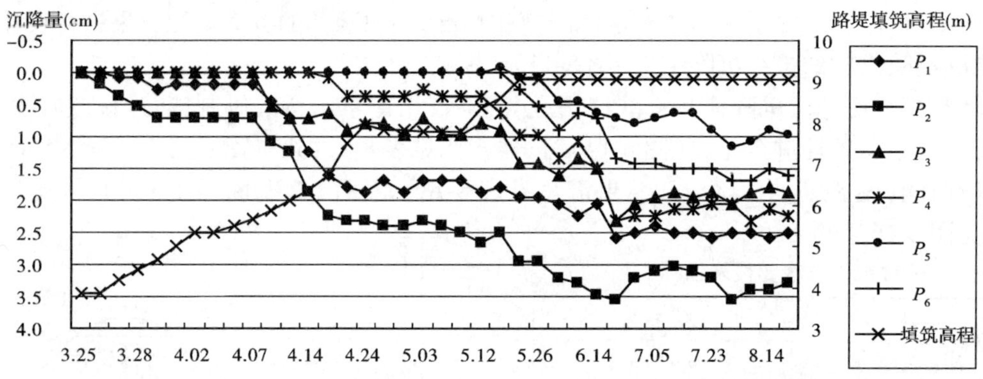

图 8-16　1-2 分层沉降监测曲线

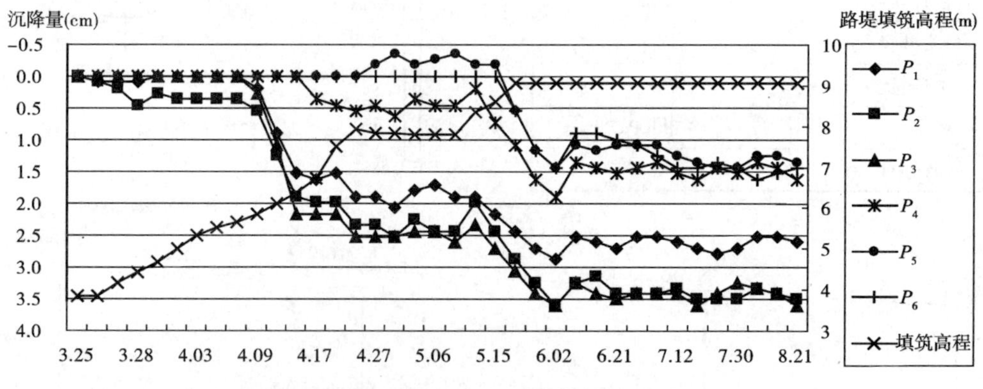

图 8-17　1-3 分层沉降监测曲线

从表 8-18 中可以看出，截至施工期监测结束，累积沉降量最大的为 2-3 P_2 的 3.5cm，累计沉降量较大的一般为监测时间较长，上覆土层较厚的沉降环，累积沉降量约为 0.5 ~ 3.5cm；累积沉降量最小的为监测时间较短，上覆土层较薄的沉降环，约为 0.2 ~ 2cm，如：3-2 P_4、2-3 P_4。通过测试数据经可知得出以下结论：

(1)对于埋置最上部和最下部的沉降环，总体规律反映了上部点的沉降量要大于下部点的沉降量，路堤沉降量最大的是路堤顶部，它是下部累积变形的总和。

(2)不计累积变形的因素，上部观测点自身沉降量小于下部观测点。随着路堤的填筑，压实要求也越来越严格，压实度越来越高，土体的沉降量就越来越小。

分层沉降监测成果汇总表

表 8-18

监测点位	累计沉降量(cm)					
1-1	P_1	P_2	P_3			
	1.8	1.4	1.2			
1-2	P_1	P_2	P_3	P_4	P_5	P_6
	2.3	3.1	1.8	2.1	0.9	1.5
1-3	P_1	P_2	P_3	P_4	P_5	P_6
	2.4	3.3	3.3	1.5	1.3	1.3
1-4	P_1	P_2				
	1.0	0.5				
2-1	P_1	P_2	P_3	P_4		
	0.8	0.7	0.7	0.6		
2-2	P_1	P_2	P_3	P_4	P_5	
	1.9	2.7	1.8	1.9	0.8	
2-3	P_1	P_2	P_3	P_4	P_5	
	3.1	3.5	2.2	2.0	1.5	
2-4	P_1	P_2	P_3			
	1.35	1.5	1.05			
3-1	P_1	P_2	P_3			
	2.7	3.0	1.5			
3-2	P_1	P_2	P_3	P_4		
	3	2.9	2.7	0.4		
3-3	P_1	P_2	P_3	P_4	P_5	
	2.9	2.9	1.4	1.0	0.2	
3-4	P_1	P_2	P_3			
	2.0	1.5	1.4			

(3)原地面埋设的观测点反映的是地基的沉降,其余观测点反映的则是路堤的沉降。由测试结果可知,软土地基的沉降量往往大于路堤本身的沉降。

8.4.3 工后沉降预测

得到工后最终沉降量最可靠的办法是长期观测。通过现场实测资料进行回归分析得到的资料是较为准确的,为了验证这个结果,对现有的观测结果进行了回归分析,根据长期观测的沉降与时间的 s-t 曲线,选取与之相适应的模型,通过回归分析得出模型参数,再对未来时刻沉降进行预测,常用的回归模型有指数模型、幂函数模型、平方根模型、双曲线模型和对数模型(表 8-19)。

由于监测能力有限,现采用常用双曲线收敛模型和指数模型进行预测对各剖面中预测的最大沉降如表 8-20 所示。

常用回归参数模型　　表 8-19

模　型	数学表达式	沉降速率	最终沉降量	备　注
指数模型	$s=Ae^{-B/t}$	$s'=\frac{AB}{t^2}e^{\frac{-B}{t}}$	$s_\infty=A$	收敛模型
幂函数模型	$s=At^B$	$s'=ABt^{B-1}$	$s_\infty=A\left(\frac{AB}{C}\right)^{\frac{B-1}{B}}$	发散模型
平方根模型	$s=A+B\sqrt{t}$	$s'=\frac{B}{2\sqrt{t}}$	$s_\infty=A+\frac{B^2}{2v}$	发散模型
双曲线模型	$s=\frac{t}{(A+Bt)}$	$s'=\frac{A}{(A+Bt)^2}$	$s_\infty=\frac{1}{B}$	收敛模型
对数模型	$s=A\ln(t)+B$	$s'=\frac{A}{t}$	$s_\infty=A\ln(\frac{A}{v})+B$	发散模型

注:各式中 s 为工后沉降量;s_∞ 为最终沉降量;A、B 为回归参数;v 为某一沉降速率;t 为时间。

选用的两种预测模型工后沉降预测(单位:cm)　　表 8-20

预测模型	1-1P_3	1-2P_2	1-3P_3	1-4P_1	2-1P_1	3-1P_2	3-2P_3	3-4P_1
双曲线模型	4.60	4.88	2.94	1.19	1.75	9.31		11.25
对数模型	2.44	3.88	2.88	1.19	1.56	5.81	8.38	

根据上述预测结果,取平均值 4.43cm,加上施工期沉降 3.5cm,预测改良盐渍土填料路堤的总沉降可达到 7.93cm。

8.5 小　　结

(1)通过施工质量控制与质量检测的试验研究,获得了盐渍土填筑施工中的质量控制方法与标准。在施工中可以采用碾压沉降量、沉降率控制,灌砂法作为施工最终控制。施工碾压的终压标准为:碾压到基本不再沉降为止。

(2)对于大面积的施工后的质量检测,可以采用 SASW 方法进行控制,但 SASW 方法检测的标准必须由现场填筑试验段来确定。室内方法获得的标准只能作为参考。

(3)通过现场 CBR 试验和承载板试验对比研究发现,由于改良盐渍土土料较均匀,现场 CBR 值比较稳定,且与承载板的回弹模量 E_0 回归相关性很好,可在取得足够数量相关试验的情况下,代替承载板法来检测盐渍土路堤的承载力。

(4)施工质量控制与质量检测的试验研究表明,回弹弯沉试验可以用于测试盐渍土路堤的回弹模量。现场回弹模量测试结果为 76.9MPa,按 1.2 系数折减成弹性模量为 64MPa。

(5)现场大型直剪试验所测改良盐渍土填筑层黏聚力为 17.9 ~ 21.3kPa,摩擦角为 30.4° ~ 35.3°,现场改良盐渍土黏聚力比室内三轴试验稍低但摩擦角相对室内试验结果大

4°～7°。原因为室内试验采用的是饱和改良盐渍土试样,致使内摩擦角 φ 大幅度降低。

(6)根据路基沉降观测,经电石灰填料改良的盐渍土路堤与其下地基能满足高速公路安全运行对沉降的要求。对于滨海盐渍土地区改良盐渍土路堤沉降认识如下:

①最大沉降发生在上部,它的沉降是下部沉降的累积;

②现场实际分层沉降观测结果表明:公路沉降由于上部压实质量好,下部压实质量较差,它的沉降特点表现上部沉降大,下部沉降小,而变形情况是,上部变形小,下部变形大,这是由于上部的沉降是下部的累积。

第9章 滨海地区高速公路路基长期稳定性控制技术

9.1 影响路基长期稳定性因素分析

高速公路路基是一种线形结构物，路线长、与自然环境的接触面广，影响路基长期稳定性的因素很多，大致可分为自然因素和人为因素两大类。自然因素主要包括地形、气候、水文与水文地质、土的类别、地质条件、植物覆盖等；人为因素主要有荷载作用（包括静载、动载及其大小、重复作用次数）、路基结构、施工方法、养护措施、人为设施及人为活动等。

9.1.1 交通荷载的影响

路基受交通荷载的长期作用，将会发生一定的变形及强度衰减，尤其是在重载车辆作用下，这方面问题更加严重。

9.1.2 含水率的影响

水是影响路基稳定性的核心因素。水对路基的主要影响是引起路基土体膨胀，导致土体密实度降低，同时导致路基强度下降。任何黏性土都具有一定膨胀性，只是程度不同。在水的作用下，土体的体积发生膨胀，致使密实度降低，进而导致强度下降。地表水、地下水的渗流都会引起路基土体含水率的变化。尤其在雨季及地下水位线较高时更为严重，特别是在路堑和低路堤中，合理的防排水措施显得格外重要。

在滨海地区，路基土体水的来源是多方面的，主要有地表水渗入和地下水渗入两大途径。

(1)地表水包括降雨、降雪、地表径流，有通过路面结构层、通过中央分隔带、通过路肩和边坡，以及在毛细作用下由地表上升等渗入途径，而对于实际使用中的路基来说，路面裂缝是地表水侵入的重要通道。

(2)地下水位受年份及季节的影响非常大，因此，不同季节、不同年份的地下水位不同，会引起路基土体含水率的变化。

路基在干燥状态下的强度是很高的，但随着含水率的增加，强度性能就会降低。且冰冻也需要在有水存在的情况下才会发生，因此，做好路基的防排水工作，控制好路基土体的含水率，对于维持滨海地区路基的长期稳定性具有重要意义。鉴于路基土体水分来源的多样性，防排水工作也必须因地制宜、统筹考虑、综合治理。

对于滨海地区路基，可采用地面排水和地下排水方法，也可采用提高路堤、建造隔离层（毛细水隔断层）以及在施工中充分压实等方法。试验证明，土的干密度与最大干密度越相近，含水率与最优含水率越相近，毛细水的移动速度越低，土的饱和含水率也越小，在最优含水率时将黏土压实至最大干密度,毛细水的移动几乎完全停止,毛细水不能通过,土体可实现不透水、不吸水,因而,将黏土充分压实也可部分地起到隔离层的作用。另外,提高路基的填土高度,使路基边缘高出地下水位足够高度,或在排水困难时,使路堤边缘高出地面和积水水位有足够高度,既可保证路基的有利水文条件,提高土的强度,也可在融化冰雪季节使路基土迅速变干。

9.1.3 环境温度的影响

温度的影响包括两方面,一方面是温缩产生裂缝,另一方面则是冻胀。温缩产生的裂缝本身对路基稳定性不构成危害,但所产生的裂缝会成为水入侵路基的通道,它所带来的危害就严重了。路基受温度影响严重的一般是在季节性冰冻地区,在这些地区,若地基土体含水率较高,在温度下降的时候,就会发生不同程度的聚冰和冻胀现象,程度的高低随土体含水率、毛细作用强弱和温度变化速度不同等因素而不同,可发生轻度冻胀直至翻浆等病害,降低路基强度和长期稳定性。

9.1.4 填料的影响

选择填料就是根据土的性质决定选用填料的种类。土的性质不仅包括土的物理性质,还包括土的化学性质。路基形成初期主要是路基的物理性质起作用,在经历了一定时期后,土的化学性质的影响大大增加。

施工完成后初期,路基土的物理性质起主要作用,随着时间推移,土体化学性质的影响大大增加,当土体在荷载作用和化学变化影响下成为胶结状态后,路基土的物理性质也将随之发生改变。

不同填料的物理化学性质和强度不同,使用性能上就存在很大差别,使用时须充分考虑。

砂砾的化学性质较稳定,不易发生化学反应,其填筑路基的性能主要由颗粒级配和颗粒形状决定,基本不受自然气候因素的影响,因此是优良的路基填料,适用于路基的任何部位。其缺陷是抗冲刷能力差,需要黏性土护坡。

黏性土的化学性质活跃,易于与其他化学物质发生作用,颗粒间吸附能力也较强。黏性土的性能由内摩擦角和黏聚力共同决定,当路基土体的含水率较高时,黏性土的内摩擦角和黏聚力都大大降低,导致路基强度下降。在使用黏性土填筑路基时,必须考虑其饱水96h的CBR值。

砂性土、碎石土等材料的性能介于砂砾和黏性土之间,它们具有较大的内摩擦角和一定的黏聚力,在水的影响下仍然可以保持较高的强度,但无法隔断毛细水的上升,不能解决路面受地下水影响的问题,也不利于迅速排除路面结构层中的水,因此,需要采取其他辅助措施。但由于自身较高的水稳定性和良好的施工性能,综合来讲仍是一种很好的路基填料。

粉土相对比以上几种路基填料来说是性能最差的一种。这类填料缺少黏粒,难以形成化学胶结强度;缺少骨架材料,内摩擦角小;孔隙适中,又利于毛细水上升。因此,一般情况下不可使用粉土作为路基填料。

无机结合料稳定土也可作为良好的路基填料使用,在本论文前述工作中,试验结果显示,石灰稳定土在含水率增大时静态强度的降低幅度明显低于盐渍土。选用无机结合料稳定土时需要根据土自身的物理力学性质和使用部位选用稳定剂,一般来说,塑性指数较高的土适宜使用石灰稳定,塑性指数较低的土适宜采用水泥稳定。

9.1.5 路面结构的影响

路面结构直接承受交通荷载的作用,并将其传递给路基。由土力学可知,行车荷载从上到下逐渐减小,故路面结构直接影响路基的受力特性及长期稳定性。刚性路面、柔性路面,以及介于二者之间的半刚性基层路面,由于不同的受力特点,它们耐受路基病害的特点和对路基长期稳定性的影响作用也不同。

刚性路面的受力特点即是利用路面结构层刚度大的特点,将荷载分布到很大范围的路基上去,故对路基强度的要求较低。但是若路基发生局部不均匀沉降,将会导致路面结构局部形成悬空,受力状态被改变,面板地面的局部弯拉应力超过疲劳强度,导致疲劳破坏。

柔性路面将荷载分布的范围小,因此对路基强度要求高,一般不适宜用于重交通量道路。但柔性路面可承受较大的路基不均匀变形而不发生破坏。

半刚性路面具有一层以上的半刚性结构层,通过半刚性结构层的荷载分散作用来降低对路基强度的要求,但也提高了对路基变形的限制要求。

9.1.6 密实度的影响

实践证明,在一般路基上,经过几年的自然作用后,路基土体的密实度都有不同程度的下降,密实度的变化受到三方面的影响:土体在自然荷载作用下将发生固结沉降,密实度加大;在雨水及地下水的作用下,体积将发生膨胀,密实度减小;在季节性冰冻地区,受温度影响在冰冻作用下土体还将发生冻胀,密实度减小。实际路基土体的密实度在这三者的共同作用下发生变化达到某种动态平衡。

9.1.7 小结

综上所述,路基土体在实际自然条件下发生的变化是极其复杂的,它受到土体含水率变化、土体膨胀特性、土体压缩固结特性、土体密实度、土体所受荷载情况以及土体化学特性的影响。

从一般规律出发,随着地基土体实际密实度的提高,其水—温稳定性也会提高,受自然因素的影响变化会减小;而且,冻胀的发生必须有水存在这样的必要条件,只要有水分,无论温度下降速度有多大,聚冰现象都会发生,从而导致冻胀,甚至翻浆,因此,要消除冻胀现象的危害,切断水分供给,才为釜底抽薪之策;对于黏性土等化学性质活跃的土体,在考虑其长期稳定性时,必须考虑化学胶结作用的影响。要保持路基土体的稳定性,应选用膨胀作用小、冻胀作用小的材料,如压实的砂砾和压实的稳定土。压实的砂砾具有水—温稳定性好的优点,性能稳定。压实的稳定土通过化学胶结作用,本身具有很好的强度,足以抵抗外界自然条件的影响。

可看出,影响路基长期稳定性的因素是多方面的,他们错综复杂地交织在一起共同作用,而其中,路基土体中水分的影响是重中之重,这就使得保持滨海地区高速公路路基的长期稳定性成为一个极其复杂的综合课题。

9.2　滨海地区高速公路路基长期稳定性的控制措施

在实际工程实践中，仅通过设计施工环节来解决滨海地区的路基长期稳定性问题，技术上困难，也不经济，应结合工程具体实际，从设计、施工、养护三方面综合控制，多管齐下，才能经济合理地保证路基长期稳定性。

9.2.1　设计控制措施

设计方面主要从以下几点保证路基的长期稳定性：

(1)根据土质情况合理确定路基回弹模量，设计所采用的路基回弹模量值须小于实际路基强度降低后的稳定值。

(2)对于挖方路段，设计时须考虑到层间水及开挖后层间水变化所带来的影响。在地下水丰富的挖方路段，必须采取措施隔断层间水，使路床不处于过湿状态。

(3)在填方路基路段设计时，应考虑使用水—温稳定性较好、稳定强度较高、有较高抗冻性能的材料进行填筑，因为路槽以下 1.5m 范围内的路基部分都可能会受到自然因素的影响，且这部分路基也正是承受荷载较大的部位。

(4)在设计中，须考虑到如果中央分隔带水侵入路基，会对路基强度和稳定性造成的危害，可考虑采取截、排、引等措施。

(5)做好防排水设计是保证路基长期稳定性的重要环节。首先是防水，防止水的侵入；其次是排水，将侵入的水迅速地排除，不使其影响路基；最后的办法是抗水，在既无法彻底切断水源，又不能迅速无害将水排除的情况下，只有采用水稳定性好的材料。

地表处可采用边沟、截水沟、排水沟、跌水与急流槽、拦水带、蒸发池等设施，并合理的设计各设施的结构，以保证能合理、顺畅的排除地表水。而当路基范围内露出地下水或地下水位较高，影响路基、路面强度或边坡稳定时，应设置暗沟(管)、渗沟等地下排水设施，它们的类型、位置及尺寸应根据工程地质和水文地质条件决定。另外，还可在路面结构中设置排水层或防水层以防止积水由路面材料孔隙中渗入。

(6)填挖交界路段和浅挖方、小填方路段，往往会成为路基设计的薄弱环节。由于通常能够做到压实很好的厚度只有几十厘米，以下的原状土土质较差，又未经处理，且又是承受荷载最大的部分，因此路基强度不一定能满足荷载要求；同时，该部位的层间水较为发育，更削弱了其承载力，容易造成破坏。因此，这些路段是路基设计的薄弱环节，需要谨慎处理。设计时，应对路基进行加强处理，并加强路面整体强度，以保证其使用寿命和长期稳定性。

处理的常用方法是通过掺加无机结合料改善土质。根据实践经验，土质较差部位的路基处理深度不宜小于 80cm，土质较好部位可适当减薄。从技术经济角度出发，应分段落根据实际情况确定处理方案。

(7)在实际工程中，应尽量采用水稳性好的土体填筑路基，当难以取到理想的材料时，可合理利用铺设土工合成材料、使用添加剂等方法来改良土体性能。还应正确设计路基横断面，并适当提高路基，以防止水分从旁渗入或从地下水位上升。

(8)合理确定路面厚度，可增加路基的长期稳定性，但费用大大增加，在采取此措施时必须与改善路床材料的方案相比较。

(9)可在道路结构的不同部分设置用以疏干土基的砂垫层,必要时合理设置隔离层、隔温层等,还可采取边坡加固与防护措施,以及修筑挡土结构物等来提高路基长期稳定性。

9.2.2 施工控制措施

要维持路基的长期稳定性,在施工过程中的控制措施是相当重要的一环。

(1)要尽量杜绝水对高速公路路基稳定性的有害影响。要根据工程实际情况做好截水沟、排水沟、边沟与渗水沟等排水设施。除了做好排水设施外,必要时还应修筑一些坡面防护工程,例如,拱形护坡、护墙、生态防护、种草等,有时还需要在边坡脚处设置一定数量的支挡结构物,以提高路基抗水害能力。

(2)在路基施工中进行计划取土,将性能较好的土用在路堤上部,从而利于提高路基耐久性。

(3)施工中严格控制填料含水率,坚持在最优含水率状态下压实,这样,路基土体的水稳性能达到最佳水平,在水的影响下强度降低幅度最小,利于提高路基的强度和耐久性。

(4)提高压实标准,保证压实质量。路基的压实度越高,密实性越好,其承载力越大,孔隙率也越小,对于减小上部水的入侵深度是很有效的。应采取正确的填筑方法充分压实,保证达到规定的压实度。

(5)自然界的土质差别及变化是非常大的,勘察设计阶段进行的抽样调查不能全面概括土质及状态,实际情况必须要在实际开挖后才能确切了解,这就要求施工时建立良好的反应机制,将设计与施工有机联系为一体,发现与设计不同、影响施工的情况及时处理。

(6)对于路槽换填砂砾的部分,若使用的是不透水材料,顶面必须做出路拱;采用其他材料时,顶面也应做成路拱,再填砂砾,并留好出水口,保证砂砾层内的水及时排出。

(7)需注意低填浅挖路段,尤其是填挖交界断面的路基施工,这里不仅是设计中的薄弱环节,也是路基施工中最薄弱的环节。开挖后,对于现场实际发现的问题,要及时与设计单位联系沟通。同时,在具体操作上,表层软弱土须清除干净或采取有效措施处理,以保证路基具有足够的承载力;施工中发现的软弱地基须进行彻底处理;填挖交界处须挖土质台阶,须挖出表层全部软弱土,直至具有足够承载力的部分;根据实际情况做好路槽出水口。

(8)交工前,应在最不利季节对路基进行一次全面、细致的弯沉测定,对低填浅挖段落应加大检测密度。发现强度不足的地方,及时采取措施进行修补或补救,以保证路基的长期稳定性。

9.2.3 养护控制措施

要保证高速公路路基的使用寿命和长期稳定性,必须要重视从设计至施工的各个环节的工作,同时道路建成投入使用后对它的养护也是非常重要的,特别是竣工后1~2年内,由于各种原因所潜伏的隐患大都是在这段时间内显露出来的。另外,公路工程建设项目的质量保证率不可能为百分之百,对质量欠佳的部位,需要通过养护工作进行修补,保持公路的使用质量。通过这些养护工作,可以大大提高公路的使用耐久性。因此,应特别重视道路的养护工作。

(1)排水系统的养护和维修。如前所述,水分对高速公路路基长期稳定性有着极大影响,尤其是在滨海地区,排水系统的通畅对高速公路的稳定性具有关键的影响作用。在设计和施工过程中,为了减小或消除水的危害,采取了设置边沟、排水沟、盲沟、截水沟的措施,并结合桥梁涵洞等构造物,建立起排水系统。在使用过程中,这些防排水设施经常会发生堵塞、损坏等问题,导致排水系统失效,造成水害,影响高速公路路基的使用寿命。为确保路基的长期稳定性,必须通过经常性的养护使排水系统保持有效、通畅。特别是在雨季到来之前,要及时疏通排水系统,以免积水渗入路基、路面,影响路面强度和稳定性。

(2)及时进行灌缝工作。无论是沥青路面还是混凝土路面,都存在灌缝问题。目前沥青路面主要是在使用过程中产生的裂缝,混凝土路面主要是路面板发生断板和灌缝料损坏。这些裂缝如果不及时灌好,会导致地面水大量渗入路基,影响基层乃至路基强度。因此养护中的灌缝是保证路基长期稳定性的一项重要工作。

(3)及时的修补工作。由于各工程的缺陷程度不同,施工过程中的缺陷可能不会在缺陷责任期内完全暴露出来,因此,局部、零星的损坏将会贯穿于高速公路使用的始终。如果不及时进行修补,零星的损坏会形成病灶,最终引起大范围的损坏,导致工程提前大修。只有做到随坏随补,才能保证高速公路路基的长期稳定性和使用耐久性。

(4)加强交通运输管理。重车特别是超重车大量通行于高速公路,是造成高速公路路面早期损坏的主要原因。因此,应根据高速公路的设计使用标准,通过合理措施与手段,加强对超限运输车辆行驶高速公路的管理,减少对高速公路的损坏。

9.3　小　　结

对于滨海地区高速公路路基长期稳定性来讲,影响因素是多方面的,主要集中在交通荷载作用、含水率、环境温度、填料性质及密实度、路面结构等方面。由于这些多方面影响因素,高速公路路基的长期稳定性的保持也是一个复杂课题,需要从设计、施工、养护等各环节做起,综合考虑,全面治理。

设计上,可从防排水设计、路基路面结构设计、地基处理设计等方面采取控制措施。

施工中,对路基长期稳定性的控制工作可从做好防排水设施、做好防护支挡结构、严格控制填料含水率、保证压实质量、注意薄弱路段施工和建立有效反应机制等方面做起。

养护方面,要做好排水系统的养护和维修,及时进行灌缝和修补工作,并加强交通运输管理。

参考文献

[1] 河北省交通厅. 石黄公路沧州至黄骅港高速公路工程有关情况介绍[R]. 石家庄:河北省交通厅. 2003.

[2] 雷志栋,杨秀诗,谢森传. 土体水动力学[M]. 北京:清华大学出版社,1988.

[3] 李锡变,武文华. 非饱和土中溶混污染物运移模型及特征线有限元法[J]. 岩土工程学报,1999,(21):427-437.

[4] 赤井浩一,大西有三,西垣诚. 有限元要素法饱和一不饱和的渗透流解析[C]//土木学会论文报告集,1977:87-96.

[5] 刘洁,毛昶熙. 堤坝饱和与非饱和渗流计算的有限单元法[J]. 水利水运科学研究,1997(4):33-36.

[6] 黄俊,苏向明,江炜乎. 土坝饱和—非饱和渗流数值分析方法研究[J]. 岩土工程学报,1990(12):30-39 .

[7] 吴良骥. 饱和非饱和区中流问题的数值模拟[J]. 水利水运科学研究,1985(6):19-21 .

[8] 雷光耀,张锁春. 堤坝饱和非饱和渗流的数值模拟[J]. 岩土工程学报,1998(1):31-35 .

[9] 张培文,刘德富,黄达海,宋玉普. 饱和—非饱和渗流的数值模拟[J]. 岩土力学,2003(6):927-930 .

[10] 张家发. 三维饱和非饱和稳定非稳定渗流场的有限元数值模拟[J]. 长江科学院院报,1997(9):35-38.

[11] 朱伟,山村和野. 雨水、洪水渗透时河堤的稳定性[J]. 岩土工程学报,1999(21):414-419.

[12] 朱岳明,龚道勇,等. 三维饱和—非饱和渗流场求解及其逸出面边界条件处理[J]. 水科学进展,2003(12):65-70.

[13] 金生,耿艳芬,王志力. 利用饱和—非饱和渗流模型计算坝体自由面渗流[J]. 大连理工大学学报,2004(1):110-113.

[14] 朱军,刘光廷,陆述远. 饱和—非饱和三维多孔介质非稳定渗流分析[J]. 武汉大学学报:工学版,2001(6):49-52.

[15] 张培文. 降雨条件下饱和—非饱和土径流渗流耦合数值模拟研究[D]. 大连:大连理工大学,2004(1):109-113.

[16] 汤有光,郭轶锋,吴宏伟,等. 考虑地表径流与地下渗流耦合的斜坡降雨入渗研究[J] . 岩土力学,2004,25(9):1347-1352.

[17] 邵龙潭,王助贫. 水流入渗气体驱替过程二维问题耦合求解[J]. 水科学进展,2002(6):741-746.

[18] 陈力,刘清泉,李家春. 坡面降雨入渗流规律的数值模拟[J]. 2001(4):61-67.

[19] 朱军. 降雨入渗条件下边坡的稳定性分析[J]. 2001(9):1066-1073.

[20] 姚海林,陈守义. 降雨入渗对非饱和膨胀土边坡稳定性影响的参数研究[J]. 岩石力学与工程学报,2002,21(6):1034-1039.

[21] 汪自力,李莉,等. 饱和—非饱和渗流模型在多层自由面渗流分析中的应用[J]. 人民黄

河,1997(01):34-35.

[22] 张华,陈善雄,陈守义.非饱和土入渗的数值模拟[J].岩土力学,2003(5):715-718.

[23] 朱京义,张彦.非饱和土水气两相不相容不可压缩渗流有限元数值分析[J].武汉大学学报:工学版,2002(4):44-47.

[24] 邓英尔,刘慈群,王允诚.考虑吸渗的双重介质中垂直裂缝井两相渗流[J].重庆大学学报:自然科学版,2000(1):24-28.

[25] 骆祖江,王增辉.非饱和带水气两相渗流动力学模型[J].煤田地质与勘探,1999(1):43-45.

[26] 张锐,杨和平.干湿循环过程中荷载对膨胀土变形及强度的影响[C]//第二届全国非饱和土学术研讨会论文集.杭州:浙江大学,2005:342-349.

[27] 刘松玉,季鹏.击实膨胀土的循环膨胀特性研究[J].岩土工程学报,1999,21(1):9-13.

[28] 姚占勇,李运恒.平原水网区公路的病害分析[J].公路交通科技,2007,24(8):42-45.

[29] 唐红书.滨海盐渍土固化后的工程特性试验研究[J].建筑施工,2008,30(6):496-498.

[30] 冯美果,陈善雄,等.粉煤灰改性膨胀土水稳定性试验研究[J].岩土力学,2007,28(9):1889-1893.

[31] 周永祥,阎培渝.固化盐渍土经干湿循环后力学性能变化的机理[J].建筑材料学报,2006,9(6):735-741.

[32] 杨和平,张锐,等.有荷条件下膨胀土的干湿循环胀缩变形及强度变化规律[J].岩土工程学报,2006,28(11):1936-1941.

[33] 高玉琴,王建华.干湿循环过程对水泥改良土强度衰减机理的研究[J].勘查科学技术,2006(2):14-17.

[34] 戴文亭,魏海斌,等.冻融循环下粉质黏土的动力损失模型[J].吉林大学学报:工学版,2007,37(4):790-793.

[35] 魏海斌,刘寒冰,等.粉煤灰土冻融循环后的动力特性试验研究[J].岩土力学,2007,28(5):1005-1008.

[36] 杨广庆,管振祥.高速铁路路基改良填料的试验研究[J].岩土工程学报,2001,23(6):682-685.

[37] 钟辉虹,汤康民,黄茂松.铁路黏土路基动力特性试验研究[J].西南交通大学学报,2002,37(5):488-490.

[38] 杨广庆,荀国利.高速铁路路基改良土的有关问题[J].铁道标准设计,2003(5):15-16.

[39] 曹新文,蔡英,铁路路基动态特性的模型试验研究[J].西南交通大学学报,1996,31(1):36-41.

[40] 卢永贵,罗强,曹新文,等,成都黏土及其石灰稳定土的动力特性试验研究[J].路基工程,1998,(2):34-37.

[41] 蔡英,曹新文.重复加载下路基填土的临界动应力和永久变形初探[J].西南交通大学学报,1996,31(1):1-5.

[42] 王建华,冯士伦.水泥粉质黏土的疲劳强度及失水程度的影响[C]//第六届全国土动力学学术会议论文集,北京:中国建筑工业出版社,2002:114-117.

[43] 孙明智.改良土的临界动应力及动静比.路基工程,2004(2):30-32.

[44] 彭社琴,赵其华,等.成都黏土动三轴试验研究[J].地质灾害与环境保护,2002,13(1):135-139.

[45] 钱家欢,殷宗泽.土工原理与计算[M].北京:中国水利水电出版社,1995.

[46] 卢靖.非饱和土水分迁移试验研究[D].西安:西安建筑科技大学,2006.

[47] 陈仲颐,等.非饱和土土力学[M].北京:人民交通出版社,1997.

[48] 卢肇钧,张惠明,陈建华,冯满.非饱和土的抗剪强度与膨胀压力[J].岩土工程学报,1992(5):10-16.

[49] 卢肇钧,吴肖茗,孙玉珍.非饱和击实土膨胀力与吸力初步探讨[C]//中加非饱和土学术研讨会,1994:115-117.

[50] 王钊,安骏勇,等.非饱和土边坡吸力量测的实践[J].大坝观测与土工测试,2000 (2):18-22.

[51] 沈珠江.当前非饱和土力学研究的若干问题[C]//区域性土的岩土工程问题学术讨论会论文集.南京:原子能出版社,1996.

[52] 杨代泉.非饱和土二维广义固结非线性数值模拟[J].岩土工程学报,1992(9):2-12.

[53] 汤连生,王洋,张鹏程.非饱和黏性土粒间吸力测试研究[J].岩土工程学报,2003.(3):304-307.

[54] 张惠珍.非饱和土吸力试验研究[J].大连理工大学学报,2002(6):54-58.

[55] 王建华,高玉琴.干湿循环过程导致水泥改良土强度衰减机理的研究[J].中国铁道科学,2006,27(5):23-27.

[56] 沙爱民.半刚性路面材料结构与性能[M].北京:人民交通出版社,1998.

[57] 刘兴旺.降雨入渗条件下路基稳定性分析[D].长沙:中南大学,2006.

[58] 刘建坤,曾巧玲,等.路基工程[M].北京:中国建筑工业出版社,2006.

[59] 张冬青,陶志政,等.路基长期稳定性分析[J].吉林交通科技,2002(1):3-7.

[60] 刘健.浅谈路基工程防排水综合处理技术[J].北方交通,2006(12):21-22.

[61] 常力杰.影响路面使用性能及寿命的因素[J].交通世界,2007(12):101-102.

[62] E. E. ALONSO,A. GENS,杨代泉.非饱和土弹塑性应力—应变特性模拟[J].岩土工程学报,1995(17):42-51.

[63] DAS. B. M. Advanced Soil Mechanics[M]. 3rd ed. New York:PWS Publishing CoMPany,1993.

[64] NEUMAN,S. P. GALERKIN approach to saturated-unsaturaed flow in porous media[M]. Finite elements in fluids. Viscous flow and hydrodynamical,London:Wiley,1974:201- 217.

[65] SAMMORI,TSUBOYNMA Y. Parametric study on slope stability with numerical simulation in consideration of seepage process[C]. 1991:539- 544.

[66] SHIMADA K,FUJII H&NISHRMRA S,MCRII T. Stability of unsaturated slopes considering changes of matric suction[M]. Usaturated Soils,1995.

[67] FREDLUND,D. G. ,HAŃSAN,J. U. One-dimensional consolidation theory:unsaturated soils [J]. Can. Geot. Jour. ,16(3):197.